当代齐鲁文库·20世纪"乡村建设运动"文库

The Library of Contemporary Shandong

Selected Works of Rural Construction Campaign of the 20th Century

山东社会科学院 编纂

/08

乡村工作讨论会 编

乡村建设实验（下）

中国社会科学出版社

乡村建设实验

第三集

乡村工作讨论会　编

编辑例言

一、本书报告分类，以省为范围，排列次序，前后并无一定，大概以历史长短，篇幅多寡，地点相近，性质相同为标准。

二、工作报告中各项图表、简章、统计等材料，因篇幅关系，将比较次要者删去不少。此系不得已之办法，至希原作者鉴谅。

三、大会搜集报告至伙，未能完全一一刊载，难免有遗珠之憾，至感歉疚。

四、大会经过，大部分取材于教育与民众，参以各项记录，编辑成篇，对于担任记录诸君，尤当深表谢意。

五、本书编辑时间仓卒，错误难免，尚望读者多加指示，以便再版时改正，曷胜感幸。

目 录

第 三 集

全国乡村工作讨论会第三次大会经过 …………………………（515）

江苏省

江苏省立教育学院乡村民众教育实验工作报告 ………………（553）
金家巷农村念二社实验报告 …………………………徐国屏等（568）
行政院农村复兴委员会最近工作报告 …………………………（583）
实业部中央模范农业推广区工作概要 …………………………（587）
国立中央大学农学院二十三年度农业推广工作 …………邹树文（592）
江苏省立南京民众教育馆乡村工作概况 ………………………（600）
宁属农业救济协会二十三年度工作报告 …………………凌道扬（612）
中央模范农业仓库报告 ……………………………………凌道扬（625）
武进县农村改进委员会一年来之工作报告 ……………………（644）
栖霞乡村师范乡村工作报告 ……………………………………（654）
中华职业教育社农村改进事业概况 ……………………………（657）

河北省

定县实验区工作概略 …………………………晏阳初　陈筑山（663）
涿县平民教育促进会 …………………………………张学铭（687）
省立实验乡村民众教育馆一年来工作报告 ……………………（691）
华北农业合作事业委员会二十三年度工作报告 ………………（696）

山东省

一年来的山东工作 ………………………………… 梁漱溟（716）
齐鲁大学乡村服务社工作报告 ………………………… （723）
祝甸乡实验区第三年 ……………………………… 屈凌汉（728）
山东省乡村教育辅导委员会工作报告 …………………… （746）

河南省

一年来镇平自治工作报告 ………………… 赵秩甫 王扶山（752）
内乡一年来之乡村工作报告 ……………… 别香斋 罗卓如（759）
淅川工作报告 ……………………………………… 王士范（769）
省立百泉乡村师范学校工作报告 …………………… 李振云（781）
遂平嵖岈山县立职业学校乡村工作报告 …………… 魏雁明（785）
洛阳实验区第一年 ……………………………… 陈大白等（788）

江西省

万家埠实验区工作概况 …………………………………（803）
黎川实验区一年来工作概况 …………………………… 徐宝谦等（824）
江西省特种教育处南丰实验区乡村工作简述 …… 张桐膺 徐伯康（836）
江西农村改进社走马乡实验区工作报告 …………………（841）

浙江省

浙江省立湘湖乡村师范的乡村推广教育 …………………（850）
中华农民益友社报告 ……………………………… 王育三（865）

安徽省

乌江农业推广实验区工作报告 …………………… 马鸣琴（870）

山西省

铭贤学校太谷农村服务实验区工作梗概 …………………（878）

广西省
广西农村建设试办区工作报告 ················· 伍廷飏（880）

湖南省
湖南省立农民教育馆进行概况 ····················（893）

全国乡村工作讨论会第三次大会经过

一、弁言
二、开会日程
三、大会职员
四、到会代表
五、开幕典礼
  1. 开幕词　高践四
  2. 报告　江问渔　刘虚舟
  3. 演讲　晏阳初　彭学沛
六、分组讨论
七、大会报告
八、闭幕情形
  1. 讨论会务
  2. 演讲　钮惕生　梁漱溟
  3. 闭幕词　高践四

一　弁言

全国乡村工作讨论会第三次大会，二十四年十月十日起在无锡江苏省立教育学院举行，计到十九省市各乡村工作团体及机关代表梁漱溟、江问渔、晏阳初、高践四、许仕廉、俞庆棠、章元善、陈筑山、彭学沛等二百余人，大会主席团：高践四、晏阳初、章元善、许仕廉、陈筑山、梁漱溟、江问渔诸先生。兹将开会经过，纪述如次。

二　开会日程

日　期	事　项	会　场
第一日（国庆日） 上午九时—十二时 下午二时—五时	开幕式，会务报告，讲演，分组。分组会议。	大礼堂 团分组会议室
第二日（十一日） 上午八时—十二时 下午二时—五时	全体大会，各组报告及讨论。分组会议。	大礼堂 团分组会议室
第三日（十二日） 上午八时—十二时 下午二时—五时	全体大会，各组报告及讨论。全体大会，讨论，讲演，闭幕式	大礼堂

三　大会职员

值年

梁漱溟　江问渔

筹备委员

高践四主任　许仕廉　陈逸民　俞凤岐　刘虚舟　姚惠泉　童润之

办事处各股职员

1. 纪录股

甘导伯主任　沈光烈　石玉昆　熊鹏　刘焕林　段蕴刚　邢广益

2. 文书股

任应培

3. 会计股

柴鸿绪主任　丛光祖

4. 事务股

孙鲁怀主任　姜凤翔　尹吉三　沈登杰　刘子亚　潘添寿　王守真　许家藩　张瑄光　邢长铭　徐学芬　徐为裳

四 到会代表

全国乡村工作讨论会第三次大会代表名录报告

号数	姓名	次章	性别	籍贯	所属机关或团体	通讯处
1	梁漱溟		男	广西桂林	山东邹平乡村建设研究院	同左
2	江恒源	问渔	男	江苏灌云	中华职业教育社	上海法租界华龙路中华职业教育社
3	高阳	践四	男	江苏无锡	江苏省立教育学院	同左
4	晏阳初		男	四川	中华平民教育促进会	定县平教会
5	陈筑山		男	贵州	中华平民教育促进会	定县平教会
6	章元善		男	北平	华洋义赈总会	同左
7	杨开道	导之	男	湖南	北平燕京大学	同左
8	魏雁明	朗斋	男	河南	河南遂平嵖岈山职业学校	同左
9	许仕廉		男	湖南	实业部	南京荳菜桥三十五号
10	俞庆棠	凤岐	女	江苏	江苏省立教育学院	无锡城内西溪下
11	赵冕	步霞	男	浙江	江苏省立教育学院	同左
12	严慎修	敬斋	男	山西	山西乡村建设研究会	同左
13	陈礼江	逸民	男	江西	无锡教育学院	同左
14	刘平江	虚舟	男	江苏	无锡教育学院	同左
15	童润之		男	南京	无锡教育学院	同左
16	姚惠泉		男	上海	中华职业教育社农村服务部	上海华龙路八十号
17	章桐		男	南京	建设委员会	同左
18	郭颂铭		男	浙江	建设委员会	同左
19	李煜瀛（崔濂代）	石曾	男	河北	（1）北平温泉同志会（2）北平西山民生试验区	北平中法大学校
20	刘世传	书铭	男	山东	齐鲁大学	同左
21	钮长耀	醒吾	男	上海	省立俞塘民教馆	同左
22	古梅	柏良	男	广东	江苏省立教育学院	同左

续表

号数	姓名	次章	性别	籍贯	所属机关或团体	通讯处
23	喻任声		男	湖北	江苏省立教育学院惠北民教实验区	同左
24	李炳卫		男	山西	北平民社	北平杨梅竹斜街七九号
25	李萧	器之	男	山东	山东邹平乡村建设研究院	同左
26	刘任夫		男	陕西	合阳县救济院与民生工厂	合阳县救济院
27	杨兴荣		男	陕西	长安韦西民教馆	西安开通巷五十四号
28	王枕心		男	江西	江西农村改进社	江西万家埠实验区
29	丁子俊		男	湖南	江西农村改进社万家埠实验区	南昌江滨农村改进社
30	秦运章	柳方	男	江苏	中国农村经济研究会	上海蒲柏路赓余里十七号
31	胡勤业	进德	男	河北	河北省立实验乡村民众教育馆	北宁线杨村
32	王扶山		男	河南	镇平地方建设促进委员会	同左
33	王士范		男	河南	浙川县地方建设促进委员会	同左
34	马方信		男	邹平	山东邹平实验县政府	同左
35	郝葆光		男	江苏	山东乡村建设研究院	同左
36	郭宝珣	叔珩	男	山东	宁属农业救济协会	中央模范林区管理局
37	史清浦		男	溧阳	上海市高桥农村改进会	同左
38	茅志岳		男	江苏	上海市高桥农村改进会	同左
39	叶英		男	武进	上海市高桥农村改进会	同左
40	邓华光		男	吉林	上海市高桥农村改进会	同左
41	范尧风		男	浙江	上海市高桥农村改进会	同左
42	苏邨圃		男	江西	江西老马乡实验区	同左
43	陆盖		男	海门	省立俞塘民教馆瓶山分馆	上海省立俞塘民教馆
44	陆志忠		男	海门	上海县农业推广所	上海马桥
45	唐志才		男	武进	江苏省立苏州农校	同左
46	林鸿勋		男	辽宁	自治筹备处	涿县县政府

续表

号数	姓名	次章	性别	籍贯	所属机关或团体	通讯处
47	张学铭	佩西	男	河北	涿县平民教育促进会	同左
48	王育三		男	宁波	中华农民益友社	杭州小塔儿巷十一号
49	杨文波		男	河北	大宛农村周报	河北宛平县乡村师范
50	马鸣琴	明勤	男	辽宁	乌江农业推广实验区	南京转乌江实验区
51	张爱珠		女	和州	乌江农业推广实验区	南京转乌江实验区
52	许莹涟		男	湖北	山东乡村建设研究院	湖北后港
53	郝心静		男	江苏	山东乡村建设研究院	同左
54	盛景馥		男	江苏	武进农村改进委员会	武进城中局前街四十二号
55	刘玉霞		女	广东	女青年全国协会	上海圆明园路一三三号
56	李冠芳		女	四川	福州协和大学	上海海格路一三五弄三号
57	贾麟炳	炎生	男	山西	山西铭贤学校	同左
58	潘道昌	吾行	男	奉贤	上海民众教育区	俞塘一号
59	梅贻宝		男	天津	山西太谷铭贤学校	同左
60	许湘	竹君	男	江苏	上海市市立新陆师范学校	上海浦东新陆
61	雷宾南（俞庆棠代）		男	广西	广西国民基础教育研究院	同左
62	陈君谋		男	常熟	省农民银行	转寄农民银行江阴分行
63	徐宝谦	六吉	男	浙江	江西黎川实验区	同左
64	庄泽宣		男	浙江	浙江大学	同左
65	张锡昌		男	无锡	中国农村经济研究会	无锡教育学院
66	文模		男	湖南	北平师范大学教育实验区	北平西郊温泉辛庄师范大学乡村教育实验区办公处
67	张潜	孟龙	男	山东	山东省乡村教育辅导委员会	山东教育厅
68	徐伯璞		男	山东	山东教育厅	同左

续表

号数	姓名	次章	性别	籍贯	所属机关或团体	通讯处
69	武寿铭	星三	男	河北	山西铭贤学校	山西太谷铭贤学校
70	张桐膺		男	福建	江西特种教育处	江西省教育厅
71	王印佛		男	湖北	上海农学团辅导处	上海华龙路八十号
72	王揆生		男	镇江	上海市高桥农村改进会	上海市浦东高桥镇
73	王先强		男	安徽	浙江省嘉兴区行政督察专员署	同左
74	林天明		男	福建	江西西山万寿宫地方整理处	同左
75	罗卓如		男	河南	河南内乡建设促进委员会	河南宛西乡村师范
76	陈升桥		男	江苏	清江省立民众教育馆	同左
77	王梦凡		男	江苏	清江省立民众教育馆	同左
78	徐伯康		男	江西	江西省特种教育处南丰实验区	江西南丰白舍
79	金轮海		男	昆山	徐公桥乡村改进会	昆山安亭徐公桥
80	蔡琳		男	昆山	徐公桥乡村改进会	昆山教育局
81	唐茂槐		男	浙江	沪西民生教育实验区	上海中山路二六三一号
82	皇甫均		男	江苏	沪西民生教育实验区	上海中山路二六三一号
83	朱坚白		男	盐城	江苏省立南京民众教育馆	同左
84	言心哲		男	湖南	中央大学	南京西华门三条巷六合里四号
85	汪兆熊		男	江西	崇明县政府农业推广区	同左
86	邰爽秋		男	江苏	念二社运动促进会	上海中山路三六一号
87	杨效春		男	浙江	安徽黄麓乡师	安徽芜湖转巢县黄麓
88	汪德亮		男	广东	农村复兴委员会	南京行政院
89	常文熙		男	河南	农村复兴委员会	南京行政院
90	孙晓邨		男	浙江	南京行政院农村复兴委员会	同左
91	戴集民		男	江苏	江苏省立南京民众教育馆	同左
92	张道一		男	河北	安徽省立第二民众教育馆	芜湖码头口

续表

号数	姓名	次章	性别	籍贯	所属机关或团体	通讯处
93	彭秋萍		男	广东	安徽省立第二民众教育馆	芜湖南岸
94	钱伯显		男	武进	武进农村改进委员会	武进大庙弄县党部
95	王衍康		男	安徽	浙江省立湘湖乡师	同左
96	张维		男	湖南	卫生署	南京卫生署
97	范日新		男	河南	江宁自治实验县卫生院	河南封邱张郭村
98	蒋本沂		男	无锡	卫生署公共卫生讲习班	上海苏州路老垃圾桥鸿兴铁号
99	赵光涛		男	铜山	江苏省立徐州民众教育馆	同左
100	（缺）					
101	赖斗岩		男	福建	上海高桥卫生事务所	同左
102	钱以振		男	武进		武进雪洞巷
103	冯国华		男	宝山	江苏省立俞塘民众教育馆	上海县俞塘民众教育馆
104	彭学沛		男	江西	行政院农村复兴委员会	南京行政院
105	丁钟秀		男	江苏	国立上海医学院公共卫生科	上海国立上海医学院
106	林春业		男	广东	国立上海医学院卫生科	上海海格路红十字会第一医院
107	刘宝珠		女	广东	国立上海医学院公共卫生科	同上
108	蒋振	伯谦	男	湖南	中央政治学校研究部	南京鼓楼二条巷二十八号
109	赵石萍		男	辽宁	金陵大学农学院	同左
110	邹树文		男	吴县	国立中央大学农学院	同左
111	张志圣		男	浙江	上海市卫生局高桥卫生事务所	上海浦东高桥镇陈家弄六号
112	冯贞芳		女	浙江	上海医学院卫生科	上海浦东高桥卫生事务所
113	徐月丽		女	浙江	上海市卫生局高桥卫生事务所	同上
114	屈凌汉		男	河北	山东省立第一民教辅导区	同左
115	董淮	渭川	男	山东	山东省立民众教育馆	同左

续表

号数	姓名	次章	性别	籍贯	所属机关或团体	通讯处
116	滕仰支	嵩石	男	江苏	江苏省立黄渡乡村师范学校	京沪线黄渡
117	夏传懋		男	安徽	同上	同上
118	李允中		男	江苏	黄渡乡师民教馆	黄渡乡师坍石桥民教馆
119	郭人全		男	浙江	浙江省立民众教育实验学校	杭州凌家桥民教实校实验部
120	李楚材		男	江苏	江苏省立黄渡乡村师范	同左
121	郑之纲		男	浙江	同上	同上
122	屠绍祯		男	浙江	青岛市政府	同左
123	杨占一		男	辽宁	南京金陵神学院乡村教会科	江宁县淳化镇东山金神实习处
124	余牧人		男	安徽	同上	同上
125	毕范宇		男	美国	同上	同上
126	朱敬初		男	安徽	南京金陵神学院乡村科	同左
127	朱敬一		男	安徽	南京金陵神学院乡村教会科	同左
128	王洞若		男	江苏	上海山海工学团	同左
129	李吉辰		男	山东	丹阳合作实验区	同左
130	厉德寅		男	南京	南京国立中央大学	同左
131	俞振辉		男	上海	上海市农会	上海南市也是园
132	梁庆椿		男	广东	浙江大学农学院	杭州大学路燕子弄三号
133	赵连芳		男	河南	全国经济委员会农业处	南京铁汤池
134	蒋辑		男	江苏	驻伦敦副领事	无锡观前街十八号
135	孙枋		男	杭州	南通省立民教馆	同左
136	尤志迈		男	吴县	江苏省吴县农村改进会	上海延平路自由农场
137	陆廷珏	琢成	男	昆山	昆山第二区农教馆兼实验区	京沪线夏驾桥东庄农教馆
138	储劲	雄伯	男	宜兴	省立苏州农业学校	苏州阊门外下津桥

续表

号数	姓名	次章	性别	籍贯	所属机关或团体	通讯处
139	徐廷瑚		男	河北	实业部	同左
140	张新夫		男	安徽	俞塘新生活实验区	上海俞塘
141	李宗孟	征雁	男	江苏	俞塘合作事业委员会	上海上松线俞塘
142	王德熙		男	四川	安徽省政府教育厅	同左
143	毛吟槎		男	吴县	监理公会	苏州宫巷乐社
144	瞿仲元		男	江苏	真圣念二社	上海中山路二六三一号
145	乔志恂		男	山东	沪西民生教育实验区	同上
146	章之汶		男	安徽	金陵大学	同左
147	陶桓乐		男	湖南	南京中国银行	同左
148	钱天鹤		男	浙江	中央农业实验所	同左
149	乔启明		男	山西	金陵大学	同左
150	金海观		男	浙江	浙江省立湘湖乡村师范	同左
151	马博厂		男	江苏	金陵大学	同左
152	宾明绶		男	湖南	金陵大学	同左
153	徐爽		男	江苏	首都实验民教馆	同左
154	许涘阳		男	广东	岭南大学	广州岭南大学
155	叶蘘均		男	广东	广东省社会教育实验区	广东番禺萝冈洞
156	林玉文		女	福建	金陵女大	南京金陵女大
157	于国桢		男	北平	中央党部组织委员会	南京中央党部
158	罗石民		男	广东	广东全省蚕业改良实施区	广东顺德县大良
159	董时进		男	四川	江西省农业院	同左
160	周浩如		男	江西	浙江长安小溪口农村改进会	同左
161	黄秋涛		男	江苏	中华基督教会长老会	川沙天恩堂
162	Paul Lindholm		男	美国	American Presbyterian Mission	川沙
163	王振超		男	川沙	励志社	同左
164	马济生		男	川沙	同上	同上

续表

号数	姓名	次章	性别	籍贯	所属机关或团体	通讯处
165	吴学培		男	江苏	江苏省立界首乡村师范学校	江苏界首镇省立界师
166	胡次威		男	四川	兰溪实验县政府	同左
167	徐志道		男	四川	同上	同上
168	钮永建	惕生	男	上海	俞塘教育事业指导委员会	同左
169	黄梅仙		女	上海	同上	同上
170	吴剑真		男	湖南	江苏教育厅第三科长	镇江教育厅
171	沈光烈		男	江苏	中华职业教育社	上海华龙路八十号

五　开幕典礼

十月十日上午九时，在江苏省立教育学院大礼堂举行开幕典礼，到会来宾等二百余人，行礼如仪后，由主席高践四先生报告开会宗旨云：

"今天是我们中华民国国庆日，乡村工作既着眼于中华民族前途，则全国乡村工作讨论会第三届年会在今天开会，实含有庆祝国庆之意。今天到会参加者，有国内、公立、私立、本国人及友邦人士主持之各种乡村工作事业机关或团体之代表，济济一堂，共同讨论，此种机会殊属不易多得。

本会主旨，在互相联络，增加工作效力，这也就是同仁人参加本会的期望。分析言之，约有四点：

一、重行检讨同仁所从事的乡村工作；

二、报告一年来工作上的心得与困难；

三、联络感情，研究切实互助方法；

四、交换知识经验，互相切磋商量如何改进工作技术。

关于第一点，为什么对于同仁所从事的乡村工作需要重行检讨一番呢？近十余年来，政府、金融界、教育界及一般爱国有志之士，都能注意乡村建设并且努力进行。但是天灾人祸，内忧外患，形势愈加严重，使我们从事乡村工作者，不得不自问现在民族危急存亡之际，究竟我们所做的工作，对于民族自救有何帮助、有何关系？一方面，水旱天灾国际形势之严重程度，比前更加厉害；另一方面，自己觉得乡村工作微妙零碎，两相比较，殊觉苦闷。此种苦闷，为在目前念及民族前途者人人所共有，所以各方面的人都在那里感觉苦闷，都在那里估量自己的工作，对于救亡图存有何帮助？有何关系？我们乡村工作同仁当然不能例外。并且因为乡村建设之目的为中华民族自救，所以乡村工作同仁，在目前所感觉的苦闷愈甚。此次集会，可以给我们一个机会，共同重行检讨乡村工作与民族自救的关系，在目前形势极严重的时候，乡村工作应如何联络进行，如何加紧工作，对于危急存亡之中华民族方能有裨益，以尽国民之责，并解除心理上的苦闷。

第二点，报告一年来工作上的心得与困难，为增加工作效率计是必要的。亦惟有在乡村工作同仁集会中，有这种报告，最为相宜。因我们如向别方面的人去诉苦，他们未必愿听，即听了亦未必能了解。惟有我们乡工同仁集合一堂，互诉工作上的困难，互相报告工作上的心得，可以彻底了解，发生同情，互相安慰，鼓励。并且互取所长，互补所短。上二年集会都有报告工作这一项，已印有专刊。今年仍各有书面报告，同时在会前会后还可以作更亲切的相互报告。

第三点，联络感情，研究切实互助方法。乡村工作虽由政府办，金融界办，教育界办，以及一般爱国有志之士办，并且遍及全国各地。但是天南地北，彼此缺乏见面的机会，因此便亦缺乏联络感情、研究切实互助方法的机会。乡村工作的目的在民族自救，现在民族前途如此危急，乡村工作同仁，能不急起联络感情切实互助，以增工作效力么？此次参加本会诸位先生，有百余人之多，来自中央及各省市，机会难得。我们应该怎样利用这次机会，联络感情，切实互助，这都靠同仁之努力。

第四点，交换知识经验，互相切磋商量如何改进工作技术。语云：工欲善其事，必先利其器。乡村建设或乡村民众教育工作，在表面上看似属于社会科学，无技术之可言；但我们知道乡村工作中心在培养民众组织，使能自觉地自动地运用团体力量，推进社会，解决社会问题。如何用教育工夫达到民众运用团体力量，解决社会问题之目的，实在是一个颇费研究的问题；同时我们应当不忘记乡村民众教育工作，须准对着整个民众生活下功夫。举凡地方人民自治团体与经济组织之培养，产业之开发，以及一切生活之改进，均须就实际生活需要，用教育功夫启发指导之。此中需要科学技术，为人人所共喻。由此可见乡村工作同仁确有借此次集会之机会，交换知识经验，互相切磋商量，如何改进工作技术之必要。

总之，本会主旨在互相联络，增进工作效能，同仁参加本会心理的期望，大约亦是如此。目前民族前途甚危急，乡村工作问题甚繁复，而三天会期又甚短促，所以同仁应当格外努力，共同商讨，以期达到互相联络，增进工作效力的目的。"

继由值年代表江问渔先生及筹备员刘虚舟先生报告筹备经过。江先生报告，略谓：

"本会任务，用不着重述。此次为第三届年会，值年任务，名义上为筹备，然实际上则多偏劳高践四先生与无锡教育学院诸先生及诸同学，本会深为感谢。筹备详情请刘虚舟先生报告，本人仅略报告一二：

此次到会人数共一七〇人，到会团体九十九个，到会会员籍贯十九省市，外籍会员二人，旁听约二百人。工作单位散布十三省市。

大会主席共七人，即高践四、晏阳初、陈筑山、许仕廉、章元善、梁漱溟诸先生及本人，同组主席团。

现在所收到之议案与问题固不少，但仍希望有问题提出，因本会非如一般的会议。如出席诸先生尚有问题，仍可交事务处整理油印，问题愈多，则讨论时格外有兴趣。

本届会议与上届略有变更：

一、讨论方法——过去注重报告各人心得及实施情形，今年因参加机关较多，故报告改用书面，而特别注重讨论。

二、分组讨论办法——一方面力求普遍，一方面求有兴趣。每日下午开分组讨论会，上午则开大会。

三、个人谈话——除大会及分组会议讨论外，诸先生如有未尽意而欲讨论者，或欲了解各地——如定县、邹平、无锡——情形者，可作个别谈话，兹已特约请晏阳初、梁漱溟、高践四诸先生尽解答之义务，时间在每日下午七时至九时。

此外，本会极希望出席诸先生每人都有发言之机会，因此不得不略有限制，每人每次只能发言五分钟，且首须报告号数。

此次会议，甚为简单朴素，盖不在形式而重精神。又今日开幕，已约请晏阳初先生演讲，闭幕日已约请梁漱溟先生演讲。"

刘先生报告筹备情形，略谓：

"本会筹备委员会办事处在八月十日发出正式通告三件，到会须知一件，本会因非一种社团组织，故舟车减价手续，未能办到，深感歉憾。

此次集会，大会会场即在大礼堂，分组会议室，则在新建图书馆楼上及楼下。

会员食宿办法：（一）可宿本院或旅社，旅社宿费交涉优待可对折或六折；（二）本会供给饭食，时间规定早餐七时三十分，中餐十二时三十分，晚餐六时三十分。

临时阅报处设在图书馆楼上。

会场事务：（一）分发印刷品——各地寄来报告，多寡不等，兹拟以机关为单位，尽先分发，俾每一单位能有一份完全而无缺者。（二）大会会员之席次，前排为会员席，后排为旁听席。

其他事务：（一）本会已设招待员，由江苏省立教育学院同学担任，至赴车站招待者，截至本月八日为止。（二）纪录方面，已专设纪录股，共有六七人，从事工作。（三）摄影改在十一日上午。（四）各会员提案，请于今日交齐，以便印刷。"

刘先生报告毕，由晏阳初先生演讲农民运动与民族自救，全词录下：

诸位，今天兄弟来参加第三届乡村工作讨论会，使我不能不回想到去年在定县开会的情形，那时大家都感觉到，国家这样的危急，我们能够安然讨论民族自救和乡村改造的问题，这是很侥幸的。现在，国势更坏，国家破碎不堪，有血性的人，都非常心痛。

我们从事乡村工作者，爱国不敢后人，尤其是当此国家大难临头的今日，而我们不能对国家有所贡献，真是愧死痛死！此次参加会员来自十九省市，大家宁愿抛弃自己工作，不远千里而来此，互相切磋，彼此砥砺，并将过去之酸甜苦辣，种种困难烦闷，借此机会互相诉述。这是本会精神所在，与普通会议性质迥不相同的地方。

从事乡村工作，原有鉴于国难严重，而希望对国家有所贡献，不过我们要问国家何以弄到如此境地？我们能不能有贡献？我们根据过去的经验和将来局面的推想，都指示我们确有贡献于国家的途径。现在国家所以弄到如此地步，主要的原因，就是"忘本"，整个国家，人口有四万万之众，可是一点力量没有，任何人可以侵入中国如入无人之境，妥协屈服，不知伊于胡底。我们要救亡图存，必先认清症结所在。"民为邦本"，而这虽是一句老生常谈，可是我们不能因时间的变迁而抹煞其含有的真理。过去的政治经济文化之所以落后，就是因为设施没有着眼于民众；民众伟大的力量，非但从来没有运用过，而且根本没有发现过。现在我们就要抓着这伟大的潜势力，教育他们，训练他们，组织他们，发挥其应有的力量。乡村建设之使命，亦即在此。如果不从此下手，所谓民族自救，民族改造，恐怕皆是缘木求鱼。所以乡村建设运动的目标，在发现组织和训练民众伟大的力量。

不过任何一种运动，仅有伟大目标和不凡的抱负，还是不够的，我们要深入乡间从事实际工作。有人说，在这个时代应干工商业等工作，如何反向农村？殊不知我国所以弄到如此地步，就是没有抓着广大的民众。老实说，如果大多数民众是在城市里，我们当然要到城市里去。所以我们从事乡村工作，并不是为乡村而到乡村的，而为的是大多数民众在乡村。也有人说，今日已是工业发达时代，单单提倡农业是不行的，其实我们从事乡村工作，并不是在专门提倡农业，而为的是大多数民众在农村，因为农村是伟大力量之所在地。我们决不是说工业不重要，不过我们认为在这样一个时期，这样一个环境中，要有民本政治，非注重农村不可。尤其是在此破产中之农村，农民无接收力购买力，那里谈得上工商？所以我们深信着这是最重要、最基本、最迫切的问题。

现在乡村建设运动，要以农民为对象，要发现这伟大力量，仅仅有这种抱负和目标是不够的，我们更要研究如何运用方法来培养民力。

个人眼看着在国家每一次遭遇耻辱之后，有志之士必发起一种运动，但不久又消沉下去。这就是空有抱负、热血，而没有方法技术的缘故。现在大家很热烈地从事农村运动，如果知其然而不知其所以然，三五年至多十年以后，结果必定销声匿迹，和过去各种运动遭同样的命运。乡村建设，除运动之外，还要建设，所以目前乡村运动需要费许多时间、金钱、精力来研究实验。现在各地乡村工作为培养民力起见，有从合作入手的，有从政治教育着手的，因地制宜，因人而施。但至某阶级，往往感觉到单办一种事业的不足，而牵涉到他种事业，这是必然趋势。各种事业如无相当研究，没有技术没有方法，也许初起入手时，兴趣特别浓厚，不过到某种阶段时，就感觉空虚。因为农民整个生活，是连带而有互相牵制的复杂关系，决不是零碎地改善所能有济的。其次，觉得自己的才力不够兼办其他事业，乃是真正困难，并不是认不清问题，而是没有办法。

至于方法技术之研究实验，决非性急之事，非有真正的专家，且备有充分时间和相当经费不可。譬如现在提倡普及教育非常热烈，究竟普及什么教育？教育内容是什么？此项研究则非十年八年不为功，即是所谓教材教具的研究实验。又如现在义务教育激进声中，有一年制短期小学的设立，在一年内究竟教些什么？救济失学儿童，也许可由小学而中学而大学，可是教育民众，决不能这样做，对这般又穷又忙的青年民众如何教法，教些什么？在在有待研究实验。

总之，乡村建设不仅仅是一种运动，更要讲求内容、方法、技术，才可以达到培养民力民族自救之目的。大家不从科学立场来讲求教育、自治、卫生等，结果还是没有办法，因为这是空虚的东西，不能持久的。

参加此次乡村工作讨论会的诸君，我想都具有丰富的经验，互相截长补短，这是很好的。进一步说，处此民族存亡危急之秋，已不是承平之世，悠游自得，各做各的时候，事实上需要统盘筹划，实行分工。譬如中央重视科学研究，中央农业实验用以大量经费，聘请中外专家，解决一部分的农业问题；同时要把科学研究的结果带到民间去，与农民发生关系，养成农民运用科学的习惯，使农民生活科学化，实属迫切之图。如果把这般又勤又俭的农民科学化了，我想一切事情可以胜过天力。

现在，最可怜的就是大多数的民众还是迷信的头脑，怕神怕鬼的，在这种情形之下，如何可以克胜环境呢？所以现在要设法使农民的头脑科学化，不过单靠口头演讲还是不成的，务须以科学方法来改进农民生活。合作社决不是仅仅为借钱而已，而是养成农民合作的观念、习惯和技能。如果中国四万万人都有科学头脑，都能运用农业上技术及合作精神，我敢说，就能百战百胜，要世界和平，世界不得不和平。

我们研究实验必先估量某种地方，适合某种研究，我们应全力帮助，促其成功，在通盘筹划下，分工合作。农业从那几方面做，政治从那几方面做，大家亦应以全力帮助，彼此不分你我。我们要认清在此非常时期，有一天的自由一定要干，所谓做一天和尚撞一天钟，只要有钟可撞，如何研究实验，如何推广，如何训练人才，都需要整个计划的厘订，分工合作，使人力上物力上都经济无浪费，我们乡村工作就应在此下手。

总之，乡村运动是民本的，建设是包括科学的技术和内容，其次，要大规模地推广。已往以至今日下的乡村建设运动，还是在研究实验的阶段，如何将研究实验的东西推广出去，决不是私人团体所能为力。现在是需要这一套乡村建设的办法，装入制度里去，大规模地推广出去，这就要从亲民政治的地方自治入手。县政是真正老百姓的政治，现在就该从县政着眼，如何运用县单位制度的机构来运用乡村建设的方案。不过照现行县政组织仅仅是一躯壳，没有生命的，把乡村建设的方案加上去根本便不可能。所以在机构上非加改造不可，使变成一个推动乡村建设的机构。现在国内有实验县之试验，事实上自然而然有这种倾向，也可说是一种基本政治，现在要改造这机构的先决问题，要重新培养推动这新机构的人才。另一方面还要培养运用这新机构的行政人才。还有一点，是极关重要的，在上面有许多命令要推行，下面更要有足有手来帮助，所以要有组织有训练的民众。因为由上而下的组织是不能推行的，由下而上的基本组织，即在有组织有训练的民众，这是宝塔式的建设，而不是头重足轻的建设。依着这种组织，政府方面要整个计划的推行，雷厉风行，必收事半功倍之效。我们乡村工作同仁，一面大家要研究推广，一面更要有总的集合与合作。外人讥笑我们："一个中国人是天下最聪明的人，两个中国人在一起，就是天下最愚笨的人。"我们乡村工作同志，首先对此引以为戒。推诚合作，政府要作我们的后盾，予以种种便利，在死里才可以求生，无法才可以有法！

中山先生遗嘱上说："唤起民众"确是一句至理名言，尤其是在救亡图存的今日，的确要"唤起民众"，这句话好像说惯了觉得很平淡，本来有意义的而变成无意义了。但唤起民众，如何唤法？唤起之后又怎样办法？孙先生接着讲："必须联合世界上以平等待我之民族，共同奋斗。"孙先生所谓"唤起民众"，他是有步骤的，决不是摇旗呐喊而要有方法与技术的。我们要救亡图存，第一步即在唤起民众，除此以外别无他法。其次联合世界上以平等待我之民族，这也就是根本的外交政策。因为我们自己和美国联合和国联联合都不配，还不够资格，根本便没有什么友邦。举一实例讲吧，不久以前的苏俄，世界各国都鄙视他，排斥他，诟詈他，骂他是叛逆，视为不成东西的民族，曾几何时？把苏俄拉入国联，认为是最漂亮的一件事，这是为的什么？没有别的，苏俄五年计划的告成，各国敢不刮目相视。他们的计划就是受罪，有计划的受罪。而我们现在的受罪是无计划的，我们现在正需要有计划的受罪，有组织的吃苦，否则是无价值的，等于自杀。

"唤起民众"的工作非由乡村建设不能做到，现在我们正热烈地提倡，要朝于斯，夕于斯，十年二十年亦于斯，因为只有这个工作是值得我们干的。在此民族危急存亡之秋，如果我们不能参加一种有信仰的工作，还是自杀的好，因这种侵略耻辱委实忍受不住。诸位，时至今日，自杀易，自强难；求死易，谋生难。这几天我们相互讨论乡村工作，彼此推诚相与，互相砥砺，应处处以国家危亡为前提，分工合作，把握着现在努力的途径，不说空话，只有硬干，我相信中华民族一定可以自救。

晏先生演讲毕，由农村复兴委员会彭学沛先生继续演讲。略谓：

"现在我们中国遭到了历史上空前的危机，我们中国的人民有什么办法以贡献于国家呢？有的人只在打听消息，有的人只是叹息华北。至于如何来尽我们的天职，我想只有少数人在考虑。我们在政府的人，没有一个不想对国家有更大的贡献的。

从历史上看，国家在大乱时，必有少数人出来转乱为安，如曾左李胡等，他们即是像各位从事乡村工作的人员，努力挽救危局。可见国家存亡，只要少数人有办法拿出来，国家是不至于沦亡的。

现在欲使中国能同外国一样，是来不及的了。外国在现在是都市与都市战争，而中国的都市，则为外国巨量的投资所占领，因之，国家一旦有外患，靠都市与外国战是不可能的了。幸而中国幅员广大，外国一时欲屈服中国是不容易的。如中国多少有一点组织志气，及领导人才，外人就没有方法能完全占领中国。现在缓不济急，在此非常时期，希望有如曾左李胡其人；而在此大难关头，作中流砥柱，此种方法，我想各位是有研究的。

晏先生所说的县政工作，从前是没有这套机器的。现在我们所需要的不是警察的政府而是求人民福利的政府。实际上现在的各级政府，缺点綦多，都有改革的必要。如发生经济恐慌，中国即无办法，此因政府的力量不够为民众谋福利，只有暂时搁起。这样，便谈不到充实民力。所以，我们觉得整个政治的结构应该改革的，政府应改革成为完全为民众谋福利的政府。

现在的危机，除政治外，尚有经济的危机，然此经济的危机若无法挽救，仅言政治的危机是无用的。我们应该看到乡村是整个政治经济的重要部分。譬如麦和关税，便有极大的关联。关税没法解决，那整个便没办法。我们希望政府、人民和社会打成一片。政府应有积极的态度来帮助推动。如政府稍为帮助，可以事半功倍的。同时亦希望各地乡村工作人员有意见和办法尽量地贡献政府，因为政府常考虑不到人民之生活如何，其隔离情形往往在吾人意料之外。政府能够帮助乡村工作人员，至少是可以减少许多工作上的阻碍。

经济关系是决定整个社会关系的要件，山西阎先生在想办法，这和乡村工作及救亡图存有密切的关联。阎先生欲有根本的办法，使共产党无活动之余地，因此他提出土地村有的办法来，望诸位能有机会，对这问题加以讨论。但此问题非三日所能讨论的。不过我们总觉得阎先生的动机甚好，能够抓住要点，这倾向是无论如何可以赞许的。所困难者是乡村没有组织与教育，是不是除此以外尚有折衷的办法。其次是急进与缓进的问题，在现在乡村没有组织与教育时，应该如何进行，这是值得讨论的。

总之，乡村工作问题是极重要的，本人今日不过略提个人意见而已，我想诸先生都是从事实际工作的，当有更好的意见发表，恕我不多说了。"

至此，时间已过十二点钟，主席宣告散会。

六　分组讨论

分组讨论于十、十一两日下午二时至五时，在教育学院新建图书馆举行。问题讨论，辩论甚烈，兴趣尤为浓厚。共分四组：（一）政治类；（二）教育类；（三）经济类；（四）其他类，即不属前三类者属之。所有内容及发表之意见，均多价值，兹将各组讨论问题，汇录于后：

第一日（十日）

甲组

（一）主席：陈筑山

（二）讨论问题：

1. 农村自治组织应如何始有实效？

2. 如何能取政教合一之长，而祛其弊？

3. 实施全民基本训练的研究。

乙组

（一）主席：庄泽宣

（二）讨论问题：

1. 各地乡村教育应以中国民族兴亡为重心。

2. 乡村民众教育应以乡村青年为主要对象。

3. 村单位之农村改进区，应如何设法推广？

4. 乡村迷信势力应如何利用？

5. 编制公民训练教材。

6. 创设乡村模范农户，以利改进乡村事业。

7. 乡村建设与大学教育之关系。

8. 各地乡村教育，应从正面的积极的方面求出中国文化固有的优点，而不应专从负面的消极的去暴露中国的弱点，以与现在欧洲文明优点相比较。

丙组

（一）主席：许仕廉

（二）讨论问题：

1. 提倡土货以裕民生。

2. 今后乡村工作应以民生为中心。

3. 近年各省公路兴筑甚速，但因车辆制造不宜，以及村路修筑无力，大部农民尚难充分利用，将如何扩大公路效用？

4. 如何提倡公民服役，促成治黄治江浚湖？

5. 如何提倡地方性小规模灌溉放淤及抽水工程，化水患为水利？

丁组

（一）主席：梁漱溟

（二）讨论问题：

1. 乡村建设研究工作，是否应集中于少数几个中心地点？

2. 乡村社会推进之责应由谁负？

3. 全国乡村工作团体，应如何切实联络以宏实效？

4. 如何培养乡村工作人才？

第二日（十一日）

甲组

（一）主席：王先强

（二）讨论问题：

1. 从事村政建设，以乡村小学教师为中心动力，应如何实施？
2. 如何严密保甲组织？
3. 怎样训练民众，内容是什么？
4. 如何试验推行警管区制？
5. 如何训练各种乡村卫生工作人员，以期适合我国实际需要？
6. 我国应否采行公医制？
7. 应如何使农村服务人员，能取得基本的知识技能？
8. 在整个农村事业经费中，应否规定相当百分数为最低限度之卫生经费？
9. 农村工作人员应如何注重个人保健，以期增进健康增加工作效能。
10. 怎样组织农村妇女，训练农村妇女。

乙组

（一）主席：俞庆棠

（二）讨论问题：

1. 请比较何种民众教育制度最经济最有效可以推行全国。
2. 实施乡村民众教育，究以何种机关为宜？
3. 乡村小学如何兼办民众教育？
4. 编制乡村民众学校妇女班课程及教材。
5. 变更乡村民众学校课程以适应实际需要。
6. 乡村民校经费筹措问题。
7. 训练乡村民校师资问题。
8. 如何利用保甲制度，以促进乡村民众教育。
9. 乡村民校男女同班问题。
10. 重编乡村小学教材问题。
11. 怎样组织训练乡村青年。
12. 乡村初小毕业学生之继续教育问题。

13. 试验新拼音文字以利推行识字教育。

14. 普及乡村民众教育应首重精神教育。

15. 乡村工作应由"政教合一"演进到"以教代政"。

丙组

（一）主席：许仕廉

（二）讨论问题：

1. 如何拟定改革农村经济的整个方案？

2. 改进信用合作组织应注重放款用途。

3. 如何使无产民众参加合作社？

4. 合作运动之推广、指导、金融、监督四项工作，应如何分工合作进行？

5. 划一各省合作制度问题。

6. 如何提倡农民储蓄，以杜农村资金外流？

7. 合作学术机关与实施机关如何联络？

8. 阎锡山氏土地村有制的研究。

丁组

（一）主席：梁漱溟

（二）讨论问题：

1. 改善本会讨论方法使更切实而更有裨益。

2. 各省候补人员应先服务乡村建设。

3. 农村建设能否预定年限？

4. 乡村建设应利用政治力量。

5. 农村人材经济均甚落后，应如何发展其潜在力量以达到民众自动推行之地步？

6. 训练本地领袖，应训练现行系统人员（如保甲长），抑另行选择？

7. 乡村技术人员非常缺乏，应如何应付？

8. 如何减低乡村人口生育率及死亡率？

9. 农业教育机关及农业实验机关，应密切联络。

七　大会报告

十一、十二两日上午举行大会,各组将隔日讨论结果作归纳之报告,报告后再加讨论,兹将各组报告者,及讨论中兴趣较浓厚注意较集中的问题,撷录其重要意见于下:

(一)各组报告者:

甲组　江问渔(十一日)王先强(十二日)

乙组　庄泽宣(十一日)俞庆棠(十二日)

丙组　许仕廉(十一十二日)

丁组　梁漱溟(十一十二日)

(二)工作讨论撷要:

甲组——政治问题

一、农村自治组织应如何始有实效

(一)历来政治无成绩,由于:

1. 历来组织只是征收机关,发命令机关,与人民不发生关系;

2. 人民在政治生活之外,有更急迫之经济生活急需解决;

3. 多以都市的眼光及各国制度来想象。

(二)发生实效必要的途径:

1. 立法人应多下乡视察乡村实际情形;

2. 不是专门推行功令,应纳此机构于民众经济生活中;

3. 注意推行的人选;

4. 应使人民自动而不乱动;

5. 设法解放家庭,从下乡调查入手,以发现乡村中各种问题,从此类问题而谋解决,使家庭生活社会化;

6. 设立自治讲习所,集中训练。

二、实施全民基本训练问题

(一)实施的必要:

1. 乡村建设,与其达到物质的建设,不如达到"人"的建设,在民族危急时,要使民众有准备有认识;

2. 欲政教合一,农村自治组织有实效,须实施全民基本训练;

3. 在民众训练中可以产生优良领袖。

（二）实施方法：

1. 实施机关是自治团体，中小学及社会教育机关，初期对象为十六岁至四十岁；

2. 利用保甲制度，壮丁训练，以作全民基本训练。

三、培养民众自治能力问题

（一）须给民众以机会训练自己，吾人仅处于顾问地位，而干时，应与民众表同情；

（二）引起民众自己能设法去解决自己之问题。

四、保甲组织严密问题

（一）注重训练工作，不仅训练保甲长，而且要训练民众使下层基础健全；

（二）应使保甲组织成为民众的，要能够解决农民实际需要的问题；

（三）要使民众对保甲认识清楚；

（四）保甲长之产生与罢免权，须操在人民；

（五）江苏省立教育学院南门民教馆对此已有实验，成绩甚佳，可以参考。

五、训练民众之方法与内容问题

本问题可参考各地工作情形，内容方面是包括民众整个生活，方法则由个别的训练到团体的训练。

六、乡村卫生问题

关于乡村卫生之推行：

（一）可采用定县之保健制，内政部卫生署之卫生制度；

（二）须着重下层工作人员之训练，可利用民校学生，小学教师等作部分之训练；

（三）经费可占事业费百分之十至二十左右。

乙组——教育问题

一、乡村青年训练问题

（一）训练的必要：

1. 培养民族意识，从乡村青年着手较有把握；

2. 从青年训练培养乡村领袖，促进乡村建设工作；

3. 乡村青年因教育落后群趋城市；

4. 城市教育设施不适宜乡村青年；

5. 培养当地人自干，免除乡村服务人员代办之弊。

（二）训练办法：

1. 普遍训练——如乡农学校，民众学校，民校毕业学生同学会，励志团等；注重经济而作各种积极消极的训练。

2. 集中训练——如徐州农民训练学校，有三四年之试验，注重自教自卫自养，湘湖乡师招收八个青年，从事有系统之训练。

（三）训练内容：

须注意农业知识之搜集与介绍，旅行参观，阅读指导，团体娱乐，健康活动，农业推广，生活谈话，自由阅读，环境整理，生产训练，工业技能，合作事业，军事训练，纪律生活等。

（四）注意事项：

1. 训练对象，不论教育程度之高低，小学毕业以下及不识字之青年及女子，应特别注意；

2. 视需要如何而定训练方式；

3. 一切办法应指定若干乡村教育机关加以实验；

4. 乡村地土缺乏，非离乡无以找出路，应设法补救之。

二、村单位的农村改进区设施推广问题

（一）村单位改进之重要：

1. 村改进为区县改进之根本，如何用经济而有效的办法推广，是值得研究之问题；

2. 为求农村建设之普遍，应从村单位入手。

（二）以小学校为推广之中心机关的讨论：

1. 以乡村小学来推广村单位之农村改进，确为迫切之图，且事实上已有见诸实行而有成效的；

2. 从事农村改进者不应以经费为前提，得相机行事与其他机关合作；

3. 小学教师应具有此种共同的信念，即不但要教好儿童并兼及儿童之父母亲属，更应谋社会之改进，各种重要教育事业之实验；

4. 以一教师改进一村为准，但人非万能，应设立农村中心小学校补救，设教师数人，以辅导农村学校。此项办法，不必订有硬性奖惩章程，应任其自由发展，如定硬性章程，一则不易公平，再则必引入错误之境；

5. 小学教师从事推广工作应注意一切事业，自己完全处于领导地位，把民众切实组织起来。

6. 几点困难：

（1）因为师范学校会考，学生终日兢兢于会考科目，实无暇研究农村改进问题；

（2）以整个的乡村建设事业，交与师范生小学教师办理，在人事上，时间上，修养上，均感不足。

7. 村单位改进除以小学为中心机关外，他如民众教育馆，民众学校，合作社均可利用。农业机关，实验区等均为有效的中心机关。

三、最经济最有效的民众教育制度的比较问题

比较须有标准，标准须先从测量求得，今无标准可以应用，故吾人应从事此种标准创造的研究。

四、乡村民校经费筹措问题

乡村民校经费来源：

（一）利用学校就当地环境生产获利；

（二）实行保学，每保一所，以保内之各种公款维持；

（三）山东菏泽县乡学经费由县政府缩减保卫费裁汰警察而来；

（四）江宁县取消"征收官吏"，间接以此费供给教育经费；

（五）合作团体盈余及公积金押出若干应用；

（六）按照田亩，随粮征收；

（七）由乡民自己摊派。

五、利用保甲制度促进乡村民教问题

（一）方法：

1. 由保甲长报告区内不识字人数，先劝导，后用政治力量，送入学校；

2. 分配各时期，按期入学，每人至少须入一教育机关受教。

（二）原则：

1. 可以利用保甲制度以促进民众教育；

2. 最好用会议式，由彼自动，万不得已方用硬性的政治力量。

六、重编乡村小学教材问题

重编乡村小学教材的原则：

（一）要不违民族性，儿童性；

（二）不应与城市教材分家，然应普遍适合；

（三）须增加补充材料，以备各校伸缩之用。

七、民众学校教材编制问题

（一）民校招生留生问题之发生，其主要原因，还在教材之不合需要，故应慎重其事。

（二）教材编制之要点：

1. 注意社会实际需要，以民众生计为中心；

2. 加多科学成分，使藉科学方法改进技术，增加生产；

3. 应因地制宜；

4. 注意各个民众力量的集合；

5. 应以国家民族为前提，以培养爱国观念及民族意识；

6. 组织民校教材编制委员会，搜集各地乡土教材，加以系统研究。

丙组——经济问题

一、修筑公路问题

（一）民生问题中，"行"为"衣食住行"四者之末，现在修筑之公路：1. 损害农田；2. 使外货流入内地，且车辆等无一非外货；3. 农民不能利用，不若将此公款另作其他急迫事业之用。

（二）自国防与军事上说，有莫大助益；同时乡民步行时，亦多便利。

二、提倡公民服役促成治黄治江浚湖问题

（一）水利事业极重要，亦极复杂，人民应共同努力于此工作；

（二）利用公民服役办法以兴水利，可收极大效果；

（三）公民服役，民众痛苦异常，食既不饱，经手官吏又每加压迫欺骗；

（四）去弊留利，方为上策。

三、改进合作社组织与放款问题

（一）合作组织宜从教育入手，使明了合作之意义；

（二）谨慎征求社员，毋使不良分子混入；

（三）放款额宜少不宜多，以免影响信用能力；

（四）放款用途应以生产为原则；

（五）指导者与社员宜多接近，藉以明了社员生活状况；

（六）合作社宜因需要而兼营；

（七）组织手续，应用表格，宜力求简便；

（八）应设法使纯良贫农参加。

四、合作行政问题

（一）推广及指导合作应由乡村工作者多负责任；

（二）监督方面，政府应有划一办法，以供各省合作指导机关一致遵行；

（三）金融机关，可有相当检察之权，惟对指导机关须有适当程度之信任。

五、土地问题

（一）土地为乡村之本，开发荒地，为目前急务；

（二）土地分配最好以劳动力为标准，不以两性为界限；

（三）阎锡山氏土地村有的研究——土地国有原则，为近世学者所主张，自应赞同。阎氏土地村有制，其基础理论，亦本于是。惟就其全部内容以观，则与土地国有真义，又有若干差别，未曾顾及农村中之实际情形，故实施之时，定多困难：

1. 此类土地改革，必须有一强力之中央集权政府为之执行，而此一前提，目前实甚缺乏，若各地方零星施行，难有结果。

2. 土地公有以村为单位，固亦有便利之处，但困难及流弊，实不胜言：（1）村非行政单位，缺乏行政上之一切条件；（2）村公所之主持者类多地主绅士等，欲彼等执行土地改革工作，无异与虎谋皮；（3）各村地权混杂，人口多寡不等，以村为单位后，易引起村与村间之冲突。

3. 各村发行公债收买土地，此公债除本村外，难以流通，且农民对保存公债等习惯，素无训练，实施时必遇困难。

4. 农民得份地后，仍须照纳田赋，此外，并须纳十分之一劳动所得税，及产业保护税，农民负担将由之加重。

5. 分配份地之结果，使经营面积，更形分散。

6. 份地之作用，一方取消私有制，使私有状态下农民努力自田之心理，发生变化；同时原案中又对集体农场不加积极推动，使公有制之精神及作用，未能充分发挥。

7. 一方地权公有，一方生产物私有，则土地分配时因交通水利及地质等之不同，很难公平。

8. 耕作能力之规定，亦难准确，因过去农家耕作能力，除壮丁外，尚有妇女儿童等力量加入其内。

9. 土地分配不足，为意料中事，则对不能分到土地者之谋生办法，当有具体规定，且分配份地时之次序，亦多考虑，因如将原有土地之自耕农放至最后，以致无地可分，于事理殊为不公。

10. 耕农服兵役时，代耕一层，其劳力报酬，如何分配？目前兵士均来田间，如均可归村领田，领后回营，则其流弊，将不堪言。

11. 山林矿产，于国家经济有关，不能村有。

12. 中国南北情形不同，北部自耕农较多，南部佃农较多，此类政策之实施，亦须顾到实际情形。

13. 份地需要稳定，原办法中谓人口增加后，在适当时间可重分，对农民心理，影响殊大。

14. 单就山西情形言，金大调查十五县估计，佃农率为百分之五，中央农业实验所估计为百分之十四，佃农率较江南低得多。

丁组——其他问题

一、乡村社会推进责任问题

乡村社会推进之责，应由以下三种人联合进行：

1. 乡村自然领袖；

2. 外来的知识分子；

3. 本地农民大众——或说是成年农民。

二、农村建设的实验预定年限问题

（一）计划确为必要，惟需依据详密之社会调查结果而拟订；

（二）计划之年限长短可不论，如为长期计划，可按年做一大纲，更宜随时修正；

（三）乡村建设需一全国计划，且为全国建设计划之一部分，因乡村建设必随经济建设而行，而经济建设又必须以全国为单位也。

三、如何使民众自动问题

（一）乡村工作办过几年后要交人民自办，甚少把握；但始终包办亦不妥。惟今日内地多数农村，需要加速的有计划的进步，此种促进的工夫，实在需要一个中枢长久地做下去。

（二）乡村工作限年交于地方，我们不应当欺人，掩耳盗铃。

四、训练当地领袖人才问题

（一）领袖不但须有知识，且须于地方上声望允孚。加速训练，知识虽可猛进，但声望不可加速造成。

（二）乡村中要等训练而出来的不是领袖，领袖大概是自来产生的。

（三）要定期召集本地领袖予以训练，常有回避情事，即禁止其回避而强之，亦常有反作用，如训练青年做领袖，常见其不能担此重任。故宜将训练二字活用，即事即物，因时因地，予以扶助或指导。

五、技术人员之缺乏问题

（一）大学教育宜训练学生兼有农夫身手与科学头脑，每门功课有书本研究，亦有实做机会，以培养其创造力。

（二）受新式教育之技术人员下乡，确有困难，可使头等专家处最高地位，大学生做专家的助手，本地人做推广工作，上下连贯，有系统有组织，则技术人员缺乏可以解决。

八　闭幕情形

十二日下午二时举行大会，主席晏阳初先生，讨论会务两项：1下届开会地点在西安、重庆、广州三处中，斟酌大势择一举行。2推定杨开道、瞿菊农二先生为下届值年。继由考试院副院长钮惕生先生演讲应该努力的几件乡村工作。全词录后：

"兄弟于乡村工作虽感兴味，但无甚经验。而今日欲对富有经验的同志讲话，真是班门弄斧。惟既承美意见邀，只得贡献一些小小意思罢！

聆今日上午诸君的讨论，富有意义，富有兴趣，觉得乡村建设希望无穷。惟在目今从事乡村工作，必须认清时代，然后不致妄用心力。今日时代为国际竞争最剧烈的时代，国联为意阿之争摇摇欲坠。如实施制裁，则意国陷入僵局，而大战爆发。我人在此时做工作，必须应付第二次大战的来临，不但乡村工作同志如此，全国朝野应一致努力。我人于近年来已得到一种痛苦的经验，即知国家必有力量，然后有外交可言，然后有条约可言。无力量便无理由可说，而有了力量，便可强词夺理，而所谓仁义道德也者，皆寄托于力量。

国家之力量何在？国以人民而立，人民固须有道德学问技能，尤须富有能力。人民有能力，而后国家有力量。民众教育者，在养成民众之能力。外洋与古代之良法善政，不知凡几，但用诸今日，都难通行，而症结所在，每难索解。实则一言以蔽之，在人民的欠'能干'，欲使人民'能干'，纯为教育问题。今且就教育问题，聊贡一得。

今日人民之所以欠'能干'，因不与'人''事'接触。人不与'人''事'接触，则对人情事理皆不明了，蒙昧如此，而欲转败为功，因祸为福，实等梦呓。夫人民之所以不明'人''事'，盖因汉唐以后，以文章取士，士以文章猎取官爵，国家以文章牢笼天下英才。而文章非以穷年累月之功不能工，士子的精力既消磨于此，自与'人''事'相隔日远。士既不能治人治事，则国家之百政皆废。故外人侵入中国，无能与抗，即草泽英雄振臂一呼，国家亦危如累卵矣。士之无能如此，而小人闲居为不善，社会亦复无望。故我人今日必于人情事理中，养成能干的人民。能化贫而为富，转弱而为强，无论对人对事，殖产兴业，皆能肤功克奏，卓著成绩，以表示他们的能干。有能干的国民，即成有力量之国家，而后可以卓然立于世界。

要人民表示其能干，不但在政治上表示，且要在产业上著有成绩。今日上午诸君提到中国应农业化抑应工业化一问题。夫国家既以土地人民为要素，而人民之生活，必赖土之所生，生生不息，国家乃兴。农业之重要于此可见。但国家之财富，亦不能仅赖农业，工业亦属必需。工业有农产工业，有农销工业。农产工业者以农产加工，而不以原料出售。农产加工，不必赖大资本，农村中家家可做。机器虽可引用，但不必集中使用，而宜分散使用。人人有份，家家有份，大致如此。农销工业者，在求自给自足，国产土产原料，加工制造，以供国内之消费。今日造公路筑铁路，外货倾销更易。自应提倡国货，使人民受精神陶炼，凡自己消费的东西，必为自己出产的东西。

还有矿产工业，也须注意。矿产必加工，必以矿质外销，不能矿砂外销，故矿产加工亦极重要。

此外，尚有国防工业与国际工业。国防工业，即一切军用品之制造，宜求其自给，盖开战以后，中立国不能以军火供交战国也。国际工业者以产品外销，盖无产品外销，则不能吸收外国之资金，以购买外国之制造品，而军用必需，必感不足。

农产工业与农销工业，为从事乡村建设所应致力。国防工业与国际工业必待政府设法，但乡村工作人员亦有可以赞助之处。

论国防设施，或以为造炮垒，制飞机，练军队，即尽其能事，不知国防必赖全国人民共同努力。盖国防有军事国防，有教育国防。教育国防乃吾人之本分。明耻教战，同仇敌忾，外国奸细无由入，汉奸无由生，无论边疆内地，皆应训练人民一心爱国。如冀鲁江浙广东海岸，云贵边界，长城以外，以及上海租界，尤应重视国防教育。国家应以全力主持其事。教育界亦全力致力于此，政教一贯，其效乃著。

国家应办的事，即教育上应办的事。政治上应办的事以教育方法出之，而教育上所办的事，必合政治之需要。此即政教合一。并非以教育代替政治，始谓之政教合一。国家应训练人民使熟习其所事，使人人能干，则力量充实，可以自立，可以对外。

兄弟今日略贡鄙诚，自觉粗浅，如以此而引起诸君研究动机，实深万幸。"

钮先生演讲毕，由梁漱溟先生继续演讲，题为如何使中国人有团体组织，发挥颇为详尽。其词如下：

"在座同仁！各位先生！我们的工作讨论会，开过了三天。在历次大会讨论的时候，兄弟都很少发言。本来对各个问题，兄弟都有许多话想说，但一则想多给同仁发言的机会，听听各方面的意见；同时我所想说的话，都不是几分钟可以完的。（大会讨论时，每次发言以三分钟为限——记者。）现在承主席团之约，要兄弟作一小时的讲演。一小时的时间，还是有限得很，仍苦于不能作有系统地阐述。我的讲题是：'乡村工作中一个待研究待实验的问题'，此即'如何使中国人有团体组织？'

我常听得高先生（江苏教育学院院长高践四先生——记者）说，他很注意如何使民众起来组织团体。定县（平教会）四大教育中之公民教育，也是矫正中国人的自私，让他往团体组织里去。兄弟任邹平的工作，如何使民众有团体组织，更是我们所注意之点。现在我就从自私的'私'来说：'私'这个字，很多人说是中国人顶大的毛病。三十年前，兄弟读梁任公先生的'新民说',其中即谈到中国人缺乏公德。我们在社会上也常常听到人说:中国人是一盘散沙,没有三个人以上的团体,没有五分钟以上的热气……。前天晏阳初先生讲演,还引了外国人的一句话:'一个中国人是顶聪明的,两个中国人便是顶愚笨的'。大公报亦曾引用张伯苓先生的话,痛论中国人的自私,以为此弊不改,中国无救。这些话我都承认,但是我们应当想一想:中国人的自私是从那里来的呢?难道说从中国人血里带来的么?我不相信有先天的自私性!我们还要反省:自私就是缺乏社会性,而人是社会的动物;如果中国民族当真缺乏社会性,他能够活到今天吗?他的历史能如此悠久吗?他能够疆土日益扩展,成为一个庞大的国家吗?这个理讲不通!所以随便说中国人自私,这话很不妥当!中国民族以独创的文化而维持其生命,维持到没有其他民族能和他比历史。他若自私,早就完了!我一面承认中国人自私,一面否认中国人自私。照我所认识的,中国人的自私是后天的,是从社会结构的影响,让他如此。其特殊的社会结构,培养、锻炼、训练,而成功了所谓中国人之自私,如心理学上所说刺激反应的那个道理。此要点在社会结构而不在中国人。由其社会结构之特殊让他如此,不是中国人生来如此。

中国社会结构之特征何在?就是平常顺口说的两个字——'散漫'。中国社会和其他社会比较,很容易见出他像是'化整为零'。散漫两个字很简单;简单就失于不够、不清楚,容易误会。我底下用两句话作说明。一句是'在中国社会有职业之分途而缺乏阶级之分野',一句是'在中国社会有伦理生活而缺乏集团生活',散漫的内容意义就是这两句。第一句中尚包含一点,即'力避垄断'。也许因为无垄断而无阶级,也许因为无阶级而更无垄断。无阶级,无垄断,适所以成功散漫。第二句话里,也含有一点,就是'力求相安'。由力求相安,他就越发往散漫里去。大家千万记住:团体这东西和'竞争'、'斗争'最相联;几乎可以说有竞争斗争方有团体,有团体更易引起竞争斗争。于此亦可明白中国人之和平,与其散漫亦是一回事情。

底下我再解释'中国社会有职业之分途而缺乏阶级之分野'和'中国人有伦理生活而缺乏集团生活'两句话。我们先从中国人的伦理生活说起。本来以散漫来形容中国社会,也算说着了;可是不要误会,中国人并非如此散散漫漫,他正有很密切的连锁关系在。这个很密切的连锁关系，就是伦理。我没有时间对中国社会构造作过细的分析，我可以用一句话总结来说，就是'以伦理情谊连锁众人，从此顾恤，互相负责'。中国旧日的社会，确是这个情形（此刻的中国社会，已非固有；固有的崩溃了）。在从前的中国社会，每一个人都对四面八方的伦理关系负责，如父母、兄弟、亲邻、朋友等等；同时也有样好处，四面八方的伦理关系也对他负责。第一，认识了人生始终在相关系中而生活；在相关系中，彼此又互以对方为重。——此即伦理。无论好的父母，或好的子女，好的亲邻，莫不以对方为重者。其所以然，盖出于'情'，因情而有'义务'。所以在中国社会里，充满了义务观念，——伦理关系即义务关系。权利观念，从前不大有，直到现在，你对中国人说什么权利，他还不大入耳。由此我们可以明白：伦理就是情，就是义务关系。所以我说中国社会是'以伦理情谊连锁众人，彼此顾恤，互相负责'。这样不是散漫，然其散漫者亦在此。曾经有一位外国朋友问我：中国社会是否因散漫才有伦理来补救呢？我回答他说：否，中国社会是因为有伦理所以才散漫。伦理是以家庭为中心而向外放射的，即以父母兄弟的关系向外推广，所以推到师生就有所谓师父、徒儿，推到政治就有所谓父母官、子民，通统是这个意思，——拿家庭来放大。家庭，在中国人的生活上位置之重要是都知道的。为什么有这种特殊的情形呢？完全从一个问题来的。这个问题，就是'缺乏集团生活'。同时我要指出，说中国人散漫，并不是说中国人有'个人主义'。个人主义是集团生活发达后的产物，中国人缺乏集团生活，所以没有个人主义。集团与个人是两个极端：有团体才反映出来有个人，好像有西而后有东、有左而后有右一样。在无集团生活的社会里，无个人主义，因为他不知道有个人。——没有过强的团体力量，反映不出来个人。家庭生活，造端于男女两性，那里能说中国人有家庭生活而西洋人便没有呢？中国家庭所以显得重要即因缺乏在家庭之上的大集团关系。西洋人虽不是没有家庭，可是西洋人家庭的重要被团体关系掩盖了。团体的对面是个人，家庭位于中间，西洋人趋重两端而中间隐没；中国没有两端，所以特别把家庭显露出来。而家庭骨肉之间，当然要讲情感、讲义务，不能讲法、不能讲纪律（集团生活则非讲法讲纪律不可），所以中国人特别发达的是义务观念，道德（或曰伦理）观念。由此伦理义务之观念而形成社会秩序。

底下我要从三方面上说明中西社会之不同：

一、在政治上，我们很容易看出西洋人的集团生活。此因其所处的环境是国家林立，国际竞争激烈，所以人民不能不讲团结，国家不能不讲干涉。这是锻炼西洋人有集团生活的根本。像中国外无国际竞争，内以消极为治的情形，在欧洲是没有的。从前的中国人不似现在的中国人，从前的中国人很享福，百姓是'一等大百姓'。北方有句话：'交了粮，自在王'。从前的中国人个个都是'王'，与国家彼此不相干涉，自由自在得厉害。整个历史上的中国，就是'桃花源'啊！

二、在经济上，中世纪的欧洲也是干涉的，近世之讲自由竞争即其反动。中国人在经济上也是各自关门过日子，小农小工小商各自经营，零散得很。

三、不惟政治经济两方面是那样，而更根本的：西洋人在宗教上有集团生活，中国人没有。刚才说团体与斗争相联，有斗争才有团体。现在再请大家记住：人类从前几乎有宗教就有团体，有团体就有宗教。有团体而无宗教者盖鲜，在当时，宗教是唯一的团体。

中国在这三方面都缺乏集团生活，所以显露出来家庭关系而发达了伦理；所以说中国人不是以伦理补救散漫，乃是有伦理适所以成功散漫。在这里我可以夹带一句话：让中国人没有宗教、没有团体的是孔子（此地没有是非功过的意思，只说事实）。那么，伦理既然把人都连锁起来，互相负责，为什么还说他散漫呢？因为他是消极的有所保障，而非积极的有所进取。必须好多人联起来，向着一共同目标积极进行，才算团体，伦理关系只不过在有问题的时候互相帮忙，有消极性而无积极性——非团体，故谓之散漫。因之，中国人没有法子不是身家观念重，没有法子不照顾他的亲戚友邻；于他生活有关系的，原来只是这个而已啊！

底下再说职业分立的话。职业分立乃对于'阶级对立'而言。照我的分析，中国很早就土地自由买卖，人人得而有之；遗产均分，而非长子继承制；同时蒸汽机电机又未发明，于是在经济上就没什么垄断。经济上垄断不成，则政治上垄断亦不能有。秉政而亲民者，为官吏而非贵族。官吏由考试制度而来，故有'朝为田舍郎，暮登天子堂'之谚。故只有士农工商之分途，而无两阶级之对立。富贵贫贱升沉无定，而大致'人人机会均等，各有前途可求'。其势使社会中人趋于分散而不团结，与阶级对抗使人趋于团结恰好相反。士人念书作官，固为一身一家之事；其为农为工为商者，亦无非靠一家大小来经营。你一家、我一家，各自奔前程，谁也不管谁。兴发是一身一家，失败也是一身一家，由此辗转复辗转，总不出乎一身一家。诚以和他们生活关系最密切的，无超乎身家范围者也。所谓中国人的自私，只是身家观念重；然而不让他重身家，重什么呢？这时候中国人除身家观念外，实在没有较大范围可以构成亲切的一个东西。如西洋中古的宗教集团，近世的职业团体、阶级团体，他都没有。复以缺乏国际竞争，及政治上的消极无为，国家亦与他的生活无关，国家观念无从而有。所以一开口便是'天下为公'，什么阶级意识、民族意识，他绝对摸不清。从'天上'落下来便是'身家'，从'身家'升上去就是'天下'。这天下为公的'公'，太公啦！公虽真公，可是抓不着、靠不住、用不上！中国的的确确富于世界主义、大同思想、不爱和人家分彼此。比如两人在一块吃茶，倘若各自给钱，怪不好意思！中国人历来不好和人家分彼此；可是今天人家和咱分起彼此来！所谓中国人自私，即落于一个极端——中国人恒落于两极端，说到公未免太大、说到私又失之太狭。西洋人好在有一个圈，他那个圈不大不小，正好培养公德、锻炼团体生活。所谓'公德'，须靠即公即私，为公即是为私，公私打成一片才能培养得出，否则无法培养。若公与私是两回事，要人牺牲了自己而为公，那不是常法。公德与急公好义不同，急公好义是个人的超凡的侠义行为，公德则是多数人养成的良好习惯。公德在中国人是缺乏的，可是急公好义的人则很多，这正因为社会散漫，大家的事无团体负责，所以不能不奖励个人急公好义。我们听'状元谱'那出旧戏，陈伯愚有两句：'为儿女俺也曾朝山拜庙，为儿女俺也曾补路修桥。'路和桥本来是大家的事，搁到现在，应当是建设厅去办。而当初没有这个机关，人们又是'各扫门前雪'，没有地方自治团体，没有国家，找不着人管，不管又不行，怎么办呢？所以如果有人出来办，就认为是一种善行、一种豪举而奖励之。于此很可以见出中国人散漫到如何程度了！西洋人的公德和团体生活的习惯，完全靠他那个不大不小恰到好处的范围培养成的。那个范围，关系其生死存亡：你要活着，非靠此范围不可；你要死，亦必须死在这范围里面。所以养得成'公德'或'团体生活'的习惯。但是要明白，西洋人之为公（为国为团体），不是真公，而是'大范围的自私'！有一个日本人叫作藤泽亲雄，曾任国际联盟秘书多年，他对我说："西洋人国家观念之强，我在国联里几年可吃透了！从他们的道路，绝对走不上世界和平；于是使我想起我们东方的'王道'，益增爱慕。"西洋人和今天的日本人，其所谓爱国，都是大范围的自私！中国人自私的范围小一点，所以挨骂。照我说西洋人、日本人都该骂；他们不是真公，真公的还是中国人！中国人天下一家，从没有像西洋人、日本人那样的狭隘心理。

　　从上面简单的分析，可以知道过去的中国社会是怎样的散漫、消极无力了！可是今天的中国社会，并此散漫、消极、无力而无之！在过去，社会虽然散漫、消极、无力，总还有其散漫的社会秩序条理；今天是连那散漫消极无力的社会秩序也没有了！现在的中国，是乱七八糟，散而且乱。在这散而乱的社会中，顶没办法；政府与人民，大家相望叹息而皆莫可奈何！许多人还骂中国人只有五分钟热气，真冤枉！天地间热气原来只有五分钟，谁能老是冒热气哪！西洋人、日本人，也是五分钟热气呀，不过当他们热的时候，情绪能送达出去，有其行动行为；中国人则干冒热气而送达不出去。这是为什么？就因为中国社会散而且乱！中国社会如有其机构，有点条理秩序，人民的情绪可以达之行为，那么，一分钟的热气就很有用处；否则，你热一点钟也是白热！

　　中国人因为缺乏团体生活，所以团体生活所需要的要素就缺乏了。团体生活所需要的要素是什么？一是纪律习惯，二是组织能力。纪律习惯是什么？就是多数人到一块时还能行动敏捷。因其彼此之妨碍减少到最小限度，和一个人一样，故能动转自如，无丝毫牵制。这件事情，在中国很难作到；我们看茶馆戏园之中或开会场中每每乱七八糟，嗓闹拥挤不堪。听说在外国看电影买票，很有次序。必如此行动才敏捷，问题才能解决得快，中国人则不知道这个道理。组织能力是什么？即大家商量着办事，彼此互相承认地位，凡一分子应作的事情都尽其力量，不净支配人，也不净听人家的话。否则不算组织能力。简言之，作团体一分子的能力就是组织能力，这个是中国人所缺乏的。中国人在团体里边，他高起兴来，则急公好义，忘寝废食；一不如意，马上抛开不管。团体事情与其生命无密切关系，所以锻炼不出纪律习惯、组织能力。纪律习惯同组织能力比较，则纪律习惯容易养成，组织能力不易培养，因必在进步的团体生活中才有组织能力。团体生活怎样是进步的，怎样是不进步的呢？在团体生活中多数人被动就是不进步的，多数人主动就是进步的。不进步的团体生活，只可养成纪律习惯而不能养成组织能力；组织能力惟于进步的团体生活中方得养成，说到中国人自己欠缺之补救培养的话，我愿意提醒大家：中西文化比较，中国所短的不外两样，一是科学技术，二是团体组织，再没有第三样。我们如果把这两样（科学技术，团体组织）有了（有固不易），那是成功最好的文化的时候。关于科学技术的话我们不说，下面单说团体组织。

团体组织这句话，包括了纪律习惯与组织能力。纪律习惯很容易培养，如广西强迫练民团，每人都要当半年兵，受严格的军事训练；这样下来，纪律习惯就可以有一些。不过，这个可不能培养组织能力。组织能力是各个分子对团体皆为自动的有力的参加；仅能遵守纪律，服从命令，是不够的。那么，如何培养中国人之组织能力？如何让中国人在小的地方社会形成地方组织、在大的国家形成民主政治，或者在经济上形成种种合作？这个真是有待研究有待实验的了。这个问题，说着容易，作去很难，怎么难呢？因为我想有两条路不能走：一是近代西洋人民主政治的路。近代西洋人之所谓民治的组织，一人一票，大家平等，开会表决；这种近代的方式，其根本观念是从'个人权利'出发，是'个人本位，权利观念'的组织。法律、国家，都是为此，都是从此出发。这条路是西洋人从他过去（中世纪）的过强的团体干涉力而来的反动，开出了个人主义，自由主义这一条路。所以近代思潮所表现的处处不外乎此，而形成了个人本位的社会。个人自由这条路走得太偏了——流弊百出，于是又要求不要太抬高个人，妨碍社会，妨碍团体，所以重新转入第二条路，而再归到讲干涉、讲统治，把从前神圣的自由亦视为不神圣了。共产党、法西斯，均是如此。这又是最近潮流，为对于近代潮流的一个反动。我们如果明白西洋各有其背景，则可知那两条路都不是我们所能走的了。何以言之？因为第一条路对团体可说是个离心的方向：中国人正缺乏团体，若再走离心的方向，不是自己与自己过不去吗？正苦于难合而故使之分，不是自相矛盾吗？那么，第二条路——最近潮流该合我们的需要了吧？是又不然！因为什么？因为中国人有两个毛病：散漫是其一；第二就是如果有团体的时候，在团体生活中他总是被动的。中国老百姓就是会听话，听话成了毛病。兄弟作过两次短期的县长，感觉到老百姓很难对付！举办一件事情，你开头的时候如果让他商量，他总是商量不到一块；这时候你再强他如何如何，他一定不高兴。可是一上来就不让他商量，干脆命令他如何如何，他也就俯首帖耳地一句话也没有了。其历史生活如此故也！这个被动的病源若是其深，而要治此病亦非自今日始。几十年来先知先觉牺牲了许多头颅热血，是为的什么？就是反对专制。反对专制，也就是为的治被动那个病。可是今天不叫专制而叫统治，不叫专制而叫专政，——以统治专政为美名；前之拼命反对者，今则高兴赞成。究竟应该反对还是应该赞成呢？依我说还是该反对！我们要知道：不能治被动的病即不能治散漫的病，不能治散漫的病的也不能治被动的病；能治被动的病即能治散漫的病，能治散漫的病的也能治被动的病。我们走近代民主政治的路则无补于散漫，走晚近干涉统治的路则无救于被动；被动与散漫，有一不治，则两者齐来。再告诉大家一句话：西洋人的那两条路子，不单是我们走着不合适，并且亦无法走得上去。二三十年来民治的不易成功，是因为缺乏阶级，没有资产阶级作过渡，所以不能成功民主国家。自民国十五年至现在，我们所苦的是苦于党的无力；党之所以无力，亦在其缺乏阶级背景。如果有人一面骂中国散漫，一面又挑拨阶级感情，鼓动阶级斗争，那是自相矛盾，那是自己糊涂！同时因为政治无力，而所谓团体最高主义，所谓什么统治，都无从说。因为如此，所以不能不走另外一条路，这条路即所谓'乡村建设'；要用教育功夫，启发农民的自觉组织乡村，首先在经济上联合自卫，联合生产才行。然而难上难的是西洋近代潮流和最近的潮流我们都不能走。我们究竟走什么路呢？用什么方式来组织民众，推动社会呢？这是我们乡村工作中一个亟待研究，急待实验的重大问题。邹平那边虽就有些研究有些实验，第以实验尚无结果，恕不报告！"

最后由高践四先生致闭幕词，以"不满足"三字之礼物赠送全体会员，用意深远，听者动容，至五时许宣告散会。

江苏省

江苏省立教育学院乡村民众教育实验工作报告

- 一　引言
- 二　农民负担
- 三　农村保卫
- 四　经济组织
- 五　经济建设
- 六　乡村教育
- 七　乡村自治
- 八　人才训练

一　引言

二十三年十月全国乡村工作讨论会在定县开会时，本院之乡村民众教育实验工作，曾印有报告，兹因全国乡村工作讨论会又将在锡开会，特依照本会上年报告项目，将本院最近一年来工作情形，摘要报告如下。

二　农民负担

赋税繁重，民不堪命，就中尤以田赋一项为农民最重之负担。数年以来，本院对于苏省田赋，曾加以分析研究，所得结果之一部，已于教育与民众月刊六卷十期"江苏省田赋之研究"一文中发表，兹择其较重要数点，略陈于次：

（一）田赋税率之比较　江南田赋每亩平均为八角九分三厘八毫，江北则为四角三分七厘四毫，全省平均税率为每亩六角五分四厘九毫。其中以吴县每亩年纳一元二角七分六厘一毫为最重，赣榆年纳一角三分三厘最轻，此外年纳一元以上者计上海、松江、青浦、金山、太仓、嘉定、吴县、常熟、昆山、吴江、无锡、江阴、东台等十三县，除东台外，各县皆隶江南。

（二）田赋附税超过正税　附税名目繁多，数量奇重，即如崇明一县，有附税二十四种，最少如启东，亦有八种。各县附征附税，莫不超过正税，最甚如海门竟在二十五倍以上，最低如上海亦超过二成稍弱。但概观全省，江南各县附税超过正税比率尚不甚过高，若苏北之灌云、如皋、涟水、淮阴、阜宁、高邮等县，其附税皆在正税十倍以上，其他徐淮各属，大都均超过六七倍。

（三）田赋与人口及农户之比较　以各县人口数与田赋数比较，知田赋负担最重者为昆山，平均每人每年负担五元二角四分六厘四毫，最轻者为青浦，平均每人每年负担三角四分三厘九毫，以全省平均，每人每年需负田赋一元四角二分八厘四毫。各县每农户平均负担田赋数为十二元二角九分四厘八毫，以阜宁为最高，每农户负担田赋八十五元三角零三分八厘，南通为最少，仅六角四分四厘九毫。

（四）田赋与地价之比较　田赋正税附捐之总额，本有不得超过其现时地价百分之一的规定，但反顾江苏情形，超过此项限度者竟有四十八县之多。如东海县每亩田赋竟占地价百分之四·六四。农民负担之苦，自可想见。

（五）田赋与田地收入之比较　在十七县统计中，田赋占净收入之百分数以太仓最重，占每亩收入十三·四弱，泰县最轻，占百分之三强，平均为百分之七余。

至其详细数字，请参看原文。（见教育与民众月刊六卷十期江苏省田赋之研究）

三　农村保卫

无锡尚称安靖，农村保卫组织以事实上不甚需要，无甚发展。惟每年冬令盗窃较多，故本院各实验机关，于每年冬季，指导民众，组织冬防团，各村自成单位，由各家壮丁于晚间轮值司巡逻之职。但各村间亦有密切联络，守望相助。惠北各分区与黄巷，各村大都组有此项团体，其经费则由地方居户分担。北夏实验区亦有冬防团五处，团员八十四人，南门民众教育馆之蓬户自治实验区与推广区亦均有此项组织。冬夜梆铎相闻，居民皆得安枕。详本院各实验机关报告。

四　经济组织

本院各民众教育实验机关倡导之农民经济组织，有合作社、储蓄会、贷款所及仓库等项，兹分述其近况如下：

（一）合作组织　一年来之合作事业，在数量与质量上各区均有进展。下列数节为一年来推行合作事业之比较重要之点：

（1）灌溉合作社之成立　各实验区内农民以去岁大旱成灾，戽水不及，受累匪浅，颇有合力购机，改良灌溉之必要。本院工作人员乃因势利导，就其需要分别指导组织戽水合作社，计惠北民众教育实验区一所，黄巷辅导区一所，此外北夏普及民众教育实验区曾有合作戽水委员会三个，其资金俱向农民银行息借，即以北夏三委员会计，共借基金五千三百元，获救稻田一万零九百八十亩。

（2）消费合作社及人力车合作社之创办　南门民众教育馆于本年度内先后指导成立人力车利用合作与消费合作各一社。前者在运用合作组合方法，使"拉者有其车"，对人力车夫生计问题，作根本之解决，但因与车行利益冲突，其间经过不少困难，方始成功，现有人力车十辆，社员二十人，业务甚为发达。后者因蓬户居民之食粮等消费物大都购自小商人，又加零星购买，倍受剥削，为减轻消费者负担起见，乃有消费合作社之组织，成立以来营业日见发展。上述两社皆因民众实际需要而产生，业务亦全由社员自理。

（3）合作社社员之训练　健全之合作社必须有健全之社员，因社员不但需有合作精神，更必须有相当之合作知识。本年度各实验区对合作社社员之训练，约如下述：

（甲）北夏实验区　于农闲时开办合作讲习会以训练合作社社员，报到学员共二十八人，两星期结束后，仍回乡服务；讲习科目有合作社经营法，合作簿记，经济常识，合作生活指导，农事改良，世界大势，阅读指导，算术，唱歌，临时演说等十种。

（乙）南门民众教育馆　该馆指导下之两合作社，亦注意于社员及职员之训练，一方面举办合作讲习会，以灌输合作知识，一方面注重从"做"上学习，完全由社员经营社务。

（丙）惠北实验区灌溉合作社之职员——管机者，更需专业训练，南徐巷灌溉合作社乃指定某社员子弟赴厂学习管理，以免假手于人，致生种种弊病。

（4）新旧合作社之总计　各实验区各种合作社总计四十社，社员一千〇七十人，股金七千〇六十一元。

（二）储蓄会　农民无固定的按月收入，储蓄之利息复低，故倡导储蓄会每感困难，惟储蓄会之附设于信用合作社者尚属不少，倘能经营得法，则合作社基金增加，基础巩固，不需外款，亦足自给。

（1）黄巷辅导区、谢巷、高长岸等处原有储蓄会三个——即附设于信用合作社者，会员八十六人，八十六股，按月存储。近更应区内各地乡民之要求，先后协助成立杨木桥、张家桥、丁巷及周龙岸等储蓄会四处，共会员一百〇六人，一百十二股，按月存储。新旧合计，会员一百九十二人，一百九十八股。储款总数为六百五十六元九角。

（2）南门民众教育馆　该馆因蓬户区民众每届春夏两季收入较裕，秋冬之际，则复窘迫不堪，是以指导组织储蓄会以调剂其经济。其办法有二：一、定期定款储蓄，按期存储定额款项；二、每日不定款储蓄，即以一日开支所余存储，二星期一结存入银行。参加者兴趣颇高，而赌博之风亦由此绝迹焉。现在储款总数为三百五十九元二角四分。

（三）贷款所　本年度内各实验机关贷款之情形，可分述如下：

（1）惠北实验区　该区之贷款组织，其性质类似华北各省之预备合作社，全区设农村贷款处，各分区指导农民组织贷款会，向农村贷款处贷款。其用途规定以农本、畜本、戽水、肥料为限。二十二年度放款二千八百元，二十三年度贷出四千三百十九元。

（2）北夏实验区　本年度内曾放款两期，借款人数七百三十七人，共放款六千零十六元，内大部分为农本放款。

（3）南门民众教育馆　蓬户区高利贷盛行，居民为生活所迫，饮鸩止渴，备受剥削，乃设贷款处以流通金融。其办法分个人贷款与合作贷款两种，合作贷款集合六人以上可贷百元以作小本经营之资本。总计贷出款额八百二十元，整借零还，未尝拖欠。

上述各处共计贷出洋一万一千一百五十五元，其大部皆用为生产事业之投资。

（四）仓库　仓库之制，在使农民有适当之储押场所，以求农村经济之流通，本年度中北夏惠北均有设立。

（1）惠北实验区　该区之仓库组织，方式有三：一为集中式，规模较大，设仓库管理委员会管理之，在西漳分区试行，分屯押与零押两种，押款已有一万余元；二为分散式，各村设一小仓库，由村中公推一公正人士负责保管，在岸底里分区试行，先后押米二百余担，盈余二十二元许；三为保证式，农家需借款，抵押品如米粮之类不入仓库，只由保人负责监视而已，试行于胡家渡，押款亦近千余元。

（2）北夏实验区　北夏指导下之仓库亦有两所，本年内东周合作仓库押米三七一·八九石，贷款二九九八元；大桥头合作仓库押米六五九·四一石，贷款四八一〇元。

本章各节材料，散见本院各实验机关报告，本院校闻，惠北惠北报，北夏新北夏。

五　经济建设

本标题下所欲陈述者，为本院各实验机关在一年来指导农民从事物质建设之事业。约而言之，可分下列数方面：

（一）修路　乡间因道路阻塞，交通不便，事事落后。二十三年度内各实验区指导农民修路情形，计完成东亭——马家里，东亭——亭庄，徐巷——林巷，蠡埻——北钱，墩上蒋家——东周巷，墩上蒋家——浜和，陈四房——庙家里，石塘湾——秦塘湾等段。梅村镇民众亦复发起征工筑路十一段，全线长三十二公里。此外郭家巷、湾桥、陶家巷联合改进会筑路五段，长三华里，蓬户区筑路六百四十丈。胡家渡、王家宕、岸底里、梅泾及黄巷辅导区等处，本年度内亦筑成新路十三里许。

（二）浚河　河道淤塞，既碍交通，又妨农民，是以疏浚河道，各实验机关亦多指导进行。二十三年度内如成塘河、东亭、芝藤棚下、蠡烽上、官路上、秦塘泾、西成桥、孙弯桥、九甲桥、黎尖桥及蓬户区等河道，均经先后开浚，其间即黎尖一处已费银三千余元，除由政府补助一部外，余均由民众自行筹集。

（三）造桥　江南水道纵横，非多建桥梁不足以利交通，故各实验区对于指导修筑桥梁，均有相当努力。本年内除新建唐乃桥、高春桥两所外，另有张公桥、新桥、陈四房桥、陈五房桥等四处重加修理，款项大部分由乡民筹集，不足则向千桥会等处募捐。

（四）造林　各实验区于每年春季都选购苗木，廉价转售于农民栽植，二十三年度内共售出四千七百三十八株。计北夏一千一百零八株，内桐杨五百二十二株，梧桐八十六株，楝树二百九十株，油桐一百五十株，白杨、乌柏各五十株。惠北为三千六百三十株，计法国梧桐五百八十株，冬青九百三十株，扁柏一千二百七十株，白杨八百株，乌柏二百株，枫杨四百二十株，石楠一百八十株，黄金树八十株。

（五）救灾　本年度内各实验机关指导民众从事救灾工作，先后有水渠、西仓、版村等十余乡镇参与，组织救灾委员会三处，指导民众合作戽水借款九千一百十元，并指导补种旱作物荞麦九八·四亩。

（六）农事研究及推广　此部工作，由本院农场会同各实验区共同进行。农场主要工作，在研究试验农业上应行改良之事项，各实验机关负实行推广之责，至推广之先后，则以农家需要之缓急为准。故育成优良稻麦品种，繁殖杂交猪与鸡，改良蔬菜栽培方法，设法防治病虫害等事，均由农场主持，然后由各实验区将所得结果，从事推广。兹将一年来本院对于农事研究与推广工作择要报告如次：

1. 研究试验　研究试验事业，系继续前数年之工作，截至最近为止，已有下列几种结果：

（1）作物方面　第一，高级试验育成之优良品种，水稻有152号镇定乡短芒一时兴，204号板桥老一时香，816号板桥无芒，226号唐祥桥无芒，247号高泾桥光头，122号高田上短芒，3号唐祥桥光头小，及31号高长岸戬塘青等八品种；小麦则有12号、1—19号、24号及9号四个品种。各品种每亩产量，较之锡地最优良之木樨球稻及无锡小麦，均能多收七十市斤以上。

第二，作物人工交配试验，已经成功者，小麦有12东门，澳洲白皮，美国白皮，无锡小麦，金大26号，及Mindum等十二品种；水稻有处暑黄，矮生神力，高田红壳及光头黄等十品种。所有交配成功之稻麦品种，或成熟较早而产量较丰，或抗病能力较强而产量较多，皆有相当优点。

第三，关于作物栽培法及农具等研究与改良，如小麦与水稻栽培法之研究及江苏现有农具之研究与改良等，均拟另行编印详明之报告。

（2）园艺方面　栽培蔬菜，为农家主要作业之一，本院特将多种蔬菜加以研究，希望能发现优良品种，介绍农家栽种，一方更从事于蔬菜栽培方法之研究与改良。现已有结果者，如番茄之Earliana，Norton及Ponderosa等品种，每亩产量恒至四千至五千斤；胡椒中之牛心椒，则每亩可产八百余斤；而Succession种之甘蓝，收量亦丰，皆可推广。一年来本院供给各地蔬菜及花卉种子共有一九八三袋。此外园艺食品罐头之制造，及果树花卉之试种与繁殖，亦正在进行之中。

（3）畜牧方面　本院畜牧事业，暂时偏重猪鸡之研究改良与推广，如品种杂交，饲料种类与配合方法，饲养法及产卵数育肥量等研究，均已有报告。现有金华、武进等中国种猪与Berkshire，Polland China，Chester-White及Dunoc Jersey等外国种猪二十九头；狼山、寿光、鹿苑等中国种鸡，及来克杭、米诺克、鲁岛红、芦花鸡等外国种鸡二百九十余只，专做杂交育种工作，以为推广之需。

（4）编印农事浅说　本院农场将农业上重要之事项，如作物培栽法，病虫害防治法，家畜饲养法，及工艺品制作法等，编成浅说多种，稍识字之农夫，即可阅读，于各地民众教育机关举行农事指导时，亦能有所帮助。现在是项浅说已出十种，以后每月编印一种。

2. 推广工作　农业推广工作，由本院各教授负指导之责，各实验机关工作人员领导民众实行。兹举一年来本院农业推广工作，略述数种于下：

（1）供给优良稻麦品种　本院育成优良之稻麦品种虽多，但尚待繁殖，始能推广，故现在推广系以光头黄稻种及美国白皮小麦种为主，历年来在北夏与惠北两实验区推广光头黄稻种及美国白皮小麦种甚多，农民争相种植，现几乎遍及全区。

（2）推广优良鸡种　推广优良鸡种，分供给鸡种与种蛋二项，计一年来本院供给各实验机关之种鸡，共九十七只，种蛋一四九七枚。此等优良鸡种之推广，可与本地土种鸡交配，而得第一代成绩佳良之杂交种，故农家均甚欢迎。

（3）育蚕指导　本院各实验区向来联络蚕桑专门机关，按时设有育蚕指导所，指导农家育蚕工作，上一年来惠北与北夏两实验区共设育蚕指导所八处，受指导者共有一〇二四户，共育蚕二二五一张，结果因育蚕方法得宜，故成绩亦较佳。

（4）病虫害防治之指导　本院在惠北与北夏两实验区农场内，设有防治病虫害之示范农田，由本院技师及区农场工作人员指示农民防治稻、麦、蔬菜、果树、桑树等作物病虫害。一方面再将重要病虫害之标本，尽量采集与制作，以供各地社教机关之参考。计上一年售予山东、河南、浙江、安徽等省病虫害标本八十余种，共六百九十六匣。至于全省各地民众教育或农业机关，来函询问有关于病虫害之事项，亦由院内教授及技师分别答复。

（5）除虫药剂及治虫器械之推广　本院使用之除虫药剂，多以国产者为主，其效力远胜于市上所售之各种化学药剂。如巴豆乳剂，除虫菊石油乳剂等，价值既微，配合及使用方法又均简便，故农民均能自行配制。又市上所售之治虫器械，多系仿造外国式样，价值甚昂，本院因自行设计，制造喷雾器及拌种器等，中央农业实验所、云南教育厅等处，均曾购置是项治虫器械，试用结果，尚称满意。

（6）农村工艺之传习　此部工作由农村工艺室主持，除训练本院及各县派来之学员制造农村工艺品外，并与实验区合设农村工艺传习所，训练农民之工艺技能。现各县派来之学员期满回县服务者有七十一人，农民受工艺技能训练毕业者有一百九十三人。本院上一年共出竹细工品，藤柳加工品，稻麦加工品，棕毛麻加工品等共四百五十余件。北夏实验区传习所农民，每月能出美术草地毯一千五十方，运往京沪一带销售。

六　乡村教育

教育与生活原具有不可分性，所谓乡村民众教育工作，其范围亦至广泛，举凡上述改进生活各端，皆可谓之乡村教育，本节所陈为最狭义之教育活动，即指书本智识之传授也。关于是项事业二十三年度之实况，有如下述：

（一）惠北民众教育实验区　上学年共开民校三十五班，内妇女班二十，学生六百十二人，男子班十五，学生三百四十三人；又儿童八十七人。共计一千〇四十二人。凡四十三学级，计高级十八级，初级二十五级，毕业者九十五人。课本悉采用本院出版者，高级用高级读本，初级用妇女读本及生活化农民读本。近又应事实上之需要，各民校都有附设短期义教班者。又辅导区瓦屑坝，杨木桥，西村各设妇女班一处外，并在黄巷乡设立成人工余学校一所，另有协作小学两所，短期义务小学一所。

（二）北夏普及民众教育实验区　上年度计共开民校十七所，二十三班，内成人班十一班，学生四百二十二人，青年班六班，学生一百六十九人，儿童班六班，学生四百〇二人，其中男占六百四十二人，女占三百五十一人，二十三年度毕业二百〇六人，内男一百三十八人，女六十八人。该区民校所用教材，大半均系自编，成年班初级用民众读本，中级用民众高级读本，高级用庄编人人读五六两册，青年班用自编短期小学课本，儿童班试用自编国语常识混合编制乡村小学课本。

（三）南门民众教育馆　蓬户自治实验区自实行征学制后，其第一期学生八十二人，现已毕业，现正进行第二期，每期两教室，成绩甚佳。

二十三年度内本院各实验机关对于普及文字教育方法之试探有数点可略述于后，提供参考：

（一）缩短义教年限之实验　惠北王家宕分区，为试办小学兼办民众教育计，即进行作缩短义教年限之试验，于去年九月设立义务教育试验班，根据教育部小学课程标准，自编混合教材，提高入学年龄，废除星期日及例假，期将四年义教，减少二年完成。试行一年以来，据测验结果，悉义教班学生与他校二年级相等，算术成绩尤见卓越，盖年龄稍大，理解力较强耳。该班现有一二年级两级，共学生九十余名，明年可有一部毕业。自教育杂志二十五卷六号刊载该项试验初步结果后，颇引起国内人士之注意，其所编之混合课本，已与上海商务印书馆订有合同，由该馆出版发行，现课本及教授法第一册均已出版，第二册亦已付印，余均在整理编辑中。

（二）全民教育机关之设立　教育本应以社会全体民众为对象，且民教中心机关，欲求其施教切实有效，每一机关以负责二百户至五百户为较宜，因此民教与义教合一自为推广之良法，中国社会教育社第二届年会时亦有实施中心机关以治成年教育儿童教育于一炉的全民教育机关为最适宜的意见。因此本院北夏实验区一年来进行全民教育机关的试验，定名为中心民众教育，增加校数而缩小每一校之施教区域，实行半日二部制，推行儿童义务教育，并于农闲时减少儿童班之直接教学时间，晚上则作固定编制的成人教育活动。现划全区为五个分区，二十五个民校施教区，已设有民众学校十七处；同时惠北实验区亦于王家宕分区设立全乡学校一所，实验义教与民教合一之办法，中设儿童部、成人部、社会部三部，教育全民并作推动社会中心。

（三）征学制之试行　南门民众教育馆所指导之蓬户自治实验区暨推广区为普及各该区识字教育起见，于二十四年春作征学制之初步试验。由各该区保甲长会议议决执行，先检出并统计各该区人事登记卡中之学龄儿童及失学成年人数，并拟订第一期征学办法，规定男女强迫入学年龄，及抗征与无故缺席之处置办法。第一期先征十二至十八岁青年入学，以后按期实施，预定三年内可将青年壮丁文盲全部扫除。经各该区保甲长会议通过，并切实执行，颇见成效。

（四）合作民校之推行　北夏实验区为普及语文教育起见，鼓励地方自动办理合作民校，由实验区任指导、奖励、考核之责，每月由实验区派员前往举行月考，视其成绩之优劣及毕业生之多寡，酌给教师以相当津贴。此等合作民校亦以兼办儿童班与成年班为原则，其详细办法见附录。

七　乡村自治

民众教育须协助指导民众实现乡村自治，故团体生活之训练，自治习惯之养成，皆为民教之重要工作。自民国十八年来，本院各实验机关培养民众自治团体之中心组织为乡村改进会，或类似之组织。此等集会以村中热心公益，富有资望之成年民众组成之。就地方人民生活上之各种共同问题，由施教者启发指导乡村改进会会员会商进行。现惠北实验区乡村改进会共计八个，会员五百二十一人；北夏实验区十九个，会员三百二十人；黄巷辅导区除原有六个改进会外，本年度又新组乡村自治协进会二个，共计社员四百十三人。

二十三年度内关于协助指导乡村生活之重要工作有下列数项：

（一）举办乡村建设讲习会　北夏实验区曾于总部开办乡村建设讲习会，凡区内乡村改进会，每会应推选会员二人以上来会听讲。各中心民校除指导改进会推选会员外，更应选派曾受高级民众教育以上程度之农民参加训练，会期十二日，一切费用及学员膳宿均由实验区供给。讲授科目：党义四小时，唱歌五小时，民权初步十二小时，乡村建设问题八小时，医药卫生六小时，人事登记十小时，自治及保甲十二小时，世界大势八小时，国语十二小时，各改进会会员参与者三十余人。此后并举行全区改进会会员大会，组织改进会联合会，使会员彼此联络，并于集会时予以训练。

（二）协助保甲编制　民众教育之主要工作在培起乡村力量，而其作用之显现，端在团体之组织。保甲制度为政府所推行，同时又为民众最下层的基本组织。江苏省政府推行保甲制度，规定由各教育机关协助指导，本院各民众教育实验机关，一年来协助推行保甲制度之工作，有如下述：

（1）北夏　新藤乡、四保三十七甲，四百○八户；三蠡乡、六保五十三甲，五百十一户；查家桥镇、四保三十六甲，三百七十二户；梅村镇、二保二十二甲、二百五十户；西仓镇、三保三十一甲，二百八十九户。

（2）惠北　各分区亦分别协助区内编制保甲，现已完竣。

（3）南门　除蓬户区内编成炒米浜二保共二十甲，灰场浜一保共九甲外，复受无锡第一区公所之聘，主持指导施教区南里、黄泥长街、清明各镇之编组保甲事宜。

（三）保甲制度之实验　保甲制度之成功，不特在形式的编组，而更着重于精神上的训练；不仅属于杜绝盗贼奸宄之单纯目的，而更负培起民力，完成自治的重要使命。是以用教育工夫以运用保甲制度，实为要着，否则将徒有躯壳而无灵魂。本院南门民教馆乃有"民众教育与保甲制度合一"的实验，其运用之中心机构为甲民会议与保甲长会议。甲民会议为基础的组织，讨论甲内应兴应革之大小切身问题，每二月举行一次，亦有因讨论问题与他甲有关举行联合会议，共谋解决。同时此种会议之举行，又含有训练甲民的意义，常识讲演及时事问题的讨论等，亦为会议上重要的节目。保甲长会议更为保甲制度中之灵魂，是真正能代表民意的领袖们的议事集团，为区内居民努力自治，自卫，经济，教育，卫生，建设的主脑部分。种种事业的推进，莫不以保甲长会议为发动机关。但领袖之优劣足以影响整个事业之成败，于是便有保甲长训练之办法，一方面在实际的做上，予以认识及经验，使之获得切实的训练；另一方面规定日期举办保甲长自治常识讲习会，着重知识上的灌输；讲习二星期，其科目：党义，民权初步，自治与保甲，民众组织问题，蓬户法规，法律常识，违警罚法常识，世界与中国，问题讨论与唱歌。详情请参看教育与民众六卷十期保甲制度之实验一文。由于上项之实验，吾人得有两种信念：一、推行保甲制度，不能离开民众教育；二、培起民众团体力量，可运用保甲组织。

八　人才训练

本院设立主旨在养成江苏省各县民众教育农事教育服务人才，并为民众教育农事教育研究设计及实验之场所，故除各项研究实验事业之外，负有训练。民众教育专业人员之责任，近年以还，民教潮流，远披全国，除本省学生外，各省学生亦纷来就学。

本院现设民众教育、农事教育两学系，修业年限均为四年，并附设农事教育专修科，修业期限二年。现院内计有民众教育学系一、二、三、四年级，农事教育学系一、二、三、四年级，农事教育专修科一、二年级，共十班，学生二百六十二人，教学方面不特重视智识之培养，尤着重精神之陶炼，使学生养成勤俭朴实，刻苦耐劳之性格，俾能服务乡村，以民众教育为终身事业。除理论之探讨外，更注重实习，各系科学生入院后一年即需开始实习，以期养成学生深入民间之习惯，并认识社会之实际情形及获得实际之教育经验。本院附设之惠北民众教育实验区即为专供各系科学生实习之区域，至其他民教实验机关亦为各系科学生附带之实习机关，在特殊情形下并得赴本省或外省各民教机关实习。各系最后一学年，各科最后一学期，并定为长期实习时期，居住乡间，从事各种民教事业。

本院历届各系科毕业生五百十九人，大都服务于乡村，从事民教工作。兹将毕业生籍贯及现在服务地点表列附后。

毕业生籍贯统计

一、本省

县别	人数	县别	人数	县别	人数
武进	20	萧县	10	江都	6
无锡	18	沛县	9	青浦	6
泰兴	16	句容	9	邳县	6
如皋	15	东台	9	涟水	6
丹阳	14	淮安	8	金山	6
泰县	13	嘉定	8	江浦	5
宜兴	13	溧水	8	泗阳	5
靖江	12	松江	8	高邮	5
阜宁	12	兴化	8	奉贤	5
淮阴	12	灌云	7	启东	4
江阴	11	崇明	7	沭阳	4
常熟	11	高淳	7	宝山	4
盐城	11	丰县	7	仪征	4
南通	11	铜山	7	宝应	4
金坛	10	东海	7	上海	3
六合	10	镇江	7	宿迁	3
昆山	10	太仓	7	赣榆	2
南汇	10	溧阳	7	川沙	2
江宁	10	吴江	6	扬中	1
吴县	10	睢宁	6	共计	498
海门	10	砀山	6		

二、外省

省别	人数
云南	9
安徽	3
江西	2

续表

省别	人数
山东	2
四川	1
湖南	1
河南	1
广西	1
广东	1
共计	21

附注　本院历届毕业生：除特别生六人（陕西二人广东一人本省三人）及研究生三人共九人不计外，总共五一九人；内中本省者四九八人，外省者二一人；女生共占四二人。

毕业生服务地点统计

一、本省各县

县别	人数	县别	人数	县别	人数
无锡	42	南汇	5	东台	3
江宁	35	宜兴	5	东海	3
上海	27	靖江	5	沭阳	3
淮阴	15	邳县	5	砀山	3
铜山	13	高淳	4	溧水	2
镇江	11	金坛	4	启东	2
丹阳	11	奉贤	4	仪征	2
阜宁	10	太仓	4	宝应	2
昆山	9	崇明	4	宿迁	2
武进	9	海门	4	睢宁	2
沛县	9	常熟	4	灌云	2
松江	7	吴江	4	赣榆	2
吴县	7	泰兴	4	扬中	1
南通	7	泗阳	4	川沙	1

续表

县别	人数	县别	人数	县别	人数
江浦	6	涟水	4	嘉定	1
江阴	6	盐城	4	宝山	1
如皋	6	泰县	4	兴化	1
淮安	6	高邮	4		
丰县	6	青浦	3	共计	371
萧县	6	金山	3		
六合	5	江都	3		

二、外省

省别	人数	省别	人数
广西	13	广东	3
山东	10	青岛	3
江西	7	陕西	3
浙江	6	四川	1
安徽	6	湖南	1
河南	6	湖北	1
云南	6		
河北	4	共计	73
福建	3		

说明一：本院毕业生共五百一十九名。其中已死亡者十八名，服务本省者计三百七十一名，服务外省者计七十三名，升学他校回院续学或留学外国者十六名，服务情形尚待调查或因事家居者计四十一名。

说明二：服务本省之毕业生统计表中所指数字：

（1）上海市与上海县合计。　（2）南京市与江宁县合计。　（3）浦口与江浦县合计。　（4）无锡县与本院合计。

江苏省

金家巷农村念二社实验报告

徐国屏　皇甫均　王勉素　胡义文

一　引言
二　怎样教育民众
三　民众的精神的粮食
四　结语

一　引言

民国念二年是我国历史上最值得纪念的一年。在这一年中，全国上下都觉悟了经济国难的严重，一致奋起共谋打开一条出路。在中央规定本年为国货年，在山西实施经济统制，提倡服用晋绥土货。在广东有抵制文具侵略运动，在上海有国货运动和土布运动。而我们也在这年当中，随着邦人君子之后，发起一种运动，这运动的目标是"提倡土货，实行社会节约，努力社会生产，发展国民经济，改进民众生活，协谋中华民族之复兴"。因为他是从民国念二年开始进行，所以把他叫作"念二运动"。取名念二，含有纪念和警惕的意思。

为实现这个运动的理想起见，我们在各处提倡创办一种具体的组织。他的名称叫作念二社，他的宗旨和念二运动一样，他是从经济的立场由提倡土货协助复兴民族和改造社会的一种具有教育性质之服务团体。他就和学校或民众教育机关一样，各地方或私人皆可自由组织创办，彼此不发生连带的关系。

大夏大学于今年春天，创办民众教育实验区。我们觉得念二社的办法实在是一种复兴农村复兴民族和改造社会的良好办法，于是决定在该区范围内之金家巷村创办"金家巷农村念二社"试行民生本位的教育，各种教育完全由生产集团推动。此种教育方式，在今日中国教育界，尚属一种新的尝试，新的企图。创办至今仅历四月，却引起了社会上极大的注意。各界人士来参观、来垂询的，日益增多，我们势不能一一详尽解答，故特将四月来的实验情形和结果，作一个简要的报告。时间短促，敢云有何成绩？尚希望海内明达，加以批评，加以指正是幸！

二　怎样教育民众

（一）基本方法

农村念二社的教育，是一种民生本位的教育，是一种打破一切传统观念的教育，是一种在最经济的设施中以求最宏大的效果的教育。所以他的教育方法，绝非抄袭，模仿，空想，玄妙……的方法，而是一种带有革命性的新教育方法。兹将此种方法略述如下。

1. 与民众实际生活切合　施教之初，须注意各种教材皆与民众实际生活切合，如以工资收条教编藤团民众即是一例。

2. 以民众切身的关系为出发点　本社所定各种教育目标甚多，其内容未必皆与民众实际生活切合，凭空讲授，民众必难了解。故必由民众切身利害关系说起，由近及远，由著之玄。虽所用教材已去题万里，与民众实际生活迥不相合，民众听来，仍必亲切有味。

3. 把教育送到民众的面前　除非民众自愿前来，本社决不如一般民众学校之所为，与社会争夺民众，或与社会妥协，将生产与教育分离，仅在民众工作余暇施教。本社特制之巡回讲坛，由本社工作人员或各团团长按时推往民众农作场所，或住居附近之街道空地上，施以生产或与生产有关之教育。（天雨时则借用民屋。）

4. 民众在家自修团长巡回指导　农村念二社辅导部办公处，仅为教育之出发地，绝非学校。为节省经费计，当利用民众在家自修，而由团长至各处巡回指导。至关于习字写信等工作，亦由民众在家练习，而由团长按时收集练习簿。于本社指挥员指导之下，在办公室内修改，并按时发还民众。

（二）各团的教育方法

1. 织纺团

"三根棉条救中国！"这句话是我们常时和金家巷村民讲的。这句话，初听起来也许要引起一般人的惊异。其实说穿了并没有可惊异的地方，所谓三根棉条云者，就是指纺纱织布而言。因为我们有一种改良纺纱机，可同时纺出三根纱，质坚而韧，可制上等土布。我们认为欲从经济的立场挽救民族的厄运，非特别从穿衣上抵制外国货不可。我们又认为这种同时能纺三根纱的纺纱机，的确是抵制外国棉货挽救民族经济厄运的一种武器。

沪西区原为种棉纺织地带，差不多每家都置有一二架纺车和织布机。自上海市区扩张而后，中山桥头，有洋纱厂之设立，土纱土布，遂被打倒。且一般人因"做厂"工资优厚，都放弃了旧有的小手工业，而进厂去做机械工业的劳动者。本学期我们下乡组织纺织团，力谋恢复乡村固有纺织工业，但是他们的布机，已搁置多年，残缺不堪应用了。而纱车则因纺羊毛纱之故，得以幸存。因为重修布机，费用很是浩大，而且他们会的都是老法织布，改良又匪易易，所以我们仅举办纺织一部分。现在入团团员有老妪八人，年青来学的，只有两人。此十人中，并非完全是金家巷的村民，有一个是从桂巷村来的，还有两个是从杨家宅来的。纺织团成立之初，即与全团团员订定简章一份，以为活动的张本。纺织团简章的式样如下：

（一）定名　本团定名为金家巷农村念二社纺织团。

（二）宗旨　实施民生本位教育，救济手工生产协谋民族复兴。

（三）团员　凡愿从事于纺织事业而遵守本团团约者，皆得为本团团员。

（四）组织　本团设团长一人，干事一人，由指导主任指定之。

（五）职权　指导主任负计划团务及如何实施教育之责任。团长总理团务及负责办理推广事宜。干事协助本团一切团务。

（六）团员之义务

1. 自己之知识技能，应随时传授他人。
2. 劝别人戒去不好的习惯。
3. 劝人服用土货。

4. 参加本团一切活动。

5. 协助本团进行。

（七）团员之权利

1. 有读书识字的权利。

2. 有向念二社借取棉条从事纺织的权利。

3. 有借念二社纺织工具的权利。

4. 有免费学习纺织的权利。

5. 有委托念二社代售土货之权利。

（八）团址　金家巷四号。

（九）本团约自公布日起施行，未妥处由团员全体大会修正之。

为便于民众学习计，我们特地挑选了四位富有纺纱经验的老太太做导师，遂有"特约纺织训练处"的成立。

若有人至某特约纺织训练处去学纺纱，那么该处主任的工资（现在只能做到我们供给棉花，请她们代纺的地步），就可以增加一点，别人一块钱纺四斤纱，而她则纺三斤半就可以得一块钱的工资了。该团自四月四日开始以来，已经二月有奇，其间因销路问题，棉花问题，经过很多次的停顿。且纺纱是她们的副业，白天的时间是全部花在农工上，只偷着晚间及下雨的空儿，纺一些棉纱。故在此二个多月中，她们一共只纺了一百多斤纱。该团员大都为老妪，她们以为行将就木，念书无用，故实施文字教育，似较困难。不过她们因为经济关系，不得不来领点教材，然而一方面因为她们智力退减，一方面因为出于勉强，成绩却不甚好。不过我们打个倒算盘，识些字都比不识字好得多了。

2. 洗衣团

老实说，洗衣团正式的名字，应称为"洗衣合作团"，因为无论衣服的收发，用品的购买，都是采取合作方法以经营。但因其他各团，如编藤团，纺织团等名称都只有三个字，为整齐起见，故改今名。入团妇女共二十人，团员年龄自十五岁起至六十三岁止，其中中年妇女占最多数。该团专门承洗大夏大学学生的衣服，每天晨夕，由助理员前往学生宿舍收发。该团自三月二十日开始活动以来，迄今已历四阅月，进行颇为顺利，承洗衣户一百五十一个，承洗衣服大小四千一百二十三件，合银一百二十五元八角三分。

洗衣团实施文字教学的方法，与藤工团不同。例如团员第一次来取洗涤的污衣时，便有一课教材夹在污衣里面，同时分发给她们。三天后，来办公室前黑板上举行个别测验，以考核其识字之成绩。若是某团员能将所发教材中的字句，读得出，写得出，那么再发污衣教材给她。否则立即断绝经济的关系，必待其完全懂得而后已。

洗衣团设有小规模的用品合作社，团员所用肥皂、浆衣粉均由合作社供给，于每月结算洗衣费时扣除。货物售价与市价一律，盈余下来的钱充作洗衣团的维持费。用品合作社且置有熨斗，喷水壶各二把，团员烫衣时可以免费借用，用毕立即归还。

洗衣团因为每个月底都要结账，手续很是繁杂，所以特别印了一种结账单，把所有衣服的名目都开明在单上，结账时只要照单填结，分发各承洗户就完了。

3. 编藤团

组织编藤团的主旨，在训练编藤技能，实行生产合作，共同购买材料，共同编制藤器，而共同运销贩卖，可以避免奸商的渔利，养成合作的精神。一方面救济劳苦同胞，使无业或失业的工友习得啖饭的技能。一方面提倡农家副业，使勤俭的农友增加家庭的收入。同时又给他们一种基本的教育。因为入团团员，都是"生手"，所以我们特地请了一个技师，来教导他们。又因人数众多，巡回指导，太不方便，故采取集中方式，设工场于本村二号。工场面积约占六百方呎，可容十人工作。本团开办之初，儿童来入团的，共十四人。后来因为工场狭窄的缘故，不得不把一批年纪稍幼，智能稍低的小朋友退出去了。现时团中计有儿童六人，成人四人，其中年龄最大的为三十二岁，最小的为十四岁。

本社的教育理想，在原则上是主张儿童和成人混合教育的，但编藤团因有特殊情形，所以酌量变通把儿童与成人分组训练。因为加入编藤团的成人，都业农工，编藤不过作为他们的副业，所以他们的工作时间，多在晚间（隔天开夜工一次，时间约两小时）和阴雨天不能外出工作的当儿。至于儿童，除掉农忙时节外，他们整天都是闲着的。他们每天训练八小时（自上午七时半至下午四时半），无星期，无假日，除举行纪念会和其他特别事故外，概不休息。

编藤团的识字工作，系依团员教育的多寡，分为高中初三级。人数分配状况如下：高级三人，中级二人，初级五人。读高级课本的团员，由本社助理员教授。中级团员，由高级团员教授。初级团员，由中级团员教授。此种互教制的教育，在时间上，在劳力上，在效能上，均甚经济而迅速。

本团为鼓励团员学习之兴趣起见，团员每成一器即予以盈余之百分之二十，以为报酬。因为团员都是初学的，所以本团的出品并不多，自三月十八日至六月九日止，十二个星期中，计制成大小藤器一百二十件。品名分：书架、大花椅、小花椅、中花椅、加大花椅、单藤椅、美人榻、被拍、小孩坐车，大小花篮等十余种，价值约七十余元。皆托请沪西念二社土货介绍所代售。

4. 种植团

记得去年秋天我在金家巷夜校教书，有一位名叫李纪生的农友，时常对我说："这几年种小菜，真不是生意经！虫子太多，雨水勿调匀，小菜时常要出毛病。并且价钱真跌得可怕，上好的青菜，卖得三四个铜板一斤！"我也常常这样感慨系之的回答他："这样下去，当然不是办法。不过，却不要灰心，只要大家肯努力，办法就会生出来的。从你的说话中听起来，我觉得你们种小菜的有三种苦楚：第一种，就是虫子太多，小菜时常被虫子咬掉；第二种，就是雨水不调匀，水旱的时候干煞，水多的时候没煞；第三种，就是小菜销路阻滞，不得不减价出卖，以上三种苦楚，除掉第二种现在还没办法外，其余二种我想是有办法的。虫子太多，我们可以用药水消灭他们。小菜卖不起价，换点别几种东西如除虫菊，草莓这一类时行的东西种种，岂不是好么？我想尝受这种苦楚的人，一定不止你一个，也一定不止你们种小菜的，另外种稻、种麦的朋友们，一定也是这样。我们的能力有限，虽不能帮许多人的忙，但是对于你们金家巷的种田朋友们，却是要尽我的力量帮忙的。"我们改良金家巷的农事的决心，就是在这当儿定下来。当时因为时令和经济的关系，终于没有举办，直到今年春天，我们创办农村念二社时，才有种植团的组织。又不得不在这里提一笔的，就是那个青年农友李纪生。我们一到金家巷，马上就到二号里去找他，那知道他的邻居告诉我："李纪生因为租田种小菜亏了本，已经回崇明（李的故乡）去了。"我们听到这话，心里不禁便凉了半截，今年种植恐要因李纪生的离开金家巷而缺少顺利了。

种植团的主旨，在改良种植，推广良种，指导农民以科学方法经营农业，以谋产量之增加，产品之完好。本村农家，约占全村住户之半数。若以人口比较，上面已经讲过，尚不及工人之多。本村耕地约有四十余亩，其中百分之七十种蔬菜，百分之二十五种麦，其他农作物为数极少，仅占百分之五。最近四月来的工作，最重大的，还是害虫之扑杀。然因害虫繁多，虽经本团制作杀虫药剂，如除虫菊，石油乳剂等，指导农友们除虫，治病，但为经济所限，终少成效。其次，就是推广改良种籽。现在所推广的，计有金陵大学三一二改良黄豆，美国马齿玉米，江阴白籽棉等。因时令的关系，草莓和除虫菊，尚不能推广。草莓和除虫菊，都是最有经济价值的作物。草莓每亩可产三四十斤，每斤平均价格三角。除虫菊据中国化学工业社报告，每亩平均可产干花八十斤，每斤市价八角八分。二者都是多年生植物，较种蔬菜省工省料，若是在秋季推广，获利尚可优厚。这是下半年想做的工作。

种植团团部设于本村一号。现有团员十人，在实验区农场内，辟地一方，专供团员试种改良种子之用。团员的工作，系由团长轮派，平均每天工作一小时，不过工作时须受指导员的指导和监督，且须受本社所给的教育。将来出品的利润，由大家均分。此外，本团又成立四个特约农家。

种植团所订特约农家办法如下：

第一条　资格（须具备下列三项为合格）

一、耕地在三亩以上者。

二、勤于工作且富有经验者。

三、愿受本团指导者。

第二条　权利

一、领取或交换实验区之改良种子及家畜。

二、借用本区之杀虫器械及其他改良农具。

三、免费领取杀虫药剂。

四、免费领取教材，享受识字读书权利。

第三条　义务

一、须具立志愿书。

二、耕田管理方法，须受本团指导员之指导与监督。

三、每月开会一次，报告种植状况以谋改良。

四、每季农作物收获后，应送至辅导部，以资展览。成绩优良者给予奖品。

照第三条第一项之规定，特约农家须立具志愿书，志愿书之式样如下

立志愿书人　　今愿为

大夏民众教育实验区金家巷农村念二社种植团特约农家，誓守种植团所定办法。如有违犯，听凭取消特约农田应享之权利，并愿赔偿损失。

　　　　　　　　具愿人　　　押　　　　押
　　　　　　　　保证人

民国二十　年　月　日

姓名		年龄	
住址		农场	
田场人工		成人男女　人　童工男女　人	
田场面积		作物　亩　蔬菜　亩	
特约农田面积		作物　亩　蔬菜　亩	

（三）共同的教育活动

农村念二社对于农民所施的教育，不仅限于各团的活动还有共同的活动，不仅有个人的活动，还有社会的活动。（请参阅前面实验目标一项）我们实际上是把念二社当作促进乡村民众共同活动，改造乡村社会的总机关。下面便是我们在金家巷的工作。

1. 订定团员公约

农村念二社的生产集团，虽然有四个，但是如一个正方形的四条边一样，农村念二社还是整个的。我以为"一致"是集团的特征，最重要的，就是各分子间的心理的一致。我们为造成一致的心理增加整个农村力量起见，特地于四月一日召集各团团员，开联席会议，议定团员公约若干条，以为本社各分子的行为之规范。全文如下：

金家巷农村念二社团员公约

（一）服用土货，推广土货。

（二）要节省，要储蓄，做公共生利的事业。

（三）不涂脂粉，不吸纸烟，不穿华丽的衣服。

（四）不烧香，不拜佛，不化迷信的金钱。

（五）家庭布置，门前村道，要时时保持整洁。

（六）家里人穿的衣服，要勤洗勤晒。

（七）每天要识字五个，写字五个。

（八）每天要早起，饮食工作要有一定时候。

（九）对团员要相亲相爱，互勉互助。

（十）对本村公共事业，要赞助，要参加。

中华民国二十三年四月

藤工团洗衣团种植团纺织团团员合订

2. 提倡建筑村路

金家巷的村道，已经年久失修，崎岖不平，在晴明的天气，还不十分感到不方便，但是一至天雨，那就泥泞得不堪行走了。金家巷的村民，早有重行修筑的意思，但是大家都怕麻烦，赔钱，没人敢出头来负责办理这件极需要办的事。等到本村念二社组织成功之后，不满半月，即有村民六人，来社要求本社发起筑路运动。我们遂于三月二十一日晚上召集各团民众开筑路大会，到会者十六人，议决要案多件。本社负担筑路煤屑，金家巷村民则出工力。消息一经传播，村民前来参加者更多。经过短时期的筹备，三月二十五日，即行动工了，至二十六日，两路同时告成，横贯全村的大道经定名为念二路，旁边的一条支路经定名为复兴路，两路所用煤屑费，共十五元，参加筑路者，共二十五人。

3. 改良公众卫生

关于改良金家巷公众卫生，共分三种工作，兹分别述之。

（1）划分清洁区

五月十八日，召集编藤、洗衣、纺织、种植四团团员，开联席会议，讨论夏令卫生问题，划分全村为四个清洁区。

清洁区划分之后，并于村头村尾各置垃圾桶一只，以便村民倾倒垃圾。村道打扫有人，垃圾又有去所，金家巷村容为之焕然一新。

（2）迁移垃圾堆

全村垃圾，计有四处约十一公方，由团员村民分别迁去。

（3）迁移粪缸

乡下人靠种田过活，对于坑缸像饭碗一样的看重，所以要消灭他们的坑缸，是不可能的，就是迁移别处，也是很不容易。本学期迁移的坑缸，计有二只，都是花了不少气力才搬成功的。

（4）介绍免费送诊

我国乡间民众，往往有病不求医而去求仙、拜佛、送鬼，甚至把香灰当作唯一的灵丹，而把医药的效用，一把抹杀。病人之因这种失当的处置而延误了的，正不知凡几。金家巷的老百姓，亦复存此情形。我们初到该村时，即想做一种破除这种迷信的工作，恐怕不得其法，发生误会，乃拟从医药下手，做一种事实的证明，免得空费唇舌。无如本社因限于经费，原定的送药处，无法设立。乃与大夏大学疗养院商定，凡持有本社证明文件的民众，前去看病的都能享受免费诊治，免费赠药的优待。自约定以来，已历十二个星期，本村民来辅导部要求介绍免费诊治者，共计五十二人。

（5）举行巡回教学

中国是一个贫穷的国家，教育经费的困难，已达极点，而闹着智识饥饿的群众，又是这样的广大，若是要用学校的方式，来谋教育普及，恐非经过极长的时间不可。而且学校教育，往往与社会隔离，造就的人材，亦往往不能容于社会。为求教育与社会打成一片计，为求最经济的设备中得到最宏大的效果计，本社有一种特制的"巡回讲坛"，形如木箱，长高各约二尺，宽约一尺，若将盖板掀起，用铁杆撑住，可作黑板（盖黑板可作两面用），内分数小格，可置教育用品及卫生用品。（此"巡回讲坛"为沪西念二社普及教育实验区所置"普及教育车"未改良以前之形式，故尚不及"普及教育车"之完备。）巡回讲坛，系专作流动教育之用。每逢星期三六下午四点钟出动一次，无论在居民家门口，或在田间，凡是有人的地方，就举行常识演讲和识字教学，自三月以至七月，共出动二十二次。

（6）报告时事新闻

为增广民众见闻起见，本村特于七号门前设立新闻报告牌一块，每天将报纸上的（尤重于农村经济方面），及实验区的要闻，用浅显的文字摘录下来，张贴于新闻报告板上，公告大众。本村民众识字者不多，尤恐大家不甚明了，特定于每天下午四时，由助理员向民众讲解，这方法，倒是一举两得。一方面可以使民众明白世界大事，一方面借此又可实施语文教育。

（7）设立念二讲座

念二讲座，每星期六晚间假藤工团工场举行，由辅导部工作人员轮值演讲，主旨在解释念二运动的意义，及充实民众普通常识。本学期共举行九次。

（8）其他教育活动

上面所说，差不多把本社的活动，已约略记完了。现在还没有记下来的，只有参加大夏民众教育实验区公共活动的一笔零头账，下面就是经过的轨迹：

（一）三月十二日，实验区总办公处举行植树典礼，本村民众前往参加者，计二十二人，取回树苗五十余颗，遍植村中隙地。

（二）三月二十九日，实验区举行成立大会，本村民众前往参加者，计藤工团十二人，洗衣团二十人，儿童团二十二人，共五十四人。行伍整齐，旗帜鲜明，声势颇为雄壮。

（三）四月二十一日，婴儿健康比赛，本村婴儿前往比赛者，共十二人。结果四号詹平山子虎贞得本村冠军。

（四）五月二日总部举行拔除黑穗病运动，本村民众前往参加者八人，结果村民张宏宾拔得最多，荣膺冠军。

（五）五月下旬，实验区举行筑路运动，本村村道已于三月间修筑完毕，现在亟欲兴筑者，即为自村口经丰云里三鑫里以达中山路的一段。一面因路途曲折，一面因填浜工程浩大，虽经召集丰云里三鑫里联团村诸房东数度协商，但终无成效。按兴筑此路，本社早经筹划，于四月底已具文呈请上海市卫生局前来填浜，五月初卫生局派员来察勘一次，谓底料无着，尚须稍待时日，因致延搁。

三　民众的精神的粮食

事事求经济，是民众教育应守的原则。我们深信：编辑民众的教材，必须由与民众切身相关的事件说起，收效才宏大而迅速。在学习心理上，具体的字必较抽象的字认识得快些。与民众切身相关的字，当然是最具体又是最容易学习的。并且他们学会了以后，马上就可应用，必能增加其兴趣，使他们更努力学习。本社辅导部所编教材，分初中高三级。不识字的读初级，识三百字以上的读中级，识六百字以上的可读高级。预计高级读完，可识千字。本村文盲甚多，四团团员五十人之中，读高级和中级的，只有五人，其余四十五人都是读初级的。各级教材均系活页，可分可合。每课生字，不出五个。初级全课文字，最多为三十，中级八十，高级一百五十。初中二级，为便于学习起见，多用韵文。初级教材分特殊和共同二种。特殊教材系因团而异，分述与其所参加活动有关的事件；共同教材，则重于普通的常识，各团皆可通用。又洗衣纺织二团团员多半为四十岁以上的妇女，智力较差，故重重复。兹将各级所用教材举例如下。

(一) 初级普通教材举例

土货牢好巧

土货牢，
土货好，
土货巧。

正做衣又裤

土布，
土布，
真正牢固，
又好做衣，
又好做裤。

(二) 洗衣团初级教材举例

洗衣裳我

洗衣裳，
我洗衣裳。

天只少那

晒衣又折衣，
天天洗衣裳。
只嫌衣裳少，
那嫌洗衣忙。

（三）纺织团初级教材举例

纺棉纱我

纺棉纱，

我纺棉纱。

弹搓脚踏车

弹棉花，

搓棉花，

脚踏纺车纺棉花。

（四）种植团初级教材举例

种田我也你

种田，种田。

我也种田，

你也种田。

是人大家都

我是种田人，

你也是种田人，

大家都是种田人。

（五）编藤团初级教材举例

穿藤椅我

穿藤椅，

我穿藤椅。

是你工大家

我是藤工，

你是藤工，

大家是藤工。

（六）中级教材示例

寄亲农里读远

子寄父

　　家信

　　父亲：

　　　我现在金家巷村农村念二社里，一面做工，一面读书，很是快活，我的身体如常，请不必远念。

男小毛四月八日

条李启华国

收条

　　　今收到工洋一元二角五分正此上

　　农村念二社

李阿毛具

　　中华民国二十三年五月四日

（七）高级教材示例

销贩彷徨缘

土货

　　制造土货的工厂，没有销路，只好停闭；贩卖土货的商店，没有生意，也只好关门了！

　　眼见得我们整千整万的失业同胞彷徨在十字街头，叫苦连天，这是谁的缘故？只怪我们不用土货，不穿土布。

四　结语

　　我们认定在今日中国江河日下的国民经济状况之下，我们从事农村教育或民众教育的，"万不可提高民众消费的欲望，万不可直接或间接的替帝国主义者推销货物，万不可用士大夫的方法把民众造成新士大夫。因此我们反对呢帽下乡，皮鞋下乡，自来水笔下乡，长衫下乡，学生装下乡，西装下乡，洋钮扣下乡，风琴下乡，留音机下乡，雪花膏下乡，幼稚园下乡，运动场下乡，摩登男女青年下乡。我们反对到乡下去造洋房做办公所，我们反对用提高民众生活欲望的卫生图表去提倡民众卫生。我们反对在洋房、校园、草地、钢床、电灯、种种新式设备的环境里训练民众或民教和乡教领袖人才。我们反对……我们主张用我国固有的乐器代替风琴和留音机，我们主张用我国固有的武术来代替西方式的运动，我们主张在茅草屋或因陋就简的房屋里训练民众或训练民教及乡教的领袖人才；我们主张民教及乡教的工作人员，一齐穿上本国纽扣的老土布短装，戴着老土布的便帽，登着老土布的便鞋，到民众中间去过着老土的生活！我们主张……（邰爽秋著："目前中国农村教育之三大弊祸"，大夏大学"教育学会刊"第二期）我们办理金家巷农村念二社即根据此种主张进行。我们用旧式灯笼来代替手电筒；用写春联的纸代替红绿色的外国标语纸；用粗糙的薄木板写上几个墨笔字，就算我们的路标和布告板。我们把做油漆招牌的钱省下来购买纺纱机；我们把买风琴的钱省下来购买除害虫的药粉；我们……。这都是我们努力的方针。对与不对，还望读者指教！

江苏省

行政院农村复兴委员会最近工作报告

一　调查全国粮食
二　设立推行委员会
三　建议设立稻麦改进所
四　召集全国合作事业讨论会
五　组织中央各机关江西农村考察团
六　研究农村金融问题
七　研究白银问题及入超问题
八　编制农产品产销指数
九　出版英文中国季刊

一　调查全国粮食

二十三年夏，农村复兴委员会曾建议行政院组织粮食运销局，当经本院会议通过在案。惟粮食问题须有精密之调查研究，方能为决定将来解决方策之依据。本会自二十三年七月起，即着手长江流域一带各大米市之实地调查，迄今一年，计在江苏调查有上海、南京、无锡；浙江调查有硖石、杭州、绍兴、宁波及杭江铁路沿线等地；安徽调查有芜湖、安庆；江西调查有南昌、九江等处。其中除浙江报告，无锡报告，尚在印刷中，二十四年九月底可出版外，现已刊出者，计有"上海米市调查""上海麦粉调查""南京粮食调查""江西粮食调查""芜湖米市调查"五册。此类调查因备施政参考之用，故对实际材料，搜罗殊详，举凡每一米市常年进出之实数，米市内部之组织，米源及销路之分析，粮食业与金融之关系以及运费、米价、陋规等均分章详述，以期将来实际管理时得依据实际之情况，作有效之措置。最近农村复兴委员会复在镇江松江二处调查，预定年内可将江苏各大米市调查完毕。

二　设立推行委员会

吾国农村衰落，原因不只一端，故复兴方案必须顾及农村各方面之改进，尤赖中央关系农业各机关，协力合作，共谋复兴计划之推进，方克有济。行政院有见及此，当于二十四年三月二日经院会议通过，在农村复兴委员会内设推行委员会，并以农村复兴委员会秘书处，全国经济委员会农业处及卫生实验处，棉业统制委员会，建设委员会，振兴农村设计委员会，内政部土地司，财政部赋税司及钱币司，教育部普通教育司，实业部林垦署，农业司及渔牧司，中央农业实验所等机关代表组织之。推行委员会之职务有五：（1）关于全国农村复兴实施方案之设计及审核等事项。（2）关于全国农业政策之研究事项。（3）关于增进中央关系农业各机关之联络及工作效率等事项。（4）关于全国关系农业各机关工作之考查协助及推进等事项。（5）关于全国关系农业各机关拟办事业之技术之审核及研讨等事项。推行委员会成立之始，为明了各机关之工作起见，先行互相交换出版物，并各草成现有工作之撮要报告。其后数开会议，商讨今后应共同推动之事业。

三　建议设立稻麦改进所

近年米麦进口，日益增加，平均每年将及一万万两，而民国二十年价值竟超过一万八千万两，漏卮之巨，诚可惊人。本会以为目前最低限度之经济建设，必须首谋吾国米麦生产之自足自给，因会同经委会，资源委员会，实业部等拟成"全国稻麦改进计划"，向行政院建议，在中央农业实验所内设稻麦改进所，以为全国稻麦改良及推广工作之领导机关，藉以联合国内其他农作机关共同进行，期以十年达到米麦自给境域。该所经费预算年需四十八万元，业经行政院会议通过，预定于二十四年九月成立，开始工作。

四　召集全国合作事业讨论会

农村复兴委员会与实业部，全国经济委员会，以近年国内合作事业，发展迅速，而政府迄未厘定划一之合作制度，以致各地合作事业时有散漫分歧之弊。爰于二十四年三月十三日会同召集全国公私机关代表，并聘请合作专家来京，举行讨论会。会期凡五日，到会员共一百十四人，收到议案计一百二十三件，均经分为四组审议：（1）关于合作制度及法规；（2）关于合作业务；（3）关于合作资金；（4）关于合作教育及其他。议决各案当即分呈召集会议之三机关，察酌施行。讨论会结束后，曾将会议经过，提案原文，审查报告等等编为《全国合作事业讨论会汇编》一册，以备存查。

五　组织中央各机关江西农村考察团

本会鉴于江西久经匪扰，农村破坏不堪，收复后各种建设上之措设，极有研究之价值，且今后绥辑复兴，尤与中央各机关关切甚深，因发起组织中央各机关江西农村考察团。计参加者有中央党部、国民政府、行政院、最高法院、审计部、训练总监部、内政部、实业部、铁道部、全国经济委员会、赈务委员会，中央银行、农村复兴委员会等机关代表共二十余人。全体团员于二十四年二月二十日离京，留赣一月有余，行程计经九江、南昌、南城、南丰、广昌、宁都、瑞金、黎川、临川、崇仁、河口、玉山、德兴等地。每处停留三数日不等，考察访问，至为详尽。

六　研究农村金融问题

农村金融问题之研究，仍继续二十三年度之方针，积极进行。研究结果次第作成专书刊行，已刊者有三种：（1）农业金融制度论；（2）日本之农业金融；（3）农业仓库论等，均由商务印书馆发行。此外尚有"中国农业金融问题"及"德国农业金融制度"二书，现在印刷中。近数月来仍多方搜集各处农业金融之实际材料，曾于二十四年春间派有专家亲赴鲁豫两省，实地考察该地一带合作组织，借贷关系，及一般农村经济情形。嗣后复派员至绥远，宁夏，四川等边省作详细调查，此外又以典当业在吾国农村中为调剂金融最普遍之枢纽，现亦聘有专员从事研究，本年底可提出报告。

七 研究白银问题及入超问题

我国本为入超国家，自美国实行购银政策后，银价升腾，我国国内存银加速流出，致货币紧缩，物价有跌落之势，工商有破产之虞。应如何改革币制，调整贸易关系，以为根本解决之图，则尚待精细之研究。本会于此问题仍继续探讨，论文陆续在"社会经济月报"发表。

八 编制农产品产销指数

米麦棉丝茶为我国之主要农产品，关系国计民生，至深且巨。惟其产销状况，时有变动，非有长期之观察与纪录，不足成为准确之资料。本会因此特委托专家从事搜集材料，将各种主要农产品之产量，市场，价格，制造情况，输出输入数量等等，详加统计核算，按季按年，编制成图表，缮成报告，在"社会经济月报"发表，以供研究及施政者之参考。

九 出版英文中国季刊

本会为使国外人士明了我国农业及农村建设状况起见，特委托上海社会经济调查所与中国国际贸易协会及中国泛太平洋协会合作出版"英文中国季刊"，第一期已于九月出版，每册约一百八十页。

江苏省

实业部中央模范农业推广区工作概要

一　引言
二　关于农事者
三　关于农村经济者
四　关于农村社会者
五　结论

一　引　言

　　农业推广之宗旨，为普及农业科学智识，增高农民技能，改进农业生产方法，改善农村组织，农民生活，及促进农村合作。中华民国教育宗旨及其实施方针案，第八项系农业推广，实业部教育部内政部曾会同公布农业推广规程。中央方面为倡导并实验农业推广之实施起见，于民国十九年设立中央模范农业推广区于首都附近。开始时系由农矿部与中央大学农学院合作举办，经费双方各任半数近年之经费，全由中央农业推广委员会担任，中大农学院对于材料及技术方面，予以协助。区内指导人员均毕业于农业学校，受过相当之训练，于必要时并请各项农业专家协助指导。工作区域为江宁句容两县境内，共设有办事处三处，即汤山、殷巷及土桥是也。以办事处为中心，其周围三十里皆系施业域。三办事处天然环境不同，殷巷为圩乡，土桥为半山半圩之区，汤山则纯为山乡。拟就不同之环境内以实验农业推广所应注意之方法，及如何解决各种困难问题。工作种类，基于中国目前最急切之需要，即（一）增加生产；（二）改良农村经济；（三）改良农村社会。此三者范围包括至广，在推广区之人力财力均难以顾及，故在每项中选择比较重要之问题，先行试办。溯自成立以来，将届六载，兹将各工作概要，略述如次。

二 关于农事者

关于农业方面工作其比较重要的有下列各种：

1. 稻作之改良 自十九年以至现在推广中央改良种帽子头，不幸民国二十年大水，种子全毁，二十三年大旱，损失过半，至今尚未达到全区域内种子全部更换目的。然此亦非独由于天灾，种子本身亦有问题，即帽子头种之产量及品质不能优于洋籼及土桥黑稻，今后拟选三数种稻推广，以适应农家需要。统计现在应用帽子头之农户，在五千亩以上。推广方法，初为借种，选优良农家推广继为有组织之推广。以团体为借种对象，但纯种之保存，仍属不易。至二十四年更设一纯种场，以为纯种供给之中心站，此中心纯种场种子，专售与各村有组织之纯种区，纯种区之种子，则售与其他普通农民。

2. 改良小麦 改良小麦，为本区工作中最成功者，现在早种江东门（中大），中种二九〇五号（金大），迟种二六号（金大）三种。二六号于二十三年已普遍秦淮河流域，农家用此种者，估计占十分三四，面积约十万亩以上。二十三年金大中国银行等合作推广二九〇五号。本年更以作物改良会之方式推广种植，共计九十九村，面积凡一万八千亩。十五年收获后，准备收回做种者，根据本年金大派人至乡精密调查，平均约较本地麦增加产量百分之二十五，即每亩地约多收市斤六十斤。明年本区拟收回选种五千石或一万石，则江宁句容凡适宜种植此品种小麦之田地，皆为二九〇五号，连江东门二六号等计之，二县麦种改良，大约来年可过半也。

3. 改良猪种 本区以中波猪及韩卜西种与本地母猪交配，使农民饲养第一代杂种，此种一代猪生长迅速，抗病害力亦颇强，甚受农民欢迎。现时种猪分配于适当乡村中，共成交配所七处。而所有以配猪为业者，俱改用本区种猪，或自动停业。因是惹起一般屠户之抵抗，彼等以此种猪之油及肚脏少，屠户无大利，乃故意造谣贬价勒购，养户虽无如何，然经本区继续扩大推广范围，此问题或可不解决而自解决。推广改良猪后，不易解决之问题乃在销售。盖在乡出售，则市场有限，价格低廉，只有运销城内，而城内中间经手人之重重剥削，农民叫苦不已，无法摆脱，本区曾拟办运销合作社，终以其中关系复杂，尚未敢轻易从事也。历年农家饲养一代种共计三千零六十五头，平均每头较本地猪以同样方法饲养者，增产量四十斤，共计约增一二二、六〇〇斤。

4. 推广鱼苗　鱼苗产于长江边，所谓鲢鳡等家鱼是也。初以乡村中偷鱼者多，及鱼苗价贵，乃组织养鱼合作社，并与无为芜湖等制鱼苗公司联络，以廉价输入工作区域。自二十年起至现在止，鱼苗价自十五元一千跌至六元一千，因其多而价廉；加以本区贷款补助，本地自制鱼苗者蜂起，秦淮两岸，几乎家家养鱼。目前农户本区特约者，自制之苗，尚有三十余万未销出，因饲养普遍，偷鱼盗以家家皆提防之故，亦自然减少也。

5. 推广特种作物及果树　本区拟使农户于稻麦主要生产外，多有其他副产，以增加收入，其标准则在使每一农户至少有三种以上之副产。自二十二年起，与中国制油厂合作推广蓖麻子，与奉化果苗公司合作推广桃苗，与上海蚊烟厂联合推广除虫菊，奖励甘蔗之种植，及美棉之栽培等等。举凡一种推广物品，皆注意其销场，使每家皆种植少许，则可免除盗窃行为，数年以来，颇有效果。

6. 其他　本区曾拟推广乳牛，以改良农家食品，推广美宁奴羊，以增殖高等羊毛，挽救毛织物原料之纯恃舶来品，惟以乡村主要问题，未解决者尚多，暂将此项材料移交中央种畜场办理。

三　关于农村经济者

改良农村经济，本区以合作社及仓库为重心，其试办之演变及效果如次：

1. 合作社　合作社之办理，本区根据实地经验三次变动：民国十九年起，按照江苏省政府规定之合作法规办理，计共成立组织完备之合作社二十三社。但觉条文过繁，非一般农民所能了解，其中亟宜改良之点甚多，以限于法规，无法改良，乃进而谋试验改革之途。因与宁属农业救济协会合作办理农产改良合作社，缩小成立人数，明白标明目的，各社先自有基金，然后放款，贷款方面，以实物代之。共计成立四十八社，社员凡六百六十九户，前后放款四万余元，结果成绩较正式合作为进步。但犹觉经营业务之范围过广，尚不能使技术与经济互相密切联络，因之自二十三年起，复与金大中国银行宁属农业救济协会等合办作物改良会，成立者九十九村。应用改良麦种二九〇五及二六号，种植面积达一万八千亩。其农本放款分为二次，一在六七月间，一在一二月间，皆青黄不接之期，本年放款额计二万六千元。以作物改良会方式专注意于稻麦二者，且为农民所急迫需求，盖目的单纯，一般农民均甚易了解，故组织推行甚广，农民获益不少。

2. 农业仓库　民国二十年春，麦价奇贱，因就和陵印淳二合作社，兼办储押，觉此方法，可使农民觉于贵籴贱粜之苦。迄二十一年丰收，乃与宁属农业救济协会合作办理籼稻储押之农业仓库。至二十三年中央模范农业仓库管理委员会成立，直至近今，在乡各仓库设立，由本区办理者，占全数三分之二以上，当二十一、二十二年开办时，各地颇为注意此办法，盖本区所办之仓：（一）注重人的信用关系，各分仓利用村中祠庙等为地址，专仓则代替旧日当店作用，各分仓之组织，完全取合作社原则；（二）注重小农之救济，限制五十亩以上农户参加，并限制储押量；（三）使农仓与改良生产连接，凡改良种押价特别提高，以鼓励使用改良品种。至数年来办理农业仓库所得成效，则为：（一）贫农得以保存种籽及免贱粜贵籴；（二）流通农村金融，压低高利贷；（三）调剂粮食市价，免于暴涨暴跌，免使生产与消费者皆蒙损失；（四）引起全国各地之仿办。至连年成绩，计十九年储押放款一千八百元，二十一年为四万四千五百三十元，二十二年计七万元，二十三年计二万三千零六十六元。

四　关于农村社会者

改良农村社会之工作，目标极广泛，本区所从事者，为如何扶助生产改良工作之完成耳。故历年举办者为下列数项：

1. 农产展览会　每年秋收后，举行一次，现已办至第四届，每次比赛品皆由农民自行带来，观众总在万人以上，所以检阅一年收成并计划未来也。

2. 农业改良讨论会　于每年春季废历正月举行，召集各村代表讨论一切农业方面问题，现已举行四届，本区每年工作方针大都参考各村代表之意订定之，会期一二日不等。

3.电影讲演会　此于每年春三四月各乡镇庙会时行之，映放改良农业及人民生活习惯之影片，并讲述各种改良农业问题，连年共举行六次，每次听众总在二三万人以上，盖乡村中放电影号召力至大，故本区利用此方式为之，甚收成效。

4.农业青年团　青年农民为最易接受改良知识者，本区历年共组织有十三团，团员达三百余人。

5农民夜校　本区与各乡村小学合作办理，夜校教师津贴，以学生多寡为准，目的不完全教识字，而以讲实用改良农业之知识为主，前后共办有十四校，学生三百五十三人，每毕业一人平均费用不过一元三角耳。

6其他　其他如壁报、民众茶园、阅报室、巡回讲演等，亦举办之，目的皆以宣传改良生产为主。

五　结论

检阅此五年来之经过，统计在农民方面发生之影响，为应用植物改良种子及新品种之农户，凡六〇六五家，应用动物改良种畜者，凡六二三家，参加各种合作社及农业仓库之农户，共八五九六家，以上三项农户，分布于三百四十四村庄中，估计由此直接增加之生产，约一一五、九〇九元。

此外尚有协助国府水灾会办理二十年大水灾之农赈工作，及二十三年旱灾救济等项未经列入。

江苏省

国立中央大学农学院二十三年度农业推广工作

邹树文

一　引言
二　与棉业统制委员会中央棉产改进所合作改良江浦棉作
三　与江宁县政府合作改进乡村
四　本院之农业推广统计
五　训练推广人才
六　增设棉业合作推广区
七　增设合作试验场
八　调查工作

一　引言

农业推广为农学院之一部分工作。本院二十二年度推广工作，于全国乡村讨论会去年在定县举行第二届年会时，已报告其大概，至今又是一年过去了。本院在这一年间，关于农业推广的工作，除仍旧继续进行外，又得着外界许多的助力，推广范围，较前扩充，推广事业较前亦有增加。全国乡村工作讨论会本年双十节又在无锡举行第三届年会，征求乡村工作报告。爰将二十三年度本院推广工作，直接或间接与乡村工作有关者，拉杂报告如下。

希望热心乡运诸君子多方的指教与赞助是幸。

二　与棉业统制委员会中央棉产改进所合作改良江浦棉作

本院江浦棉作试验场，历年就地推广纯良脱籽美棉，并指导棉农组织产销合作社，夙著成效。去年由棉业统制委员会资助五千元，就江浦棉场建设轧花厂一所，购置三十二吋油冷轧花车十二架，打包机一架，十二匹马力柴油引擎一具，每日可轧籽花五千余斤，棉花产销合作事业之基础，益形巩固。本年复与中央棉产改进所合设江浦植棉指导所，推广纯良脱籽美棉种子五万余斤，领种农家五百四十余户，栽培面积达六千余亩。更指导棉农新组汤泉棉花产销合作社，推广范围更加扩充。去今两年，江浦连遭旱灾，山田水稻歉收，惟本院所推广之脱籽棉收成丰富，棉农莫不额手称庆。最近复拟会同中央棉产改进所，江浦县政府，计划该县棉作改良实验区，合技术政治及经济力量，以谋江浦棉业改良之充分进展，现正在商订办法中。

三　与江宁县政府合作改进乡村

本院与江宁自治实验县政府合作乡村改进有三：

（一）取消土种推广改良蚕种　江宁县丝织，从前颇负盛名，育蚕农户，极为兴盛。最近数年来，丝织品销路呆滞，一落千丈，蚕桑随之衰败，而农户素来习惯，专育土种，收成极不可靠，亦为农村衰落之一大原因。本院有鉴于此，于二十二年春期，开始推广改良种，晓以改良种优于土种之利益，最初在县属陶吴元山两镇，试养春种六百张，是年秋种增至一千余张。二十二年由江宁县设立蚕桑改良实验区办事处于横溪镇，并设置新式改良茧灶，邀请本院派员指导，以改良种代替土种，限制土灶烘茧，于是饲育改良种之数量，一跃而为二万张。本年春季，更推广至三万张。推广范围逐渐扩大，包括陶吴禄口横溪元山谢村小丹阳铜镇六郎朱门及其附近各乡村，除二十二年本院以少数改良蚕种开其端外，以后需要逐渐加多，本院既非种场，所制蚕种供不应求。二十三年春间介绍种场，由江宁县政府出资购买，二十四年则由收茧商要求，供给蚕种三分之二以上，成绩良好者，固属不少，而其中竟发现有为省取缔所通过毒率在应行毁灭之成分以上者，复由本院居间主张，令其补偿农民损失。总计三年来工作，利用农民空闲时间人工，固有桑叶，增进生产，年至十余万元。全体成绩，可称良好。而制种商之欲独占市场，当地土劣之蜚语造谣，推广经过之困难，固不必一一缕述也。

（二）推广改良农作品种 去秋江宁县政府设农作改良实验区办事处于土山镇，由本院遴选学生荐往服务，并由本院供给纯良小麦，计江东门及南京赤壳两种，以土山镇为推广之中心。共计发出麦种二万六千四百三十六斤，领种农家六百二十三户，栽植面积达三千余亩。据报告：江东门麦种品质优良，成熟期早；南京赤壳麦种产量丰富，成绩俱佳，颇受农民之欢迎云。今春供给纯良帽子头稻植六千六百三十斤，领种农家一百五十户，栽植面积一千三百亩。兹据报告：本年螟害甚剧，当地普通稻种"等等齐"尽受螟害，而本院帽子头稻种每亩产量平均达三百五十余斤云。又由本院供给爱字美棉十二号纯系种子二万四千斤，以淳化横溪两镇为推广之中心，栽植面积三千余亩。据报告：生育状况颇为佳良，现正在收花，其成绩如何，尚待报告。

（三）设计电力灌溉 去年江南大旱，江宁亦受其灾，竟有颗粒无收者。经本院与江宁县政府、首都电厂几度会商，于是进行电力灌溉，组织江宁县生产设计委员会，以本院、首都电厂及江宁县政府为常务委员，并邀请有关人士参加，积极办理，于本年度设大小水站二十八处，灌溉稻田四万余亩。本年江宁各乡收成歉薄，惟独电力灌溉区域得庆丰收，竟较平年增加数倍，裨益于农村实非浅鲜。甚盼各地之有电力可以利用者继起而提倡之也。

四　本院之农业推广统计

本院育成农林畜产园艺蚕桑等优良品种甚伙，每年均有大宗地推广。在作物方面：水稻有帽子头，江宁洋籼东莞白；小麦有南京赤壳，江东门，武进无芒，南宿州；棉则美棉有爱字棉，脱字棉；中棉则有江阴白籽，孝感长绒。畜产方面：有纯种荷兰牛，盘克县猪，美利奴羊，意大利蜂，北京白鸭，及各种肉用卵用等种鸡。蚕桑方面：有改良蚕种。园林方面：有各种蔬菜花卉果树林木秧苗种子等。各种改良农具，每年推广亦有百余架。

分发刊物亦年达数万册。兹将二十三年度各项推广统计表列于下：

（甲）推广纯良作物种子统计

类别	棉	小麦	稻
推广数量	一一九，一〇三市斤	五一，四四七市升	一〇，三三五市升
推广面积	一四，八八八亩	七，三五五亩	一，六七〇亩

（乙）推广园林种苗统计

类别	果苗	观赏树苗	林木苗	花卉	林木种子	草花种子	蔬菜种子
推广种数	六一	六三	六一	一六六	五三	六一	五九
推广数量	二七，三九〇株	一五，四五七株	一二一，九八五株	一四，六〇〇株	一，八〇一市斤	一，四〇三磅	三〇磅

（丙）推广种畜统计

类别	荷兰牛	盘克县猪	美利奴羊	意大利蜂	各种种鸡	北京白鸭	各种种鸡蛋
推广数量	二九头	三〇头	三三头	五群	一五〇羽	一〇羽	一〇，五〇〇枚

（丁）推广蚕种统计

类别	春蚕种	秋蚕种
推广数量	一〇，〇六四张	六，五〇二张

（戊）推广改良农具统计

名称	推广数量
洋犁	三九架
五齿中耕器	二〇架
棉花条播机	一九架
五行小麦条播机	九架
三齿中耕器	六架
玉米点播机	五架

续表

名称	推广数量
耙齿中耕器	四架
乘坐齿耙	四架
玉米脱粒机	二架
而字耙	二架
轧花机	一架

（己）分发刊物统计

类别	研究报告	杂志类	农业丛刊	农业浅说
种数	八	三	二七	八〇
分发份数	四七九	五，〇一四	一，四九五	三〇，〇七四

五　训练推广人才

本院历年附设各种劳农班，专修班，练习班，讲习班等短期班次，毕业生共计二百余人。于二十三年度第一学期毕业者计有女子蚕桑班一四人，江宁县政府委托代办蚕桑训练班一五人；第二学期毕业者，有全国经济委员会棉业统制委员会委托代办植棉训练班三六人，均经分别介绍在蚕桑棉业研究试验推广机关担任技术员或指导员职务。近复与南京市政府卫生事务所合办乳业讲习班，以训练南京市现有乳业工作人员，到学员三十八人，已定于十月七日开课矣。

六　增设棉业合作推广区

本院杨思农场，向为上海附近一带改良江阴白籽棉繁殖之中心，历年就杨思陆行两区，特约农户推广植棉，颇著成效。今春该场为扩大改良江阴白籽棉纯种区域起见，除与上海市杨思陆行两区行政委员会办事处继续合作推广植棉事业外，复与颛桥农民教育馆高桥农村改进会，以及南汇县民众教育馆等，商订合作推广植棉办法，分别设立棉业合作推广区。棉籽供给及技术指导，由杨思农场负责，经费筹措及行政管理，则由合作机关担任。实施以来，进行颇称顺利。共计推广区五处，领种农家二百六十一户，推广棉种四千八百七十五市斤，种植面积九百五十六亩余。兹据报告：每亩棉田产量平均比普通增加百分之二十，每担籽棉价格，比普通增加国币五角。兹将各合作推广区概况列表如下：

区别	合作机关	领种农户数	推广棉种（市斤）	推广面积（亩）
杨思区	杨思区行政委员会办事处	五五	二一〇〇	四二〇·〇
陆行区	陆行区行政委员会办事处	二四	六〇〇	一二〇·〇
颛桥区	颛桥农民教育馆	二三	三一〇	六一·五
高桥区	高桥农村改进会	一二一	一一五〇	二三〇·〇
南汇区		三八	六二五	一二五·〇
共计		二六一	四七八五	九五六·五

七　增设合作试验场

本院自民国二十二年起，与浙湘皖豫等省农业研究试验机关，商订合作试验办法，将育成棉稻麦及杂粮等优良品系，毕行区域试验，以为推广之根据，实施以来，颇见成效。各地农业机关，相继前来商订合作试验办法者，截至最近为止，共有棉稻麦及杂粮合作场十一处，分布于江浙湘皖川豫六省。兹将各场合作机关及合作事业，列举如下（以成立先后为序）：

场名	所在地	合作机关	合作事业	开始时期
武岭合作场	浙江奉化溪口	浙江武岭学校农场	稻作区域试验	二十二年二月
长沙合作场	湖南长沙	湖南省立农事试验场	稻作区域试验	二十二年二月
修业合作场	湖南长沙新开铺	湖南修业棉稻试验场	稻作改良试验	二十二年三月

续表

场名	所在地	合作机关	合作事业	开始时期
燕湖合作稻场	安徽芜湖	安徽省立稻麦改良场	稻作区域试验	二十二年四月
商丘合作场	河南商丘	河南第一区农林局商丘农场	小麦大豆玉米区域试验	二十二年十月
无锡合作场	江苏无锡社桥	江苏省立教育学院	稻作区域试验	二十三年四月
淮阴合作场	江苏淮阴	江苏省立麦作试验场淮阴分场	小麦大豆玉米区域试验	二十三年八月
宣城合作场	安徽宣城	江南铁路公司农场	稻作区域试验	二十四年三月
重庆合作场	四川重庆磁溪口	四川中心农事试验场	稻作区域试验	二十四年四月
许昌合作场	河南许昌五郎庙	河南第五区农场	小麦棉花区域试验	二十四年九月
芜湖合作麦场	安徽芜湖	安徽省立芜湖高级农校	小麦区域试验	二十四年九月

八 调查工作

本院一年来之关于调查工作，可分下列数项述之：

（一）土壤调查 本院土壤研究室，鉴于江宁自治实验县尚缺详细土壤调查，乃于去夏拟具计划，商准江宁县府拨款补助，派遣技术人员，出发调查，采集土样，分别从事物理的与化学的分析。其详细报告书附有彩色土壤分布图，现已出版，并送江宁县政府以供改进农事之参考矣。去冬建设委员会模范灌溉管理局，委托代为调查分析龙潭及方邱湖两区土壤。江苏省立蚕桑试验场，委托调查分析江阴青旸土壤。均由该研究室派员分别调查分析，编制报告完毕。近复函请江苏省各县政府采集土样，以从事测定 pH 及碳氮率，计已征得土样五百余种，现正着手测定，一俟全部工作告竣，尚拟汇编报告，分送各县，以供指导改良农事之参考。

（二）果品调查　本院园艺系，常就人力及经费范围所许可，从事果品调查工作，浙江之梨、枣、白果、柑橘、杨梅；江苏河南之梨、枣、葡萄；南京市之樱桃、石榴、桃、枣等品种，均经该系各教授先后分别前往实地调查，其报告陆续于园艺月刊发表。最近复商准福建省建设厅，拨给补助费，由曾勉之教授前往实地调查闽省柑橘矣。

（三）林垦调查　本院森林系为明了各地森林状况，藉资参考起见，特制森林初步调查表一种，分寄全国各省市县政府查填，现已填寄到院者，计有五百余县，其余尚待陆续寄到，一俟汇齐，即可着手分析与统计。再本年三月间，实业部林垦署组织林垦调查团，函邀本院派员协同进行，经指派森林系马大浦技士前往参加调查江浙皖赣四省林垦状况，历四月之久，方竣其事。

（四）边疆植物调查　本院森林系历年采集树木标本甚伙，去夏复与中国科学社合作组织边疆植物调查团，前往云南青海等边省各地作长期调查及采集，费时将近一年，采集植物标本万余号，陈尊三助教因此病故墨江途中，竟为学术而牺牲矣。本年七月间，复派森林系杨衔晋助教，参加美国农部蒙古调查团，前往蒙古采集植物标本，历三个月，采得二百余种，分属五十科，均为内地不常见者也。

江苏省

江苏省立南京民众教育馆乡村工作概况

一　引言
二　三年来之西善桥实验区
三　二年来之下蜀自治实验区

一　引言

本馆设乡村实验区，发动于民国二十一年四月，决定于六月，正式办理则始于八月。以城市民众教育馆分设乡村实验区，在当时尚不多见。本馆之设乡村实验区其动因有下列数点：

（一）本馆认定民众教育之方法与态度，虽不同于民众运动，而其意义与作用，则与民众运动初无二致。易言之，即民众教育与民众运动，均以培起民众力量，解决民众之生存问题为最大目的。而其最大多数之对象为农民，设忽略农民教育，或忽略农民切身之乡村问题，则民众教育与民众运动之目的，无由达到。本馆本此认识，故特设乡村实验区，从事乡村问题之研究与实验。

（二）本馆认定省立民众教育馆有充实之设备，较多之经费与人才，必于直接施教之外，兼负研究实验及辅导之责任，方为有意义，不浪费。苟省立民教馆不能于研究辅导方面，发挥其职能，则省民教馆即失其存在之价值。本馆馆址设在城市，关于城市民众教育办理之方法，从直接经验中亦曾略有贡献，惟对乡民众教育，则向未注意。为体验乡村问题及研究办理乡村民众教育之方法，以作辅导之根据起见，故特设乡村实验区，从事于研究实验。

（三）本馆认定在乡村推行民众教育之方式，必须义教与社教合一。此不独可以节省经费人力，易于推广，而义教与社教合一，可以相互发挥其反射作用，于增加教育效能，关系尤大。当时从事于此种实验者固不多见，而信仰民众教育或反对民众教育者，对于此种实验，持反对论调者，亦复所在皆有。本馆因确认此种主张之有力，故首设西善桥实验区，标明以义教与社教合一为实验目标。

本馆二十一年首设之西善桥乡村实验区，即本上述之动因而成立。及至二十二年秋，本馆因鉴于地方自治与民众教育关系之重要，而教育与建设必连锁进行，其效始著，特联合句容县政府合设下蜀自治实验区，以一自治区为范围，以政教合一为方法，实验以教育与建设完成地方自治之途径，及教育与建设连锁进行之方法。

二十三年本馆为实验所颁标准工作起见，除西善桥下蜀两乡村实验区外，复于江宁县之土山镇设立标准工作乡村实验区，实验厅颁标准工作进行之有效方法。

本年度起，本馆感于乡村问题之日趋严重，对于乡村工作益加扩充。综其事业，约有数端：（一）本馆过去已成立之三个乡村实验区，均各有其特殊之目标：如西善桥实验义教社教合一，下蜀实验政教合一，土山实验厅颁标准工作。然此等不同之点，不过为方法问题，若言目的，要均不外普及民众教育，树立地方自治之基础。过去以方法不同而分区实验，于理论上固无不通，而实际上分区太多，人才财力均嫌单弱，且既成独立之机关，无形中增加许多行政琐务，浪费许多时间与经费，于工作效能，经济原则，均有未合。故自本年度起，除下蜀实验区因负特殊使命，仍旧进行外，特将西善桥区土山镇区合并，另增划南京市之凤台乡及江宁县之岔路镇，改称京郊实验区，实验普及民众教育之方法。其面积较旧区约增划两倍，人才经费，亦略有增加。（二）本馆根据过去经验，深感推行民众教育，工作人员之得当与否，关系至大，故自上年度起即拟本诸理想，训练人才。计划已定，因迁馆问题发生，预算支配困难，事因中辍。本年度起，本省教育厅规定省民教馆必需举办民教服务人员训练班，本馆因将过去计划，略加修改，开始举办。训练地点在土山镇，训练要旨本教学做合一及手脑并用之原则，规定学生半日读书，半日分组在农场劳作及在京郊实验区施教。（三）本馆鉴于在乡事业之日益扩展，而农场之需要日亟，过去本馆馆内及各实验区均附设小规模之农场（均约十亩），然因规模太小，不敷应用，故本年度特于土山镇圈购农场约六十亩，以为试验、表证、繁殖、及训练班学生习实之用。

三四年来，本馆经费，并未增加，因鉴于乡村工作之重要，对于城市工作力求切实，力戒浮浪，以其节省之经费，移办乡村事业。故乡村事业，逐年均有扩充。截至现在为止，全馆职员约有半数（连兼任约有三十人）在乡工作，全年经费除辅导部分外，亦有五分之二用于乡村，此足为本馆三年来重视乡村工作之表现。盖解决乡村问题为解决中国问题之基点，而民众教育负有促进乡村建设解决中国问题之使命，自不容不集中力量，趋赴于此也。兹将本馆乡村工作分述如下，以求同志之指教。土山实验区及京郊实验区，因成立未久，从略。

二　三年来之西善桥实验区

沿革

二十一年八月，教育部为全国各处作一办理乡村民众教育之模范起见，特指令本馆办理乡村教育实验区。划江宁县属第十区西善镇，茂林乡，化林乡为实验区域。区广约一百五十方里，七十余村落，八千五百余人口。设总办事处于西善桥，接办江宁县西善桥小学，从事民众教育与小学教育合一进行之实验。

实验区成立之始，教育部按月补助经费一百元，并派科长彭百川钟灵秀会同本省教育厅第三科科长相菊潭，本馆馆长朱坚白，及本馆延聘之专家徐澄，丁超，纪荣沂三先生，组织设计委员会，指导并考核区务之进行。及二十二年春，教部政费支绌，辅助费停发，区内经费，完全由本馆担负，于是区务进行，亦完全由本馆直接负责。

二十二年秋江宁自治实验县成立，本馆深感民众教育与小学教育合一进行之切要，遂商得其同意，将西善桥小学改为中心小学，由实验区主任兼充校长。本馆亦将实验区扩大，以自治区为范围仍以原有区域为集中区，实验区内各小学校各划一学校区。学校区及集中区以外之地域为推扩区。集中区再划为三个分区，添设贾家村，马家店两分办事处，全区教育完全由实验区负责指导。本馆并担负全区民校经费。

二十三年秋省市划界，实验区区域大半划归京市，西善桥中心小学，依照京市办法，改称乡区小学，仍交区兼办。于是本馆仍以集中区为实验区范围，各种事业，照旧进行。

三年以来，本区之范围及行政关系，虽迭有变更，而本馆对于民众教育与小学教育合一进行，以普及乡村教育之主张，则未或稍变。非敢泥于主观，自以为是，环境之需要如斯，固不容变易也。

方针

本区目的，在实验以民众教育小学教育联合进行之方法，以普及乡村教育，期能创立区单位之全民基本教育制度。本此目的，本区实验要项，分析规定如下。

1. 研究实验儿童教育与成人教育联合进行及相互为用之方法。
2. 研究实验学校式教育与社会式教育联合进行及相互为用之方法。
3. 研究实验单级小学兼办社会教育之方法。
4. 研究实验儿童半日学校成人夜校及社会式教育联合进行之方法。
5. 研究实验中心学校与各乡村小学或总办事处与分办事处事业范围之划分。

本区事业进行之原则，在运用民众组织，培养民众能力，以发展农村经济，提高农村文化，改进农民生活，其始也概由倡导而引入于合作之途，终以扶植其自主。如此推进事业，既可化阻力为助力，而将来亦可免人亡政息之弊端发生。

工作述要

甲、关于文化教育者

1. 民众学校　自二十一年十一月起至本年七月止，先后开办西善桥，贾家村，马家店，所街，赵家园，铁心桥，上新河，头关，三汊河九校，共十九班，入学人数七七九人。课程除国语，算术，体育，唱歌外，特重精神谈话，合作训练，与农业智识之灌输。

2. 添设小学　实验区未成立前，区内小学仅西善桥，上新河，花神庙，铁心桥四校，各校儿童人数，平均不足二十名，校务凌乱，课业废弛，名实俱无，几不识为学校。二十二年一面协助江宁县政府整顿原有之小学，一面复运用地方力量，协助政府，添设头关，大胜关，所街，赵家园，小行街，安德门，三汊河，滨江等县立八校，同时复运用地方财力，添乡镇立小学螺蛳桥，江东门，临江滩，二道街，后街，中和村六校，总计三十班，入学儿童都千五百余名，由地方筹建或兴修之校舍，计五十六间。并充实各校设备。

3. 改良私塾教育　二十三年十二月开塾师训练班一班，召集区内塾师胡修中等二十六人到班受训，予以教学训育等方法之训练。毕业回塾后，教材管训方面，类多锐意改进，一洗旧日恶习，其办理完善者，教育效果，几与县立小学无异。总计全区改良私塾为三十七所，入学儿童六百余名。

4. 研究会　由区指导组织之研究会，属于教师者有（一）辅导会议，每学期开会二次；（二）私塾教育改进会，有会员四十二人。属于一般民众者有（一）民众读书会；（二）民校毕业同学会。

乙、关于生计教育者

1. 农事推广　实验区设表证农场，繁殖改良品种，并为农民示范。计三年来推广改良稻麦棉种共一百六十余石，采用改良种之农户一百二十六户，种植地田约二千四百余亩。

2. 提倡副业　（一）改良蚕种。二十二二十三两年度内均举行示范养蚕，并指导区内农民采用改良种及饲养方法，提倡结果，区内养蚕农家，已完全采用改良种。（二）造林运动。每年三月集中力量举行造林，三年来计公私栽植树苗七万八千余株。（三）职业训练。如织袜藤竹等小工艺，先后举办。

3. 贷款贷种　二十三年秋旱灾綦重，全区收成极微，农民生计极艰苦，冬季麦作，竟多无法播种，经严密调查后，择其确系贫苦农家，贷放优良小麦元麦种五三石，救济百零七户，种地八百八十余亩。此项贷出种籽款项，于二十四年夏，均如数收回。又本区为流通金融引导合作起见，特与江苏省农民银行订立扶植合作贷款办法，以利进行。

4. 组织合作社　合作社之组织，二十一年度区内无一社，二十二年度起，一般农民对本区各种事业已有深切之了解，同时因民校毕业学生散布全区，纷纷要求组织合作社，计经指导组织生产合作社四所，信用合作社四所，全区合作社网业已形成，区单位合作联合组织已立基础。

本区对于合作社特重社员训练，各社职员，由总部集中训练，各社社员，则由各分区于社员工作余暇训练之。

丙、关于公民教育者

本区公民教育之工作有下列三种：

1. 广泛训练　每月有中心运动，逢纪念节有纪念节活动，其方式兼采展览，讲演，戏剧与电影。三年来之重要活动有卫生运动，农事改良运动，识字运动，风俗改良运动，雪耻运动，民族复兴运动，救灾防荒运动，合作运动，新生活运动，每次运动，均普遍巡回于区内各村，颇能鼓舞精神，振发民气。

2. 组织民众　区内民众组织，其重要者有改进会青年团，妇女会。而青年团各分区均已次第成立，颇能为推进社会事业之中心力量。至若民校同学会，昔为各乡村之最要组织，自青年团妇女会成立后，各民校毕业生变为青年团妇女会活动之核心，而民校同学会变为各种组织核心分子集合之机关，借以商讨策进各该组织工作之方法，并谋统一意志，整齐步调，不复为直接推行社会事业之组织。

3. 保健运动　本区对于保健运动，有防疫，种痘，健康比赛等工作，并成立医药室，举办疾病调查，及诊治施药，设置民众运动场，组织国术团，篮球队，每年举行全区民众运动会，借以倡导民众运动。

本区三年来之工作，自非短纸所能罄言，上所述者，不过略举其要而已。

三　二年来之下蜀自治实验区

沿革及背景

二十二年夏，本馆拟办政教合一实验区，当商得句容县政府之同意，将该县第九区划作实验区，称下蜀自治实验区。中经公文往返，及呈省备案，稽延时日，至是年十月始开始筹备，十二月正式成立。实验区在行政系统上，仍直属句容县政府，惟区长人选，须由本馆遴选，函请句容县政府转呈民厅委任。实验区设区政委员会，由句容县县长，本馆馆长，民教两厅代表，及专家五人组织之，为实验区办理实验事宜之直接指导机关。并以本馆馆长及句容县县长为常务委员，在委员会闭会期内，共同负责指导实验事业之进行。实验区经费，原定除区公所原有经费月约一百四十元外，由本馆及句容县政府月各出三百元，为实验经费。惟两年以来，句容县政府以遭灾荒，经费奇绌，实际支拨实验区经费不及三分之一。经费支绌，实验工作，往往不能照原订计划进行，预期之目标，因亦不能如期达到。

实验区位于句容县之北境，适处于京沪线京镇区间之中心，西界江宁之第一区，北隔大江与仪征为界，东界镇江县第二区，东南界本县第二区，南界本县第一区。东西长约四十里，南北亦长四十余里，京沪路由桥头达龙潭直贯全区。全区田亩共约六万亩，在铁路以北多属圩田，铁路以南皆山田，山田与圩田为三与一之比。交通除铁路外，去句容有句蜀公路，与铁道并行有京镇国道，泥坯均已筑好。水运除大江外有便民河，与铁道亦成并行线，春夏秋三季，水涨时可以直通航运。本区现共分十五乡镇，计一二五保，一二五一甲，住户计一二七九六户，人口总计为五六二八三口，内男子占三○三七一人，女二五九一二人，不识字人数达百分之八十四、三○。小学原仅十七校二十四级，本年新增十八级，并拟增设民教馆一所，在筹备中。区内人民职业，除农业外，有烧石灰，编蒲包，业缸窑等。

工作述要

本区二年来之工作势难罄举，兹述要点如后：

（一）地方行政

1. **公文处理** 公文处理为行政机关不可少之事，亦即为花费时间最多之事。区公所上承县政府，处理区内教育、建设、财政、公安、保卫、自治、土地、烟禁、及各项调查事宜，事务之繁，承转文件之多，实骇人听闻。若敷衍塞责，则有失实验之本旨，欲认真处理则人力无以应付，且乡镇公所，多不健全，下行公文，等于白费。本区有鉴于此，特订定处理公文简便办法：（1）对上呈复事件，重要及次要者均直接派人办理，不要者交乡镇长办理；（2）转令知照之公文，提区务会议报告；（3）普通令办公文，集合数件，摘录内容要点，一次转令遵照；（4）令饬简要事件，不必正式行文，即用条示行知。

2. **指导区乡镇会议** 本区对于健全自治组织，推动建设工作，除分别训练乡镇保甲长外，特重指导区务会议及乡镇会议（从前为闾邻长会议现在为保甲长会议）。区务会议每月举行一次，除讨论外，有报告，有演讲，实际不啻为乡镇长之训练会。关于乡镇会议，区公所特订分区指导办法，其要点：（一）训练开会须知；（二）训练四权运用；（三）报告国省县区之重要新闻；（四）对乡村急需兴革事项之提起与办法，并扶助其进行；（五）释解功令；（六）令办事件之督促并指示办法。各乡镇会议，区公所必须派人指导，每次并订定中心问题，交会研究讨论，藉以督促事业之进行，引起乡镇长工作之兴趣。

3. 整理自治区域　本区各级自治区域之划分，原多不合情理。于自治工作之推行，殊多障碍。实验区于第一年度起，即开始整理，其要点有二：（一）扩大乡镇范围，使在教育，自卫，及经济上，均能成为自治单位，原有二十四乡镇，经整理后，归并为十五乡镇。（二）取消闾邻制，乡之下按照自然形势，及生活习惯，划分为若干村，镇以不再分为原则，如人口太多，地域太大，亦得按照实际情形，再分为若干里。第二年度奉令编组保甲，乡镇之范围仍旧，保之范围力求与村之范围相吻合。如事实上确有困难，只准一保兼辖数村，不准一村分属数保。

（二）教育事业

本区对于教育之推进，可分三期述之：

第一期，由区公所集中教育指导权，整理原有学校，并扩充其职能。其要点如下：（1）将全区小学改称国民学校，办理儿童及成人之义务教育；（2）于下蜀设立中心国民学校，校长由区公所教育股主任兼充，秉承教育局，办理全区教育；（3）推广乡镇学校，使每乡镇能有学校一所；（4）拟订办理国民学校要点，通饬区内学校一律遵行，其要点为教育对象须兼顾成人与儿童，施教方式须兼采社会式与学校式；（5）举办国民学校教员讲习会；（6）整理全区私塾，举办私塾登记，考试及训练事宜，并拟订设立私塾要点，通饬遵行。

第二期，第一期工作因教育权之集中，经数月之努力，始得实现，乃实行未久，而句容教育局长易人，又逢奇灾，教费支绌，中心小学及区内许多小学，奉令停办，指导工作，顿受影响。于是区公所推进教育之方针，转而集中力量整理私塾，其步骤为调查，登记，训练，辅导，研究。经登记之私塾凡百余所，联合教育局举办塾师训练，受训塾师凡四十七人。联络教育局及区内完全小学组织私塾管理委员会，负责辅导私塾。由受训各塾师，组织私塾教育研究会，受区公所指导，研究私塾教育之改进事宜。区公所订定私塾设立要点，以为设立及考核私塾之准绳。区内私塾，经整理之后，面目为之一新，十之七八，已具学校机能，且能兼办民众教育，如成人识字班，介绍优良品种，布种牛痘，写壁报，设立询问代笔处等。

第三期，即为本年度之工作。本区对于全区教育，因中心小学未即恢复，表面上似尚无全权指导。然事实上因过去历史及区公所在行政上之地位关系，区内学校与区公所均能保持密切联络。加之（一）下蜀小学校长由区公所教育股主任兼充，同时兼任区内学校合作团团长；（二）区设教育委员会，由区长任主席，故事实上区公所仍有商承教育局，指导区内教育之力量。因此区公所对区内教育，更订具体计划，其要点：（一）普设保学，第一学期注重量的普及，区内一百二十余保，至少有十分之八设立保学，经费由地方自筹，区公所另订补助奖励办法。（二）第二学期注重质的改进，训练保学教师，并辅导其工作，厘订乡镇小学辅导保学及私塾办法，及民众教育馆完全小学分区辅导乡镇小学，保学及私塾办法，以完成教育事业网的组织。

本区对于教育不主民众教育与小学教育分割推行，故二年来推进教育之方针，在普设教育机关，并扩充其机能，使兼负儿童成人之义务教育。故本区认定凡教育机关所到之处，即教育力量达到之处，初不问机关之为社教机关或小学，甚至私塾也。惟为各学校办理民众教育之示范，并供给技术之指导起见。第一年度于下蜀本区设实验民校，于各中心乡设中心民校，并各负责办理社会式教育。于第二年度划下蜀为实验区，甪里乡为实验乡，普遍实验办理普及民众教育之方法。就学校式教育言，二年来实验乡镇中心乡所办之民校，年逾二十级，毕业学生约一千人，而各乡镇，各小学，各私塾，自动设立或经区公所补助设立之学校及识字班，比区公所自办之学校，当在一倍以上，例如实验乡辖六个村落，除办事处所在之村，由区公所负责，其余五个村庄之五所民校，均由地方自动设立，教员亦由公推，区公所仅负技术指导之责，而地方自办之民校，与区公所直接办理之民校，几无差异，此或为政教合一制下之好现象也。

(三) 生计改进

1. 农业改良　本区对于农业改良，希望于三年内普及稻麦棉之改良品种。农业改良之智识及技术，则随改良品种之推广而推进。普及改良品种之步骤，约如下述：（1）设立表证稻麦场，收集改良品种，作一度地域试验；（2）会同中央大学农学院，设立爱字棉表证农场，试种爱字棉；（3）设立特约农田，每乡镇至少三处，面积在十亩以上；（4）于实验乡指定一保集中推广改良麦种，种植，施肥，除害，选种等工作，均由区公所就近随时派员严格指导。至收获时期，由区公所收买农户之收获，加以整理，以供再推广之用；（5）于麦作最普遍之六乡镇，各成立合作农场一处，面积在三十亩以上，专门繁殖改良品种，以供再推广之用。综计二年来之农业推广，以改良麦种收效最宏，已获得全区农民之信仰，现在只品种不敷支配，故特集中力量繁殖改良品种，普及之期，预计不远。至改良稻种，虽亦获得一部分农民之信仰，然尚属少数，普遍推行，犹待未来之努力。若棉花之推广，因与中大合作时，适逢大旱，未获好果，民众对之因失信仰，改变农民观念，尚待未来事实之证明。

2. 农业仓库　总仓设下蜀，分仓设滨江乡。农民能自动集合，自动设法储藏粮食，自动保管，每经调查承认之后，亦得抵押借款。二年来计二十二年度贷款二千二百○一元五角，储稻一千五百石九十二斤，储户二百六十五家；二十三年度贷款三千八百八十四元五角，储稻一千五百七十八石六十三斤，米十四石四十六斤，豆四十一石，麦九石七十八斤，储户三百六十四家。货款数目虽少，要亦略尽调剂金融之能事。

3. 组织合作　推进合作，建树区单位合作制度，为本区实验目标之一。其步骤：（1）先完成各乡设立合作社；（2）乡镇合作社，扩充社员，推广业务，组织分社；（3）成立区单位合作社联合会，二年来正式成立之合作社凡四所，为石灰及缸窑产销合作。成立预备社凡十六社，社员三百五十六人，曾与江苏农民银行订立贷款扶植合作社办法，因取慎重态度，至今尚未完全正式成立，刻正在整理推进中，预计本年内，定可完成各乡镇合作组织。

4. 救济灾荒　二十三年度江南各县遭遇数十年来未有之奇荒，本区重山复岭，颗粒无收，灾情尤重。区公所先后筹集赈款三千余元，米二百五十石，工赈一万二千九百七十元，受赈男女达五千余人。

(四) 建设事业

本区住民以业农为多,而交通有铁路与公路,故建设工作,以水利为最要。二年来本区兴修之水利工程,重要者如下述:

(1) 疏浚便民河。便民河为横贯本区之最长水道,非仅全区半数以上之农田赖以灌溉,即区内缸窑出品,亦赖运输,每至秋冬水涸,不独农田受其影响,即缸窑业因运销无法,亦多停业,故便民河关系本区民生至巨。本区于二十二年度即有浚河之计划,因限于经费,未能全部实现。及二十三年度灾情奇重,浚河之需要益亟,因商请县政府转恳建设厅,准拨工赈款项并由地方于万分痛苦中筹集少许,共集款一万二千九百七十余元,疏浚河身,凡九公里,并整理通江各支流。区内频年属望之最大工作,一旦实现,区民之欢欣鼓舞,实难笔述。(2) 挑浚塘坝。本区山田水源,纯赖塘坝,故二年来集中力量从事疏浚,计由地方自动疏浚之塘坝凡八十四座。现正利用征集人民服役办法,继续挑浚。(3) 修筑江圩。江圩为本区之大患,经二年来之继续修筑,基础已固,本年江泛,竟能免于水患,要为平时注意之功。

(五) 地方自卫

1. 编组保甲 完全遵照省颁办法,分期进行,特重训练辅导,订定详细办法,分别由区公所、实验乡镇、小学校、保学及私塾负责。

2. 人事登记 本区之举办人事登记,远在二年以前,指定专人负责。保甲编组完成以后,地方组织渐臻完善,而各教育机关又多协助进行,于是此项工作进行益能顺利,而区公所所耗之人力亦减。现正拟订学校、保学、私塾,会同乡镇保甲长,协办人事登记办法,预期此项工作,益能正确敏捷,而公家所耗人力,更可减省。

3. 自卫训练 本区虽有铁路贯通区内,交通称便,因面积广阔,且多重山复岭,自昔为盗匪出没之区。地方自治,极不平靖。实验区成立以后,首先注重保卫之整理。爰从整理枪支,组织保卫,训练壮丁,搜查荒山,举办人事登记等着手。而训练壮丁,组织保卫,尤为基本工作。保卫组织由区长兼区团长,乡镇长兼镇乡保卫团团长。训练工作则由各乡镇公所派略受教育身家清白之壮丁各一人,组织特务队,集中区团部,受两月严格之军事及公民训练,费用由各乡镇公摊,区团部酌为补助。另将全区划分为七区,由区团部派出军事训练员七人,分赴各区,调集各段壮丁,实施集中训练，公民训练，则分别指定中心乡职员，及小学教员负责，期为一月，总共受训壮丁七百四十六人。训练完毕，仍返各乡镇，组织自卫队，由在区团部受训之特务队队员统率，秉承乡镇长及区团长，担任本乡自卫事宜。二年来灾旱频仍，民不安生，而社会秩序之安静，远过从前，实自卫训练之力也。

（六）保健工作

乡村保健工作，直接负有改进一般民众健康使命。本区在积极方面，于下蜀桥头营防三镇，成立民众健身场三所。在消极方面，于区公所内设有民众诊病所，二十二年度内计诊治六九九人。二十三年度将诊病所扩充，添设亭子赵家桥营防镇角里谢家边仓头等六处临时巡回诊病所。全年度计诊治二千四百八十七人，布种牛痘一千零五十四人。另全区所有旧式种痘医师，均勒令来所登记，加以临时之训练，传授采用新法布种者共二十一人。此外各举行全区社会调查，办理官荒登记及补粮升科，均为基本工作，而费力又甚多，兹不复详述。

江苏省

宁属农业救济协会二十三年度工作报告

凌道扬

一　引言
二　合作社工作
三　农业仓库工作
四　种籽改良工作
五　提倡副业工作
六　旱灾救济工作

一　引言

我国气候温和，土壤肥沃，为世界各国所不及，故自有史以来，虽朝更代演，然其奠国基于农业之上，则已历四千余年，宜乎其对于农业知识之建树创获，大可作为世界各国之式范，孰知事实适得其反，乃今竟以农村破产闻。兴言及此，不寒自栗！虽然，其所以致此之原因，究何在耶？斯则由于我国农民，向来处境，都极困穷，占有田亩，尤形窄狭，因之农业之经营，素缺实验科学之改良指导，更无共同合作之组织精神。流弊所及，一般无识之农民，对于农作方法及工具，类皆因陈不变，故步自封。幸而风调雨济，田野丰登，则因土地之肥腴广博，所得自非绝无可观，然所以尽地方，倍生产者，尚谈不到也。不幸而洪水横流，旱魃肆虐，若年来之所遭际，则听天随化之农民，除束手待毙，离散四方外，初亦一筹莫展，为状之惨，殊可痛心！本会有见及此，爰结合本京各慈善机关暨热心农村事业诸同志，一本先总理救国救民之遗教，利用实验科学之方法技术，贷与根本需要之改良资金，切实进行复兴农村农业之事工。创办以来，既经数载，其间所经营举办之事业：若农产改良合作社之组织也，农业仓库之建立也，改良种籽之推广，农作副业之提倡推行也，急赈工赈之实施也，不一而足。举凡所以救济农民生计者，莫不惟力是视，一依科学之精神，实事求是，择尤选要，因势利导。深期能速复与农业，实惠农民，令皆足食足衣，兴仁兴让，在新生活之努力运动中，创造新的生命线。故其精力所聚，虽然经几许之艰难灾变，而其成效，亦殊堪自慰慰人也。至若本会之工作，在欧美原属寻常，在我国则似属草创，故举所设施，多属试验性质，第其成败利钝，则关乎全国农业之复兴至巨且大。良以试验而成功，则可推行全国，借收事半功倍之伟绩；试验而或失败，斯亦前覆之车，可作后事之殷鉴，而知有以改进之也。况乎本会活动之范围，虽只限于宁属之江宁句容溧水高淳等县，惟以得中央当局之同情，上海中国银行之赞助，与夫各机关各擅长之帮忙，共期造就为全国模范之农区。基此原因，本会每年在依原定计划逐步实施后，即作一次之综合报告。在本会固可资以作种种检讨，而确定继续进行之动向步骤；在社会则凡关心农业前途诸人士，亦得为观摩策励之借镜。所可惜者，则二十三年之旱灾，遍布极广，本会工作区域，亦同遭浩劫，以致本会原定之积极计划，多遭梗阻而减其成效，况乎办事人员，更须分身于急赈工赈之施办，而未能专注根本事业，殊深遗憾耳！所愿海内外爱国好义之士，时加督促，多所援助，俾早达到鹄的，进而作全国农村救济之先导，岂徒本会同仁及宁属农民之幸，实亦吾全国农民之幸也。

二　合作社工作

合作社之经营，在欧美各国，早既超迈言论时期，跃进实行阶段，近且风行雷厉滋长发荣矣。殊料我国之好高骛远者流，尚多在鄙之为鸡零狗碎之局部工作，绝非统筹全局之大块文章而轻视之。噫，此殆中国之社会建设，始终限于典丽华赡之大块文章，而少睹其实地施行利民济物之要因欤？良可慨也！谁知大凡革新事业，要不从基本做起，是犹架华屋而不屑砌墙，造高桥而难削木也，欲其有成，庸可得乎？北邻之新俄，初何尝不以大处落墨全盘改造相期许，而鄙合作经营微不足道不屑为者乎？今也何如？一切复兴事业之得有成效者，畴非提倡合作而沾其实惠哉？是知合作经营之为兴国要图矣。至若合作之性质，大约分为生产与消费两途，而本会现所经营者，类多生产部门之工作，间或及于运销之谋为，此则因我国农村，在遭荒旱洪水重灾叠劫之余，皆既室如悬磬贫无立锥，舍努力为促进生产外，朝饔夕餐之不继，瓮牖绳枢之不得，消费云何哉？环境事实所使然，非有所偏重轩轾于其间也。

农产改良合作社成绩

本会根据数年来实地工作之经验，深觉扶植生产，确为复兴农村之要图。然在此旱涝频仍之际，农民破产无余，藉赖全无，何来生产？虽有巧妇，无米难炊，职是之故，本会一依合作精神，对于忠实勤俭之农民，贷予经营农作之资本，导诸易举速效之事业，俾其多所利益，早跻苏复也。举办以来，农民极感便利，莫不闻风兴起，总其收效，大有可观。即以本年度论，本会在江宁、句容、六合三县境内，先后导引成立之农产改良合作社，既由六处而增至一百数十处，（其他尚有与本会合作经营农作副业如养猪养牛者不在此中）社员亦由五十四而增至一千数百人，每社员一人，即代表一户，贷出款项则由百余元而增至三万余元也。

据实地观察所得，一般获得资助之农民，咸愿接受本会之指导，努力于所从事之业务，且逐渐表现自动自创之能力也，殊可嘉许。影响所及，农民之按章组织，要求本会贷予改良农业之资金者，风起云涌纷至叠来，所恨本会经济能力有限，不克尽如所愿，统计放款总额，尚不及审查合格之半耳！令彼向隅，此则本会心余力拙之遗憾也。所愿善长仁翁，或急起直追，或协助本会，勉力玉成，更事推广，以之普益吾华流离困顿之农民，咸有昭苏复兴之望，国运前途，实深利赖也。

农产改良合作社办理之程序

本会在实事求是之合作经验中，深感贷款生产之作为，最能鼓励农民，增殖生产，复兴农村，而丰裕民生，永固国本者也。盖我国农民，至今尚占最大多数，在列强工商强力侵压之下，农业之兴发，始终尚是国家之生命线也。是故不欲救国则已，如欲救国于危亡也，农业改良合作社之施行与推广，实为当务要图也。虽然，农业合作之推行，亦极赖乎组织之严密，规章之得宜，方能领导未经训练之农民，循规蹈矩而跻于成功之境域。脱非然者，贸贸然而为之，不惟用力勤而收效寡，难保不无倾覆之虞也。本会农产改良合作社组织程序，规定如下：

第一步　由发起人三人征求忠实勤俭之社员至九人以上

第二步　请求宁属农业救济协会派员调查社员家庭经济状况

第三步　召集筹备会讨论社章分认股额并请宁属农业救济协会派员指导

第四步　举行成立会选举干事收集股金

第五步　申请宁属农业救济协会承认发给证书

三　农业仓库工作

农业仓库之设立，为能调剂粮产，平准谷价，流通农村金融，令农民获得乐几终身饱，凶年免于死亡之实惠，既于本会历年实地经营之下，成为坚确之事实，不容多所词费矣。盖本会自办理以来，不惟曾经水旱之灾变，且曾遭值"丰荒"之异迹也。在繁衍急变中，对于仓库效能之认识，更形深切，铭刻不忘矣。兹述：

过去农仓办理之情形

二十一年秋，本会开始办理储押贷款，其时设立分仓，凡一百一十四所，押稻二万二千二百六十五石，贷出押款四万四千五百三十元之数。所定赎稻期限，原分四个月及六个月之两种，初意赎期稍间，俾得周转通融也。卒因各储户之连名请求，改四月者同为六月。于斯时也，即遭一种特异之困难，大能陷仓库经营于失败者；然因仓库本身之效益，经既直接敷惠乎农民，为其直觉潜能所认识，终得履险如夷，安然渡过难关，侥幸云乎哉。盖其时稻产丰收，谷价惨落，跌风所届，入春未见回苏，然正值农民应行赎稻之时也。依一般推测，储户必不能按期回赎，而令仓库遭惨烈之失败矣。即当局者亦多抱同样之感觉，非云杞忧，情势殊属可能也。所幸一般农民，咸经亲验仓库之实益，首为免却卖出购回之中介侵削，更能除去大往小来之市侩混朦，自己躬加精选之种粮，暂押而终归自享，何乐如之。且也青黄不接之时期，惯施敲剥扼诈钻骨吮精之高利贷者，形消影灭绝迹农村，其舒适为何如哉？职是之故，一般农民储户，虽在稻价惨落之时，群皆乐意回赎，免令储仓损失，以致颓倒将来之靠山也。虽则间或后期，都因赎期逼聚，农村现款无多，与夫麦价廉微，一时难以对换，特别情形使然耳，绝非有意留难也。迨至二十二年，又值长江流域普遍丰收，稻价之廉，新来仅见。无如秦淮地带，螟害独遭，人庆仓箱，此嗟垂橐，飘茵堕溷，亦云惨矣！虽然，新谷登场之日，亦是催科正急之秋，支吾稍有，缧绁随之。况乎旧债新需，殊亦急如星火，兴嗟仰屋，河广无梁，卖去所仅获之微稻，将来之饷粮奚托，真所谓医得眼前疮，剜却心头肉也。进退维谷，惨怛何如？幸也仓库既立，生佛眼前，可将少量之新稻，储押相当之现款，燃眉急济，稳渡难关。纵或异日谷价高抬，亦得廉宜回赎，后顾之忧可解，目今又破重围，一举两得，何乐而不为？是以农民之储押者，仍异常踊跃。影响所及，彼乘机打劫，蹈隙谋人者，亦无从而高抬市价，大饱贪囊也。"驵侩不得居奇，穷黎均沾实惠"，此之谓欤？我中央政府诸公，恫瘝在抱，关心民瘼，凡所以利济民生者，无大小必乐观厥成也。故于二十二年顷，蒙实业部令中央农业推广委员会与本会提携合作，确定会章，增殖资本，不论精神物质方面，都赖以充实，得具如此一副好筋骨，出而为宁属农民服务，将来之发展，当亦无可限量也。后此推广而满布全国，全国农民之沾惠更自无穷矣。

本年仓库办理之实况

本会之经营农业仓库，绝非商场之谋利性质，亦非纯粹政府举办之救济行为其最大之目的，无非领导训练一般农民，养成合作之精神，获得组织之能力，起而自解自决切身之民生问题也。惟在农民知识幼稚能力薄弱，未能自动自力经营之候，亦乐得协助之扶植之，尤是对于其自力所未能独任之工作，若请求政府接洽银行劝募捐款等，靡不切实予与有效之帮忙，俾其易臻独立经营之境域也。是故本年夏间，旱魃为灾之际，本会亟须从事赈务工作，未能注全神于仓库事业，然初亦欲一试农民自动能力，既至若何程度，结果虽储贷款项较去岁（二十二年）仓数三〇一处，贷款为一一四、九八七元为略减，然亦无非受旱灾影响所使然，其办理之努力与熟练，殊属未可多得也。

四　种籽改良工作

我国农产种籽之亟须改良，既为农业专家之所共晓，盖以我国农家之种籽，类皆陈陈相因，非既失其土宜，即既减其适性，因陈不变，非所宜以增殖生产也。虽然，农民为贫困之原因，多不敢冒改良之大险，诚恐不幸而一朝失败，则继后粮食无所资赖，斯其所以胶执不改者，亦有绝大之苦衷也。本会有见种籽改良之急不容缓，而农民之困顿良属实情，因决计用货款贷种指导实施之合作方法，冀农民于躬亲实验目睹效能之机会中，风从道长迅速推行也。故于二十一年，水灾济赈结束而后，即集中力量于种籽改良之一途，实验伊初，极见成效，因于二十二年之预计中，更为努力于二十三年度之推行矣。

改良小麦之前劳后效

本会曾用金大农院之改良小麦二十六号品种，于去年推行之，播种伊初，适久不雨，是令麦之发芽者，仅百分之六十五度耳，据一般农民之预测，当无良好之成果矣。殊此种麦苗之分蘖力，极为强大；且其耐水性，更属出乎意料之外，虽在多雨积水之田内，初亦不减其产量也。职是之故，原订增价收回贷种者初次获麦之预约，不能实行，盖彼贷户，均既先事掉换，不容璧赵矣。农民之从善力，于兹可见。影响所及，不惟麦之产量增加，即向之弃地荒坡，皆不能再事投闲置散矣。

本会今年改进推广办法，联络金陵大学中央模范农业推广区及中国银行合作，组织作物改良会，于仍行推广二十六号小麦之外，金陵大学复首以育成品种更佳之二九〇五号小麦供给推广，播种后发育甚佳，依麦苗状况推测，本季麦收成绩良好，当可预卜！

改良稻种之成绩

去岁季春之际，本会曾将中大农院改良有效之帽子头稻种一千六百九十七斤，分贷一百五十户，散植十三农村中，共种六百八十二亩地。迨至秋获之时，竟遭奇重之螟害，以致洋尖头大团颗等品种，几乎颗粒全无。惟帽子头成熟殊早，得以稍避螟灾，因之收获平均，尚有七成之数，亦云幸矣。农民之极为重视，岂徒然哉。本会有见螟害之伤农，害殊不浅，而考防除之方法，立办殊难，以财力困乏之农民，更无望其能举行也。因转而寻求消极之抵抗，访索最能避免螟害之品种，得八十籽者，最为合格。因其成熟早，品质良，虽或产量间有不如，然做米之成率独优异种。故特购买一百石，预作本年推广之用，孰料竟触旱魔之怒，未能大显身手，为可惜耳。

扩大种籽改良之实施

本会对于农民基本种籽若麦若稻之改良，既已极力推行，期其增进农产；即其副作种籽若棉若豆等之选种，亦莫不尽心改良也。盖因棉豆之为业，不徒可作凶荒之调剂补救，且人群之需求程度，亦正与日俱增，况乎大可利用硗确之地，转为产植之途乎，其裨益农家，良非浅显。故本会于救济荒灾之顷，亦乘机推广棉豆等之贷种，实寓拯救于自拯也。

五　提倡副业工作

农家副业，能令农民利用空暇，抽发潜力，产生有益之作物，以备凶荒，以裕日用，诚为轻而易举，实惠良多之工作也。无如我国农民，处此水旱交逼之下，类多缺乏基金，心余力拙，以竟投闲置散，任令困穷，良可慨也！至若因其方法之因陈，经营之乏术，虚掷心劳，难期硕果，因而中辍不竟者，亦大有人在也。本会睹此情形，用此一面贷之以难得之资金，一面授与有效之方法，道彼从事于副业之改良，或改良之副业，如此扶植其劳力，以事有益之生产，成效之宏，殊亦大有可观也。

养猪之成效

养猪原为我国普遍主要之农家副业，因其饲料不过农村之剩产残粮，而其粪遗，大可作禾稻有益之肥料，矧尚有食肉荣身，变资应急之效需乎，无怪养畜者若是其广普也。所可惜者，猪种殊不优良，无论生长迟延，肉质薄瘠，即其抵抗疾病之能力，亦殊贫乏可怜也。本会因用韩卜西及波支种猪，令其与本地优强之母猪交配，试其成效何如，实验所得，则此第一代之杂交种，竟具两种之优异特长：（一）生长迅速肉质肥嫩，即依农家之常法饲之，亦年可获得平均一百三十七斤之产肉也，实较本地猪多产肉四十斤左右,其肥嫩尚属余事也。(二)抵抗力绝强不易沾病,二十二年春间,此处猪瘟盛行,本地产猪鲜能幸免者,独此杂交猪,则绝无受害之虞,以致农民视为异迹,其抵抗力之强,可概见矣。故一般农民,备极欢迎,争相罗致,其间因粥少僧多,不足分配,竟有自行留养第一代杂产为种猪者,其得农民之珍视,为何如耶?本会虽曾经普告农民,令知此类杂交种猪,不能及原种猪交配之优异,然因难得之故,咸都置若罔闻,自亦无法禁止,听其流行,以观后效如何耳。

养鱼之推行

养鱼亦为我国农家常有之副业,宁属之秦淮河流域更擅地利之宜者,因其沟渠纵横,池塘星布,随在皆可养鱼也。所恨民习不良,盗风殊炽,放弃地利,痛惜何如?因即领导农民,组织合作,共同防守,合力经营,缺乏资金,尽容贷借,此议一倡,风起景从,盗风因之而戢,利益从兹大出,岂曰小补哉。其间自动集资经营,养鱼不下数十万尾。受本会资助而成立者,三年间达三十万尾。

因本会之提倡,从而养鱼之风大炽,需要鱼苗小鱼自巨。兹有芜湖专养小鱼者,请本会代为销售,计凡二三寸长之鱼,每千价为八元,本年仅须交全价百分之二十,余可于秋季收足云。现在来会登记者,为数已达十万,而尚在继续登记中。由此亦可知渔业之对于农民,为益亦殊不浅,故能吸引农民,竞起营谋也。

养鸭之成绩

秦淮河流域,沟渠池塘,星罗棋布,极利养鸭,且鸭之为物,颇能除去田野间害虫幼蛹,堪称益禽,亦可啄食获后落稻,废物利用,值得广饲者也。本会于二十二年开始提倡,农民亦殊乐经营。据刘家渡村养蛋鸭者之报告,一千蛋鸭于产卵最盛时期,每天可得净利九元余云。则其为利,殊亦不菲。对于贫苦农,实惠不浅也。除农民自筹资本,养万数千外,由本会资助经营者亦将三万头。

养羊之提倡

羊为吃草动物,利于平原野地,孳育易蕃,获利殊亦不赀也。本处鲜人注意及之者，本会因亦提倡之。于民国二十二年度，开始组织养羊合作社一处，初则养羊七十头，现已增至为二百头矣。饲养社员共有三十七人，颇能勤力工作，将来之发展，未可限量也。

农村工艺之提倡

本会所提倡之副业，多属便利男农之工作，良由田间劳动，类为男性所经营，积习如斯，只得尽先导引耳。至若女子之数目，可占人口大半，矧彼田妇能力，初殊不减农夫，要能利用其空暇，诱导其余力，斯则聚花成蜜，大能促进农村经济之繁荣。本会初非不知，限于经济能力，有志莫逮耳！近者扶轮社暨中华圣公会，愿拨一笔资金，从事协助农妇作业之试验，本会因即代为办理。现既购得衣车袜机等十余架，择淳化镇为开办地点，据负责者之报告，既已招得学徒十四五人云。意者从此推广扩充，当为农妇经济自给之生路，双方并进，更易促进农村复兴之预期也，惟望国人之见义勇为者，慷慨协助本会之工作，以冀迅速到达目的，数万万之女性同胞，无不馨香祷祝也。

耕牛贷款之发轫

本年旱荒失收，农民生活几陷绝境，残酷之景，难以言喻，甚有将耕牛削价求售者。查宁属农村，所备耕牛，历年市价皆在百元左右，今虽愿以三四十元出售亦鲜人过问，其经济崩溃之程度，可见一斑。但耕牛变价，固可暂济涸辙，然来年春作，将何以耕？况春季耕牛，求过于供，牛商势必居奇，际此农村经济衰落时期，何堪再受侵袭！本会鉴斯，爰有耕牛贷款之倡议，以作经济上之援助，乃指导信誉较著之贫农；组织耕牛改良会，并授以耕牛品种之改良，以及牧养管理，疫病防治之法。复于本年一月下旬，介绍贷款。

六 旱灾救济工作

天降丧乱，饥馑荐臻，三年前水患之余痛未除，民二十三旱魃之新疮又溃，流毒横行，遍十数省。据账务委员会截至九月所得之报告，被灾之省份及田亩，既有详报者，都十省二百六十三县，被灾田亩面积，一亿三千三百余万亩，此其为数既足令人骇汗却走惊心动魄者矣，矧尚有未经详报者多之又多乎？诚近百年来所未有之巨灾奇祸也，吾民何辜，罹此鞠凶！至若其被灾尤为惨重之江浙皖三省，据实业部之调查统计，受害之田亩面积，不下一万万零八百二十七万市亩之广，农作物之损失估价，计值五万万二千八百九十二万余元之巨，论其比率，竟在平年收获数量百分之六十五以上，噫，何其惨耶！

宁属灾情

本会所服务之地区，若江宁六合江浦句容溧水高淳等县，不幸亦同遭大戾，陷于水深火热之中！其被灾之面积，竟达三百零二万七千五百余亩，受害灾民，共有九十三万七千五百余口，损失农作物之总价，都计一千七百七十一万二千余元之数焉。受灾之百分比率，人口平均为百分之五十四强，田亩则为百分之六十五余，其间尤为惨重者，竟有达至百分之七十五，百分之八十者，其为患之普遍酷烈，宁不令人怵目惊心乎！至若受灾农众之实际情形，更多令人闻之下泪目击心伤者。当五六月之间，旱未大甚，一般农众，以为未致成灾，故咸倾全力于补救挽回之工作。导泉流以润高原，运江湖以滋涸野，戽水也，踏水车也，凡可以活枯苗者，靡不应有尽有，应举尽举，无老少，无男女，莫不万人空巷，竭力奔赴。虽烈日之如焚，汗流其如沈，要稻麦之能苗蘖，赴汤蹈火非所辞也。迨乎旱象将成，犹图人定胜天，挽回万一，岂徒日出而作日入而息已哉！甚且焚膏继晷，废寝忘餐，孜孜兀兀以继之，其劳瘁为何如乎！无如昊天不吊，人力终穷，泽竭源枯，田龟石裂，野树且不火而焚，弱苗其能有幸乎？临头大难，四野骚然，老者或不难乎沟壑，壮者犹易逃之四方！若乃受家庭之牵制经济之压迫者，为情之惨为状之难，尤非笔墨所能形容。欲去则老弱牵裾，幼小崩蹶；欲留则鼠雀罗穷，根草掘绝，进退维谷，左右为难，真所为求生不能，求死不得者矣。此绝非臆测之情词，确为本会亲见之实况。当实施赈济，下乡工作时也，所遇灾民，大都鸠形鹄面，鹑衣百结，所赖以充饥果腹者，除侥幸可得粟粃、谷糠、凤芝草、萝卜英等普通视为鸡犬之粮而外，甚而至于餐土块石屑（美其名曰观音粉，原非米粉麦粉实乃石粉也，）嗟乎，辗转泥途之中，以息养尸居之余神，餐吃狗彘所不食，以苟延将绝之残喘，生不幸为中国人，况又罹此大戾，惨哉！虽郑侠复生，当亦描不出此一幅流民图也。

筹备旱赈之经过

本会目击宁属灾情之惨重，哀鸿遍野，饿殍载途，待哺嗷嗷，声动天地，若不从速加以援救，不惟快演析骸而炊易子而爨之惨剧，且恐激而变为铤而走险，贻害社会无穷也。因即奔走呼号，为民请命；同时紧急筹备，实施赈济之办法程序，当蒙各机关各团体各擅长之同情响应协作分工，得以迅速施行散赈，实属灾民之大幸也。其间若扶轮社之为灾民而开音乐跳舞大会，且得行政院长汪先生之赞助，当即筹得四千余金，交由本会分配放赈。他若上海华洋义赈会之拨助巨款，各机关各善团各教会各擅长之助金助力，若实业部陈部长除派员协助外，更谕令中央模范林区局全体职员加入帮忙，各县县长暨各县党部职员参加赞助，金陵神学院亦派员生助理，他如圣公会既为灾民劝募捐款外，更指派江牧师担任江浦赈灾会之会计焉。更有热心教会如鲁仕清、载铭心、溧水王俊德、陈司铎等无不劳心焦思，鞠躬尽瘁，协助本会，令本会能得相当之经济及实力，以切实进行赈济之善工，实为本会所异常感谢，更当代表数十万之灾民叩头顿首者也。不过本会受各方委托信任，接受惠赐赈金而后，深觉急赈之施惠于灾黎，虽极直接而易举，然终属消极之营救，治标而泽流不永也。故不若工赈之为事，一方能济其燃眉之急，免除饥饿之虞，一面更能改善农村之基础，令其终生受益。其能安辑灾民，不致离散，树将来复兴繁荣之根本，实一劳永逸之善工也。为此之故，本会除对于灾民中确属鳏寡无依残废无力者，施以急赈之营救外，其他悉以工赈方法推行之，期其能标本同治表里兼施也。至若本会工赈资金，独为提高者（每工三角大洋较其他机关之一角八分或一角五分者自高），非欲慷他人之慨而私惠灾民，或掷有益之金钱于虚牝之地，初亦欲灾民之有家口者，自给而外尚可以赡养家人。故对于食指浩繁专恃一人之力为生者，本会亦即多予工作之机会与时日，俾其于艰难困顿之时际中，犹得维持其孝慈之善性，斯亦新生活运动之微意欤。

办理急赈情形

本会对于办理急赈事，除江宁县交由中央模范农业仓库办理员施放赈贷而外，其他若江浦高淳溧水句容等县，莫不先后举行。办理程序，则先派员入乡考察受灾实情，调查登记灾民户口人数，参合县区灾民表册，分别受灾程度之轻重，家庭经济能力之厚薄，与夫各地需要之缓急，然后邀同各该县区县长区长乡长等，分区派发赈票，票面价额为大洋一元，凭票领款，大约每户四五人者，给与一张，六七人以上增一，余按递加。因设计颇为完善，故散赈之时，极少争先恐后躁进排挤之现象，大多都能按依秩序前来领取，盖因抢先不能多占便宜，让后亦不致独自向隅，故能循规蹈矩，几无须纠察维持也。至若急赈款额之分配，因句容受灾人口独多，贫户亦殊不少；溧水灾情或略减，但贫困户数居多，故由本会与所合力之机关，若红十字会等酌议给与现洋溧水一万元，句容二万外，其他高淳。用去五千，江浦不过四百元耳，综计四县用去急赈款额，虽只三万五千四百元，但一般鳏寡孤独贫而无告之贫民得苏涸辙，沾惠实亦不浅矣。

工赈之进行情形

工赈之为事，原非咄嗟可办，更非一蹴可几，必也预为计划，慎虑孰思；然后按部就班，施诸实地，始能有条不紊丝丝入扣而图功也。本会工赈计划，最先推行于江浦，以次渐及于高淳溧水与其余，其间江浦事工，最近既告段落，高淳工作，亦既加速推行，溧水情形，筹备大有头绪，现经开始发动矣。兹略述：

（1）江浦工赈经过情形

江浦工赈之施行，因地方之需要，初分修筑道路，疏浚河渠，垦殖荒地之三方，同时举行，分头促进，自开始至结果，历两月有余。统计工作人数，平均每天八百余人。综其既成效绩，凡新垦荒地二千零六十余亩，疏浚河流四十余里，修筑圩埂三十余里，所挖土方约在十万左右，对于道路则除修缮原有故道不计外，曾经新筑二十五里余，此其为利，岂第一般灾民，在盖藏全无冷风砭骨之严冬，不惟衣食之资，赖以无虞断缺，且可仰事俯蓄，以勉渡残年，原属绝处逢生喜出望外之事已哉！且也河渠赖以通畅，将来之水患全除，灌溉便益；公路资之修筑，异日交通便利，调济允宜。兼之垦殖之初基既奠，继今扩展无难；协作之效益亲尝，后此洽团易举，拨乱反正因祸得福，困厄之愁云消散，无怪其四野腾欢也。此则咸赖华洋义赈会之仗义疏财，各界人士之协力赞助，斯能拯斯民于水火，诞而登诸衽席者也。

(2) 高淳工赈进行情形

高淳地势，山圩各半，故在民二十水灾之顷，尚赖高原米麦，勉资调剂；然今次旱荒之突至，斯则皂白不分玉石俱焚矣！其灾情之普遍与深刻，为数十年来所仅见，据该县县长函称：饥饿而死者日有所闻，鬻妻卖子更属数见不鲜云。故该县人士，初欲将华洋义赈会所拨之九千元济生会六千元，原拟三分一充急赈者，并合各省义赈会五千元之数中，概放急赈，以急其所急云。但据本会调查所得，该县自民二十水灾后，继之以谷贱，纵无此次之旱灾，亦自困逼难堪，若施急赈，无论数万元所不济，即增加十倍，亦有所不敷也，以其急赈而惟济暂时之困厄，曷若忍一时之痛苦，而铸百年安适之根基耶？因之除派急赈五千元，以解倒悬外，决依原定计划，办理工赈。因该县历来都为水患之区，故开浚河渠，实为当务之急，据查勘所得，河城港，棠梨港，漕塘河，龙墩河，松溪河五处，应尽先着手。次为开浚塘坝，择其面积在三亩以上者，即按亩给工开浚，以得多蓄雨量，借资灌溉，并限令种植荷藕菱芡，放养鱼虾，生利给养。综计面积约一万六千二百五十余亩，每亩一元五角计，共需二万四千三百余元，总计预算，非四万元不办，各界慈善机关暨地方政府人士亦勉力筹足，一依原定计划按步实施矣。

(3) 其他各县工赈之情形

除江浦既告段落，高淳经既推动外，其他各县工赈，统在积极筹划进行中，其间尤以溧水较为筹备成熟，既就若干部分择要实施矣。所引为遗憾者，则六合一县，因赈款无著，虽其情形殊亦惨重，但亦无法施行，除于该县龙王山附近，征用少数灾民工作，及施与贷借救济外，只得代为恳请各慈善机关团体，愿而怜之，慨拨赈款耳。

江苏省

中央模范农业仓库报告

凌道扬

一　筹办经过
二　业务经营
三　分仓
四　社员及社股金
五　本年利益
六　农业仓库之前途
附各种章则提要

一　筹办经过

缘起

中央模范仓库之创立，由于民国二十一年丰收成灾，谷贱伤农，宁属农业救济协会举办储稻押款，以调剂农村金融，平准粮产价值，俾农民免于巢贱籴贵，稍苏喘息。所得结果，是年稻价，自储押时起，至赎回时止，数月之间，终未大见起落。而农民于收获后，即得资金之通融，保存日用粮食减除，卖出买回时不受商人种种剥削，其利一。且因贫农当收获后，迫于各种债务开支，债主日临其门，故在任何不利条件之下，势必出售收获物，及至翌年播种期到，不但无良种下田，且须借昂贵之高利，以维生活，如此辗转相因，农民自无复苏之望；自储押举办，彼等皆将种子抵押，至需赎时始赎，得以保全其优良种子，其利二。一般为富不仁的粮食行商，专于青黄不接时，放粮于贫农，以最高市价计值，而于秋收后，以最低市价收购其新稻抵偿之，故一转瞬二三个月时间，其利息每超过一二倍以上，自储押仓库成立，而此辈剥削贫农者，稍敛其迹，其利三。有此种种利益，用之宁属农业救济协会所办之一一四库仓库，押稻二二二六五石，贷款四四五三〇元，农民到期，均先后归还，无稍拖欠。盖以此种事业之本身，与农民休戚相关，故能视如自身事业，维持信用。实业部以兹事关系民生颇巨，爰准凌道扬徐廷瑚两先生之呈，请即令由中央农业推广委员会，与宁属农业救济协会合办中央模范农业仓库。

举办模范农业仓库计划大纲

农业仓库，东西各国久既盛行，其对于农村金融之活动，及粮食价格之调剂，效用甚大。去年长江一带谷价惨落，各界之从事于农村救济事业者，多举办储押，其结果均甚圆满。故农仓制度之推行，诚为目前恢复农村经济，最切要之方策，果政府团体，乘机倡导，深信于农业前途，大有裨益，兹拟具举办模范农业仓库实施计划大纲于后。

　农仓之设置区域

去年各界救济谷贱所办之储押仓库，规模不免简单，组织亦少统系，若举办正式农仓并藉以模范全国以作提倡，则秦淮流域实一最宜之地点也。盖以秦淮河流域为首都附近一大农区，领有江宁句容溧水高淳四县之地，土壤肥沃，向以稻麦为出产大宗。试看南门通济门内外之粮栈林立，即可知该区农业之重要矣。宁属农业救济协会，去岁迄今，在该区内办有储押稻仓既共有一百十四处，储押农户共三千余家，均具有相当规模，如就该会所办之基础，继续为正式仓库之设备，实有事半功倍之利益。况该区密迩首都，水陆交通均称便利，为提倡计，尤易引起各界人士努力农村建设之兴趣。故本计划即以秦淮河流域为举办农业仓库之区。

农业仓库之设置，自以农村集中之地为最宜，兹就秦淮流域交通现状，村落分布及谷物产销集散之情形，择定下列仓库地点共计九处，开办时可斟酌情势次第设置之。

一、殷巷镇

二、淳化镇

三、板桥镇

四、龙都镇

五、秣陵关

六、汤水镇

七、拓塘镇

八、谢桥镇

九、洪蓝埠

农仓业务，固以谷物储押为主，而代办运销亦甚重要，故必须于都市内设置粮栈碾米厂等营业机关以资运用，此项机关当于通济门内外为宜。兹拟订农仓全部组织系统表列如下。

$$
\text{农仓经理部}\begin{cases} \text{营业处}\begin{cases} \text{碾米厂} \\ \text{粮栈} \\ \text{分销处} \end{cases} \\ \text{会计处} \\ \text{农村办事处}\begin{cases} \text{专设仓库} \\ \text{各农村简易仓库} \end{cases} \end{cases}
$$

农仓之业务

农业仓库，虽系一种动产担保之金融机关，然为发展农民经济计，并应努力经营农产物之合作贩卖，故农仓之主要业务，规定如下。

一、农产物之抵押放款

二、农产物之代理贩卖

三、农产物之加工制造及包装运输

农仓之组织

农仓之设立，因先由政府及热心公益之社团，为之倡导，然主要目的，实在将农仓组成后，归之于本区内之农民，使成为农民自有之公共金融机关，故农仓章程之规定，必须具有引导农民自治之精神，并应用股份有限责任之合作原则，兹先列举其主要之条款如下，详细条文，应俟与农村领袖多方讨论后另订之。

一、农仓创办时间，由创办机关筹拨资金，指派干事负责经营，并于业务区域内，每一专设仓库，组织一农仓监察委员会，委员由各该区内经农仓认可之农业合作社干事中推选代表五人至七人，其任务如下：

1. 审议仓库保管方法
2. 审议预算决算

3. 审议储押利率及贩卖方法

4. 审议入股股东之资历及信用

5. 审议债务纠纷之处理办法

6. 审议各种规章

二、仓库股本总额无限制，入股股东以本区内之农业合作社社员为限，每股定为二元，每人不得多过十股，股东限每人一权。

三、入股社员股金除自由认缴外，凡向农仓发生交易之合作社社员，于第一次交易时，必须认缴一股股金四分之一，以后每年得由应分红利内拨缴，或补足股金四分之一，计分三年收足，股东会于每股股金收足半数，并所收股金总额既达营业资本四分之一以上时召集之，股东会成立后，即通过正式章程，选举职员，接办农仓业务，斯时创办团体，只负监督指导之责。

四、农仓每年结账一次，其盈余利益，除去一切开支外，提百分之三十为公积金，百分之十为公益金，百分之十为职员奖金，百分之五十按入股社员交易之多寡比例分配之。

五、农仓储押之利率，以较当地放款利率减低二厘为标准。所有代办农产品之加工运销等手续费，至多不过物价百分之三。

农仓之资金

依上述农仓业务区域之范围，其资金之运用，每年当在百万元以上，去岁农业救济协会之临时储押新稻贷款，为数既近五万元，其储押稻量，最多只限十五石。储押事务，集中之地，只有殷巷镇，秣陵关，若正式举办，农仓业务之范围既广，设仓之地点既多，其资金应用，为数必巨，此项资金大部分，固赖银行通融，然农仓本身若无相当之资本基金，实难得银行之信用，且由银行通融之借款，仓库所得息金之利甚微，则办理农仓之一切经常费用必无所出，况开办时建筑设备，需费亦多，故农仓基本资金，至少必筹有十万元方可进行，此十万元基本资金之筹集方法，拟定如下。

一、由创办机关分担五万元

二、由创办机关共同募捐五万元

上述基本资金十万元，为数既少，且分担筹集，更属轻而易举，现农业救济协会在本区内既有之农业贷款，总额已达半数以上，果政府乐于提倡，拨补基金，并再分向热心农村事业之各界，广为劝募，则农仓之成立，特指顾间事耳，有此基本资金，有此农仓基础，加以从事工作者，以服务社会之精神努力经营，将来成绩日著，信用日增，此后资金之通融，不但银行界争愿投资，如发行农仓证券，及举办农民储蓄保险等种种吸收资金之事业，均可凭借既有之成绩信用，而次第施行，俟农民股金收足，农仓全部移归民有，不但十万基金可移作创办他处农仓之用，而政府社会依此普及全国，亦必收推行尽利之效矣。

划定仓库区域

仓库管理区域，共分五区，按地势交通及农村社会情形而决定之，每区设立办事处，并附设一专仓，兹将各区所辖地域，表列于下：

区别	辖境	范围	办事处地点	备考
第一区	江宁	殷巷镇，秣陵关，桥头镇，方山	殷巷镇 清水亭	宁属农业救济协会及中央模范农业推广区办事处
第二区	江宁句容	淳化镇，龙都镇，湖熟镇，土桥镇，解溪	淳化镇 东山	宁属农业救济协会办事处
第三区	江宁句容	汤水镇，东流镇及句容二五两区	汤山	中央模范农业推广区办事处
第四区	江宁	陶吴，元山镇，东善桥镇	司家桥	中央模范农业推广区办事处
第五区	溧水	全县	溧水县	溧水县农民借贷所

仓库设备

专仓设备

专仓附设于各区办事处，其主要性质，为利便一般农民之需要，无论何时，均可携稻前来抵押现款，以应急需。专仓仓库之环境，第一区系就清水大庙改造者，距离秦淮河仅一里；第二区设于咸田村，为借用民房加以修葺者；第三区设于汤山中央模范农业推广区之办事处内，近京杭国道汤山站；第四区设于司家桥普济医院内，接近京溧汽车道牛首山站；第五区设于溧水县城内原积谷仓中。各仓均瓦房砖墙，通风无潮湿，下垫木板，凡来储押者，悉用麻袋储存，编号排列，固定位置，俾便检视，并各畜猫，以防鼠耗，备芦席，以避雀食，设备虽简陋，然于储押七八个月期间，对于储户之抵押，可保无虞也。

分仓设备

分仓为一种合作组织之简易仓库，除由宁属会供给百分之二十麻袋，以为各小户储稻用外，其余凡仓库所需各件，悉由农民自备之。（见分仓保管细则第五六条）分仓中之储稻，凡在十石以上者，皆用窝折围囤，或土仓木仓存储，然农民之稻，大多不愿彼此混合，故混合堆存时，常以报纸旧布木板等从中横隔之。

仓库用具

1. 麻袋　购备一万七千只，以备各零星押户储稻之用。
2. 皮尺　用以量围囤土仓木仓等，计算体积之用。
3. 市秤　每担稻均以市秤一一八斤为准，各办事处，均有此秤备用。
4. 扦筒　同于海关及粮食商人用以检验粮食者之形状，所以检查各堆存物，以检视有无掺伪及霉腐等也。
5. 灰印及印盒　用以盖印于混合堆存之稻上，以防移动。
6. 标签及号记　凡储存稻上无论是麻袋或窝折木仓等，皆偏悬号记及标签，注明储户姓名数量备查。
7. 仓库牌号　于每一分仓之门首悬挂绿地白字之牌，注明某某号仓。
8. 堆存图志　每一仓库储稻之堆存，绘成一简略图，载明储稻位置数量，及房屋之方向等。
9. 封条　凡分赎之储稻皆贴封条。

仓库组织管理统系

为欲达到人民自行经营农业仓库之目的，则仓库业务进行时，当半由农民参加工作，俾资训练。分仓之仓库保管员，有两种义务，即对中央模范农业仓库为认可之保管员，对农民则为其全权代表。

凡愿加入农业仓库为社员缴纳股金者，另于储押终了时，举行各区社员全体大会，核算全年仓库经营之盈亏，及红利之分配，讨论仓库本身进行等问题，并推选各该区仓库之筹备员，俟将来能自经营时，则由农民自行接办。

与上海银行订立合作储稻押款合同

本会除自筹经费以供开支经常费及储稻押款外，犹恐押款资金不足敷用。经第二次委员会决议，暂由宁属农业救济协会，与上海商业储蓄银行订立储稻押款合同，额定十万元，俾能充分地施行业务。

二　业务经营

专仓储稻押款进行程序

农民将稻自行运至专仓所在地，登记等级数量后，即行当面装入麻包，加签编号，发给储藏证凭以押款，至赎回时，即持押款证书赎回原稻。各专仓皆用麻袋储藏，每袋编一号码，仓中依次排列，每十包一行，以便随时检查。

分仓储稻押款进行程序

一、登记　凡欲成立农业仓库分仓之地由该村推举代表三人，至各区办事处领取登记表，按表填写，其代表若不识字，不能自行填写者，由各区办事人员代为填写，然后将表送交各区办事处。

二、调查　各办事处接到农民代表之登记表后，即派员前往该村，按表调查于各栏内，如分仓房屋位置构造栏等，均按实查明，注于备考内。

三、核准及不准　各区主办人员，审核呈请设立分仓之表格是否属实，代表是否能负保管责任，与其他有无违反分仓保管细则之点，及上年度该村办理仓库之情形如何，而定准予设立与否。倘经核准成立后，农民即将该稻自行堆积于分仓指定房屋中。

四、检验　各储户将稻堆存完毕后，由各办事处派员检验储稻之等级纯净干燥堆积方法等，是否适当，及数量等是否符合，至检验完毕，认为合格时，乃召集全体储户，进行下列各项手续。

五、填具借约及储藏证押款证　当储户之面，将储藏证押款证填具清楚，以押款证交由农民收存，凭各储户之储藏证，缮立储押借约，由农民代表，兼管理员三人，负全权保管之责，并领取押款，分配各储户，及收回押款，缴还银行。

六、领款　农民代表，兼分仓保管员，持储押借约及储藏证，至南京中央模范农业仓库管理委员会，审核各票据，填写各款，是否完备，借约填写与证书是否相符，保管员及经手人，签名盖章有无疏漏，稻量及押款数目之复核，以及审查股票有无错误等，然后登记入账，再于储押借约上，加盖本会对银行支款之印章，农民代表遂持借约至银行领款。

七、覆查及编号　农民代表领款分发各储户后，各办事处复派员调查其中有无不实等情事，并于每一分仓之门首悬一"中央模范农业仓库第　区第　分仓"之牌号。

八、按月调查　各分仓每月由监事及本会职员分任调查一次。

九、回赎　当限期将满前二十日，由各区办事处，通知分仓保管员，准备回赎，届期由保管员将款收齐送交会中指定收款地方，掣取临时收条，然后召集储稻各户齐集，同时搬回。

十、挂失　无论为专仓分仓之储户，如其押款证遗失时，得觅妥实铺保，至各区办事处，查对存根，填具挂失单，但如挂失前被人冒领者，仓库方面，不负赔偿之责。

十一、拍卖　储户于到期后，尚未交款赎回者，本仓库即发函或布告通知，限一周内前来回赎，如到期仍不回赎即再行布告或直接函告储户，定于某日某时拍卖储稻，着其前来清算本利，以便退还余款，或找补不足。

放款时期

各区办事处，于九月十五号起开始登记，分仓九月三十号起开始贷款，至十二月十一号止，全部分仓皆行停止，为期共计七十二日。专仓自九月十五号起，开始储稻贷款，至一月十五日止，为期一百一十二日。总计放出押款，十一万三千五百零九元三角，此时期内，因各地稻产丰收，销路迟滞，金银枯窘诸原因，稻价惨落日有新市，当开始储押时，每担稻平均不过一元七角，其后因仓库押款之故，遂渐由稳定而趋于回涨，原定押价标准为

一等稻　每担押贷洋一元六角
二等稻　每担押贷洋一元五角
三等稻　每担押贷洋一元四角

至十月十五日遂再商同上海银行，将押价略为提高，以符押稻规则中第六条之规定，照市价最低价目百分之七十，改每担实押价为一元六角，一元七角，一元八角，兹将此一百一十二日内储稻贷款，统计如下：

专分仓共计　三〇一处　分布区域　江宁句容溧水
贷款总数　一一三五〇九·三元　每仓平均贷款　三七七元
储稻总数　六六七九九担　每仓平均担数　二二二担
储户总数　四六五八户　每仓平均户数　一五户
储押八个月之仓　二五七仓　储押五个月之仓　四四仓
加入仓库总数　一三二四股　已缴股份金　七三六元

收回押款

中国农村文化程度低下，经济窘迫，农民素无公民训练，真如一盘散沙，各个在困苦中追求生活，欲求其能合作，实戞戞乎其难，农业仓库分仓，因须有团体行动，彼此联带负责，故颇能收实际训练农民合作之效。自二月以后，稻价逐渐高涨，各分仓即开始提前回赎，颇为踊跃。查全部储稻六六七九九担中百分之七十一，均为农民留以自食，及次年种子之用者，其余百分之二十九，为备以出售者，本会初似按原定计划，为之办理运销，但自经调查，仓库开始回赎时，正四乡缺粮之际，各乡镇粮食行，每年均于此时，由南京购米运乡贩卖，盖因南京米之市价尚低于乡间，殊无办理运销之必要。且仓库押稻赎出后，粮食流通，一般贷放高利者，于青黄不接时以米作高价出贷，至二三个月后，以稻折扣低价偿还，利率常高至一二倍，今因仓库，遂失其绝对操纵之情势。是以仓库区域内，不仅参加押稻者蒙其利，即整个农村社会皆借此而蒙活动现象。惜自五月以后，天久不雨，秀绿禾苗，日趋枯萎，高田旱地，虽旱作亦不能下种。其邻近河湖，可引水灌溉者，昼夜无少休息，而经济拮据之农民，更无力雇工车水，旱象既呈，本仓库收款，遂稍受其影响，然于来年稻种问题，则以仓库储稻故，可因此尚不至有重大困难也。

保管员在回赎期内，颇著勤劳，会中责其收款，与保管储稻，遵守规章，农民皆为邻居戚族，中国人最打不破者，为"情面"，尝有与之通融，先行运稻，而后交款，或托其代垫等种种麻烦。惟彼等尚能服务桑梓，扶助邻里及诚正奉公之精神，虽环境包围，又值炎天暑日，多不敢少懈职责，尤以第三区方面，有若干保管员，对于规定可以征收之保管费二厘五毫以作旅费者，亦不收取，为最可钦佩。

兹将各月回赎统计如次

月份	收回押贷款项	备考
三月	八三九二·八二四元	
四月	二五零五九·四八八元	稻价略涨
五月	四四七七七·七八七元	稻价因天不雨高涨甚速
六月	二二二一六·九六元	旱象既呈缴款略迟

收回赎款时，会计上之困难颇多，如各乡之铜元银角小票等，折合为银元，与城市之价格，常相悬殊，若以城市为准，则农民不服，常生纠纷，若以乡村为准，则经手人必须赔垫也。其次为假票问题，各种洋钞，皆有伪票，各办事处稍有不慎，即有误收之险，特别是五元十元者，此项伪票，于本会收款时，遇见者估计之，在乡间为数绝少，无知农民，一被欺骗五元或十元，直等于劫夺三五亩田产之收获，其严重为何如乎，负有地方政治之责任者，亦应注意及此也。

三　分仓

分仓在功能上，可谓为储押合作社，当举行储押时，限于每一村庄，不能有两个以上之分仓成立，同时将稻堆集，押款亦同时还款，后撤回堆集储稻之房，不取租金，代表兼保管员，无特殊利益，凡此皆所以养成农民重公益，负责任，有组织，诸美德。凡不自行推举代表前来请求登记调查者，虽该村位置适当，宜立分仓，亦不勉强设立之。本会认为不仅以资金救济农村，已完具农仓之义务，其尤重要者，为如何训练农民，使改变其往日各种守旧顽固自私自利态度，及选拔急公负责之领袖，庶赖此经济上相互关系，而开启及解决将来复兴农村进行途程上之困难，故有下列各种会议，以资训练各分仓农民。

一、储户会议　每一分仓之储户，在经过储押及回赎期间，必预经过四次会议。

第一次会议　推举代表将登记表及办理分仓之必须考虑诸问题，如堆存地点，选择储户等解决，申请本会调查设立，此为完全农民自动召集者。

第二次会议　如分仓业已成立，由代表兼保管员将稻堆好，本会派人前往收验，并按户发给储藏证押款，说明农仓宗旨，及储户责任等。

第三次会议　分仓代表兼保管员将押款自银行领回后，召集全体储户，本会派员莅会监视将押款按储押证书分配于各储户，同时并讨论农仓及关于改良农业诸问题。

第四次会议　至分仓储押期满之前二十日，本会即通知该分仓，召集全体储户，会商回赎集款日期俾保管员能依期送交银行，撤回借约，将押稻各自撤回。

每一分仓在八个月或五个月之储押期间，至少有四次全体会议，已如上述，当举行会议时，凡当本会派人参加时，讨论问题之范围，亦不限于农仓本身，各项有关农业改良诸问题，俱旁及之，查普通一般农民组织，能如是依期集会予以训练者，颇不易易也。

二、分区保管员会议　参观本会分仓者，常谓其散漫无系统，形式上实不足言仓库，殊不知在中国今日乡村交通梗阻情状之下（特别是南方），如必每县立一大仓库，或数仓库，农民须运其笨重之农产品，往返数十里以押一二元现金，则宁为商人剥削而不辞。本会于分仓办理结束以后，即根据分仓分布之（一）自然环境，如同在一圩内，或同在某一段路线上，及（二）社会的环境，如某一公正干练之保管员，于某数分仓区域内，能得一般人之信仰者，则将各该分仓归并为一组，谓为"分区"而召集各分仓之保管员，组织分区保管会议，每分区分别召集会议一次或二次，讨论各该分区中之一切有关农业改进诸问题，并使各分仓彼此交换关于仓库保管之意见，及相互报告，以改求善。

三、监事会议　各区监事，为保管员中推选，而由本会加聘者，前已言之。每一分区，必须有一监事，负责该分区内各分仓监察调查各保管员之是否尽职，各储户之有无变动等，按月填报检查表，及将本会所发之粮食市价情报分送各分仓，提示其于适当时间内回赎等任务，及监督回赎时，各分仓送款至银行归还，与各储户撤回押稻诸问题。监事所负之责任，比较重大，故本会即按其所管辖区域押稻数量多寡，予以相当酬金，各区监事，并分别举行会议，讨论各该区内诸问题。

分仓储户统计分析

一、储户贷款用途统计　各储户贷款之用途，为指示秋收后农家急需现款开支为何事者，其中足资注意之项，为购置农具等，自百分之一一·七六至二六，此乃用于生产一途者；其次还债，自百分之十至二五，多为还高利贷者；缴纳田税，则自百分之三二至六〇。此即说明农民全部押款之半，皆以之缴付官府田税。现在地方政府之财源，胥赖田赋，农民每年最大难关，亦为秋收以后无法得现款完粮，斯猾吏奸商得从中操纵把持，而政府与农民，皆交受其困农仓对于政府与农民关系之重要，于此可见也。

二、储押担数与田亩之统计从储户押稻数量中，足以见自一担至二十担者，百分数最高，若以与储户所耕种田亩之统计比较，储户中以六亩至三十亩者为最多，则可恍然于参加储押之农户，皆为小自耕农，半自耕农，及佃农。盖彼等所押之稻，至本年回赎时调查，殆占百分之七十以上为留以自食或作种子者，于此知农业分仓在乡村被救济者，为何种阶级之农户也。

三、各分仓押价统计　各分仓储稻押款，悉依当地市价以七折计，惟第五区溧水县全部，乃按每担一元四角承押，据本年经过观察，农产品以七折押款，投资机关无若何危险，农民一般之要求，亦须最低为此数，如折扣再低，反不易吸引农民参加，盖其所有之生产品有限，而必需之开支不能减少，押价过低时，则必忍痛出售，以应其目前之困也。

四　社员及社股金

（一）社员　按现在农业仓库之经营，完全为官厅及与官厅合作之团体主持之，农民纯为被动者，而非自动者。在农民未受相当训练，了解农仓方法能自选拔适当领袖，筹集相当基金以前，断不能自立，故暂行章程

第一条，凡在业务区域内之忠实农民，经本区临时监事会议审查合格者，均得加入本仓库为社员。乡村事业，当意义尚未宣传透彻，农民尚未绝对信赖时，凡有提议征收股金等举动，每易滋疑忌，故于储押规则中，复对前条加以注释，其自动愿加入为社员者听，但押稻在二十担以上者，则限制必须加入，盖此可防避投机者之借储押以射利，并能于相当时间内，扩大社员数量，因现时尚未至农民自身独立时期，纵有不良分子拦入，本会亦易剔除也。其次凡能储押二十担以上之农民，非贫户可知，然亦非富农，（凡有田五十亩以上者，不能参加储押，见储押章则第二条。）大半为自耕农及半自耕农，以此种农民作筹备仓库之基干，最为稳当，条文中之规定，似含有强制加入社股之意义，在事实上，本年进行储押时，此辈莫不欣然允诺，且有认股在四五股以上者，农仓社员成分，犹以保管员为多，约占全数百分之七十。

（二）社股及股金　每一社员，额定至少须认购一股，每股国币二元，至多不得超过十股，缴纳股款时，本年仅缴纳股额四分之一，即国币五角，标准如此之低者，所以求普遍易行，并杜野心者之操纵故也，故本会收得各社员股金后，即于上海银行另立存折存储之。

（三）股息及红利　社股每月以一分计息，本年度全部仓库贷款，共计一一三五〇九·三元，每月储户以一分四厘计息共收四利息，一五八九元一角三分正，除缴银行及宁属会款息　元　角　分外尚余洋　角正，即为本仓库之纯益，按暂行章程以百分之六十作为红利，照社员向仓库交易额分配之。

（四）社员大会　本会于九月一号，各区分别召集社员大会，其任务如次：

　　一　报告该区全年仓库经营经过
　　二　报告仓库全年经费开支及盈余
　　三　分配社员股息及红利
　　四　讨论下年度仓库应行改良各问题
　　五　选举各该区农业仓库筹备员三人至五人

五　本年利益

储稻押款农民之直接利益

一、贱押贵卖　本会二十二年九月开始储押时之稻价，平均不过一元七角，至本年六月底，上等稻售价三元三四角。仅九个月之时间，价格增加一倍，此虽因六月后有旱象发生，然每年由供求关系，农产物每届青黄不接时，必然高涨，殆属通常情势。况按储押进行时，较多之九、十、十一三个月，及赎回时（为统计翔实起见自五月以前计算）较多之三、四、五三个月而比较，计算农民储稻之利益如次：

项别	时间	每担价	时期	每担价	时期	每担价	每担总平均价	备考
储稻时平均时价	二十二年九月	一·七元	二十二年十月	一·九元	二十二年十一月	二·二元	一·九三四元	
赎稻时平均时价	二十三年三月	二·九	二十三年四月	二·九五	二十三年五月	三·〇五	二·九六七	
每担平均抬高	同	一·二	同	一·〇五	同	〇·八五	一·〇三三	
每担应付利息	每担押价一·六元	〇·一五七	每担押价一·七元	〇·一六七	每担押价一·八元	〇·一七七	〇·一六四	以月息一分四厘七个月计
每担平均纯益		一·〇四三		〇·八八三		〇·六七三	〇·八六九	

储户每担稻平均可获纯益八角六分九厘，本年共押稻六六七九九担，共可获纯利五万八千零四十八元三角三分一厘，本年全体储户共四五六八户，每一户实平均获纯益十二元四角六分弱，此犹以五月以前之稻价计算也。当此农村经济枯窘，农产价值低落至不能偿付其生产费用之际，若自都市中人观之，此区区之十二元四角六分，固毫无足轻重，不足以影响其家庭中一年之经费预算，然自今日之农村家庭经济观之，则所益或匪浅

鲜也。

二、储稻备食　百分之二十一之储户中，其储稻多为备以自供青黄不接时之需者，彼等以押款还债或他用，而乘冬季农暇，或织玄缎，或至都市寻觅零工，如筑路等，或从事工艺，如土木工缝工等，以凑集赎稻之款，盖免除卖出买进食粮之间，不仅价值上可无损失，而品质亦较优良，故其所得纯益，犹在以储稻出售者以上也。

三、保存种籽　有一部分佃农，秋收以后，付还租稻及债款，常遭迫勒不堪，故不一二月间，即颗粒无存。遂赖重新借债，及捞捉鱼虾，或帮工等，维持生活，至下种时，以重利借杂劣之稻为种，今得仓库之利便，得借储押保存其良好种籽，故此种储户之押量虽小，而对于扶助，则甚巨也。

调剂粮价

二十二年秋，秦淮流域之产稻区域，皆受螟虫侵害，其甚者，每亩仅收数斗，自收获时起，稻价反有新跌，价低至每担一元六七角，为历年未有之现象。二十一年丰收谷贱，二十二年歉收亦谷贱，本会因即迅行储押，其大部分仓库，皆在十月中成立，由是稻价遂由稳定而趋于回涨，是以除储户外，凡接近仓库区域之农民，皆受仓库之赐，得不贱售其产物也。至本年三月以后，稻价涨势颇速，至四月时，上等稻每担售至三元，本会于此时催各仓库回赎，至五月时，赎款已达全数押款之七成，否则至六月初旱象显著时，京中粮价设无此数万担仓库赎稻之调剂，其市价必早形奇涨，（六月底京报载市府调查全市存粮约十五万担而已）故本会本年度事业之成效，既达到调剂粮价使不至"谷贱伤农""谷贵病民"之状态也。

流通农村金融

农村现金最需要时，即秋收以后，第一为完纳粮税，皆以现金交付，每县为数约十数万元以上。其次债务之清偿，婚嫁之举行，皆集中于此时间，农民争先以产品易现金，如是遂呈现金枯窘物价低落之现象，本会仓库正于此时贷款，故不仅农村金银流畅，间接亦有助于政府之税收，及京市商业之繁荣者颇大也。

提高稻作品级

在涣散无组织之农村中，稻之买卖，胥假手砻房及小行商，对于稻之品质，无论良窳，价值无大轩轾，本会特分别等级贷款，农人皆有思虑比较之能力，加以押价低昂关系，故储稻品质，多为优良者，其临时出售于商人者，杂劣品种居多，此虽人之恒情，而所收改良稻作品种效力乃宏，于普通推广方法，奚啻倍蓰也。

六　农业仓库之前途

（一）究实业务　本年农业仓库仅接受稻子一种储押品，进行储押期间，专仓不过一百一十二日，分仓不过七十五日，此于农业仓库之效能，实未能达到完善目的，今后进行，当依下列三点，而力求充实。

一、增加储押农产品种类　本仓库业务，以秦淮流域四县为范围，据国际贸易局之调查及估计，其主要农作产量表如次：

县名	米（石）	小麦（石）	大麦（石）	黄豆（石）	棉花
江宁	三、七二〇・〇〇〇	二〇・〇〇〇	五〇・〇〇〇	一・〇〇〇	六〇
句容	一、八一七・九四二	一六七・一八九	二二一・一二四	三六・四六七	二一〇
溧水	一、二二〇・〇〇〇	三二〇・〇〇〇	三〇〇・〇〇〇	一〇・〇〇〇	四〇〇
高淳	一、三八〇・〇〇〇	三〇〇・〇〇〇	一・二〇〇	八〇〇	五〇〇
总计	八、一三七・九四二	八〇九・一八九	五六二・三二四	四八・二六七	一・一七〇

据上表之估计，除棉花外皆为量至多，本年麦季收成后，小麦价低至二元八九角一石，大麦低至一元六七角一石，已拟定章则，进行储押，但以旱象严重而止，下年度决增加大小麦及黄豆三种储押品，俾农村金融得

以周转灵活。

二、发挥专仓效能　本会创办伊始，专仓设备，略嫌简陋，因之不克完全其效能，如办理时间过短，容纳储户押品有限等，不无遗憾，专仓之性质，同于旧式典当，故乡人皆称储稻押款为"当稻"，典当业原为中国旧式农村金融活动之枢纽。惜年来农村经济破产，农民有当无赎，遂致各当店周转无法，悉行歇闭。农业仓库之专仓，除包含典当之抵押现金效能外，尚有前述贱押贵售，储备食粮，及改良种籽等效用，而犹须统辖其区域内之分仓，故今后对于专仓有下列二点之改进。

1. 内部设备力求完善，虽费用稍多，但此乃永久事业基础，应不求节省。

2. 按本年各区分划之分区，选定适当地点，增设专仓，此不仅利于交通不便之乡村储户，而押品之妥善保存，金融流通灵活，尤有莫大功效。

三、健全分仓组织　本年分仓以设立时间迅速，故常有一村而储押二次者，因此增加业务上之手续，并稽查回赎时，每多烦琐。今后分仓注重选择善良份子及领袖办事能力之训练，俾树立农仓稳固基础。盖分仓在原则及组织形式上，均同合作社，现代改良农村经济之工具，而又无合作社之成立繁难，及易受狡黠者操纵把持等危险，对于投资农村之银行资金，犹较多数合作社以契纸为抵押品之有效安全，况尚有其他农仓固有利益存在，故本年须再尽力于健全分仓组织。

（二）办理运销　本会所辖仓库区域，接近首都，交通尚称便利，故运销之办理当本"农民之生产品直接销售于都市消费者"之原则经营之，下年拟于各区设立粮栈，与南京之消费合作社及用户，直接联络，俾可完成运销任务，而生产者与消费者打成一片，庶可交受其利。

（三）完成农民自有之组织　为完成农民自行经营农仓早期实现起见，今后拟进行者：

1. 二十三年度内收足股金一万元。

2. 严密分仓储户之训练。

3. 加重监事职责。

4. 本会办事人员增加，引用农仓社员至三分之二。

5. 二十四年九月正式成立各区农业仓库管理委员会。

附各种章则提要

仓库为中国旧政,代有兴革。其最著者,为汉耿寿昌所倡之常平仓,长孙平所倡之义仓,宋朱熹所倡之社仓及广惠仓等。考其演变之际,大抵由政府主办。而至人民自办,自其意义方面观察,自较单纯之平准粮价,至赈济贫民,防灾救荒;自其范围方面考察,皆先肇端于局部大都市,而后普遍于乡村。此殆由时代不同,文化演进,社会愈趋于繁复,故解决民生问题之设施,当亦愈求其"近民"而已。近世各国,对于粮食要政,每多良犹,如美澳日本等国,皆有农业仓库,以为调剂粮产,流通农村金融。本会采中外仓库之善规,举办农业仓库,车定各项规章,其意义可得而述者。

1. 平实易行 农民知识浅薄,农产体积笨滞,在今日中国之文化及交通不发达状况中,欲求仓库能普遍深入农村,势必期其平实易行,固知设备简陋,难以入高雅者之目,然不如此,则亦官样文章,讨好于赏鉴家,而不易实惠农夫也。

2. 实施合作 合作社员之训练,为合作社成功与失败之关键,按历年各地创办合作社者,无不认此为莫大难关。盖农民文化程度低下,区区短时间之训练班讲习会等,皆无多大影响于蒙昧之头脑。今以仓库同时储押,同时赎回,故而从事实上引导其合作,俾从经验中体验出合作之意义,其收效或较宏也。

3. 训练领袖 农村问题中之最难解决者,莫不推选择领袖,今拟以仓库保管员监事等职务以实际服务普遍训练农村领袖,其人不必有何高深学历,但求其能有合作事之才干及道德,亦无伤也,且每能由此等人中,陶冶出最忠实热忱之领袖。

4. 自积基金 农村事业,应由农民自身办理,乃为正轨,故须奖励其入社逐渐自积基金,树立基础,以为将来自立之张本。

5. 注重联合信用 农业仓库,似为大规模之合作组织,务使分仓间,皆有联带信用关系,俾互相监督,既足以策仓库本身健全,更可致投资之银行安心放款,达到引诱都市资金回返农村之效。

6. 选良农产品质 农业仓库,在中国情形之下,应包括三种任务,而后此种制度,方足以树立永久。(一)抵押放款,(二)寄存及运销,(三)积谷。

上述七种大意,为各章则中含义之要点也。

江苏省

武进县农村改进委员会一年来之工作报告

一　引言
二　农改区及示范乡
三　各地概况
　　卜弋桥
　　奔牛
　　湖塘桥
　　东安
　　马迹山之筑堤建闸
　　塘桥毛巾合作社
四　救灾工作
五　农本借款
六　简易药库

一　引言

　　武进改进农村工作，时近三载，初由农村改进指导委员会及社会事业委员会合并指导推进，先成立五个农改区，十七个示范乡，就人择地，就地取财，各地之情形不同，故各地之工作亦殊，然其目标则一也。去夏，改组成立为农村改进委员会，因适遭旱歉，在各区则努力救灾，头焦额烂；在会中则经济无着，无米为炊，一年于兹，仅能维持，难言改进除马迹山农改区甫经成立，及乡村建设实验工作另行报告外，兹将一年来之工作，择其重要者，略为编述于次。

二　农改区及示范乡

农改会以县党部县政府会同地方组织之五个农改区，及十七个示范乡，为推进工作之活动范围。各农改区及示范乡，以教育方法推进社会事业，从社会调查入手，注重生计，识字，公民，卫生，教育等，并订定最低限度工作标准，凡政治方面二十二项，经济方面二十项，文化方面十五项，共计五十七项。去年十一月份，推员下乡分别调查，多数乡区，尚能依次进行，不无成效可言。兹将最低限度工作标准，略述于后：

最低限度工作标准

政治方面

一、开改进会会员大会

二、开村代表会议

三、调查户口

四、举办人事登记

五、举办冬防自卫团

六、消防队训练

七、开卫生展览会

八、筹设民众诊病所

九、免费布种牛痘

十、严禁烟赌

十一、打免费防疫针

十二、举办夏令卫生运动

十三、举办灭蝇运动

十四、取缔露天坑厕

十五、检查饮食店之清洁

十六、募捐建筑桥梁

十七、征工浚河

十八、征工修路

十九、破除迷信

二十、举行植树运动

二十一、消灭靡费习尚组织婚丧改进会等

二十二、筹设戒烟所

经济方面

一、举办稻作调查

二、举办麦作调查

三、实施稻麦作地方选种办法

四、推广改良稻麦种

五、试验盐水选种

六、开农事展览会

七、举办戽水田亩登记

八、筹备戽水合作事宜

九、调查全区桑叶数量

十、办理育蚕指导所

十一、调查全区茧量

十二、举行春茧展览会

十三、组织信用合作社

十四、举办肥料购买合作事宜

十五、组织互助社

十六、提倡副业

十七、推广改良鸡种

十八、推广改良猪种

十九、办理仓储合作

二十、组织储蓄会

文化方面

一、举行各种纪念集会

二、订定全区公民信条

三、开办民众学校

四、开办流动学校（详细计划另订之）

五、组织图书馆或流动图书馆（流动图书馆详细计划另订之）

六、设立民众运动场

七、举行国耻画片展览会

八、开办民众茶园

九、民众茶园轮流演讲及时事报告

十、出版壁报并设立图书报社

十一、办理民众代笔事宜

十二、组织剧社

十三、组织球队

十四、组织青年服务团

十五、调查并设计改进私塾

三　各地概况

农改区凡六，马迹山新成立，南夏野最有成绩，当另编。兹将卜弋桥，奔牛，湖塘桥，东安等四区，及竹溪塘桥两示范乡一年来之下层工作，择其有成绩可见，有价值可纪者，略述之：

卜弋桥

甲　关于造林　前年在第一分区蠡河造林一方，面积约有十亩，去年又在第三分区大圣寺造林，占地有三亩，虽经去岁大旱，树苗尚多茁长。今岁总理逝世纪念时期，更于中山公园河南荒塚，植林约有二亩，园丁日夜看守，常时浇水，一面呈请县府给示保护，故所植树苗，均已欣欣向荣，近更围以铁篱，通以木桥，蔚然成林，当不难期于十年之后也。

乙　关于教育　对于地方教育事业之推进，曾经相当努力，除对区内公立小学，如卜弋桥小学，坝上初小，蔡庄初小，徐塘湾初小，尽量协助进行外，更于需要地点，设置代用小学凡三所，——段庄代用小学，七星墩代用小学，刘巷头代用小学，——藉谋教育之普及。至段庄代用小学，近以成绩优良，归县教育局办理矣。对于民众教育除卜弋桥民教馆为本区民教之中心机关外，更于坝上，段庄，徐塘湾等处，设立民众学校多所，藉以扫除文盲。

丙　关于保健　每年夏季设立施诊所，请义务医师十人，就诊人数，逾五百人以上；常年备有普通药品，发给民众应用；夏令更募款购备大宗急救药品，免费注射防疫针；春间则布种牛痘，以防天花之传染；并向县方领到简易药库一具，为民众解除疾苦，颇具功效。

丁　关于救济　一，去夏岁旱，无法插秧，特购置耐旱植物乔麦种九·二石，贷户计七〇户。二，因饥民吃尽麦种，特举办麦种贷款，计金额二〇八元，凡七七户。三，为救济灾民，代借积谷散放，计稻三九九〇〇斤，面粉二〇二包，凡九六七户。四，区内受灾綦重，民生艰苦，除谋种种救济办法外，更办耕牛押款，以资救济，计共一一七户，牛一一七头，款额计二三四〇元。

奔牛

甲　关于开河　查西沙河北达兰陵，南通运河，互长六华里，尤以南段为最淤塞。全河共计全沾田亩五千五十一亩，应派工二千五百二十五工，分为十段开挑，集中沿河农夫，于本年一月二十一日开挑，至一月三十一日止，一旬之间，统计开挑工数有一千九百八十六工，三千五百七十八八公方。正努力工作时，第三区公所忽奉县令，催募工账，疏浚镇澄河民夫甚急，遂将西沙河暂停开挑，拨应三区公所之招募，开挑镇澄运河。至五月初旬工竣，复集中农夫，继续开挑西沙河未竣土方，至五月底工竣，又共开去土方二千三百十一公方。

乙　关于救济　办理耕牛押款，救济旱荒，全县以奔牛之成绩为最佳。以其手续完密，处置有法，全区耕牛登记者计六百余头，经审查合格者，五百三十三头，放款计九千二百二十一元，该款现已络续收清。

丙　关于民教　除办理民众学校，民众阅书报处，民众茶园外，近更计划运用保甲，扫除文盲，其办法如下：

一、各保长先行编造第一期入学文盲清册。二、由各保甲长挨户劝导依期入学。三、如劝导三次以上仍不入学者，即施行强迫办法。四、强迫入学由各保甲长函请普及识字教育委员会转请公安分驻所执行之。五、户长及店主不得阻止备工店伙入学，或因此藉端辞退。六、各保不识字民众，经三次劝导仍不入学者，或任意旷课及辍学者，均酌处劳役，或罚课业用品。七、每日由各甲长负责督促本甲内学生准时入学，并另设督察警随时督促之。

湖塘桥

甲　指导组织合作社

（二）棉织合作社　成立湖塘桥棉织产销合作社，社员四十人，铁机四十部，流动金由本区代向农民及武进银行息借六千元，每月出布六百匹，每月开社员大会一次，讨论社务，并实施精神谈话。

（二）水利合作社　指导组织成立合作社计九处，兹将社名列表于后：

社名	社址	成立日期	社员人数	监理事主席	社股金额	股金总额	业务概况
老坝浜水利合作社	老坝村蒋宗祠内	二四，二，一九	四八	蒋志云 许荣生	一	五〇〇	灌田六百二十亩
张墅桥水利合作社	龙游乡水月庵	二四，三，二八	六七	蒋光祖	一	六五〇	灌田六百五十亩
唐家坝水利合作社	蒋湾桥善庆庵	二四，四，二〇	七〇	陈传耕 周永培	一	六八〇	灌田六八〇亩
严垛坝水利合作社	严垛坝	二四，一	八五	王志新 张全培	一	六〇〇	灌田六〇〇亩
新河浜水利合作社	新河浜	二四，一	九三	赵仁林	一	五〇〇	灌田五〇〇亩
南新窑水利合作社	塘里村	二四，二，一八	八〇	刘连生 徐时中	一	五〇〇	灌田五〇〇亩
北三垛水利合作社	小留周氏分祠	同	八三	张云龙 周淦生	一	五一〇	灌田五一〇亩
小留浜水利合作社	小留庵	同	一〇〇	李祥林 徐安寿	一	八五〇	灌田八五〇亩
金家浜水利合作社	周氏分祠	二四，三，三一	七七	林沛生 时生六	一	五二〇	灌田五二〇亩

（三）养蚕合作社　今春春种缺乏，农民有钱无处购种，本区所指导成立之合作社，由各社预先购种，故社员均能照所有叶量饲育，兹将各社业务概况列表如下：

社名	社址	成立日期	社员数	理事主席	指导员	共育张数	产茧量
周家巷养蚕合作社	周家巷小学	二四，三，二〇	六五	王佳熊	张瑾贞	一四〇	六一担
陈家村养蚕合作社	陈氏宗祠	二四，四，四	六六	陈荣兆	谢文华	一五〇	六五担
小留村养蚕合作社	小留庵	二四，三，三一	五三	李光华	张玉珍	一〇五	四五担
龙朝庙养蚕合作社	龙朝庙	同	五〇	袁春海	邓爱凤	九五	四〇担
备注	以上桥北周家巷两合作社指导员由蚕桑改良区聘请外其余三个合作社指导员均由本区聘请						

乙　开浚河道

本区鉴于去年旱魃成灾，利用民众心理，指导各村农民开浚河道，其成绩如下：

河名	长度	深度	工数	经费	备注
湖塘桥浜	一〇丈	二尺五寸	一六〇	三〇元	雇工
湖塘桥陆家浜	八十丈	五一一六尺	二三五一工	一八元	自工
东杨家浜	七五丈	四一一四尺	二〇〇〇工	一二元	自工
塘家坝浜	一九六丈	六一一八尺	四一〇〇工	三二〇元	雇工自工
严垛坝浜	八七丈	五一一四尺	二二〇〇工	三〇元	自工
长沟河	一〇华里	二尺五寸	一〇〇〇〇工	五〇〇元	自工

丙　训练塾师

本区为改进区内私塾起见，有私塾改进会之组织，计会员三十八人，私塾三十八所，学生七百六十四人。每季开委员大会一次，研究各项教学问题。平时由本区工作人员巡回指导，同时利用会员协助本区工作。并为提高学生程度，增进教学效率起见，特于本年度举行全区各塾总测验，测验年级，以三年级以上，计参加测验者，三百二十八人，成绩及格者，二百八十二人，并备奖品三百余件，分别成绩之优良，奖赏各生。

东安

甲　关于建桥　区内有北孟泾桥，为武溧交通孔道，原有旧木桥破坏不堪，改进会出而筹集经费约千元，两岸改建石垛，一劳永逸，工程计五阅月之久。

乙　关于农场　东安小学校校舍之东，原有官荒二亩余，弃地成丘，毫无生产，改进会特雇工垦挑，使成平田，围以竹篱，竭意经营，种植蔬果谷树，为农民实习之用。

丙　关于救济　办理耕牛押款，除援用县仓库所定章程外，另订农改区押款细则若干条，计共押牛一千八百余头，押款数量达二万元，为全县最多之区。

马迹山之筑堤建闸

竹溪示范乡负责人丁稚圭曹振之等，自筑路运动而后，又起而筑堤。堤长七里，自战鼓墩至庙下，隁身下阔二丈六尺，上宽八尺，高八尺。取土处成一河，与堤并行。并建水泥闸四座，费共壹万九千元，由地方人士筹借，归受益田亩摊还。去夏堤成，适大旱，即凭以戽水灌河，获救田七千亩，筑堤开河之功，不可没矣。

塘桥毛巾合作社

塘桥示范乡负责人陈雨亭高步蟾，于去年五月十八日成立毛巾合作社，向农民银行贷款一千五百元，购织机四十部，每部十六元，摇车二十五架，每架五元。每月用纱四百零五包，现有出品双单纱，三十四，三十五号三种，连销宜兴无锡等县。日出毛巾九十打，月出二千四百三十打，每打估价一元一角，男女工人近八十。此凭藉示范乡而成立者。

四 救灾工作

去夏特旱，灾象将成，本会预嘱各农改区示范乡，自动雇机戽救。如南夏墅，卜弋桥，东安乡，湖塘桥，尧南，塘桥等处，均有特效，不可谓非组织之力。一面策动政府，及地方人士，起而合谋防救之方，筹集巨款，购机四十部，分发各区，戽救农田，获救者数十万亩。本县灾荒，成数较轻，不可不归功于事前之预防。在第一次派员下乡调查灾象时，本会委员参加者，有高柏桢，黄公望，王超一，周季平，贺兆锡……等。九月初，下乡初勘时，本会委员参加者，有黄公望，王超一，蔡振亚，徐寿鹏，毛逖等。至于救灾会之设立，内部重要人员，多为本会委员，募集巨款约两万外，亦以本会委员钱琳叔，高柏桢，蒋锡昌，周季平等之力居多。客腊，散放冬赈，计约元麦一千六百石。南北中三部灾区灾民之查挤，及监放等工作，均为高柏桢，贺兆锡，钱伯显，王超一等所负责。春赈之初步调查，南部高柏桢，北部王超一，中部钱伯显，莫不亲自下乡，实地苦干，多至十余日者。

五 农本借款

农本借款，为本会重要工作之一。去岁下半年，各农改区示范乡，或由私人关系接洽，或凭藉合作社之名而贷款，借得款项数额，约二万六千五百元，零星押款，与耕牛押款不与焉。在灾区严重情势之下，民间往来款项，几乎停顿，而到期之农本借款，则多能如数偿清，于此益信组织民众之重要。

六 简易药库

去夏农改会召集救济院，款产处，医师公会，国医学会等决定创设药库三十一处，兹将所订办法八条，附录于后：

一、每一农村改进试验区或示范乡得设立一简易药库，（两个示范乡联合在一处者暂设一所）其他本会认为有设立必要时，得经公决核准设立。

二、本县药库经费依据本会第二次委员会第一条议案之决议，将地方补助寿安药局经费一千五百元，提出应用，每个药库常年费暂定为三十元（地方捐助者不在此列）。

三、每药库须有地方公正人士负责保管，并须先将详细履历送会核准。

四、每个药库须有稍具医药经验者一人，负责使用（义务职），否则须派员训练后，始得设立。

五、库内药品一律由本会会同医师公会购备，不得私自购备后，再向本会索取药资。

六、库内药品经负责具领后，不得任意浪用，如果发现其他情弊，本会得随时撤销之。

七、各个药库需要添置药品时，随时具款函报本会代办。

八、各个药库使用人，随时须填写治病表，以备按月送会考核。

江苏省

栖霞乡村师范乡村工作报告

一　引言
二　实施
　　（一）关于农业推广
　　（二）关于教育推广
　　（三）关于卫生事业推广

一　引言

本校为专司训练乡村小学教师的教育机关，以学校附近乡村，类多衰落，建设责任，辄引为分内之事，故确定主张："以学校为起点，建设乡村"，特设推广部以主持之。以在校学生，参加工作，从工作上以明了乡村实际情形，以为服务乡村之练习。我们的希望，要使学校所在地之乡村人民，穷者转富，愚者转智，弱者转强。

二　实施

本校乡村工作实施，计分三大部分：（一）农业推广；（二）教育事业推广；（三）卫生事业推广；即所谓救济民穷、民愚、民弱者也。兹将本校现有事业之重要者说明如下：

（一）关于农业推广

1. 组织合作社　本校组有信用合作社六所，（甲）宝贞庵，（乙）姚湾村，（丙）梅墓村，（丁）赵家大圩，（戊）石乘乡，（己）栖霞乡。社员一〇六人由本校担保向上海银行贷款五万六千余元，以资周转。

2. 举办押稻贷款及平价售米　本校曾举办农村押稻贷款两次，合计有二万三千余元。本年春季，因米商高抬市价，曾用本校自备汽车，径向芜湖及南京等地购买大批米面，廉价出售，以为农村经济衰落之救济。

3. 建筑交通道路　本校曾联合附近村长，组织筑路委员会，以谋交通之发展。在本校附近已成之路道，计有栖西路、栖尧路、栖石路、栖乌路、栖鹤路、栖站路等若干条，以本校为中心，已四通而八达。最近又筹筑各村里间交通之小路，由各小学校（系为本校高年级生在实验区内主办之学校，以下同）为中心，向各村发展。预计本年十二月底可完成三十四条，每条平均长度约十五丈六尺有零。

四、推广优良品种　本校与江宁县府合作，推广稻麦各种经试验有效之改良品种，于附近乡村地方，以改进乡村农产，俟成熟后，加收十分之一，以为转运费用。近又与浙江勤生农场议定合作办法，由校划地繁育大批果苗，以供各农村之需。各小学校内，更辟有农场，为各地农民观摩之用。

（二）关于教育推广

1. 强迫村民识字　本学期内，联合本区指导员、乡长、里长、公安局长，组织强迫教育识字委员会，举办民众学校、妇女学校各班，每日晚间，指定在校学生担任之。校内农夫，更组织工友班，以期文盲绝迹。

2. 厉行义教普及　为厉行义教普及起见，曾划定本校四周十里内之乡村，为义务教育实验区，办理义务小学十余所，使一般学童，得以入学。并以各小学之所在，为本校推动之机关，若农业、若教育、若卫生、均由各校为分部，向外推动。

3. 改良私塾　本校认为普及义教声中，私塾确有改良之必要，曾由本校指派高年级生负责指导。发给书籍，给予奖金，以期为义教普及之助。

4. 民众壁报书报代笔问字等处　此项事业，均分本校与各义小两方面，每一义小校，均代办上项各种事业，以为村民服务。

5. 举办识字运动　本校于本学期十月十日，由在校全体学生环行义务教育实验区各村庄，为强迫识字运动。

（三）关于卫生事业推广

1. 与江宁县府合办卫生所　本校向由校医施诊，以救济民间疾病，二十三年内，与江宁县府合资开办栖霞卫生所，设有门诊，日必数十人。

2. 免费助产　卫生所内设有女助产士，民间孕妇，代为接生，一概免费。

3. 设备卫生环境及预防工作　本校及各小学附近，均逐渐建设卫生厕所，以免农村粪便臭味之扬溢。每年春夏，并普遍注射牛痘防疫苗，以免天花及霍乱等症之发现。

4. 组织卫生队　各义小校内，由在校学童分别组织卫生队，内分保健、环境卫生、急救三股，分别担任卫生上各种工作。

以上所述，不过建设工作中之一部分耳，他如举行农事展览会、举行妇女工艺班、举行造林运动、筑路运动、组织村政研究会、整理村容、敷设路灯、举办农忙托儿所、举行家庭访问、举办民众茶园、举行娱乐大会等项，恕不赘述。

总之，本校推广事业，以实验区为范围，以乡村人民为对象，以本校为中心推动机关，以各义小校为分别传达处所，以农事、教育、卫生为进行之三大目标，庶能达到贫者富、愚者智、弱者强之最后希望。

江苏省

中华职业教育社农村改进事业概况

一 引言
二 属于附设机关者
三 属于代办机关者
四 属于合作机关者

一 引言

本社各农村改进事业机关，一年来工作，无特殊之点可以报告。惟根据本年二月九日本社专家会议及评议员会通过之"复兴民族目标下之青年职业训练具体方案"，于青年训练特加注重耳。兹就各事业机关之概况，报告于下：

二 属于附设机关者

（一）徐公桥乡村改进区　属江苏省昆山县，十七年四月开办，二十三年七月试验完成，交归地方人士接管，仍由本社负监督指导之责。现已扩大为昆山县自治实验区，区长即为青年领袖徐公桥，兼任民众教育馆馆长，实行政教合一试验。义务教育堪称满意，区内由一个中心小学负统率责任，其下有两个领袖小学协助一切，每个领袖小学之下，另有许多分布小学，力量一贯，效率大增。成人教育由民教馆领导各小学办理，另由本社每学期拨努力奖励金一百五十元，凡办理成人教育成绩优良者，给以五元至三十元奖金，颇有成效。现正按照省颁强迫识字办法，积极办理。合作社益臻健全，公共仓库由社员自行管理，设有分库多处。警管区试验，在国内为嚆矢，苏省政府特指定昆山全县为警管区实验县，即以自治实验区为实验中心，区内户籍保甲禁烟禁赌治安卫生，均有相当成绩，得力于警管区者不少。其他改进会、青年团、保卫团、农事改良等，仍照常进行。

（二）中华新农具推行所　十八年十月成立，推行达十七省市。年来于北方土井汲水试验已告成功，河北定县首先采用，陕西赤水合作社，南郑水利局等继之，北方农田灌溉困难，已有相当解决。近复从事小马力木炭引擎试验，成效亦极圆满，对于舶来品油类燃料，自可抵制不少。

（三）农学团辅导处　二十二年十月，漕河泾农学团成立，以自养养人，自治治群，自卫卫国，为总目标。有农村服务专修科团友二十八人，鸿英师资训练所团友十五人，经集中、分工、实习三时期，至二十四年十月方告结束。继于社中成立农学团辅导处，负指导团友服务，解决团友困难之责。目前各团友分散各地工作，服务状况，尚可满意，其分布地点如下：

1. 专修科

上海沪西园场一人／上海强恕园艺学校一人／本社沪郊改进区三人
上海高桥改进会一人／上海三林民众教育馆一人／本社农村服务部一人
中国银行农村调查部三人／黄渡乡村师范一人／南京蒙藏学校一人
浙江兰溪实验县二人／浙江湘湖乡村师范一人／江苏赣榆民教馆一人
河北保定师范一人／河北易县中学一人／广西国民基础教育院一人
广西柳州沙塘学校一人／四川建设厅一人／安徽特种教育处一人
江西特种教育处一人／浙江杭州师范一人／国内农村考察团编撰二人
病故一人

2. 师训所

鸿英第一小学区，以上海县金家塘为中心，共三校，分四级，计六人。

鸿英第二小学区，以上海县赵家塘为中心，共三校，分四级，计六人。

鸿英第三小学区，以上海县张家塘为中心，共二校，分三级，计三人。

专修科团友四人，曾于去年三月，会同科外同志一人，组织国内农村考察团，经粤、桂、黔、滇、康、川、鄂、赣、皖诸省，于上月返沪。费时十月，行程二万里，深入农村，备尝艰苦，所获材料，殊为丰富。现在该团团友二人已入中国银行农村调查部，二人在社编撰考察报告。该团到处受人欢迎，对于宣传本社宗旨，发扬民族精神，颇得各方好评。

（四）沪郊农村改进区　在上海县沪闵路，二十三年七月成立，预定三年完成，其步骤分倡导、协作、自主三期，用最经济的人力财力，作广义的教育试验，以学校为中心，逐步推动农村改进，使学校与社会打成一片，教、政、富连锁合一，辅助完成地方自治，藉以树立区单位，村单位农村改进之轨道。目前工作区，有九四四户，四〇九四人，内男子二〇五八人，女子二〇三六人。现有事业，略如下列：

1. 组织　会员大会，会员一五三人。委员会委员十一人。总办事处，设赵家塘。办事处，分设赵家塘、金家塘、毛家湾、张家塘四处。分会分设倪家桥、张车、乔家塘、何家塘、王家桥、王家塘、邹家塘七处。儿童作业团成立四团，有团员一九二名，实行课余为公众服务，以为重要作业。青年服务团，成立四团，有团员八九人，隐然为农村中坚，作各分会灵魂，于事业推进颇得助力。壮丁队一三二人，实行守望，最近一年内，全区无盗窃案发生，经县政府检查，认为满意。救护队成立四队，队员九三人，授以战场救护技术，作万一准备。保甲组织完成，保甲长训练所开始训练者四保，将继续办理。全区工作人员讨论会，检讨全区工作。他如户长会、妇女家政会、俭德励志会、婚嫁改良会均已先后成立。

2. 教育　全区设立小学十所，学龄儿童七四五名，入学者五六六名，未入学者一七九名，较未设改进区前增加就学儿童四一六名。民众教育场十处，分青年班、妇女班、成人班三种，现全区在教育场受教育民众七二一人。并有流动教育团、识字指导团、话剧团、音乐会、读书会等，全区识字民众一一二一人，不识字民众一五四〇人，较前增加识字民众八二一人。

3. 经济　合作社一，合作农场八，贷本处一，生产互助社一，鱼池三，菱池一，植树二千，并举行农产展览会，提倡改良土布，介绍优良种子，养猪养鸡，近正试养乳牛。

4. 卫生　诊疗所一，简易诊疗所三，简易药库七，一年来区内外民众就诊者二五〇〇人以上，一年来无疫疠发生。改良公用水桥五，改良厕所十八，垃圾箱十四。开办卫生训练班一期，受训练之工作人员及青年农友四五人。卫生讲演会三次，助产训练一次，种痘八百余名，注射防疫针五百余名，施送卫生药品，检查体格，救济老弱等。得沪郊农村工作协进会卫生委员会之助力，该区卫生工作，有特殊发展，现协进会卫生委员会将在区内设立办事处，常驻医师一人，助产士一人，负责指导，如能实现，其结果更可圆满也。

5. 建设　公园二处，作息钟四座，桥梁五座，泥路半里，开河五处，简易测候所一处等。

三　属于代办机关者

（一）黄墟农村改进区　在镇江东之新丰，以前受江苏农矿厅委托，与地方人士计划办理。十九年十一月开始，于垦荒、植桑、育蚕、改良水利、推广改良猪、扩充民众教育、办理壮丁队，均著成效。现在以镇江县立师范为中心，而黄墟小学辅之，于义务教育，已告显著进步。自农场成立，尤得农民信仰，一切农事，较前大见改进。

（二）观澜义务教育试验学校　在昆山县徐公桥之固巷村，由本社董事长钱新之君独力创办，二十年四月开学。试验本社前董事袁观澜先生所主张之推行义教办法，藉作袁先生一生尽瘁义教之纪念。二十四年八月交归地方接办，由本社略助经费，并负责指导。关于徐公桥全区义务教育之推行方法与成人教育之实施方法，每由该校先为试验，然后推及全区。

（三）农光乡村小学　二十年七月开办，在浙江余姚之诸家桥，原名诸家桥小学。由夏杏芳君委托代办，除学校教育外，并及社会教育，年来于迷信之破除，卫生之实施，治安之维护，尚有相当成效。

（四）鸿英乡村小学　二十三年七月开始，在本社附设沪郊农村改进区，由鸿英教育基金委员会委托代办，现有校本部三、分校六。试验以学校为中心之农村改进，与沪郊农村改进区联络办理，其结果尚可满意。

（五）丁卯农村小学　本社前董事现评议许秋帆君创办，二十二年三月，经校董会议决，委托本社办理。校在镇江西之太平乡，环境复杂，人事应付，颇感困难，经二年来之努力，基础渐固，充实学校内容，试办民众学校，地方农民日渐信仰，并已设立分校二处。

（六）薰德乡村小学　在江苏东台县溱潼湖北口，本社永久社员田幼陶君创设，二十四年七月交由本社代办。现正积极整理，充实内容，上学期举行水灾急赈募捐运动，获有成效，整洁运动亦有良果。

四　属于合作机关者

（一）三益改良蚕种制造场　在镇江西之桥头镇，十九年三月与镇江女子职业学校、上海中华职业学校、及各方人士合资创办，主旨在用科学方法改良蚕桑，提倡女子职业教育，改进农村妇女生活。所出蚕种颇受欢迎，前者丝价大跌，种价随落，本场努力经营，幸能维持。年来试种果树，试养羊兔，以为附近农民示范，并办理成人教育，附近成年男女入学者百人。

（二）获山自治实验乡　在上海县第四区，二十三年二月上海县教育先进乔憩林君等创办，由本社合作办理。目前义教已普及，保甲组织完密，人事登记实行，壮丁队九十八人，实行军训，冬季出防，盗窃赌博绝迹。诊疗所一，公共卫生、种痘、注射防疫针，均有成效。改良棉花，合作社消费信用二部业务特别发达，鱼池五处。半年来成人识字教育强迫实施，有识字学校三，女子自动识字团一，拟于一年内，将所有文盲，全数扫除。破除迷信，则有劝禁清明，拘捕女巫，利用庙宇，亦见顺利。他如筑路二里，修桥三座，均相机进行。每月有保甲长全体会议，讨论全乡事业进行，到者大半于乡事颇能发表意见，会议时由本社派员列席指导，并报告国内外重要消息，灌注民族意识，唤起爱国情绪。最近上海县立三林民众教育馆就该乡设立基本施教区，此后进行，益多助力矣。

（三）长安小溪口改进区　在浙江长兴安吉二县交界处，为当地领袖雷儆寰君托由本社计划合作办理，二十四年二月开始。目前小学校舍落成，仓库成立，保卫团积极整顿，青年服务团团员三十七人，颇能热心工作。

（四）上海县立道南小学　在沪闵路毛家湾，设立多年，本社沪郊改进区成立，该校适在区内。二十四年八月，商得上海县教育局同意，订约合办，以贯彻本社对于农村小学社会化之主张。近来在沪郊改进区总办事处整个支配之下，于壮丁训练、保甲组织、成人识字极见努力。而小学儿童自二十余名增至五十二名，尤为该校渐得农民信仰之凭证。

河北省

定县实验区工作概略

晏阳初　陈筑山

一　总说明
二　机构
三　机构实现之程序
四　二年来几种重要之县政建设工作提要
　　调查工作
　　民众教育之实施
　　村单位教育建设
　　经济建设
　　保健工作

一　总说明

兹为报告定县县政实验之实际状况起见，不得不先就定县实验区之来历及背景作简单之说明。

定县实验区者，为河北县政建设研究院之一部，亦即为该院所在地。该院之法律上根据，系依照二十一年冬第二次全国内政会议之议决案，由省政府呈报中央备案，而其成立之日，则正当二十二年春华北兵兴热河沦陷之时。故定县实验区成立之重要意义，实以国难严重至此，东北沦亡之后，河北一省已成国家边境，亟须从人民训练组织上作一番救亡工作。欲求此种工作之有效与普遍，则必赖有健全之机构为之推动，而尤须使此种机构得有恒久不息之力量，然后救亡工作乃为自下而上的，乃为彻底的，乃为自动的，乃为继续不断的。

二　机构

县政建设实验工作，以县政机构之拟制为其第一步。工欲善其事，必先利其器，理固然也。顾此拟制之新县政机构，固不可不注意县政府对于新政治要求之适应，而尤不可不注意全县人民之政治组织与政治动员，盖必须有此一幅机构，然后县政建设之内容方有实现之可能也。

定县现行县政机构乃根据上述理论而制定者，其主要精神在以县民总动员为基础，而以效率最高之县政府为中枢。由分而合，由散而整，由下而上，务使其节节灵通，处处呼应，不能拆开，不能截断。

请言其最下层之组织。

全县人民之政治活动以公民服务团为基础。全县人民皆为公民服务团团员，但依其年龄而分现役、预备、后备之三种。其中以现役为基干，因从其年龄论，皆系少壮分子，既无稚气又敢于有所作为也。更依其在学校（含公民服务训练班在内）之组织与学习之所专而分政务、教育、经济、保健之四组。（见定县县政建设机构图下段公民服务团之组织）复依其组织之便利而分为若干分团。（见同上公民服务组织图）

公民服务团团员之义务有如下述。

（一）团员（在通常时期多为现役团员）有随时辅助各种建设工作进行之义务。

（二）团员有随时接受继续教育及特种训练之义务。

（三）服务团为纪律的组织，团员有严守纪律之义务。

（四）服务团以本乡镇学校教师为指导员，在设计上、技术上接受其指导。

（五）各组工作活动分别受该乡镇建设委员会之指挥监督。

由此以言，则公民服务团乃（一）以少壮分子为中坚，（二）以教育为基础，（三）以各种建设为工作内容，（四）以军队纪律为精神之一种政治初步组织也。培养民力，组织民力，运用民力，其效用全在于此。

必如此而后县行政机构乃落于踏实的基础上，而后农村建设以及以农村建设为中心之县政建设乃有着实进行之可能。

复次则请言乡镇建设委员会。

乡镇建设委员会者，实即所以代替地方自治组织中之乡镇执行机关所谓乡镇公所者也。已往之乡镇公所不能实践其责任，固不待言。在以公民服务团为基础之县行政机构中，此一层机关，上之接受县政府之政令，下之主持服务之工作，其职责尤为重要。参酌实际状况，于是定为乡镇建委会，设委员六人至十二人，以容纳当地之有资望阅历者，而以本乡镇之小学教师为当然委员及秘书，以增其效率。委员会之正副主席一经选定，即由县政府加委为乡镇长副，以重其权。委员会之下分政务、教育、经济、保健四股，以与公民服务团之四组相应。

乡镇建委会在目前之效用，为容纳年长之有力分子，以加强下级之自治组织。顾其流弊亦有不可不防者，则建委会之滥用职权也，于是乡镇公民大会之设尤不可少。

乡镇公民大会行使下列五种职权：

（一）选举乡镇建委会委员

（二）罢免乡镇建委会委员

（三）复决乡镇建委会之议案

（四）提出创制案于乡镇建委会

（五）议决乡镇建委会提出之预算及决算

就此五种职权观之，可知乡镇建委会既受公民大会之限制，而不能滥用职权，同时公民服务团团员既又在公民大会之立场上节制建委会，然对于建委会之指挥监督仍不得不服从。两相调节，当可解决乡镇地方习见之纠纷。

复次则请言县政府本身组织。

县政府组织之合理化，不仅在裁局改科集中事权而已，尤在能集合实际行政人才与学者专家于一堂以共策进行。顾我国县行政经费自来极少，即以定县而论，年亦不过一万三千余元，于此而欲求集合此两种人才，云何可得？其唯一救济之法，即须县政府设一县政委员会，于秘书长、科长等实际行政人员之外，另罗致一部分名誉职之学者专家，遇有要政兴革特请参与，盖必如是而后县府乃能得有高等学术人才之用，而又无其负担。今定县实验县政府之组织即如此也。抑县政委员会之组织于右述罗致学者专家之一作用而外，尚有其他之一作用亦不可忽，即委员会中可以相当容纳本县士绅足资消除隔阂是也。

县政委员会设委员七人至十一人，由县长商承研究院院长聘任之此十一人之中一人兼任秘书长，五人分任各科科长，其余不管科委员五人。管科之委员，重在行政经验，不管科委员（为名誉职）重在专门学术，参与会议，提供计划，给予学术上、技术上之辅助。

顾县政委员会之组织已健全矣，县政府之内容已充实矣，谓县之政令即可达之乡镇建委会，因而交付公民服务团立即实现乎？其势固不能如是之易也。其中有不可忽之困难在焉。盖乡镇建委会之实际所能究不过传达命令而已；以其知识能力，断难奉县政府之成案而指导服务团以实行也。县政府之实际所能亦不过制成方案而颁布之而已，以定县三百十乡之多，亦断难一一亲督之奉行如法也。此其间尤必有一种辅导员以负循环视导督促传达之责。

定县之农村建设辅导员，依地理之便利，设六人至十二人，其资格大抵为青年中学毕业生曾受辅导员训练者。除随时传达县政府之政策政令以督促训练农村办公人员外，并随时接受县政委员之学术训练，循环递转，训练农建技术人员，如此师生传习之间，方有上下一心首尾相应之妙用。

综上所述，制为定县县政建设机构图如下。

上图为定县实验县现阶段之所适用者，实则全盘之拟制，尚不止此。就公民服务团而言，其组织不止于村。盖在村则应有甲团保团，与定县现行之分团相当，在区则有区团，在县则有总团，而县长为总团长，有指挥全县民众团体之权能焉。次就地方自卫而论，依吾人所准备实行之组织，恰与公民服务团之组织相同，即凡构成一甲团之各种团员，均为自卫队分队下班之队员，班之上有分队，与保卫团相当，此为村单位者，分队之上为区队，与区团相当，区队之上为大队，与总团相当，而县长即兼大队长，又与其为公民服务团总团长之精神相同，盖将使有民众武力在其支配中也。要之在全盘机构之中，县长实兼为政治、社团、军事三方面之领袖。尚能用得其人，复假以相当之时日，其必能推动一切，于教养卫三者皆有极长足之进步，可断言也。兹为便于明了起见，再制为县政建设机构全图如下。

第三集　定县实验区工作概略　667

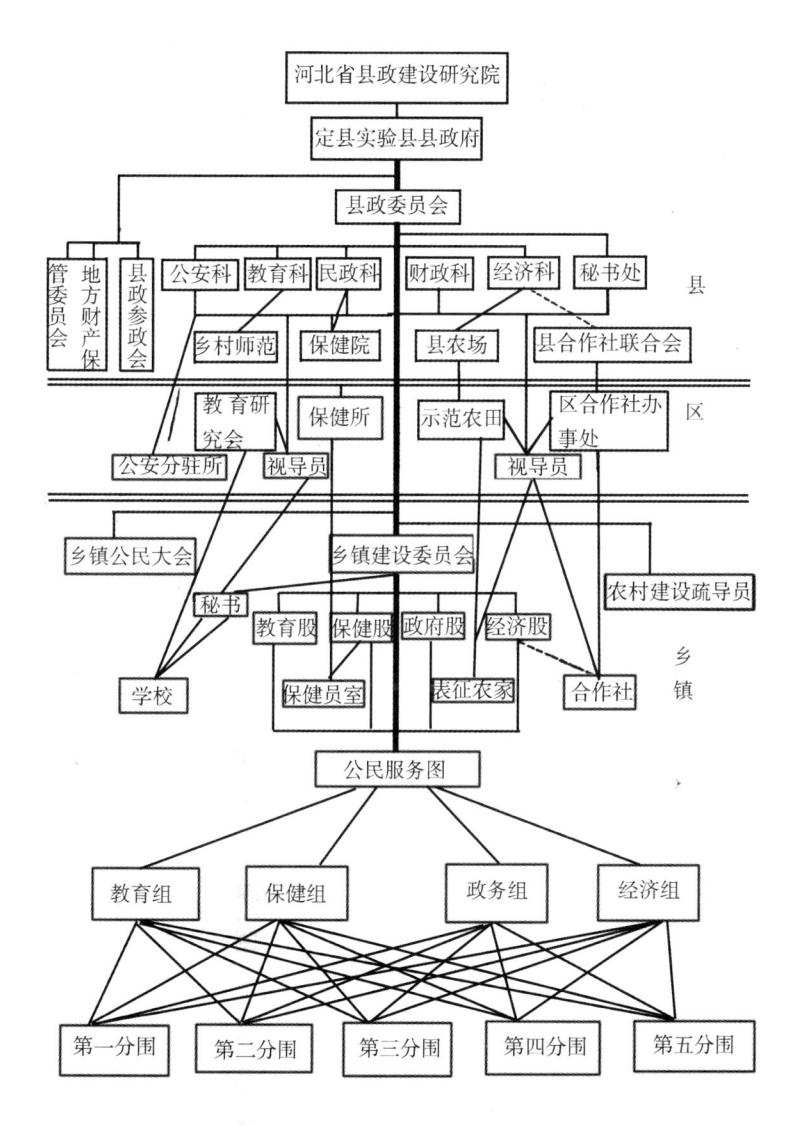

上定县县政建设机构图与下图在组织及名称上均略有出入。以从定县现时之环境不得不如是也。又前后两图所列县府各科之管辖机关，如民政科之保健院、保健所、保健员室等，仅系举例以示县政建设之三单位作法而已，非限于此也。

三　机构实现之程序

（一）县政府之改组　县建设机构之实现，第一步乃从改组县政府

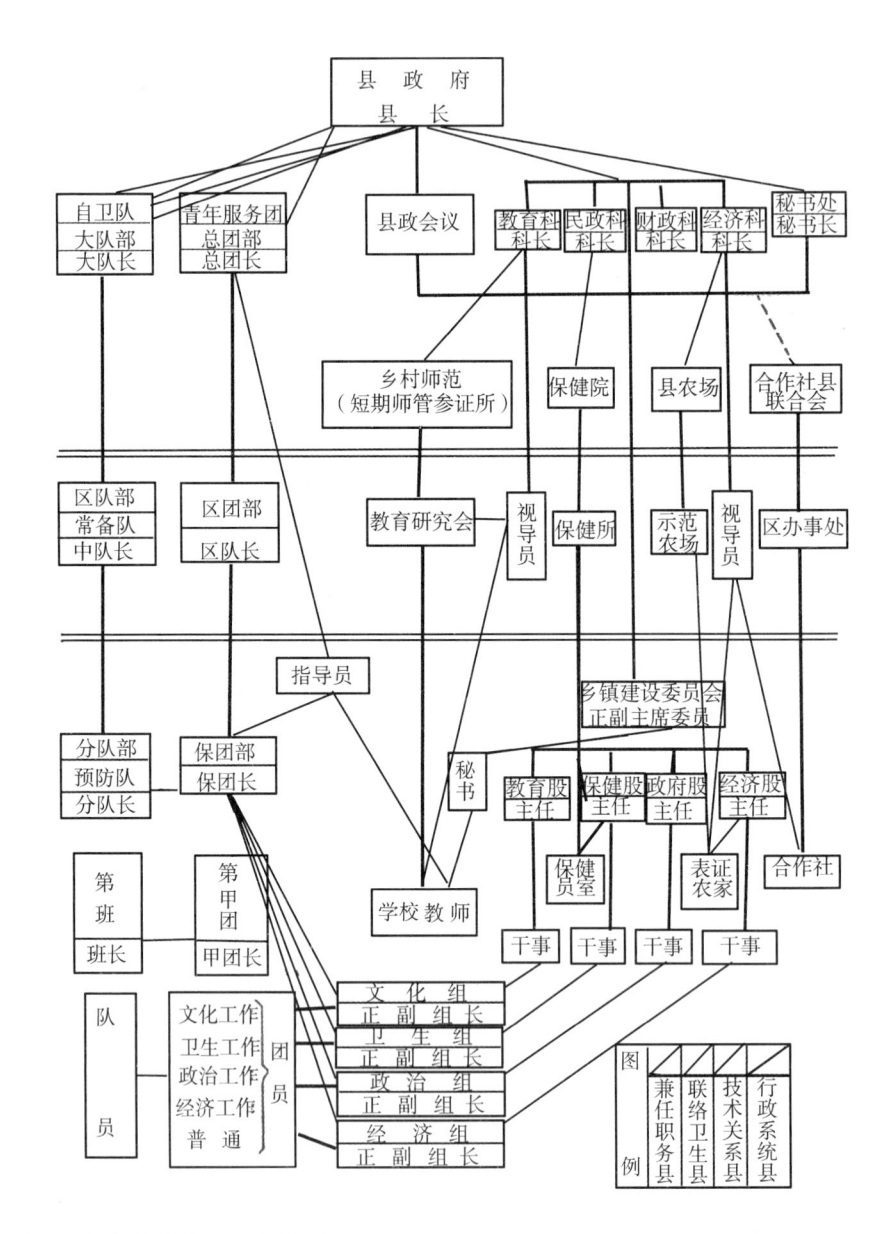

起，其改组要点，分述如下：

1. 设县政委员会

已见前。

2. 裁局并科

（1）裁局并科办法及各科之职掌：

裁原有公安、财政、教育、建设四局，并县政府原有两科，改设民政、财政、教育、经济、公安五科，各科职掌如下。

①民政科　掌管调查户口，编组保甲，辅导自治，整顿积谷，改良礼俗，拒毒，息讼，兴办保健，及其他与民政有关事项。

②财政科　掌管土地陈报，丈量，整理税则税法，改善征收方法，及其他有关财政事项。

③教育科　掌管教育调查，视导全县公私立学校，推行民众教育与义务教育，设立图书馆，科学馆，训练师资，组织教育研究会，办理职业教育及其他有关教育与文化事项。

④经济科　掌管辅导合作事业，筹办仓库，推广农业改良兴办水利，改进农村工艺，提倡种树造林，改良交通工具，经营县有营业，检定度、量、衡，主办经济调查及其他有关经济事项。

⑤公安科　掌管户籍，警卫，消防，救灾，保护森林，渔猎及有关公安事项。

3. 合署办公

为贯彻裁局并科之主张，及促进裁局并科之效率计，实行合署办公。

（二）农村建设辅导员之训练　农村建设辅导员在县政建设机构中，居极重要之位置，承上启下责任繁重，欲其实际任事之时胜任愉快，非在任命之先，予以一种切实之训练不为功。兹将训练实施办法，略述于后：

1. 资格　凡河北省人民，年在二十五岁以上，具有下列资格，志愿承受农村建设辅导员训练，得向河北省县政建设研究院请求审查，审查合格后听候训练：

（1）中等以上学校毕业，有二年以上农村服务经验者，或曾任区长一年以上，办事具有成绩者；

（2）对于农村建设具有成绩者；

（3）品性端正，身体健全能耐劳苦者。

2. 受训名额　应受训之名额，暂定为十八人，合格人数逾额时，其去取以考试定之。

3. 受训期限　训练期间为六星期，但得延长之。

4. 训练课程　训练课程分下列三种：

（1）精神训练　人格修养、遵守纪律及服务社会等均属之。

（2）知能训练　政治经济教育保健之知识技能，及中央省县有关之县政建设各种法规。

（3）服务实习　分别派往指定之乡镇参加建设委员会及公民服务团之组织，从事实习。

5. 委任办法　训练期满后，依成绩顺序，由县政府照农村建设辅导员任用及职务章程委任之。

依照上列办法进行训练，报名者凡八十一人，审查结果，合格者六十人，乃以考试办法，录取十八人，受训期满，择其成绩最优者十人，由县政府委充辅导员，现已分赴各乡村实际工作矣。

（三）表证示范各村之成立：

1. 成立目的　以客观事实为根据，实验县政建设中地方自治组织之效能，表证主观之理想，作全县一般村庄之示范。

2. 成立范围　选定总司屯、高头、尧方头、马家寨、牛村、西平朱谷、东合朱谷、西汶村、程家庄、大羊平、寺羊平、南角羊、小陈村、东建阳、西建阳、南齐、北齐、小溪河、大涨村、寨里、杨家庄共二十一村。

3. 成立步骤

（1）设乡镇建设委员会筹备处，实验地方自治组织，系合乡镇建设委员会、公民服务团、公民大会三者所构成，在未成立建设委员会之先，设置建委会筹备处。

筹备处之组织，计主任委员一人，委员六人至十二人（主任副主任在内），秘书一人，由学校教师兼任、主任副主任及委员，由县政府就各村德望素孚、热心公益者委充之。

筹备处之工作，为举办公民训练，协助选民登记，改进学校，训练合作，保健等。

（2）举办公民训练

设公民训练班，招收十六岁以上之男女青年，给予公民应有知能之训练。

公民训练班的组织——用大队制，设大队长一人，中队长二人，队长八人至十人，政务、经济、教育、保健工作队员八人至十人。

每队置队长一人，政务、经济、教育、保健工作队员各一人，每四队至五队为一中队，设中队长一人，合两中队为一大队。

训练项目：计自卫训练，农村建设概说，政治、经济、教育、保健等常识研究，工作讨论，唱歌及活动。

训练期间：暂定为一个月，公民训练届满，即着手组织公民服务团。

（3）成立公民服务团

团员之区分：

①现役团员　受过相当教育或公民训练之十六岁以上，三十五岁以下之本村男女青年任之。

②预备团员　受过相当教育而未满十六岁之本村男女青年任之。

③后备团员　三十五岁以上之本村男女居民任之。

组织办法：

以保甲为单位，每甲设一甲团，每甲设团长一人，又政务，经济，教育，保健工作团员各一人，余称为普通团员。每保设一保团，设保团长一人，秘书一人。保团甲团之间，得设中团长。

各甲之政务工作团员，须组成一政务组，公推正副组长各一人，兼任建委会政务股干事。各甲团经济，教育，保健工作团员同此办理。

保团长，秘书，各组正副组长，均用选举方法产生之，因表证示范各村，尚未举办保甲，故各村之公民服务团，暂时未按保甲组织，原称保团长为团长，甲团长为分团长，余仍旧。

（四）召集公民大会选举乡镇建设委员会委员

公民大会乃全村公民行使政权之组织，选举乡镇建设委员，自公民大会本身而言，是行使政权之第一声——选举权，同时自建设委员会方面视之，为成立建委会必经之阶段，成立建设委员会可分两个阶段：（1）筹备——即设置建委会筹备处。（2）选举兹将选举过程，约言如下：

1. 组织公民大会临时办事处，筹备一切选举事宜，如调查公民人数，补行公民宣誓登记，编写投票人名簿，分配选举会场上职务人员，作宣传，贴标语，布置会场，拟具标识章则，拟定选举时期，呈报县府，函各机关团体，预备选举票及应用表册等。

2. 实行选举，届期鸣锣敲钟，通知公民到会选举，办事处职员，分别担任招待、开票、勘票、唱票、记票、收票、计算等。

3. 当选人开会议，选举主席，副主席，建设会乃正式成立。

（五）全县推广——定县县政建设机构之属于最下层者，现仅将表证示范村办理成立而已。其全县之推广，方在准备之中，兹略示其办法于次：

由县政府通令全县设立乡镇建设委员会筹备处（其组织及职责，详见前表证示范各村之成立项下），筹备期至长以五个月为限，其进行至可以正式成立乡镇建设委员会时，经农村建设辅导员之视察认可，即依照乡镇建设委员会组织大纲之规定，召开公民大会选举乡镇建设委员会委员呈报县政府。各乡镇建设委员会正式成立时，筹备处同时撤消，其公民训练办法如下：

1. 根据表证示范各村办理之结果，分别编制各种教材及政治农业合作卫生教育各方面之农村服务指导书。

2. 由县政府派农村建设辅导员分赴各村巡回视导。

3. 农村建设辅导员采传习办法，分期训练小学教师，再由小学教师襄助训练各该乡镇人民。

4. 此项训练以全县各乡镇建设委员会及公民服务团之成立，为初步训练之完成，此后仍由农村建设辅导员继续巡回，分期视导。

四 二年来几种重要之县政建设工作提要

以上所述，均系说明定县县政建设机构及其实现程序，吾人认为此一机构之建立，实为县政建设之根本前提，故言之特详。惟定县实验县之成立亦既二年，虽以种种不虞之波折，其成绩之表现，远不逮吾人之所预期，然事实上固亦有若干工作可举以告人者，兹特举其较重要者数端于次。

（一）调查工作　民国二十二年七月至二十四年六月

1. 绘制定县实地测量地图　关于全县面积地势及河流道路村落等之分布情形及其所占面积。

2. 全县土壤调查　全县各种土壤所占面积分布情形及其与农作物栽培之关系。

3. 全县农作物产量调查　全县耕地及非耕种地之面积，全县各种农作物分布情形，及各种农作物所占亩数，全年内各种农作物之产量及价值，全年内全县一切农产物之总量与总值。

4. 全县工业品之数量与价值调查　全年内全县各种工业品之总量与总值。

5. 全县土产运销调查　全年内各种土产交易之总值，各种土产交易总量中销售于定县境内者之数量与价值，各种土产交易总量中运出定县境外者之数量与价值，各种土产交易之主要地点，及各地点运销之数量与价值，各种土产输往县外之地点，包括最终地点及经过地点，各种土产运销之程序与方法，各种土产在运销程序中之各种费用，各种土产在运销程序中所发见之利弊及应改进之点。

6. 定县输入货物调查　各种输入并销售于定县境内各种货物之总量与总值，各种输入定县而又输出定县境外之货物之数量与价值，各种货物原自何处运来及经过转运之地点，各种货物输入之程序与方法，各种输入货物运销之各种费用，各种货物在输入运销之程序中所发见之利弊及应改进之点，各种货物输入定县之原因。

7. 集市调查　县内各集市之地位开市收市时间赶集村数人数交易商人数目征收税捐数目，各种货物交易之数量与价值，各种货物交易之手续，管理集市之组织与规则，各集市之历史发达与衰落之原因，各集市之利弊及应改进之点。

8. 借贷调查　县内借贷家数，借贷数量，借贷期限，担保品及利率，借贷原因及用途。

9. 物价调查　各种日用货品价格之涨落及原因。

10. 民众负担调查　定县民众负担之各种国税款额，各种省税款额，各种地方捐款额，其他负担。

11. 地方自治调查　定县地方自治组织，地方自治经费，地方自治人员，地方自治法令，地方自治进行实况，地方自治之障碍，现有地方结合之社会团体。

12. 全县户口调查　县政府于二十三年七月间召开调查户口筹备会

议，议决组织调查户口委员会，招考调查员五十名，受两星期之训练，制定表格四种，即住户调查表、商户调查表、寺庙调查表与机关调查表，自二十三年九月十日至次年二月十日凡五阅月调查完毕，共计七八六五七户四四一五九〇人，现一部材料已整理完毕，大部分详细材料尚在统计中。

（二）民众教育之实施

1. 除文盲工作

（1）除文盲工作要义

①工作之演变　河北省县政建设研究院于前年赓绩平民教育促进会研究识字教育之工作，举办县单位除文盲工作，由研究部与实验部合作主持，自是始步入政教合一之途径。

②工作之目标　此项工作以青年失学之农民为对象，实为县政初步建设基本工作，故其目标有二：

Ⅰ. 应用研究与实施相助为力之效能，以期获得政教合一之推行制度与实施方法。

Ⅱ. 应用最经济最基本之教育方法，训练一般青年农民，使获得接受农村建设之意识与能力。

③工作之趋向　二十二年度因政治教育初次合作，其设施之趋向与本年度略有不同如下：

Ⅰ. 二十二年度由教育的立场运用政治力量——即偏重研究。

Ⅱ. 二十三年度由政治的立场运用教育力量——即偏重实施。

（2）除文盲工作办法

①工作之组织　根据政府地方人士及学术专家三方合作政策，组织县除文盲运动委员会，为最高之集议机关。由县长任委员长，副委员长由研究院遴委专家充任，委员无定额。运动委员会下设执行委员会，为干部执行机关；更分四股，专任实施指导事项；委员人数二十二年度七人，二十三年度十三人。

②工作之内容　工作计划、民校课程、教材、训练标准及章则表册，均详见于县单位识字运动实施方案。

（3）除文盲运动之成效

①民校成立概况　两年度之运动因时间与趋向稍有差异，所得之实施

成绩亦有不同如下：

Ⅰ. 二十二年度

a. 全县四七二村，成立民校者四三〇村。

b. 民校共六四五所，计：初级六〇五所，高级四〇所。

c. 班次共八四二班，计：初级七九九班（男五〇六女二九三），高级四三班（男四〇女三）。

d. 学生数共二一一七〇名，计：初级男一一六七四名女六九二七名，高级男二四〇六名，女一六三名。

e. 毕业概况

a）毕业班次共四三四班，计：初级三九三班（男二五九女一三四），高级四一班（男三九女二）。

b）毕业及格学生共七六三九名，计：初级六八四七名（男四五一八女二三二九），高级七九二名（男七一八女七四）。

Ⅱ. 二十三年度

a. 全县成立民校者三三八村。

b. 民校共五〇八所，计：初级四〇五所，高级一〇三所。

c. 班次共六四二班，计：初级五二一班（男四一六女一〇五），高级一二一班（男一〇八女一三）。

d. 学生数共一〇八九一名，计：初级男七三三五名，女一六二四名，高级男一七〇九名，女二二三名。

e. 毕业概况　正在陆续考试中，未便统计截至六月十五日计算，已经考试者二千三百余名。

附全县青年文盲与识字者之数目

据调查部由局部调查之推算，全县十四岁至二十五岁之青年约八万二千人，民国二十三年六月底其男女文盲与识字者之数目与百分比如下：

全县青年共计文盲三二五五〇人，占百分之三九，识字四九四五〇人，占百分之六一。

全县男青年共计文盲四四〇六人，占百分之一〇，识字三九〇五四人，占百分之九〇。

全县女青年共计文盲二八一四四人，占百分之七三，识字一〇三九六人，占百分之二七。

二十三年度终了男女青年文盲又可除去数千人，据此刻下因毕业学生尚未统计，推算全县青年男性文盲当已不多，今后努力当注意于妇女文盲之扫除也。

2. 青年农民之组织

民众学校学生毕业后，经过团体活动之经验，即进而组织民校毕业同学会。同学会之教育作用，一方面为继续受教育并参加各种教育活动，一方面为青年农民集团生活训练。民校毕业农民大多数为青年，应在实际活动、共同生活之中，养成青年农民之建设心理与活动力量，以为农村建设之中心分子，此乃最切实之公民训练。全县已成立者，凡一三八村，会员共计六九八三人，所从事之活动甚多，如修路修桥演剧种痘防疫组织合作社……皆能表现良好成绩，最近为图此种组织范围扩大而更有意义起见，乃演进为公民服务团之组织，今后如能施以严格训练，并继续予以辅导，其于乡村建设工作必有甚大之助力，殆可必也。

（三）村单位教育建设

现行村单位之教育建设，当于下年度开始普及全县，惟刻仍只在示范村行之。兹计其事项如下：

1. 改进小学　过去因小学教育方法之不善，每教师一人，仅能教学生至多四十名；又以学生年级之不同，实施教学与训管，每多顾此失彼，毫无效率可言；近年来又因经费拮据，二三百户之乡村亦只能聘教师一人，于是儿童失学者日众；此显然为农村中之一严重问题。自从各示范村小学改用中华平民教育促进会所实验之"组织教育"方法以来，教师一人所教学生人数每在一百以上，而学生之精神及其学业进度，亦莫不大异于前。

2. 设传习处　学龄儿童之入学机会问题既已解决，而失学儿童之补习教育又成问题，于是广设"传习处"，以青年服务团团员及小学生之年级较高者为导生，使自招学生，自任教学，每日授课一小时半。每处平均有学生十人；一村有设至三十处者，每处之开办及经常费用全年不过五角而已。

3. 设公民服务训练班　表证示范各村，选择村中曾在小学或平民学校毕业而又具有领袖才能及特殊资质者，予以政治的、军事的及其他建设技术的训练，在成立公民服务团时即以之为干部。此种训练，于农闲时晚间举行之，由小学教师负指导之责。

4. 设幼童园　表证示范村初设幼童园一处，附属于妇女青年服务团。妇女青年服务训练班有两种专修科目：一为导生训练；一为保姆训练。此幼童园即保姆实习场所，其开办费至多不过十元。都市幼童园之设备，凡藉以吸引学生者，在乡村中均无此需要。此种幼童园又可称为小保姆训练处，因所收学生资质较好，训练一年即可使在堂前院内或林间空地自设幼童园。农民多无暇照顾其子女，此种设置，在农村中实有其必要。

5. 试办广播无线电教育　表证示范各村，均有广播无线电收音机一具，由青年服务团轮流管理之；广播节目为国内外新闻商情市价，与农民有关之法令，公民训练讲话等。此实为社会教育最良好之工具。

6. 置报时钟　农村中无所谓"守时"教育之设施，因之深感不便；乃利用破庙之大钟，由小学值日生按时敲击。此种设备为实施乡村教育之所必有；且时间观念之养成，本身亦即教育。

乡村教育建设所需费用总以不超过固有之教育经费为原则，否则推行上必感困难。学校之讲桌，固不必一人一具，仅可轮流使用；授课亦不必全在课堂，每学生一人，有值二三百文之小木凳一个，亦未尝不可坐以听讲。一切只求实用，不重外表，则乡村教育之普及，自非难事矣。

（四）经济建设

关于定县之经济建设工作，已有相当成绩及正在进行或正在计划中者，项目繁多，为篇幅所限，势难一一详举。然归纳之后，不出乎农业改进与合作经济两类之范围，盖前者即所以促进农民之生产技能，后者即所以改良其经营方法与夫建立全县之经济制度是也。因此，属于经济方面之实施情况，亦可就此两类中之关系重要者略言于次：

1. 农业改良推广

此项作物改良工作之进行，可分试验、繁殖、推广三步。试验工作，系由研究院经济研究指导员根据平教会历年研究之成绩，与该会合作继续进行；繁殖种子则由县农场负责；推广之事则由合作社办理之。

（1）二十二号改良大谷推广　按平教会生计教育部植物生产改进组研究结果，得到二十二号大谷，品质优良，可资推广。盖其优点有二：第一抗旱力强，经多年试验，从未灌溉，其收获之产量，尚比定县标准大谷增加百分之十八以上；第二抵抗黑穗病之力强，历经试验，定县标准大谷受病害较二十二号大谷多百分之三十五。故本年已利用旧存之种子推广于表证农家，同时并划定区域，繁殖新种，预计来年可以推广一万亩。至于推广方法，系召集农民目前来换取该项改良二十二号谷种，既种该项大谷之村，任何农家不得再种其他谷种，以免混杂，收获后应将谷子全数交研究院指定之仓库代为保存。

（2）棉花改良推广　棉花推广亦由表证入手，因经过表证，方足以使农民实地估计所推广之良种之价值，此种方法较之注入式之宣传工作，事半功倍，收效甚速。二十三年表证之结果，平均比本地棉增收百分之五十六，每百斤能多轧皮花两斤，因其品质优良，每担皮花按去年天津市价，较之本地花多售四五元。此种成绩，经表证农家之口头宣传，结果全县棉区之棉农，无不知改良棉之功效，而于今春纷纷向县农场定购。为适应需要起见，今年拟继续繁殖，预计明年可推广至一万五千亩，至民国二十六七年，则可完成定县全县之推广矣。

（3）小麦高粱之推广　小麦有72号改良白麦，高粱有3—3改良红高粱，今年均已经过表证，结果尚佳，明年均能作相当数量之推广。

（4）波支猪之推广　平教会对于猪种改良之研究，成绩甚佳，每头改良猪较之本地猪生长量增加18.6%，计值3.72元。经表证农家试验之结果，亦颇著成效，计表证15.959头，共增益58367.48元，若能推广及于全县，则所增益可达四十余万元。研究院实验部鉴于农村破产日趋严重，此种不增加农民负担所能提高其生产办法，实为目前救济之要图，又以定县共有本地母猪六千五百头，欲改良全县猪种，必须有九十头纯种波支公猪，始敷交配之用，故决定自去年十月起用三千六百元购买平教会纯种波支公猪九十头，于两年之中，推广全县，其推广规则列下：

①纯种波支猪之推广，由县农场负责管理之。

②各村合作社得请求县联合社向县农场领取纯种波支猪，每头缴饲养费四十元，其付款办法如下：

　Ⅰ．一次交清者四十元，

　Ⅱ．分两次交付，先交半数，其余半数于一年内交清，加收半数之利息，利率一分。

　Ⅲ．所有款项交与合作社联合社转交县农场。

③推广区域由县农场规定之。

④合作社领得波支公猪后，应负全责保护，不得加以损伤或阉割，并须按照规定办法饲养之。

⑤合作社对于交配记录，应按照规定办法，切实遵行之。

⑥合作社所支出波支公猪之买价及饲养管理费用，统由各社于交配费及猪粪售价中收回之。

⑦合作社之波支公猪，非经县农场之许可，不得转售，其经许可转售者，所得售价不得超过原价四十元，并不能售出定县境外。

⑧合作社之波支公猪，如有疾病损伤，死亡丧失，或其他重大事故，应即将其事据实详细报告县农场。

⑨合作社之波支公猪，其交配次数，每日不得超过一次。

⑩合作社所收猪之交配费，应按下列规定收取，不得格外需索。

　Ⅰ．合作社社员之猪，每次收大洋二角，

　Ⅱ．非合作社社员之猪，每次收大洋三角。

⑪凡一次未曾配准请求重配者，亦须照缴交配费。

⑫凡有波支公猪之合作社，每月月终应将各该月经过情形及交配表等呈县农场核阅一次。

⑬县农场有随时考察饲养管理及一切推广情形之权。

⑭本规则由河北省县政建设研究院实验区定县县政府制定施行。

县政府现已推广六头纯种波支公猪于六个合作社，此六头公猪每月平均皆有六元余之交配费收入，除开支饲料等费外，每月有溢利二元，照此推算，合作社于两年之内，可以偿清一头波支公猪之购价，而每头波支公猪可用七八年之久，故此种推广工作，不但使农民增加生产，裨益匪浅，同时合作社本身亦尚有赢利也。

2、合作经济之推进

河北省县政建设研究院未成立之前，定县合作社仅有为研究实验而设者数处，自二十二年夏研究院成立，为推进合作事业计，乃先办自助社，以为合作社之预备组织，同时中国金城河北等银行，亦先后来定，设立仓库，办理社员之抵押借款，于是各村之人，渐觉便利，故一年之中，成立之自助社，几达三百，占全县村庄四分之三，复因农民对于合作之意义，逐渐明了，请求成立及改组者，日渐增多，因之合作社得以顺利进展。兹将实施情形，概述于次：

（1）合作教育　定县合作社，系建立于教育之基础上，已往平民教育及社会教育，虽均给予以不少便利，然直接的合作教育，仍感不足，因此合作社成立之前，仍须以教育为重。进行以来，颇著成效，其实施程序，可分下列数段：

①初步教育——与村中领袖商洽，定期召集村民举行讲演会，利用图画书籍等，以说明合作之重要，并引起村民对合作之兴趣。主要目的在：第一，使村民了解合作社之大意及办法，第二，使之觉悟合作社对于本身之需要，第三，坚定其对于合作社成功之信仰，第四，使有实际经营之技术。所用教材可分七个单元：1. 合作大意；2. 社务指导；3. 信用组会计与经营；4. 购买组会计与经营；5. 生产组会计与经营；6. 运销组会计与经营；7. 仓库管理。所需时间计十小时。

②专门教育——集合村中优秀分子及合作社职员社员等，予以经营合作社之专门技术训练，例如合作簿记，经营方法，经营常识等，现在多数合作社所以能自动经营，清算账目者，胥赖合作教育之力也。

③继续教育——欲使合作社之效率高，进展速，则继续教育，殊为重要。其所用方法，则或为定期训练，或为互相参观，而最近则又用巡回文库介绍合作社书籍，以资社员参考，而培养其知识。

④合作社之指导组织——以上合作教育之实施，须有完密之组织及负责人员，故将全县划为三个经济区，每区置主任一人，指导员若干人，分任巡回指导工作，同时并谋合作事业之发展。在此提倡期中，合作事业基础未固，指导组织异常重要，故特别加以注意。

（2）合作社组织系统　普通合作社之组织系统，大约为村区县三级制，定县合作社，为进行便利计，略加变更如下：

①村组织——据吾人工作经验，每村只能设一个同样性质之合作社，较小之村，则可联合其他小村合立一社，过大之村镇，至不得已时，亦可依自治区分成立两社，但仍以设立一社为原则。其所以如此主张者，一方面因村中领袖缺乏组织，不宜过于复杂；一方面藉可促进村人之团结力量，并集中人才资金，以谋事业之发展也。至于兼营其他事务，亦宜斟酌情形办理，办理得法，不但人才可以利用，经费亦可节省；然初成立之合作社，以只办一种为最妥。故定县多数合作社，最初均系经营信用一种，遇特殊需要，始次第兼营其他业务焉。按章程规定，此项村合作社，必须组织健全时乃可加入县联合社。

②县区组织——县联合社自成立以来，尚称顺利，区联合社，则目前似无成立之必要，因组织复杂，事权最难统一，有时竟节外生枝，互相掣肘，以致效率不能增高。为工作便利起见，在距城较近之村镇，设立县联合社区办事处，用以联络村与县之关系，办事处受县联合社之指挥，办理该区内各社之事务。至于县联合社之职务，有下列数种：（甲）执行全县合作行政及合作教育，（乙）经理全县各社之运销购买事宜，（丙）办理各村社之储蓄借款事项。于此可知县联合社之地位颇为重要，虽合作社之基本组织在村，而其功用完成之机能则在于县联合社也。

至关于各村社金融之周转，以及全县金融之运用，现在正有合作银行之拟议，成立之后，更可办理合作社各种业务借款，用以扶助合作事业之发展。

（3）合作社进行概况

①村合作社——村合作社为最基本之组织，大抵均以信用合作为主，其有特殊需要者，则分别兼营一组或两组不等，而最近成立之合作社，则多为单营之信用合作社，兹将社数及业务分别列下：

Ⅰ．各种合作社社数及人数　截至二十四年四月底，有信用合作社七十八社，此外尚有新成立及正在训练中者，均未列入，总计当在一百社左右。而最近前来请求训练成立之村庄尤为踊跃，除信用合作社外，其由信用合作社受托兼营者有：

　　a. 兼营购买组者六十九社

　　b. 兼营运销组者三十五社

此外尚有生产合作社十社

社员总数为二千八百十四人

Ⅱ．资金及活动概况

    a. 资金总额为七、二九三·三〇元

    b. 借入款数为四四、七四五·〇五元

    c. 信用社放款总数五〇、一四三·八一元

    d. 购买组营业量三八、四三二·五〇元

    e. 棉花运销共计七一一包，计一四〇〇〇斤

    f. 储蓄总数为五、三九八·七六元，社员平均每人存款五·六六元

②县联合社——县联合社业务较为繁杂，其最近情形如下：

  Ⅰ．社员及资金活动

    a. 社员六十三个

    b. 社股六十四个

    c. 资金已收者二、六五九·〇〇元

    d. 公积金（即上年度之盈余）六四四·〇五元

    e. 对各社放款总数一六、四九七·二二五元

    f. 社员及非社员存款一一、一八一·七五元

  Ⅱ．信用组活动

    a. 由联合社与河北银行商订各社掘井贷款办法，每村暂以五井为限，其较大村庄，得酌量增加，每井借款以七成为限，现已借出六、六三四·八〇元。

    b. 去年办理棉运，于棉花运销期间，棉农急于用款，特于中国金城两行商订借款，以七成为限。共计垫款一，〇九三·〇三元。

    c. 棉运购买轧车款亦由中国金城两行办理，共计九七七·〇四元。

    d. 由中国金城两行及信用组共放款三六、〇四〇·一八元。

    e. 购买组放款一〇、〇五四·七八元。

  Ⅲ．联合社购买组活动

    a. 二十三四年营业量一一八、四二七·一五二元。

    b. 二十三四年利益共计一、四〇〇·七四七元，

（五）保健工作

保健工作研究院根据中华平民教育促进会在定县研究实验之保健制度，制订县单位卫生建设方案，实施县单位保健制度。其简单组织系统如下：

保健院→保健所→保健员
　↑　　　↑　　　↑
　县　　　区　　　村

1. 保健员担任村单位卫生工作，由每村平民学校同学会自选会员一人充之，以热心服务忠实可靠身体健全而年龄在二十岁以上三十五岁以下者为合格，保健员须先在保健所受初期技术上之训练十日，俾对于各项工作均能确实胜任。训练性质包括讲授与实习，由保健所医师担任之。保健员之工作范围有五：一、宣传卫生常识；二、报告出生死亡；三、普遍种痘；四、改良水井建筑；五、简易救急医疗。（关于疑难治疗病症，保健员应负责向保健所介绍。）保健员为施行简易医疗起见，设置保健药箱，包括药品十种，敷料器具十种，值洋三元，由村中购备。药品敷料之补充，每年需洋约十二元。保健员工作系服务性质，不受薪给。

2. 保健所为区单位卫生机关，管理人口约三万之区域，保健所之人员有医师一人，护士一人，工役一人。保健所之职务有四：一、保健员之训练与监督；二、逐日治疗；三、学校卫生与卫生教育；四、传染病预防。

3. 保健院为全县卫生之最高机关，其任务为管理全县卫生行政、实施卫生教育、计划全县卫生工作、训练卫生人员、疾病治疗传染病预防及研究工作等。院内附设病床五十张，专供住院治疗。保健院人员，男女医师各一人，助理医师二人，护士八人，药剂士一人，检验士一人，事务书记及助理员六人。

定县全县现共有保健员八十人，分全县为八保健区，每区设一保健所，保健院设于县城内，兹录其分布图并附其最近一年来之工作于后：

医疗

保健院	住院病人数		55507
	病人共住天数		83
	施行手术次数		201
	出诊次数		103
保健所	西建阳区	治疗人数	7501
		新病人数	1497
	明月店区	治疗人数	5755
		新病人数	1622
	东亭区	治疗人数	7425
		新病人数	1473
	李亲顾区	治疗人数	6320
		新病人数	1834
	城区	治疗人数	15234
		新病人数	3051
	西坂区	治疗人数	4371
		新病人数	1156
	清风店区	治疗人数	7215
		新病人数	1981
	马家寨区	治疗人数	3972
		新病人数	1006

保健员

西建阳区（十五人）	用药次数	24645
明月店区（十五人）	用药次数	10340
东亭区（十四人）	用药次数	6389
李亲顾区（十一人）	用药次数	20744
城区（十人）	用药次数	4857
西坂区（七人）	用药次数	3136

续表

清风店区（四人）	用药次数	4806
马家寨区（四人）	用药次数	9135

种痘

年度	保健所			
	人数			
	初种者	男	女	共
二十三年春季	756	1754	694	2448
二十四年秋季	9087	20893	9817	30710
总计	9843	22647	10511	33158

水井改良

西建阳区保健员改良水井五个

马家寨区保健员改良水井四个

李亲顾区保健员改良水井十二个

四、小学卫生实验

学校数目	四二
学生数目	二八〇五
卫生班次数	九九六
听讲人数	四九三四九
清洁检查次数	九九六
检查人数	四九三四九
体格检查人数	三〇〇八
痧眼治疗次数	九五五七〇
治愈人数	二八五
头癣治疗次数	二六一六二
治愈人数	二六八

续表

牙齿检查人数	一五二九
矫正牙疾人数	四三三
水井改良数目	一四
厕所改良数目	六

训练工作

协和医学院四十二人

湘雅医学院十一人

上海医学院二人

中央大学卫生教育科六人

农村访导员四人

农村助理员六人

关于实施保健制度之经费，每一保健员年需十五元，每一保健所年需一千二百元，保健院年需一万七千元。以定县目下所设置之八十个保健员八个保健所一个保健院计，每年共需二万七千八百元。据民国二十年调查，定县人民每年所用医药费约十二万元，现保健制度实施之后其所需经费仅及前者四分之一，（预计将来工作如再扩充每年所需经费约当前者三分之一——约需四万元）定县共有人口四十万人，每人负担医药费一角即可使全县人民均可得有医药治疗之机会，盖亦极经济之办法也。然犹虑他县不易仿行，更制定一简易方案，各县先设一保健所以主持全县公共卫生，各村保健工作则仍植其基础于保健员也。

涿县平民教育促进会

张学铭

- 一 引言
- 二 民众学校
- 三 同学会
- 四 猪种改良
- 五 美棉推广
- 六 民校管训及教材教法之实验
- 七 师资之训练

一 引言

时光如逝，去岁双十节之第二届全国乡村工作讨论会开于定县，今复集会于无锡，而为第三届矣！以简陋渺小如本会，亦得屡参末席，深觉荣幸万分。爰将本年工作，敬谨撮要报告于大会之前，至本会工作之演进与概况，已详于上届工作报告书中，不重述。

二 民众学校

（子）法令之变更——本县以往各乡成立民校，系以乡为单位。附村失学青年往往藉口上学不便，不肯入学，本年由县政府下令改为"村单位"，即无论村之大小，均必须设立民校一处。入学人数，至少须达各村户口总数三分之一。村小不能成立者，得变通设立读书班，一百户以上，须设女校，以提倡妇女教育；组织推行委员会，以收群策群力之效，学生不入学者，则罚其家长；乡长副违抗者，则罚其本人。雷厉风行，不稍宽假。

（丑）数量之统计——本年度民众学校，自二十三年十月起开始，至二十四年五月底结束。就校数言：为三二七校；就人数言：为八四六九人；就级别言：初级占百分之八十四，高级占百分之十六；就性别言：男生占百分之八十六，女生占百分之十四；就年龄言：十六岁以下占百分之二十七，十六岁以上占百分之七十三；就考试成绩言：及格占百分之七十八，不及格占百分之二十二；就开学与毕业之比较言：有始有终者占百分之七十一，未参加考试者占百分之二十九。

（按去年工作报告中，本届拟扫除一万文盲，虽未达到预定数目，但大致相差不远。）

（寅）考核与奖励——

（一）本县民校，历届均于春季结束时，由本会派员分赴各乡考试，本年仍循旧例。惟考试方法改用挂题测验法，此法试行颇见成效。因其便于评判，且易防止流弊也。

（二）本年民众学校奖励办法如下：

A 各民校所用书籍，统由县中发给，不取书价；

B 各民校考试终了时按其成绩发给奖金，女校特别从优，最多者每校补助二十七元五角。

（上两项共计需洋三千二百余元，统由县自治会民教专款项下提拨。）

三　同学会

本县以各乡民校毕业同学会为乡村建设运动之村单位中心机关，亦可谓为推行"社会式民教"之根据地，上届为十一处，本届增为二十二处。会员达六百人。其重要活动工作，为：（1）种植脱里斯美棉，（2）提倡用波支公猪交配，改良本地猪种，（3）辅助本村民众学校招生，上课管训及其他公益事业，（4）组织信用合作社，（5）组织戒赌会，读书会，（6）表演新剧，（7）种痘等。大都忠实努力，有益乡民，颇博得社会人士之好评。

四　猪种改良

本县现有纯种波支公猪五头，母猪生育成绩欠佳。公猪交配，尚称发达，统计全年交配数二八八次，产混合种小猪一千五百九十四头，大都生长迅速，体格魁梧。售价比本地猪几高一倍，往往小猪未产，即有人预购，亦可见农民欢迎之一斑。惟因经济所限，不能大批准备波支公猪，供不应求，实为抱憾。

五　美棉推广

本会于本年春季，自山东乡村建设研究院购"脱里斯美棉"棉籽二千七百余斤，分发各同学会试种，除一小部分被雹砸毁外，多数生长情形尚佳，现虽收获未完，预占每亩平均约可收籽棉百五十斤左右，一般棉户，均喜形于色，皆谓种棉比种其他农作物获利独厚，预测来年当更易推广也。

六　民校管训及教材教法之实验

本会为经费及人才所限，未能作大规模有系统之各种实验，只在人、财许可范围斟酌各乡实际情形，作下列数点简单之实验。

（子）管理训练之实验——（1）在县立妇女民校中，作公民具体标准训练。分为四个月，每月计得训练条文二十条，共八十条。（条文从略）完全根据学生所发现之缺点及其需要而定。每周公布五条，切实执行，比空洞的训育信条及理想的管理方法，收效较大。（2）在各乡男民校中，组织自治村，采乡长副间邻长制，层层约束，纪律极严。昔日之退学、凌乱、粗暴等现象，均逐渐消除矣。

（丑）书法作法之实验——一般民校因时间所限，对书法，作法，多付阙如，本县本年有一部分妇女民校，对此二科，会作大胆地实验。书法教材，系用已读农民千字课之各科生字，由第三学月起，逐日写毛笔字一页，毕业后成绩尚佳。作法亦由第三月起，以日记为主要题材，每日必记，毕业后，居然有一部分学生，能写出二三百字之通顺日记，骤视之，几疑系初级三四年级之优秀学生所为也！

七　师资之训练

本县男民校，多由小学教员兼任，因其已有相当教学经验，且人数太多，训练困难，故只作分区开会式的短期的讨论研究。至妇女民校师资，则甚缺乏。上年暑季虽已有县政府主办之民教传习所妇女班毕业生三十八人，但仍感不足，本年乃复续办第二班。现正在肄业期间，训练期为三个月，学生四十六人。约计前后两班，总可敷本年度妇女民校师资之用矣！

省立实验乡村民众教育馆一年来工作报告

- 一　引言
- 二　过去工作
  - 甲　划定实验区
  - 乙　提倡合作社
  - 丙　农业推广
  - 丁　教育事业
  - 戊　乡村卫生
  - 己　社会调查
  - 庚　乡村自卫

一　引言

民国十七年，北平大学区扩充教育处计划举办河北省民众教育馆，以为实施民众教育的中心，本馆之设立，即滥觞于此时。初拟设于北平西山之温泉村，嗣以该处毗连故都，不适于乡村的实验，遂设置于平津间之黄村，民国十九年二月十四日正式成立。越一年，又因黄村环境欠佳，复移设于今之杨村，于兹盖五年矣。

杨村位于北宁线平津段，隶属武清县，距天津仅六十余里。北运河纵贯南北，在铁路未兴筑以前，船舶往来，商贾辐辏，为北运河的重镇，其故风遗俗，迄今犹未尽泯。今者平津汽车道斜穿东西，水陆交通，益称便利。本村居民约一千七百余户，多为小自耕农及小商人，因接近津郊，受都市之浸染太深，已渐失去纯粹乡村的风味矣。杨村地处要卫，自庚子以后，即为兵家必争之地，又以距天津及"战区"过近，帝国主义者的政治的、经济的侵略直接影响甚大，民教工作，颇难获得奇效。惟附近村庄，概以农业为主要生产，居民淳朴，习尚极佳，颇能保持纯农村之状态，乡建工作，较易普施。

二 过去工作

本馆移设杨村，五年间六易馆长，人事变迁，如此频繁，工作实施，自难见效。二十三年十月，奉命改组以后，用人尽征专才，工作务求实际，于是乃能走入新的途径。今兹报告，系去年十月以后的工作实况，谨分述如下：

甲 划定实验区

1. 基本实验区，凡各种基本工作，必须事先实验，然后方能推行者，均先在本区内从事实验，此种实验区之择定，须具备下列各项条件：a 人口 人口较稠密；b 土地 土地平坦，土质肥沃；c 地方 地方面积，在半日以内可以往返，交通较为便利；d 经济状况 有供养人民之可能；e 人物 地方有中心人物，可以合作进行。根据以上条件，决将杨村等六主村及徐官屯等十副村为本馆基本实验区。

2. 扩大实施区，凡经实验已有成效之工作，或不须经过实验，而径能广为推行之工作，即尽量在本区内从事推行，期以同样的经济人才，而收较大的效果。在本年度内，以武清县第六治区之朱马头等十三主村，及北掘河等十九副村，共三十二村，为本馆扩大实施区，而各种工作之推行，拟与武清县教育局合作办理。

乙 提倡合作社

合作社为民众经济复苏的最要方法，本馆实验区内各村，原有"互助社"之组织，系"战区救济委员会"所举办。嗣后该会改组为"华北农业合作事业委员会"，原有"互助社"，须一律改为信用合作社，本馆乘此时机，即着手提倡，广为指导，颇得民众信仰，计先后成立之合作社凡十五处。（连消费合作社一处共十六处）

丙　农业推广

1. 试验美国脱字棉，本馆现有农事试验场一处，利用一部使试验脱字棉，其情形如下：

美国脱字棉

　　土壤　壤土稍含碱性　施肥种类　马粪

　　播种面积　三亩五分　施肥日期　四月十八日

　　播种期　四月二十日　发芽期　五月一日

　　播种方法　条播　发芽期　百分之八十强

　　播种量　二十八斤　生长状况　棉铃硕大，织维甚长，产量亦较本地棉为多

　　播种深度　二寸五分　病虫害　开花前曾发芽虫一次，旋因天气骤变故芽虫即行消灭

　　行间距离　二尺五寸　收获量　籽棉三百四十斤

　　株间距离　二尺五寸　备考　明年春间即拟推广于表证农家

2. 本馆农场与燕大作物改良试验场合作社表证谷种本馆农场，今年与燕大作物改良试验场合作，表证试验谷种，该场试验谷种有年，其成效卓著者为22、351、811、812、815，及绳头紧六种，以此六种优良品种，在本馆农场试验表证，其风土适宜，产量增加，抵抗力强者留之，以便将来推广于各村表证农家。（现谷已收割，惟尚未统计。）

3. 短期生计训练学校，本馆以生计教育为工作之重心，故生计训练认为必要。二十二年秋后农闲时，在本馆实验区下朱庄村试办短期生计训练学校，计入学农民二十六人，均系成年粗通文字者，训练二星期，结果颇为良好。所授课程，如农村合作、农业常识、公民训练、农民自卫等，亦切合农民需要。于二十三年秋后，又在黄庄村举办一期，农民亟感需要与兴趣。本年冬季更拟继续举行。

4. 农产展览会，本馆为改良农业，增加生产，引起农民自动研究起见，于每年十月，举办农产展览会一次，计二十一年举办第一届，二十二年为第二届，二十三年为第三届，至第四届农产展览会，现正在筹备中。已往经过，结果尚佳，四乡农民，投送农产品，参加比赛者，颇为踊跃。届时由本馆聘请各农事机关，莅会参加指导，并任讲演评判诸工作。成绩

优良者，由本馆酌给奖励，以示鼓励。

丁　教育事业

A. 教学

1. 短期小学现有四班，学生七十人；2. 青年班现有一班，学生二十人；3. 特约民校在实验区各村，计四班，学生九十余人；4. 毕业同学会现有男女毕业同学约四十人，各组有同学会，与本馆仍保持密切联络，并随时协助本馆工作之进行。

B. 巡回文库，现有八库，在本实验区内按期巡回。

戊　乡村卫生

乡村卫生建设，为民教事业的重要工作，兹将年来之工作，略述如下：

（1）保健所本馆设有保健所，设医士一人，助手一人，专司治疗、防疫、种痘等工作。

（2）乡民体育指导——国术会乡村卫生建设，除治疗疾病、训练人才以外，提倡乡民体育，尤为重要，本馆提倡体育有下列各原则：（一）求其普及；（二）求其简便；（三）适合民众经济状况。因此，认一切球类田径比赛等，过于欧化，绝不适于农村需要，而固有体育——国术——为普及乡民体育之最好方法，乃拟定国术会组织简章，积极指导组织，计先后成立国术会凡三处，于本年五月间，举行检阅，成绩甚佳。

己　社会调查

社会调查为民教工作的基础，本馆有鉴于此，特组织"社会调查委员会"，以责专成惟因人力财力之不敷，及时间之短促，未能举行精确调查，兹将已有调查分述于下：

一、实验区四十村概况调查

本馆去岁十月，划杨村及附近各村共四十村为实验区，推行各项工作之场所。故先调查各村概况，以作依据，于五月间调查完竣，现已整理就绪，尚未发表。

二、杨村糕干工业调查　糕干为杨村特产，全国驰名，凡往来平津道上者，均能知之。本馆特举行精确调查，以便研究改进。现已整理就绪，拟刊印单行本，以广流传。

三、民间娱乐调查　废历新年，各项民间娱乐，在社会教育上，颇具重大意义，本馆乘杨村高跷会太平车会等出演之际，举行详确调查，如各项娱乐起源，表演方法，观众心理与社会影响等，以供实施休乐教育之参考。

庚　乡村自卫

"安定乡村"为民教工作的先决条件；在此盗匪如毛的社会中，一切民教事业，殊难着力。杨村一带，自河北事变后，驻军他调，防务空虚，又值青纱帐起，伏莽潜滋，抢劫之事，时有所闻。故本馆劝导乡民，合力自卫，以为自卫卫人之计，现已组织成者：

（一）杨村自卫团八月九日正式成立，团丁三十余人，漏夜巡逻，人心稍安。

（二）柳河等村联合自卫单一村庄之自卫，仍不足以寒盗匪之胆，本馆现以办理国术会成绩最佳之柳河村为中心，联合辛庄、大小王庄、大小高庄、及下朱庄等七村，组织联合自卫团，于八月十二日正式成立，守望相助，匪患已杀。

河北省

华北农业合作事业委员会二十三年度工作报告

- 一　引言
- 二　设会之经过
- 三　成立委员会
- 四　设立办事处
- 五　复查互助社
- 六　举行传习会
- 七　收还农赈款
- 八　改组互助社
- 九　互助社加借
- 十　互助社续借
- 十一　察哈尔农贷
- 十二　提倡合作社
- 十三　植棉之提倡
- 十四　泉苗之开凿

一　引言

本会承农赈之后，成立以来，倏已一年。工作方面属于前办农赈者，为（一）收还贷款；（二）复查互助社。属于合作者，为（1）办理第一届合作传习会；（2）指导互助社改组合作社，借给合贷；（3）互助社之未达改组程度者，续借农贷；（4）在经济困难之区域，择要办理劝农贷款，组织互助社，为办理合作之初步；（5）指导成立新合作社；（6）提倡植棉。

以上各项工作，本系兼筹并顾，同时迈进，至本年六月初，以头绪过繁，内外勤同仁，虽终日劳碌，疲于奔命，仍有顾此失彼之苦，故特规定除康保宝昌两县之劝农贷款，仍照原定计划完成外，所有组织新互助社及指导新合作社两项工作，暂停进行，以期集中力量于改组、续借及植棉三项。关于工作效率之计算，本会于本年度开始时（二十三年七月二十三日），即制定图线表，催收农赈款，占全部工作百分之四十，以收还赈款一、一九〇、〇〇〇元为目标。成立合作社，占全部工作百分之四十，以成立二六六〇社为目标（新组织之互助社亦以合作社计算）。放款占全部工作百分之二十，以放出八〇〇、〇〇〇元为目标。至本年六月三十日为止，工作效率合计完成百分之七九·六一，经费共支五九、二〇五·一八元，占全年预算百分之八二·二三，均系由合作底款息金项下开支，与当时设会提案所拟原则第五条及华北农业合作事业实施原则第十二条规定各节，尚属相符。兹将本会成立经过，及各项工作报告如下：（表列数字，均以结至本年六月三十日为准。）

二　设会之经过

民国二十二年春，热河事起，战事沿长城而波及冀察两省三十余县，人民受灾极重，政府成立华北战区救济委员会，内设农赈组。在被灾各县，组织互助社，贷放资金，协助农民，恢复农事。迨次年三月，该组张委员志潭、周委员作民、张委员伯苓以农赈工作不久告竣，农赈为合作之初步，乃提议于农赈结束后，设立华北农业合作事业委员会，为永久机关，办理保管收还之农赈款项；及依据合作社法，继续筹办华北合作事业，并拟定原则五则，及华北农业合作事业委员会章程十四条。二十三年三月三十一日原案经华北战区救济委员会通过，四月十二日复经行政院驻平政务整理委员会批准后，至七月二十三日农赈结束，本会于焉成立。

三　成立委员会

本会委员会照章以九人组织之，由行政院驻平政务整理委员会聘任蒋萝麟、周诒春、张伯苓、秦德纯、陶孟和、史靖寰、周作民、夏清贻、章元善为委员。二十三年七月二十三日举行成立会，公推张委员伯苓为委员会主席，章委员元善为办事处主任，并依照章程用抽签法规定委员任期。所有本会工作方针及各项计划，均经委员会议决，呈请政整会备案，本年度内共计开会三次。

四　设立办事处

本会成立后，即在北平东城西堂子胡同十八号前农赈组办事处旧址设立办事处，开始办公。并拟定办事处组织细则，分设总务、视察、贷放、通惠四股。（通惠股因一时尚无成立必要，暂未设立）总务股下设文书、庶务、会计三课，嗣因工作繁重，视察贷放两股，均有分课办事之必要，故将组织细则加以修正。视察股于二十三年九月间分设审核、指导、登记三课，贷放股于二十四年四月底分设簿记、计核、出纳三课。外勤方面则采用分区制度，划全部工作区域为五大区，每区设视察员一人，调查员八九人至十数人不等。二十四年三月间第一届合作传习会既毕，开始指导各社改组，工作顿形紧张。视察股为保持全部工作均衡发展，并促进事工之效能起见，又设巡回视察员数人，轮流赴各区视察。一年来本会工作人员，虽依事工之进展，日渐增加，内部各股合室办公，增进工作效力不少。

本处除工作人员外，特设见习员以为培养合作人才之预备，初中毕业者，其见习期为六个月，高中以上毕业者三个月，期满后择优录用。各方来会请求见习者，极为踊跃，惜以限于定额，未能悉数招致。

办事处主任一职，委员会议推章委员元善担任，惟章委员原供职于中国华洋义赈救灾总会，乃于二十三年九月二十四日向该会函商借调，旋准该会复函允许以一部分时间兼办本会事务。其余工作人员，多系旧员，驾轻就熟，收效良多。迄二十四年六月三十日止，本处共有职员一百十五人，计外勤六十一人，内勤五十四人，又见习员九人。

五　复查互助社

互助社借到农赈后，是否公平分配，职员是否尽职，有无垄断社务行为，社员有无顶名冒借及以一人而入数社情事，均待复查。当农赈结束时，其已复查者为宣化、怀来、涿鹿；乐亭、抚宁、宁河、密云、怀柔、临榆等九县，计一四九九社，其余二十四县共二三〇五社未及办理。本会以复查工作关系极为重要，乃决定继续完成，并定于一个月内查竣。二十三年九月十七日征调前农赈外勤人员王同文等二十二人来会，旋又托华洋义赈会由河北省合作社中代为征调有经验之人员九人，经视察股加以训练后，于十月十一日由各视察员率领分区进行。除玉田一县计五十七社，因当时地方治安尚未恢复，未能前往外，其余二十三县共二二四八社，于二十四年一月二十日悉数查竣。此次复查工作，未能按照预定日期完成者，乃因于复查期内，曾抽调一部人员兼办第一期合作传习会故也。

六　举行传习会

合作运动应由农民自动发起，故首应使农民明了合作之意义，及其切身之需要。本会成立后，即筹备第一期合作传习会，分组举行。凡属互助社，皆可派代表到会听讲，培植合作事务人才，以期各县原有之互助社，均可渐次改组为合作社。预定在河北省举办二十九组，察哈尔省十二组，择交通便利之地点为会址。自二十三年十一月一日开始，至二十四年三月底办竣，经费预算为二千四百元。

在开会前先藉华北合作月刊，宣传举办合作传习会之意义，并通告各社，凡愿参加者，应先报名，经审核合格，发给许可证，规定日期及地点，嘱其按时到会听讲。同时派外勤人员分赴各组预定地点，接洽会址，并视察当地情形，酌定开会日期。报名日期原定二十三年十月三十日截止，嗣以各社未能按期完成报名手续者尚伙，复经展期半个月，至十一月十五日止，总计报名者三六八三人，代表二〇三五社。

冀察两省原定共举办四十一组，嗣以宣化地方鸡鸣驿一组报名人数太少，玉田一组因地方不靖，均行停办。又张北及苏县两县，地面辽阔，距县城较远之各社，到会听讲极为不便，故又加办大西湾子及下营两组。每组开会，筹备员于前二日到达，布置会场，及接洽听讲员宿膳地点，并函请当地各机关派员参加。届期听讲员到齐后，即按预定课程表集会授课。课程计有合作大意、章则、组织程序、簿记、表格等。会期为二日一组办竣，筹备员再向他地推进，筹备一切。迄二十四年三月底止，全部办竣。总计与会之正式听讲员三一二二人，代表一九一七社，旁听者七七七人，代表二一二社。总计听讲人数三八九九人，代表二一二九社，实支经费一、一八一·五四元。

此次集会时期，正值严冬，气候既寒，各地治安，尤多不靖，但听讲人员仍能不避艰险，按时到会，实属难得。虽大部分到会人员知识较低，对讲授各课未能完全了解，但经此次传习训练后，对合作事业之信仰，确益加深，日后互助社之能迅速自动改组者，实由此也。

七　收还农赈款

前农赈组向互助社之放款总额为一、四三四、五三〇元，预计本年度可收还一百十九万余元。至二十三年十月，各社借款，陆续到期，还款者甚为踊跃。旋据报告，农民实际无力还款，惟为顾全信用，不惜典卖田地，及以农赈款买来之牲畜农具，勉强凑款归还。本会深恐人民不明政府举办农赈救济农村之至意，特分令外勤人员，转告各社，还款须视能力，不可典卖田地牲畜，只图偿债，不问农事；如还款到期，而实无力偿还者，应先来函报告，听候查明，酌量展期。虽一再通告，而二月以前实际收还之款额，仍往往超出到期额数千元至数万元不等。结至本年六月三十日止，计共收回贷款八七一、七一九元二六，（内有前农赈组经收者计一、四三四元）占到期款百分之七三强，申请展期业经核准者共九七五社，计二六六、一七一·四二元，占贷款总额百分之二二，两共一、一三七、八九〇元，占到期额百分之九六弱。

每年五六两月间为农民需款最急之时，本会为体恤农艰起见，于三月一日通告河北省各社，凡原定本年五月一日至六月三十日期内到期之借款，均予展至七月十五日还款。又按照农赈贷款之规定，借款展期至多不得逾六个月，而察省去年秋收甚薄，受灾奇重，又以气候关系，年仅一熟，一遇灾歉，筹措乏术，故凡察省请求展期一年之各社，经本会派员调查，证明确有困难后，亦均予照准。

乡间金融枯涩，周转困难，察省各县，交通梗塞，汇拨尤感不便。本会为便利各社还款计，曾与中国交通两行，及河北省银行，商定由各该行在各处所设之支行及代理处等，分别代收各社还款，便利殊多。本处外勤各区办事处，亦照收还款。兹将各县收还之农贷细数列表如次：

县别	原借额	已还额	结欠额
丰顺	元 七五，一四二·〇〇	元 六二，三一八·〇〇	元 一二，八二四·〇〇
涞县	八二，六〇四·〇〇	六二，六二九·六〇	一九，九七四·四〇
乐亭	六，四七八·〇〇	四，五四三·二三	一，九三四·七七
昌黎	一一，九〇八·〇〇	九，九九一·〇〇	一，九一七·〇〇
卢龙	一一，八〇五·〇〇	六，九九二·〇〇	四，八一三·〇〇
遵化	一二一，四七二·〇〇	一〇五，五三八·〇六	一五，九三三·九四
兴隆	五，七三二·〇〇	四，五五一·四九	一，一八〇·五一
宁河	三二，三八二·〇〇	三二，三七二·〇〇	一〇·〇〇
玉田	一，一〇〇·〇〇	一，一〇〇·〇〇	—
迁安	九五，九三〇·〇〇	七〇，五六八·二六	二五，三六一·七四
蓟县	八七，〇一八·〇〇	四二，九九〇·五〇	四四，〇二七·五〇
平谷	一六，〇三三·〇〇	一三，八一七·〇〇	二，二一六·〇〇
宝坻	七，〇七二·〇〇	一，九六九·〇〇	五，一〇三·〇〇
密云	一一六，六四四·〇〇	八三，一六五·六五	二三，四七八·三五
怀柔	二六，五九五·〇〇	二四，六三九·四〇	一，九五五·六〇
顺义	二二，四七六·〇〇	二一，六二六·〇〇	八五〇·〇〇
昌平	一七，三一七·〇〇	一六，六二七·〇〇	六九〇·〇〇

续表

县别	原借额	已还额	结欠额
通县	五一，九五〇·〇〇	四五，九二二·〇五	六，〇二七·九五
三河	一六，四五六·〇〇	一五，二〇九·〇〇	一，二四七·〇〇
武清	二四，三一三·四二	二〇，三三八·五二	三，九十四·九〇
香河	八，九九六·〇〇	八，〇一六·〇〇	九八〇·〇〇
安次	一，九六〇·〇〇	一，九六〇·〇〇	
抚宁	一一六，一二六·四五	五四，三八三·五七	六一，七四二·八八
临榆	三二，四二〇·〇〇	一〇，七七六·九〇	二一，六四三·一〇
宣化	四六，六五七·〇〇	四二，〇〇五·〇二	四，六五一·九八
怀来	一四，三七一·〇〇	一三，四四二·〇〇	九二九·〇〇
涿鹿	二，九〇八·〇〇	二，九〇八·〇〇	—
延庆	四九，五七一·〇〇	四四，六二三·二〇	四，九四七·八〇
沽源	一七，二九三·〇〇	二，一三〇·四四	一五，一六二·五六
赤城	三六，五一四·〇〇	一七，八八四·九四	一八，六二九·〇六
龙关	一〇，一七〇·〇〇	九，七四四·二四	四二五·七六
张北	一七，四八一·〇〇	一三，六一二·一九	三，八六八·八一
商都	六，二五〇·〇〇	一，八九一·〇〇	四，三五九·〇〇
三十三县	元 一，一九一，一四四·八七	元 八七〇，二八五·二六	元 *三二〇，八五九·六一

＊内有已核准展期者二六六，一七一·四二元

八　改组互助社

推导互助社改组合作社，为本会本年度预定重要之工作。各地互助社代表，自参加合作传习会后，回社将合作社之意义及利益，以及经营之手续，向社员宣讲，皆愿即时改组，纷纷来函请求。本会鉴于各社期望之殷，除一面办理合作传习会外，一面即在已办之各区，着手指导改组事宜，选择合乎本会处理互助社及劝农贷款暂行办法第五六两条之规定者，列单分别派员前往指导改组。调查员到达一社时，首先调查社内有无纠纷，职员是否热心，社务是否发达，如认为合于改组者，即协助其召开成立大会，选举职员，通过社章，并发给承认请愿书，嘱其依式填写寄会；同时并发给向县政府登记所用之呈文格式等，办理登记手续，俾取得法人之地位。乡间民智落后，互助社社员中能通文义者甚少，除合作社应用之各种表格账簿，已于传习会开会时逐一详细解释外，其他如向县政府办理登记时之呈文及章程等，亦均由本会印就空白格式，以便填写。

按照本会贷放细则，凡互助社改组合作社，须俟本会承认后始能借款。本会派员赴各地指导改组时，正值春耕时节，农人需款至多且切，本会曾历次通告外勤同仁，积极办理贷款，以济农需。本会一经收到各社寄来之承认请愿书，如审核合格，即发给承认证书及长形社戳，由调查员送交，同时即指导办理借款事宜，在手续上多方改善，惟求其简单而有实效。

合作社成立，照实业部所颁行之合作社暂行规程，首须向县府呈请设立许可，经批准后，再为成立之登记。互助社系经前农赈组指导成立，实为合作社之初步，当经本会商准河北省政府建设厅，互助社改组合作社时，免去呈请设立许可之手续，迳向县政府呈请成立登记。又察哈尔省政府民政厅为便利合作社登记起见，特将登记手续委托本会代办，由本会拟定办法七条，函送察省民政厅，提出第三一八次省府会议通过施行。互助社改组者，得迳行向本会呈请为成立之登记，如经审核合格，发给登记证。截至本年六月三十日止，河北省互助社改组合作社共八二一社，业经本会审核合格承认者，共四八六社；察省改组者四三八社，已发登记证者一二四社；两省合作贷款已核准者共三〇七，〇三五元兹列表如后：

推导互助社改组合作社

县别	社员 原有	社员 改组	社员 承认	社员数 原有	社员数 改组	社员数 承认	核准合贷
遵化	三一四	六〇	五〇	一五,九三九	三,六一五	二,七四六	元 *二三,八五〇·〇〇
迁安	三三八	一〇二	四六	一三,三七四	三,六六三	一,六八九	一九,五三五·〇〇
密云	二四四	六四	四七	一四,五〇五	三,三三七	二,三七五	二九,一三〇·〇〇
蓟县	二五三	六五	三八	一一,五五七	二,四四九	一,四八二	一八,一一五·〇〇
平谷	四一	—	—	一,七三一	—	—	—
涞县	二三一	七八	三五	一〇,三四九	三,二三三	一,七〇三	一七,八三五·〇〇
昌黎	七八	二二	一三	二,一九六	七一五	四一六	三,六〇〇·〇〇
卢龙	一三四	四〇	一二	五,四三七	一,七九四	五二四	五,八四〇·〇〇
抚宁	二二四	五三	二三	一二,一三二	二,七四八	一,〇八五	一六,〇四〇·〇〇
临榆	一〇七	二三	一四	四,七八一	一,二一一	六六一	一三,三〇五·〇〇

续表

县别	社员			社员数			核准合贷
	原有	改组	承认	原有	改组	承认	
武清	九九	三〇	一八	四,一七八	一,一〇三	六四五	六,七六五·〇〇
丰润	一九三	四五	四一	九,〇五五	二,一六六	一,九七〇	三八,九七〇·〇〇
怀柔	五九	三八	三一	四,一九〇	二,七一七	二,二五七	一二,三八〇·〇〇
通县	一五四	七〇	三八	七,七八一	三,二〇二	一,八八九	一九,〇八〇·〇〇
宁河	九九	三二	二五	六,三六六	二,五九六	二,三〇五	一八,七九〇·〇〇
玉田	五八	—	—	二,一三三	—	—	—
三河	五〇	三八	一九	二,二二九	一,七二二	八二五	七,九六五·〇〇
宝坻	八一	七	二	四,七一七	五〇四	九一	九四〇·〇〇
顺义	六八	二五	二二	二,九〇五	一,〇三七	八九七	六,六〇〇·〇〇
昌平	六一	五	五	二,七六五	三五〇	三五〇	八一五·〇〇

续表

县别	社员 原有	社员 改组	社员 承认	社员数 原有	社员数 改组	社员数 承认	核准合贷
香河	三四	三	三	一，三八八	六八	六八	一，八七〇·〇〇
安次	六	二	二	五五一	二一六	二一六	—
乐亭	四九	一八	二	一，九四三	六五四	七八	五二五·〇〇
兴隆	一三	一	一	一，四八八	一二七	—	—
宣化	一四二	六四	二一	六，五一一	三，九三四	一，四七九	八，六九五·〇〇
怀来	五五	二九	一三	一，四九三	八〇一	三八九	四，九二五·〇〇
延庆	一二六	七三	一三	五，四六〇	二，七二九	五三三	七，〇〇〇·〇〇
沽源	一一〇	三四	一	四，七二八	一，三八〇	一七	四〇〇·〇〇
赤城	一五四	五六	二六	九，二七六	四，一九一	二，一四八	八，一九五·〇〇
龙关	六〇	四七	三八	二，七一八	二，〇六〇	一，七二二	一二，六四〇·〇〇

续表

县别	社员 原有	社员 改组	社员 承认	社员数 原有	社员数 改组	社员数 承认	核准合贷
商都	四七	四四	—	二,五〇七	二,三七二	—	—
涿鹿	八	—	—	二八五	—	—	—
张北	八二	六一	一一	二,二四三	一,八五〇	二二七	二,七六〇·〇〇
崇礼	三二	三〇	一	一,五三六	一,四五〇	二五	四七〇·〇〇
三十四县	三·八〇四	一,二五九	六一〇	一八〇,四五七	五九,八九四	三〇,八一二	元 三〇七,〇三五·〇〇

＊内有凿泉贷款二四〇元

九　互助社加借

在农赈组开始指导组织互助社之时，农民不悉农赈办法，每多怀疑，观望不前，嗣见各社得到实惠，纷纷请求入社，惟恐落后。惟当时因限于时间人力，不能充量贷款协助。本会成立，将合作意义，普遍宣传后，请求入社者益见增多，来函请求加借款项。本会对于一时不能改组之各社，如新社员入社合于规定，即予登记，发给借款证书，按放款手续，办理加借，应接不暇。至二十四年六月十日，因拟利用夏季农忙时间，将外勤人员调处训练，此项工作暂告停止。本年度各县增加之社员及加借款额如下：

县别	社数	新加社员数	核准放款额
遵化	二	一〇	元 一，〇五〇·〇〇
宣化	三	七二	二，一六五·〇〇
迁安	一四	八五	四，〇二〇·〇〇
密云	一	二一	一，一六〇·〇〇
蓟县	七	九八	二，三七五·〇〇
怀来	二	二三	六二五·〇〇
延庆	三	三七	一，〇四〇·〇〇
涞县	四	一八二	二，六八五·〇〇
卢龙	三	五九	一，三九五·〇〇
武清	二	四九	九三〇·〇〇
沽源	六	二九	一，二一〇·〇〇
赤城	五	一〇	一，〇二〇·〇〇
丰润	一	三	七一五·〇〇
宁河	五	四五	一，九二五·〇〇
宝坻	七	一三一	四，三〇〇·〇〇
顺义	一	二〇	四〇〇·〇〇
张北	三八	六〇七	一三，四二〇·〇〇
崇礼	六	一二一	二，七九〇·〇〇
十八县	一一〇	一，六〇二	元 四三，二二五·〇〇

十　互助社续借

战区各县，受灾綦重，农赈时期因财力有限，所贷款项未能满足各社之需要，去岁又遭遇水旱等灾，收获减少，生活仍属困难，此等互助社借款，既未清还，照章不能改组，惟需款良切，本会派员调查，如属实在，即续贷款项，以资救济。此项工作，亦于六月十日暂停，各县互助社续借款额如下：

县别	原借	已还	社数	核准款额
迁安	元 六八〇·〇〇	元 三〇一·〇〇	二	元 五八〇·〇〇
昌黎	二七〇·〇〇	一二〇·〇〇	一	二四〇·〇〇
丰润	三四四·〇〇	三四四·〇〇	一	四一〇·〇〇
宣化	三五七·〇〇	三五七·〇〇	一	一五〇·〇〇
沽源	四五〇·〇〇	—	一	一九〇·〇〇
赤城	三二〇·〇〇	一六〇·〇〇	一	二五〇·〇〇
张北	一，二一〇·〇〇	七四四·八五	五	一，一七〇·〇〇
七县	三，六三一·〇〇	二，〇二六·八五	一二	元 二，九九〇·〇〇

十一　察哈尔农贷

前农赈区域，冀察两省计共三十三县，成立互助社三千八百余处，未组社之村庄尚多。本会乃在经济困难、有合作需要、而未曾组织互助社之村庄，仿照农赈办法，办理劝农贷款，指导农民组织互助社。

察省前办农赈之县份，为宣化、怀来等九县，当时康保、宝昌两县，虽属农赈区域，惟因地方治安未全恢复，且僻处边境，交通不便，因之不及派员前往举办。去岁察省秋收歉薄，受灾奇重，农事极难恢复。本会于三月间，派员前往康宝两县，办理劝农贷款，每县以四万元为度。现康保之工作已告完竣，宝昌之工作，亦大部告竣。本年度各县成立之新互助社及贷款数目如下：

县别	社数	社员数	核准款额
涞县	一	六一	元 五九〇·〇〇
昌黎	一	二〇	二九五·〇〇
卢龙	一四	六八二	六，二六五·〇〇
临榆	七	三七八	三，七九五·〇〇
沽源	一九	九二七	八，一八〇·〇〇
赤城	二	六一	六一〇·〇〇
龙关	七	二七八	二，七四〇·〇〇
玉田	一五	五九六	六，〇七〇·〇〇
宝坻	八	三六七	三，二〇〇·〇〇
兴隆	一	一七	一五〇·〇〇

续表

县别	社数	社员数	核准款额
商都	一三	四八七	四,八七〇·〇〇
张北	一一一	三,〇九九	二九,四〇〇·〇〇
康保	五四	二,七八五	二一,七五〇·〇〇
宝昌	八六	三,五四八	二六,二〇〇·〇〇
十四县	三三九	一三,三〇六	元 一一四,一一五·〇〇

十二　提倡合作社

冀察两省自本会办理农赈及提倡合作事业以来，合作空气顿形浓厚，不但互助社对合作办法能热心研究，各处农民亦多向本会函索刊物，或托购合作书籍，自动进行，函请本会派员指导组织合作社者极多。本会接到此种请求，凡在工作区域以内者，即发给本会丛刊、信用合作社是什么及组织信用合作社的步骤各一本，嘱其参照进行，向当地县政府办理登记手续，一俟登记完成，再由本会派员调查，发给承认请愿书，及社员一览表，以便承认。迄六月四日此项工作告一段落，此种自动组织之合作社，计有运销、生产、消费等种。惟本会以运销合作社等业务，较为复杂，办理伊始，不易收效，故均嘱其先由信用合作社入手，俟业务发达，社员对于办理合作较有经验，再行兼营。各县成立之新合作社数列表如下：

县别	社数 成立	社数 承认	社员数 成立	社员数 承认	核准合贷
遵化	一一	一	四〇九	—	—
迁安	一一	一	三五一	—	—

续表

县别	社数 成立	社数 承认	社员数 成立	社员数 承认	核准合贷
密云	四	一	七五	一	一
蓟县	三	一	六九	一	一元
卢龙	一	一	二七	二七	五〇〇·〇〇
抚宁	二	二	一一四	一一四	二,三五〇·〇〇
临榆	三	二	二七九	一〇七	一
武清	一六	一〇	五二〇	三四四	二,〇二〇·〇〇
丰润	一	一	一六	一	一
怀柔	一	一	二五	二五	四五〇·〇〇
通县	五	一	八八	一九	二三〇·〇〇
宁河	四	一	一三九	一	一
三河	一	一	一八	一	一
宝坻	四	一	一八九	一	一
顺义	五	二	一一八	三七	五五〇·〇〇

续表

县别	社数		社员数		核准合贷
	成立	承认	承认	成立	
昌平	一	一	一四	一四	—
兴隆	五	一	三六三	三二	—
昌黎	二	一	四四	一二	二一〇·〇〇
怀来	三	一	六五	—	—
延庆	七	一	一六五	三八	—
赤城	一	一	一三	—	—
商都	一	一	三二	三二	五六〇·〇〇
二十二县	九二	二四	三,一三三	八〇一	元 六,八七〇·〇〇

十三　植棉之提倡

本会为增加农民生产，改善农村经济起见，特于三月间择定土壤适宜，交通便利之通县、三河、香河、昌平、顺义、武清、安次、宁河、丰润、涿县、昌黎、抚宁等十二县，提倡植棉。事前派调查员分赴各社，宣传植棉利益，及本会协助办法，并调查各社需用棉籽数量，填写调查表。一面函请河北省棉产改进所代购美棉棉籽四千担，以备分发各社应用。嗣因时间匆促，原定数额，一时不能全部搜集，计先后购到一,〇三六担四六，本会深恐贻误农时，于四月十日函告植棉各社，如于四月十八日前不能得到本会棉籽，应即在当地购买棉籽，及时下种，或迳改种其他作物，免误农时。迨四月中旬，本会所购到之棉籽均已分批运到各县，转发各社应用，各社领到棉籽，均折合现金，填具收据，俟秋收后免利归还。

棉苗出齐后，本会即指导植棉各社，办理植棉贷款，俾可购买肥料，雇用人工。本会备妥棉苗亩数产量调查表一种，发给各社，嘱其将植棉亩数，生长情形，以及收花之估计额数，自行填妥，俟调查员到社查明棉苗实在情形，如适合植棉贷款标准，即办理贷款。

本会对于棉花之播种耕锄以及防止病虫害等事，曾请有经验之人员，负责指导，除于散放棉籽，或到社调查办理贷款时，相机指导外，并刊印棉花怎么种及棉花的种法两种丛刊，发寄植棉各社，供作参考。

预计八月间即届收花时期，本会已拟定计划，协助各社办理收花、轧花、打包、保险、运销等事，本年底当可全部办竣。兹将各县植棉亩数及所放款额列表如下：

县别	社数	户数	棉田亩数	贷放棉籽数量	核准贷款额
涿县	四七	一，一一二	四，五一一·五	担 二九九·四四	元 一三，一二〇·〇〇
昌黎	一四	二二六	一，一七九·五	四七·〇一	三，三九五·〇〇
抚宁	二四	八二四	四，六六〇·〇	一四四·三五	一〇，九四〇·〇〇
丰润	二八	一，四六二	一三，五〇九·五	二二三·六九	二七，〇六〇·〇〇
宁河	三	一九五	八三四·五	九六·一六	二，〇〇〇·〇〇
通县	一二	一五九	六六一·〇	七〇·六六	一，四三〇·〇〇
顺义	一二	一一九	二三〇·五	三四·八七	八二五·〇〇

续表

县别	社数	户数	棉田亩数	贷放棉籽数量	核准贷款额
昌平	三	四三	七八·〇	三九·四〇	二七五·〇〇
武清	四二	一,四〇八	一五,八三〇·五	八〇·八八	二六,五二〇·〇〇
三河	一〇	一六三	六六八·〇	—	二,五〇〇·〇〇
安次	二	六九	二一一·〇	—	六八〇·〇〇
十一县	一九七	五,七八〇	四二,三七四·〇	*担 一,〇三六·四六	元 八八,七四五·〇〇

*共折价六,二七八·九六元

十四　泉苗之开凿

凿泉可防旱灾，增加农产，本会于一月间即拟定提倡凿泉贷款实施办法，应用合作原则，指导各社兴办凿泉事宜，先由试办入手。暂定冀省沿长城一带之遵化、密云、顺义、昌平、蓟县、平谷、迁安、丰润、怀柔等九县为试办区。并向察省凿泉传习所调用技术人员二人，分往各县宣传凿泉利益，及寻找泉苗方法。发现泉苗之后，即先行试凿，俟确有把握之后，再行拟具计划，由本会贷与必需款项，监督兴工。数月来，所发现之泉苗甚多，惟试凿后，水量充足者殊属罕见，故仅在遵化石门镇及南阁老湾村，凿泉二眼，此项工作下年度仍拟积极提倡，以厚民生。

山东省

一年来的山东工作

梁漱溟

一　引言
二　推广县政建设实验区
三　院内工作
四　农事
五　卫生
六　合作
七　邹平实验区
八　结语

一　引言

　　二十四年的双十节，转瞬将到，第三届全国乡村工作讨论会又将在无锡开会。照例各乡村工作团体或机关，应将一年来的工作向会上报告，以求教于各方同志。本年开会又限定此项报告必须以书面提出，不要口头报告。因此，这一篇报告的撰写，益不可少，但同仁工作，均极忙碌，想到要作报告时，则为期已迫，只好粗粗略略编述一些，即借乡村建设半月刊印布出来。我担任的"一年来的山东工作"一题，算是总括的叙述；由我口说借着编者的笔而记下来，以成此篇。

　　现在所叙的工作，不止邹平一隅，所以题作"山东工作"。但山东的乡村工作，又不止此；例如山东省立民教馆，以及山东教育厅所辖各乡教实验区，均有很好的乡村工作。所以此篇只好说是我们同仁在山东的工作。又因为叙述力求简要之故，凡循着旧有工作而进行的就不说；所说都是新的工作，或对于旧的有所改变之点，而且只能举其大者，琐细的亦不及说。

二　推广县政建设实验区

我们这一年来，新工作之大者，那就是划定鲁西十四县为县政建设实验区一事。先是鲁西菏泽县，经于二十二年划归本院为县政建设实验区，分乡设立乡农学校，从训练农民入手，由乡村自卫而推及各项建设，略见成绩。山东省政府因有就菏泽附近十县推广办理之拟议，其后遂有划济宁等十四县为实验区的事实现。省府即任本院副院长王绍常先生为实验区长官兼山东第三路民团指挥（全省分五路民团指挥，分负地方防务之责），设区长官公署于济宁，统辖各县。以菏泽县长孙廉泉先生调任公署秘书主任，参赞一切，而以本院乡村服务人员训练部主任陈亚三先生接充菏泽县长，以菏泽为全区的一个中心或领导者。自本年一月一日公署成立以来，不觉已八九个月。起初工作，一面改造各县行政组织，一面分乡普设乡农学校，以本院各届结业同学五百余人分任教职，训练农民（所有公署组织、各县政府组织、乡农学校办法，以及其他改革计划等件，此不及详）。不幸到后来（七月八号）黄河在鄄城开口，全区十四县被水淹了十县。现在救灾不遑，实验工作已陷于僵窘境地，前途如何，正在策划中。

三　院内工作

其次说到院内工作。院内工作，乡村建设研究部和乡村服务人员训练部均与实验区有相连的关系。第二届研究部同学在本年夏初多分在实验区各县，担任教育指导员；训练部第三届同学三百余人（本院及分院之合数），除一小部分留邹服务外，其余二百余人均分配于各县乡农学校工作。本年七月应计划如何招收训练第四届训练部事宜。我们想到乡村工作当以本地人为主体，而现在鲁西十四县服务者多为历届训练鲁南鲁北鲁东等处学生，其为本地人者实居少数。因即决定此次招生多招此十四县人，及其邻县的人，并且主张就地训练；于是核减邹平本院预算，扩充菏泽分院规模，使能容纳三百人以上。此为一大改变点。又本院向年训练皆为公费生，限于本省人，外省人仅为自费附学。今为应合一般需要，邹平本院招生，不再分别省籍，而一律自费；另设奖学金，补助寒苦学生（分院学生亦以自费为原则）。此为改变之第二点。又向年训练部肄业期限，例为一年，今改为一年制及二年制两种；高中或师范毕业者训练一年，初中及同等学力者训练二年。此为改变之第三点。此外关于生活指导上，教学课程上之改变，另篇叙述，此不具说。研究部照上届无大变更。自实验区被灾后，分院之招生及训练事宜，略感困难；然大致尚在竭力进行中。

四　农事

院内农场的改进，要农场自做报告，才说得清，其中较大一项，而我可以来说的，为本院与金陵大学农学院、华洋义赈会山东分会，在济南辛庄成立合办农场。此事经各方面倡议很久，直到最近才算成功。缘华洋义赈会山东分会与金陵农学院早有一合办农场在济南齐鲁大学附近。所作小麦等作物育种工夫，已历五年之久，惟地亩有限，不敷完成试验工作之用适本院经山东省政府拨到辛庄官地六百余亩，完全为一整片断，土壤亦好，遂有彼此合作之议。在该场迫切需要地亩，而苦无法扩充；本院为重视其育种工作起见，特于上年秋季，无条件将辛庄地亩一部分让于播种，至今夏才将合同签订。此事在本院愿与合作的意义，是为本院在邹平的农场，人才设备，种种不足，地亩扩充，尤感不易，所以不敢谈研究工作，只好作推广工作。领到辛庄大段地亩之后，论地势未尝不可建设农场，但在同一地方，有该场作各项育种工夫在先，即不必重复再作。为山东农业打算，实应帮助该场完成其工作；而以本院乡村服务人员分布之广，正宜引推广为己责。大概到后年即有优良小麦品种向外推广矣。

五　卫生

本院的医院兼邹平县卫生院系于去夏筹备，九月成立。主其事者李玉仁大夫，历任上海高桥、吴淞两乡村卫生实验区副主任，于乡村公共卫生工作富有经验。来邹以后，所规划而实行者，均具有意义；其详可看该院自做报告。近大半年来，新增工作，则有两大要点。一是就邹平本地招收中等程度男女学生二十人，分别训练，为将来分乡成立卫生所，担任医疗及卫生工作。一是添设病床，完成医疗设备。盖当初计划，侧重卫生工作，在医疗上则借重周村的复育医院为后盾，自己没有病床设备。后来感觉到在医疗上不树立一点信用，公共卫生工作不易推行，而非自设病床，不能尽医疗之能事也。详见该院报告，此不及叙。

六　合作

邹平合作事业指导委员会的成立，亦为一件重要的事。邹平的合作运动，始于本院农场之推广棉种、提倡造林、指导养蚕等事，同时县政府第四科原亦有专司合作行政的人员；在二十二年研究部同学陈以静接任其事和农场于主任鲁溪兼任第四科长后，院县两方打成一片，工作颇好。但权责亦以此分不清。其后农村金融流通处改组成立，趋重于信用合作社之倡导扶植，于是又多一合作指导机关。同时院中为讲授合作课程及其学术之研究，聘有专家一二人。就合作之教学而言，必须参加实际工作实地练习；更就其学术之研究而言，亦非从实际问题探求，不能有所创造；而在实际工作上，苟非得有专家为之指点，亦必不能应付得宜：是其有联合沟通之必要甚明。合作委员会即基于此要求而来。其组织系以担任合作教学之专家，及本院农场、县府第四科、农村金融流通处各部分人员，会合一处，融为一个系统。俾在工作上得收统一指挥之效，学术与事业，交得其益。其详细章则及进行状况，该会另有报告，此不多述。

七　邹平实验区

以下再专就邹平实验区工作来说一说，这约有下列几件事情：

（一）农村金融流通处的改组——以前的流通处，兼办县府征收支付事项，是一县金库的样子，于农村金融之流通，未能十分致力。自改组后，筹定资本，专意流通农村金融，放款几以农村信用合作为唯一对象；一面仍代理县库，但不办征收。在组织上成立董事会，采用经理制，与前已大不同。关于该处改组后一年来的工作，已有报告书编成出版，此不多述。

（二）县政府组织之变更—变更之要点，在一面将原有同属办理财务行政之第二科第三科合并为一个第三科，一面将公安局裁撤收归县政府内，成立一个新第二科，专司警察及保卫事项。——原来之第二科系办理财政之属于省税省款部分的，而第三科则为本县地方的。在邹平自二十二年已作到统收统支，县府一二三四五科经费皆由省款支出（他县三四五科由地方款开支）；实以合并为便。公安局裁撤后，其警察与县政府所有之政务警察，合组为一行政警察队，隶属第二科。属于第二科的还有一个地方警卫队，算是保卫地方的一种力量，与各乡乡队为一个系统。乡队都是过去两年所训练的农民壮丁，自负其乡村警卫之责；警卫队则系由此中抽调数十名，集中城内，再加训练四个月，即以训练期间为服役期间，期满还乡，另行抽调，如此轮流受训服役。详细办法，另有报告。

（三）举办青年义务训练—在去冬循往例训练农民壮丁时（普通称为联庄会员训练），除大部集中城内训练，曾有一小部分在第十三乡就地训练；同时本院第三届训练部，亦正在下乡实习。很偶然的试行一种青年义务训练，强迫十六岁以上，三十岁以内之男丁受教育，以村学教员或村中小学教员为其教员，而各乡队长各村组长，则为其军事训练教员；大概气象尚好。因于本年春初，向全县推行；但推行未及两个月，因有挖河工程，致限于停顿。

（四）疏浚杏花沟—杏花沟为东西河道，横亘于邹平中部；自我们民国二十年初到邹平，即闻此中部尤其偏东一带地方，常有水患。其问题在下游宣泄不畅，故重要工程，实在东邻长山县。本年春初，省府命令两县征工开挖。两县农民，初以工程浩大，天旱民困，请求延缓；后来调停分为两期完工，本年先行开宽，明年再行落深。并承韩主席派兵士一旅帮助，每日平均仍有民夫万人。逾时两月，第一期得告竣工。预备明春再做完第二期。此工若完，则邹平水患，可减八九，增加生产非小。其详不及述。

（五）举办户口调查实行人事登记—二十三年末，就院县两方人才，组设邹平户口调查设计委员会；于二十四年一月八日，运用在乡实习同学，举行全县大调查。统计结果：普通户三二、四〇七户，厂铺户三九户，寺庙户五〇户，共计三二、四九六户。普通人口一六五、四五三人，厂铺人口一五一人，寺庙人口一三一人，共一六五、七三五人。又寄居人

一、五八八人。调查完毕，即筹办人事登记。于四月一日成立各乡学户籍处，县政府设户籍室。每一乡学户籍处设户籍主任一人，由联庄会员之乡队副兼任；联庄会之村组长兼任户籍员，全县一〇七人；以全体联庄会员及甲总编为户籍警：开始工作，着重宣传方面。七月又举办户籍登记，由各家长依照户籍法声请登记。最近已将登记书整理完竣，正开始编造户籍登记簿。此步工作完竣，人事登记乃上轨道；只须随时查察，人口数随时可知。

（六）村学之整顿—邹平之实验工作，主要在乡村组织之实验，是即村学与乡学。村学工作，虽具有如是重要之位置，但两年来，始终未得做到好处。余于本年六月自兼县长，其意盖专在整顿村学。将所有村学教员一律调回，选拔一部分，再加以新毕业同学，集中讲习，然后下乡。同时就全县中指定几个乡为先办村学区域，其余暂且缓办。其详情非另为专篇叙述不可。

（七）凿井救旱—自我们初到邹平，即提倡凿井，请有定县李子棠先生担任指导；但以连年丰收，老百姓不感觉需要，直至本年，自春徂夏，数月不雨，人心焦急，推广凿井，乃得其便。县府原备有凿井贷款六千余元，不敷需用，特又筹拨两万一千余元，一律无息贷出，奖励凿井。计各乡贷款新凿共三百三十三眼，非贷款者七百零二眼。以后如有旱灾，不无小补。

（八）试行导友制—共学处以普及义务教育陶行知先生所提倡之小先生制，去年曾试行于第十二乡。其后又参照定县导生制，于本年一月在第十一乡乡学实验，各村学亦遂有仿行者。此事除具有启发学生活泼自动精神及培养其组织能力之优点外，对于解决贫苦失学儿童之教育问题，贡献甚大。现在已推行于第十二乡及第七乡，即将推行于全县。本年中央为实施义务教育所提倡之短期小学，在邹平即将以共学处代之。关于导友制共学处之内容办法及全县实施计划，此不及述。

（九）取缔婚姻陋俗—邹平民俗大致尚好，唯男女婚姻，每失其正。其陋俗必须纠正者，一点是男孩子结婚年龄太早，一点是女大于男的年龄太多，一点是女家索聘礼太重，近于买卖婚姻。因根据民法所定男女结婚年龄，及内政部改革婚姻陋俗政令，制定取缔婚姻陋俗办法，呈准省府实行。大约此陋俗之革除，仍靠教育化导工夫为主；不过若无此法令为后

盾，则教育亦难施其力。办法原文不录

（十）举办自新习艺所—从前的乡村社会，对于恶人，尚多少有其社会制裁力量；同时行政与司法不分，政府权力无限，由政府来制裁恶人，亦殊容易。近二十年则此社会制裁力与政府制裁力两俱失去，乡间莠民欺负良民，而无可奈何。我们有鉴于此，曾制定一种办法，拘收乡间小偷赌棍地痞毒品犯等，施以特种教育，名曰成人教育特别班，曾于上年呈准省府实行。这与本年七月实行的新刑法中保安处分之意颇多暗合。最近更将办法改善，规模扩充，戒烟所亦合并在内，改为自新习艺所。另有详细章则，此不具述。

八　结语

此外在院中在县中，一年来兴革之事，不能尽叙（例如乡村建设旬刊改为半月刊之类）。即上面所述，重要节目，从乡村运动来看，亦都是些枝枝节节的事，不算什么。我们要知道不于中国大局有影响，即是没有意义的。乡村工作，如果不从社会风气有点真的开动，而单靠政府来办，那就是很少影响的。社会风气的真开动，必在农民的自觉，乡村的组织；而为之先者，要在青年知识分子的趋向。我们检讨我们的工作，于此盖多惭愧！

山东省

齐鲁大学乡村服务社工作报告

一　龙山试验区工作
　　农业经济股
　　教育股
　　家事股
　　卫生股
二　普通推广工作

民国二十三年七月至二十四年六月

本社过去一年之工作可分为以下两种：

龙山试验区工作（包括齐大近郊张家庄王家庄之实际服务设计）；

普通推广工作。

一　龙山试验区工作

龙山位于济南市东北，离城七十里，靠近胶济路，为一乡村集镇；本社即以龙山为中心，周围各去十五里之图平面为其试验区，计共包括一百三十九村庄，约有人口六万八千七百十人。

龙山农村服务社，创于民国十六年间，初由齐大神学院多负其责，迨至民国二十一年齐鲁大学乡村服务社组织成立，乃对龙山农村服务社直接负责。

本社工作现共分为农业经济、教育、家事与卫生四股；其组织可见之于"齐大乡村服务社组织图"之插图，又凡本社之经费来源及其与外方机关所有之关系，亦皆于此图表示之矣。

（附）齐鲁大学乡村服务社组织图

齐鲁大学乡村服务社组织图

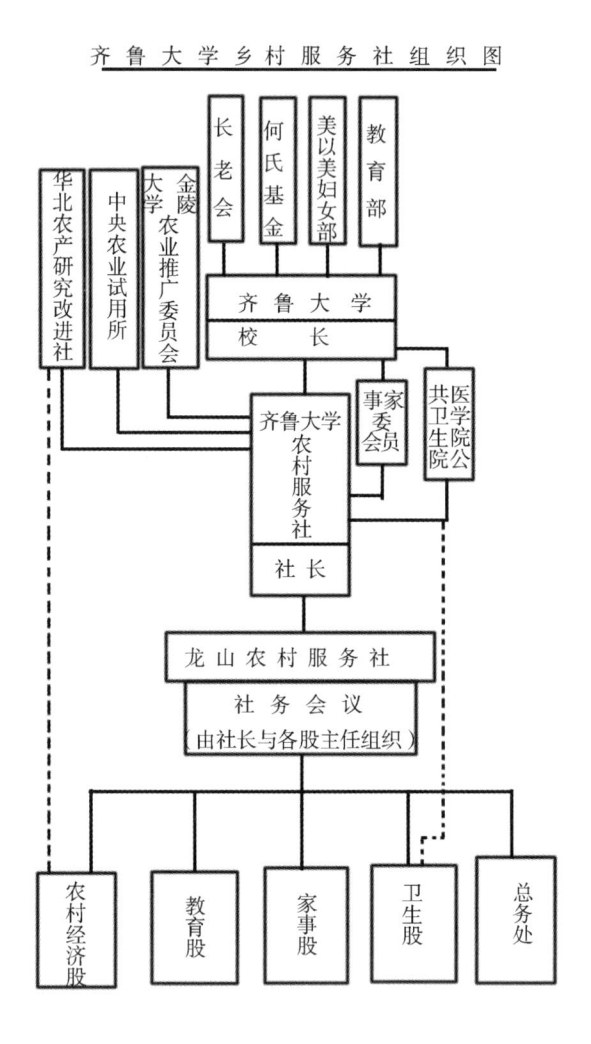

```
                    长  何  美  教
                    老  氏  以  育
  华  中  金        会  基  美  部
  北  央  陵            金  妇
  农  农  大                女
  产  业  学                部
  研  试  农
  究  用  业
  改  所  推           齐 鲁 大 学
  进        广           校    长
  社        委
            员
            会              事  共
                            家  医 卫
                            委  学 生
          齐鲁大学           员  院 院
          农村服务社         会    公
              社  长

              龙山农村服务社
                 社 务 会 议
              （由社长与各股主任组织）

   农村      教育      家事      卫生      总务
   经济股    股        股        股        处
```

农业经济股

本股工作原受金陵大学农业推广系之指导，由华北农产研究改进社专负其责，今将本股之重要工作分别略述于下：（一）推广美棉——本社于数年前，开始提倡种植美棉，二三年前亦曾自辟植棉场，以诱导乡人之自动种植美棉；但虽种植者渐渐有人，且亦逐渐略多，然总难得普遍；因此本股乃于今春再添旗鼓，扩大宣传，三四月之努力终得此事之略略进展焉。宣传之后，乃于各庄集合良农，仿效合作社办法组织，种棉社棉户，皆须同心合作，种棉服务社则协助其采购佳种，并开训练班，讲习种棉。计共卖出棉籽一万三千三百斤，成立场社二十四处，包括五十余村庄，棉户三百五十余家，新成棉田约占三千亩。（二）信用合作社——关于信用合作社事业，本年第一要事即为成立龙山信用合作社联合社，次即为一面对已成立各社培植训练，一面开拓新地组织新社，迄今日止，已经先后成立卢家寨等七社，尚有西徐马等十社亦在进行组织。

本社努力于合作事业之目的为：（一）本工作区之各庄皆能有一优良信用合作社社员可以获得相当训练与教育，以明合作经营，合作道义，与夫合作之主要原理；联合社可以自雇职员，且可以本身即有资金，而供社员之用。（二）作成合作购买合作贩卖礼制，此等事业之初起，可为信用合作社营业之一部，渐后可各自独立。（三）小贷款——此种贷款，系为辅助小本营业，家庭副业，并为辅助合作社之不足，且略作合作社间之金融调济而办理，所有资金多为关系机关与友好所存。外借利息为月息一分二厘，存款之利息则为月息一分。办理迄今，共计借出已过七百余次，乡人之信用极佳，至今并无一人抗账不归，且多啧啧称善，颇感便利云。（四）棉花肥料试验，本社与中央农业试验所山东华洋义赈会农场合作，于本镇之北新辟一小农场，占地约十二亩，举办棉肥试验。其主要者为以下三种：（一）三要素肥亩试验；（二）硫酸铔用量试验；（三）培养地方试验（三年制之轮作）。

教育股

本社各种工作，皆以教育为其中心目的，因此教育股之工作乃与各股工作，皆有密切关系，主要工作为：（一）学校教育　本社为提倡教育，诱导乡村家庭送其子弟就学起见，前曾办理初小四处，今以公立学校数量质量之逐渐增益，乡民对新教育渐知重视，乃将三处小学交诸政府，本社则仍与之确保旧谊，且正期待与之合作，以便学校渐至于佳美境域。所余齐大南郊张家庄小学一处，则将改为社会中心学校。（二）社会教育　此中主要工作概有平民补习学校，通俗演讲处，图书馆等事。今分别述略于后：（甲）平民补习学校　此种学校系就乡村原有私塾而立，法似私塾改良，但其理想则为全村教育。冬春农暇，则日间有儿童少年组之日校，晚间有成人少年之夜校，秋夏农忙，夜校停止。日校则如普通小学常年办理。

此种学校之课程，夜校之部为千字课，珠算，四书，（讲述四书以作道德教育）常识，演讲（包括历史名人故事公民常识等等）；日校之部，除包有夜校之全部课程外，再加作文，习字，自然，与历史，童话，故事等；而日校课程之分量，亦较夜校加重；此种补习学校共办四处，计得学生六十三名。（乙）通俗演讲处　此种演讲处，系附补习学校而设，皆在晚间举行，其意在以补助夜校，且以全村老幼与妇孺为听众。内容为历史，名人故事，公民常识，道德演讲，与幻灯，唱片，图画教育等事；此种通俗演讲本年仅办一处。（丙）图画馆为乡村教师，小学生，及一般识字农民之读物，打算为开读书风气，并为乡间保存古今典籍，本股乃致力于图书之搜集，购置；除前时得自本地古城及山中之出土古剑砖瓦铜佛瓦器及旧存数种书籍外，已经购置之图书（连同旧有书籍几十种）共得二百二十三种，计七百七十九本。

家事股

今年度中本股之大部时间与努力多用之于外方之推广，而推广中工作之要事，即为儿童食品与衣物教育；此等工作之目的，即在于乡村环境与乡人之经济条件下，寻出合于科学与教育标准之儿童食品，衣物，以赠诸乡村家庭。

此外本股于龙山附近亦办理妇女识字班三处。计有：（一）东徐马一处，学生二十一名，毕业者五名。（二）湖中坡一处，学生八名。（三）龙山镇一处，学生八名，毕业者一名。按家事股工作，乃今日乡间之最基本的工作，亦今日最难之工作也。过去一年，本股仍受专门人才缺乏与经费缺少之双层压迫，新近乃得美以美会妇女部之经济协助。今后希望可于龙山设一妇女工作之中心场所，成立母亲会，儿童团等之类似组织，藉以与乡村之妇女交接，且可对于乡村家庭之特殊问题，更作切实之研究。

卫生股

本股工作今年起已与齐鲁医学院公共卫生系合作，得其指导与供给，门诊接生皆有扩充；此外并开始公共卫生与学校卫生等事。

二　普通推广工作

（一）以各方面之需要与请求，本社家事股曾携其标准的儿童食品、衣物，于山东、河南、河北等省内之五个地方作公关的展览，并于数处给予关于儿童食品衣物教育之讲演；此外本社职员亦曾参与数处之乡村工作讨论会，担任工作。

（二）因受山东基督教乡村事业促进会之嘱托，本社会协助于龙山为山东各教会领袖开一合作研究会，会中有华北农产研究改进社卢广绵为领袖，并请邹平济南之合作事业领袖多人，到会协助；计与会代表约十人，共用时间一星期，代表盛称所获颇多云。

（三）龙山向西济南之东，有六七乡村，教育机关为欲促成其联合互助力，乃与各机关共成历城县乡村教育联合会，组织不久，已得协力作事数次，本社颇目为乡教之幸事也。

山东省

祝甸乡实验区第三年

屈凌汉

一　引言
二　区域与行政
三　活动原则
四　工作实施的演变
五　新的祝甸实验区

一　引言

从民国二十一年九月到二十四年七月，祝甸乡实验区就算有了三年的历史，山东省立民众教育馆主持小规模的乡村教育实验区，这是第一次，就最近移交以后的任务上看，也许同时就是末一次。为了我们离开了祝甸，所以由同仁分别执笔写这一年的工作报告的时候，有时也难免牵涉到过去。拿原定计划大纲稍稍对照一下，以便对某种设施作一比较的观察，也不是全无意义的事，这是一笔总结算。虽说想到古人三年有成的话，真使我们愧汗无地。

二　区域与行政

（1）工作区域　第一年的工作区域，就是最初在历城县第二区选定的祝甸乡六个村庄。说到实际工作，第一年却还有两个村庄不能顺利进行。第二年除全区工作能普遍推动外，又把紧靠祝甸乡有固定市集的大辛庄划作了推广区；又遵照教育厅的意旨，把历城县第八区的十六里河两个村庄，划作了一个新的实验区。后者因为主要实验——生计教育——的没有做法（见本刊五卷四期从实施农民生计教育得到的一点认识），便仅仅以九个月的寿命宣告夭折；前者又因为历城县乡村教育实验区在祝甸乡的东边新告成立，大辛庄应该归在那个区域，所以我们又撤销了那一部分的推广工作。于是第二年的实际工作区，最后又落到原来的六个村庄上。到第三年，由于合作事业的进展，附近许多村庄纷纷加入了美棉产销合作社，也有成立信用合作社请我们指导的。截至现在，由于区联合社业务之扩大，我们的工作也就隐隐波及了以十六乡镇为范围的历城县第二区。

依据上述，使我们知道：（一）工作区自始不可划得太小，纵使所有设施不能骤形普遍，也总要留有发展的余地，免得遇事多所更张。（二）关于生计教育方面，尤须注意于保持经济单位之完整，不可过于迁就行政区域的划分。（三）是否设置推广区，应根据中心区工作完成之程度与某地方客观需要之情况而定，不可自始即手挥目送，心力不专。若顺其自然，进其所不能不进，固亦不必削足适履，因噎废食。

（2）行政组织实验区奉令由省民教馆主办，所以办事处各职员均隶属于馆之研究实验部。实验区主任由实验部主任兼任，其下设总干事一人，干事及助理干事若干人。职员不敷分配时，即由馆调集协助。第一年，在祝甸实验工作的有七位；第二年，因为馆方研究实验部全体下乡，住区的人就达到了十一位。这时开始试行分庄制，每一位干事负一个村庄的教育全责；非一村一人所能举办的事业，实验区又有对于联络，辅导，视察的规定。比起从前按照事业性质分工的办法，这是一种能够更敏活更深入的分工。所以到第三年，这种制度并没有改变，虽说人地更相宜的，成绩便比较更好一些。第三年因为从我们自办的简易师范班里面每庄各选了一位毕业生作为本区助理干事，于是全区直接间接参加工作的人就达到了十七位。

（3）经费分配实验区预算，第一二年每年都是4980元，第三年又增加为6480元。在分配上，以第二年的决算表作例：薪工占55%，办公占12%，事业占21%，购置占12%。这样看来，我们还做不到教育部所规定的标准：薪工占50%，事业费占40%，办公费占10%。我们超出的部分，一是薪工。一是办公费。事业费如有不足，只好想法由馆挹注。大概机关愈大，薪工的比例额便愈易降低。头两年我们每月只有经费415元，按百分之五十分配，便只有一月二百元的薪金与工资。若只以五人在区支薪计，每人平均不过四十元；想请一两位不论在学识上还是在经验上都处于领导地位的人，实是不可能的事。这是我们薪工超出的主要原因，在馆支薪的还不在内。其次，大概一个新成立的机关，若开办费充足，办公与购置便可占到较少的比例。祝甸实验区没有开办费，只挪用了一个月的经费作为修理房屋及添置设备之用。等到工作开始，一切文具器皿书报杂件，都有非格外增加不可之势，这又是我们办公费超出的主要原因。至于把书报等费列入事业不列入购置，那自然就易于接近部定标准。第三年经费的分配，还没有作成决算表，大概说来，本年每月新增经费125元，用于薪工者不过三分之一，其余悉作为事业与办公之用。绳以部颁标准，大致总可以吻合无间的。

三　活动原则

本区计划大纲，规定了五条活动原则。根据三年实施的经验，使我们对于这种规定，有一种更充足的认识。兹就管见所及，分述于下。

（1）在确立信仰前不因建设增加乡民负担——实验区刚成立的时候，我们确曾本此原则对农民说过"区里面的事情，只要大家来做，便会对大家有好处，并不要你们花钱"一类的话。事后往往感觉到，除非不办事则已，办事一定要农民花一点钱。而且农民如果走惯所谓"贪便宜"的道路，即明认为该办的事，也因为怕花钱，或一时花钱永久可以省钱的事，也一概不办。即以办民校而论，好像傅葆琛先生说过这样的话：农民对于民校发给的书籍，并不大重视；若系自己出了一点钱买来的书，便格外知道爱护。慈善教育应有的流弊，即此一语，也就说得够透彻。离祝甸实验区不远有一个乡村师范，区内又有一所职业学校；可惜就因为没有一处完全小学，使区内一部分可造就能造就的子弟，年年不能利用这个招生的好机会。地方缺乏中坚人才，这也是主要原因之一。我们有见及此，便竭力提倡筹设县立完全小学，经费可悉由县中发给。结果，由于不肯迁就校址，不能筹得开办费，只好在区内借了两座教室，开了一处乡立小学。一面五十几个学生，担任很大的学费；一面县政府一笔可观的津贴，大部不能领到，同时因为我们办了几处短期义务小学，好多的学龄儿童便多不肯入乡立小学，为了避免纳学费。这样下去，不但没有希望改为县立，就是维持乡立也很困难。由此我们知道，在农村言建设，应该存心把农民的负担减到最低度，但不可以此为号召；因为如此做去，等到工作发展的时候，反易陷于作茧自缚。

一体增加农民的负担，没有政治力，除非有特种情形，是无法进行的。省教馆原定是走教育的路，所以希望靠了农民对此新兴事业具有较深的信仰以后，再根据客观的需要与农村的力量，来决定增加农民负担的可能性。如何才叫作信仰确立，这是一个至为微妙的问题，暂时可以不谈。即使信仰确立以后，事业之能否建设，就系于适当的逐渐的增加农民负担一点吗？这不妨用两件事实来证明：比如祝甸乡每年需要大宗豆饼，价格涨落悉由豆饼商人决定，全乡吃亏很大。为挽救此项损失，我们在合作社里提倡组织新式油房，名为豆油产销合作社。合作社社员几予全体表示赞成，即增加投资与以保证责任担负还款等条件，亦无不完全接受，但以银行对于管理方法未尽同意，遂致搁浅。这是农民对于事业已有信仰，乐于接受负担，而终未能建设的一个例。又如乡庄长每年年底应报告收支状况，农民无不认为此事该做，但到年底却没有人出来向乡庄长算账，而且乡庄长改选的时候大家也不勇于出头选举。这是既信事业正当，又信可以减轻负担，而仍不能成为事实的一个例。我随手拈这两个反面的例，目的即在说明事业之能否推动，系于是否增加乡民负担者小，系于事业本身所需要的条件是否完成者大。

现在另举一个正面的例，说明由于信仰确立，即增加农民一点负担，也可以举办的事。祝甸乡各庄在开始成立民校的时候，都是用坯头石块架上木板门扇作教桌，用石块或木杌当座位，一切设备无不如是简陋。经过了整整两年的时间，各庄校董才采纳我们的意见，除了接受各庄合作社一笔公益金外，又各自摊款刷新校舍，定制教具，或竟自集资新建教室，这样便成功了几处颇有可观的民校校址。对此问题稍加研究，又可知此事之得以顺利进行，并不在于多数农民真明白民校的好处而乐意自己拿出一点钱来改变它或维持它。实在由于乡村少数领袖或出于热心，或出于好名，或出于争权，藉此树立地位；或出于与他庄竞争，又或因解决个人问题而不得不慷慨从事以维持其面子。类此原因，均可见于爱护民校之外，强半掺杂其他因素，始能个人解囊或挪用公款。这一样可以证明事业之能否推动，系于增加乡民负担者小，系于事业本身所需要的条件是否完成者大。于此可知信仰即属确立，欲事业之能顺利进展，仍须注意完成事业之多方的因素，方克有济。

以上从应否增加负担，增加负担之有效方法，增加负担与事业进展的关系三方面说明此项原则并非铁的原则。至于工作者应该时常记牢这原则，免得增加农民无谓的负担，这当然是天经地义，谁也会承认。

（2）在确立信仰前不攻击乡民迷信　这条原则，到现在我们没有变动过。不用政治力，是我们一贯的态度；不用政治力就不能拉倒一座神像，是现在的事实。农村风俗习惯的改造，要以自治组织是否完成，自治力的运用是否妥善为条件；而自治力之培养与组织之完成，又以全体农民知识是否提高，农民生活是否相当改善为条件。实验区三年来所致力的目标，即在提高农民知识，改善农民生活，与加强农民组织三点。对于这三方面的成就，仅仅有一点基础；连乡公所都改变不了，自然不必谈农村自治，更不必谈用自治的力量改造一方的风俗习惯。恳切劝导的方法也用过，旁敲侧击的方法也用过。结果虽说利用了几间闲房，可是终于没有关闭了一座小庙没有铲除了一位小偶像。

（3）充分利用地方固有人才团体与设备　这项原则，理论上也是无可疵议，实行上却有可注意的问题。地方原有的团体与设备，是不难利用的，这无须多谈。关于人才，在运用上比较不发生问题的还是自己一手训练出来的新人物。固有人才，不是个性太强，就是别有目的。你要利用他的时候，他也准备着利用你。即如祝甸乡乡长，除了地位稍可夸耀以外，倒也不见得有什么长才可取。可是许多工作，你不能不打他一个招呼；他就可藉此把年龄不合的孩子介绍到民校成人班，他就可替他亲戚——一位社员——向合作社要求延期还款。其他所谓固有人才，在实验区认为值得联络的，不是流动性强难以借重，便是别有怀抱难以合作。所以想树立地方人管理地方事的真基础，这得从新培养新力量，不可一任旧皮囊储存新酒。现在从事社教者特别注意于青年农民的训练，上述同类的事实，可看作是原因的一种。

关于新人才的训练，祝甸第二年成立了简易师范班，成立全乡的少年团；第三年为了训练小学教师与合作社职员，举行了一次合作讲习会。想成立的自治人员训练班因为乡公所未能圆满改组而致流产。这些事实，都可表示我们对于本问题所持的态度。新人才初步训练完了以后，除了工作指导以外，首应注意的是这些人的生活问题。我们把每庄的优秀学生聘为本区的助理干事，第一年每月各给以六七元的津贴，第二年把服务最热心，成绩最优良的加到十元。其理由，一来不能使他们饿了肚子做事，二来不能使他们为了雇人照顾农事增加负担。问题就在实验区离去以后，如果仍须他们办民校，辅助合作社，处理乡庄公务，这十元以内的津贴，却从那里筹措。我们打算的办法有四种：第一是健全乡公所后，清理各庄财政收支。如此，在不增加农民负担之下，可余出一笔公益费或教育费来，按月拨出一部分，作为各庄教师——现在助理干事的化身——的津贴。这种办法最持久，最合理，可称为上策。上策，现在还做不到。第二是发展与健全合作社的组织。各庄助干可被聘为各社的司库或会计，每届结算可分取一笔酬劳。各合作社都有三年不分红利酬劳的规定，就想结起这笔钱来，于实验区离去后，可从中贴补一部分酬金。因为合作社营业额并不大，酬劳金自难丰厚，究竟有胜于无，可看作中策。中策，将来有实现的可能。第三是要各庄助干受小学教师检定试验。如果检定合格，便可支领公费，既充本庄小学教师，又可兼作推广教育，维持各庄原有事业。这种办法，能否及格无把握，能否派充本庄小学教师无把握，各庄能否均设小学亦无把握，可看作是下策。第四是实验区离开以后，县立乡师或省立乡师能够搬到乡下来，至少把中心小学设在这里，作为继续的指导机关。这样对于助干无论在工作上或在物质上，均可有相当的帮助，这种办法自然也是渺茫得很，同样可以看作是下策。

我对于利用地方人才问题，第一着眼于新人才的训练，第二着眼于他们生活上的资助。前者问题还比较简单，后者往往不是一个乡村教育机关自身所能解决，而又是不容不解决的事实。否则各种初具规模的事业，会因中坚分子之难于专力经营，而宣告毁灭，比起按期筹出若干元的津贴来，更是不经济。谈利用地方人才问题时，有什么好法子解决这个问题呢？

（4）以劝导辅佐为始以自动自治为终　此与前条原则有联带关系，不必多加申述。实验区三年来工作路线，迭有变更，可谓十之八九悉受此项原则之支配。试举数例略作说明：（一）为宣传活动由活跃趋于沉寂。

以讲演而论：第一年每庄每周至少有讲演一次，铃声起处，街头巷尾即集有不少男女老幼，看图画，听唱片；讲演员谈话完了之后，又上天下地谈一个尽兴。区中遇有新办专业或纪念日期必开乡民大会，开大会必有娱乐项目，化装讲演，大鼓快书，幻灯电影，以及本乡原有的武术团，五人班，无不参加演奏，动辄号召数千人。第二年我们有了合作社，有了民校校友会，有了简易师范班学生，实验区所要做的事，只要口说笔写就够，无须多在提起兴趣，引起注意上作功夫。所以第二年便停止了各庄的讲演，第三年便停止了一切不必要的宣传活动。（二）为调查事业由简单趋于复杂。第一年因为农民不信任我们，便没有做调查。第二年举行文盲调查，得力于简易师范班者甚大。第三年举行经济调查，现在还没有作完，差不多都出于各庄助干的努力。（三）为直接工作由参加退于辅导，由辅导退于民众自动。以民校而论，第一年由区中同仁担任教学，第二年即由各庄助干参加实习，第三年即由助干担负大部教学责任。其余工作，可准此类推。本区同仁既减少直接参加工作之数量，第三年才能以大部精力集中于工作之辅导与推广。自此以往，假以时日，归教于民，当无严重之困难。

（5）以实际生活为根据以做学教合一为方法　此项原则，在理由上较为普遍，在作法上具见各期报告，为节省篇幅，不复赘述。

四　工作实施的演变

按照本区计划大纲，对于工作进行之步骤，有如次之规定：实验期限，暂定五年，分为三期。第一期，一年至二年，注重树立信仰，调查社会，扫除文盲，卫生防疫等工作。第二期，一年至二年，注重培养领袖，训练民权，改良交通，实施自卫，完成自治等工作。第三期，二年至五年，注重以科学方法改善农家副业，增进土地生产，发展合作事业，消弥主佃冲突等工作。另有附注说明：各期年限长短，视实际需要而定，惟以五年为限。据此目标，对于语文、康乐、政治、生计各方面，在质量上又有较为具体的规定，文长不具引。

我们知道此种目标与原定计划之实验宗旨——普及乡民教育，增进农业生产，完成地方自治，改善乡村风俗——深相吻合。但我们要说明的，一是此种工作，在以纯教育为立场，及如此狭小的工作区域与工作组织，照计划作起来，到底有克服不了的障碍。二是我们权衡原定计划与实际需要，再反省我们具有的一切力量，使我们不得不放弃原有的理论计划，而尊重现有的实际计划。原有的理论计划，其优点在指示了工作目标，其缺点在偏于理想；即以消弭主佃冲突一项目标而论，实现不了耕者有其田的办法，主佃冲突终于无法避免。耕者有其田是我国绝大的社会问题，想用教育的力量，零零碎碎的去解决，不能不说有点近于痴人说梦。当日抄袭这一条的时候，固以为调高不群；到现在看来，实在应该卑之无甚高论。就力之所及，事之所许，勤勤恳恳去干，点点滴滴去改；即不问原定计划之能否实现，仍可大有造于社会。下面所要报告的各种工作的演变，即在说明实际需要如何支配了我们的工作路线，如何障碍了我们的原定计划。

（1）语文教育的演变

实验区的工作，从语文教育开始，我们虽无时不注意到语文，生计，公民各方面之互为连锁，但以农民对于教人识字明理，特别表示欢迎，所以即以此项活动作为第一年的中心工作。后此工作重心，年年都有变易；可是对于除文盲的努力，并不因此而日趋松懈。语其变化之迹，有如下述：

（一）活动方式由复杂趋于简单　第一年除了举办民校与各庄定期讲演以外，对于流动教学、改良私塾、巡回书报、组织各种读书会、成立注符传习班以及编写壁报与注音农民报等，都用去我们不少的精力与时间。第二年把富有宣传性的讲演，效率迟钝的流动教学，生息奄奄的读书会，和不必另行组织的注符传习班，统通因事实不大需要而停止了。主要的就在办民校，编教本，编民校补充教材。第三年编教本的工作因为人手不敷分配，陆续停了下来；巡回书报只能给予少数人以便利，改良私塾又因为我们没有政治力量，所以均任其自由发展。截至现在，实验区的语文工作，就只有民校质量的改善与扩充，刊物的继续编印，和采用导生传习方法举行卡片教学三件大事了。

（二）民校进行由被动趋于自动　我们为民校打下的基础，自始就是民校为各庄所自有。各庄举出校董来，我们算是帮他们的忙。筹备校舍，招生报名，督促入学，都是校董的责任，尽不到这种责任的，民校就暂时缓办。实验区对民校所提供的助力，一为教师的供给，一为教材及课业用品的供给。第一年为了尊重农民的习惯，民校男女班，分别由男女教师去任教。第二年各庄读书空气，普遍增高，女教师遂有供不应求之势。为打破农民以女子教女子的成见，实验区就辞退了女教师，声明可由女职员协助办理开学手续，授课仍由男教师担任。结果，各庄仍纷纷成立妇女班，并未起任何风波。第三年，在乡公所会议席上提到整顿校舍，添置设备各问题，各庄亦均能于定期前完成一所略有规模的民众学校。同时，各校担任教课的人，都是本庄的人；虽说他们的程度比较差些，但于维持全庄的信心上，依然没有发生问题。实验区对农村的工作，当然不限于办民校，各庄助理干事，不仅藉此增长了学识与经验，同时也提高了自己在农村的地位。好多农民的意见与希求，用不到实验区迎头赶上去，用不到无论大事小事均须亲身出马，委托助干就近传达与处理，即可收得颇可满意的效果。经过一个较长时期的训练以后，只要在其他方面解决了民校教师的一点津贴。书籍再由民众自备，或由全庄公款拨付，民校前途是可以自动的继续进展的。

（三）民校使命由肃清文盲趋于组织训练　初办民校的目标，就学生说，要紧的是识字明理；就校董说，要紧的是团结农村领袖，发挥其可能的服务力；就实验区本身说，一是以民校当作培养农村中坚分子的新组织，二是以这新组织作为接受并推动农村教育的核心。办过一年以后，最大的效果，就是各村读书空气的提高，与民校学生肯接受我们的领导。第一个合作社的艰难的产生，实有赖于民校学生之能推心置腹，即其明例。不过，我们觉得，一个不识字的农民，受过五六个月每天二小时的教育，这基础太脆弱。无论就他们原来的身份，地位，家私，以及新学来的一点技能，常识与经验，都比不了农村固有的支配力的强大；虽说十个臭皮匠，赛过一个诸葛亮，究竟傻子与无能的集团，终于是无大能为的集团。其次，民校教材问题，究竟哪种合用，意见庞杂，亦甚难于折衷。所以到了第二年，除了举办简易乡师范班，训练优秀分子，作为农村新中坚人才外，我们做了两件较为重要的事。第一，注意于民校的质的改进。如编级趋于严格，测验时常举行，成立高级班以图深造，组织俱乐部以娱闲暇，成立励志会以戒烟赌与酗酒等事，在组织与训练上即做了较大的功夫。第二，注意于山东农民读本的试编试教。其编辑旨趣，具见原书。到了第三年，为了使校编级之绝不通融，我们成立了各庄的短期义务小学班，把各民校的儿童，一律吸收过来。这样我们就可以在普通的初高男女成人班里面选出几班来，另作实验。为了使高级民校毕业生仍有继续深造的机会，我们又酌量设立几处补习班。在补习班与高级民校里，我们又组织成功了妇女协进会，与毕业同学会，使教育工作一直深入到各个家庭。祝甸乡的妇女，比起男子来，闲暇较多，所以民校的进展，反有比男成人班更活跃的气象。而且，我们以为农村妇女受到教育以后，对于家庭社会所发生的好影响，会比男子来得更大更深。因此，祝甸乡的妇女会由不出家门变到可以在街上行走而不受指摘，可以变到参加实验区的活动而无人非难；三年来的结果，会由千分之一的识字者变到百分之二十的非文盲。

（四）肃清文盲由学校式的教学趋于社会式的教学　我们对于民校的态度，如上节所述，组织训练是第一义，识字明理仅是第二义。根据二年的经验，我们以为肃清文盲，办民校是一种方法，但不是唯一的方法，也并不一定就是最好方法里面的一种。事实是这样：第一年四班初级民校，毕业及格的仅得六十九人，第二年七班初级，四班高级，毕业及格的仅得一百二十九人。如果毕业及格才算不是文盲，两年之内才一共有一百九十八名毕业，效率总不算高。所以第三年，我们就改变办法，把所有少年团的团员（包含各小学生各私塾学生），各民校学生，各合作社的优秀分子，都加以训练，组为识字队，使他们担任卡片教学。卡片有三种作用，一可以学汉字，二可以学注音符号，三可以学简易的笔算。卡片以词为单位，生字即以自编的山东农民读本为范围。原拟编成五百片，约有生字六七百个，教了以后，即可作为民校毕业，算是非文盲。实施以来，成立了很多的传习处，不到两个月的工夫，就有了男生三百零九人，女生四百九十三人。快的教了二百个卡片，慢的后进行的也教了五六十个卡片。本乡原有文盲，三年前为89.2%，一年前为72.9%，现在为53.6%，若仅就成年文盲说，三年前为79.53%，现在为28.19%，所以根据这种速率进行，再有一两年，本乡文盲就可以全告肃清。这又是使我们变更计划的一件事实。导生制，小先生制，导友制，各地正纷纷实行，只要各小学校能力起试办，教育机关也能供给适当的教材，专就教人识字而论，到是最有效的一种办法。

（2）生计教育的演变

（一）由多方的活动趋于单一头一两年对于生计教育，是从多方面零零碎碎做起的。造林养蚕，介绍美棉，改良猪种，组织合作社，驱除螟虫，种除虫菊，小麦高粱施行黑穗病预防等事，都做过一点，有好结果的却不多。这又须简单的从事实说起。祝甸乡是个离都市很近的农村，除了浸染不少的都市习气以外，最值得注意的有三种特质：第一是佃户的数量最多，次多数为自耕农或自耕农兼佃农，有小地主但为数甚少，大地主都住在城里。第二是园艺与田艺等重。表面上是一年三收，实际上是增加农民劳作的时间与分量，依然在艰苦的生活里挣扎着。第三是小商人与小匠人之加多。这是良好的农家副业，在营业旺盛的季节，石灰工人、木匠、泥水匠、酱园工人、茶食店工人、厨师、各小工商贩、推车工人等都向都市里跑。收入虽然藉此加多，但因农田数量之小与人口繁殖之速，依然不能使他们从贫穷线下振拔起来。有这些事实，多种的生计教育，便陷于无法进展。田无隙地，造林只有在山边或其他不适于农作的区域。这种地带最缺乏的是水源，种了几百棵树，除了保护不周以外，十九都被旱死。蚕丝业在十年前极为活跃，实验区址的前身曾由农学院举办过长时期的蚕桑讲习所，即共证明。当时广植桑林，广育蚕种，农民因称农学院为西桑园，称讲习所为东桑园，可见一时风气。嗣以日本商人从中操纵，并极力推广人造丝，丝业销路即大成问题。农民吃此亏后，对于提倡蚕丝便不感兴趣。此地农民养猪，主要目的在造粪，肉肥量多可得善价，反在其次。据农民经验，波支猪出粪造粪的成绩并不在中国猪以上，且食量宏大又须考究，实不经济。因而大部农民，买猪卖猪全以造粪问题为标准，并不计及肉质之改良与肉量之加多。其他除病虫害，多系本区与建设厅或农学院合作，亦均零零星星，难收普遍的效果。因此使我们知道祝甸最需要的是合作组织，而且我们认为这新经济组织是实施生计教育与一般民众教育的真实基础。所以从第二年起，我们就开始改变态度；到第三年即使还免不了作一点枝枝节节的事业，可是全部精力都转向到合作事业的经营了。

（二）合作社由量的发展到质的改善　第一年，我们费了不小的力量，仅仅组织成功了一个信用合作社。当我们向农民讲合作社的好处与办法的时候，他们总是摇头不信。后来他们对我说：低利放款，无限责任等话头，不是撒下漫天大谎，就是像江湖医生先夸药灵针好不要钱，等到病人上钩，总得狠狠敲一下竹杠。谣言总是谣言，事实最为雄辩。第二年，我们还是不急求量的发展，可是区内各村庄纷纷要求组织，结果六个村庄就成立了六个信用社。为了介绍美棉，种户有五十余家，就又组织了一个美棉产销合作社。为使各社在金融上，在业务上，在训练上，都有一致的办法，就又组织成功一个以行政区为单位的联合社。到此，合作社的系统与社务既小有基础，便集中力量到业务经营上，以求质之充实与改善。以上各种办法，由本区与联合社职员协同进行，目的在培养合作社独立经营的能力。第三年，区外各村庄亦纷纷到区要求组织。联合社业务区域既不限于祝甸六个村庄，尤以美棉在势不能不扩大范围；所以对于量的扩张亦不能不予考虑。结果，一年以内，实验区外成立了四个信用社；美棉除就祝甸六村改组为六个分社外，又在其他二十个村庄成立了七个分社。新成立的信用合作社，在指导上虽比较疏松，在经营上却极有把握。其主要理由，一是他们感觉到合作社的需要，团结比较坚固；二是他们看到了好榜样，吸收社员比较严格；三是由于本庄小学教师入过实验区主办的合作讲习会，在理论与技术的指导上都有全社共同信赖的人。此虽与合作的真实基础距离尚远，但绝不背于合作基础所需要的条件，却可断言。尤其最初，除借款一项不得不依赖联合作社外，日常社务业务即能大半独立进行一点，更是可喜的现象。美棉分社的情形，就比较可以担心。原因亦有数种：一因今春亢旱，苗出不齐。二因夏季雨水过多，水浇棉田的枝叶又发育过茂。三因合作社职员忙于经营自家田事，实验区同仁又恰遇交代变更，在指导上便难充分照顾。但一二两因，不仅影响棉作物，其他农产无不减少产量，假如棉价仍比其他农产品为高，合作社之进展即可毫无问题。这就不仅要看今后合作社的经营是否敏活与经济，棉花市场情况又成为决定合作社运命的重要因素了。

现在六庄727户，加入合作社的为147户，占22.2%；美棉户数为66户，占9.1%；小本放款户数为98户。占13.5%。

（三）合作社由健全本身到农村建设前面已经谈过，合作社对于各庄民校有过什么帮助，并且希望将来能有什么帮助。其实，合作社不仅对于所谓公益事业有助力，在农村谈建设，这种自力的组织应是一条最好的道路。从事乡村建设的，与主张以合作社为推动民教中心机关的人，在这方面曾提过充分的意见，此地无须引述。只就事业来谈，我们把实验的中心，自第三年起，想从公民教育仍旧拉回到生计教育的企图，不仅是可能，而且有必要。所谓必要，第一，因为我们认为想实现农村自治，必须以提高民众教育程度与提高民众生产能力为准备条件。准备条件不完成，自治便不会有巩固的基础。第二，因为我们走的是教育的路，凡走教育路途而不藉重政治力量以求实现地方自治的工作，几乎是此路不通，至少在祝町是这样。所谓可能，第一，因为合作社是以人为标准，以平等为原则，以民主为精神，以自治为制度的新经济组织。这种新组织，自始即可发挥其特质，逐渐形成一个具有共同经济基础的自治团体。第二，合作社自始即可表现其为全农村或全社会服务的精神与力量。这样，合作社在农村的地位会愈来愈高，发展会愈来愈快，支配力会愈来愈大，所有全村的建设问题，都会量力逐渐举办起来。

不过，要想达到由合作社以建设农村，必须先求健全其本身。合作的性质虽是独立的，但于其发展的历程下，若不加以切实的指导与帮助，它断不能自然而然的就会独立起来。所谓切实的指导与帮助，不外充分的人事指导与适度的物质津贴。时人有时为了尊重合作社的独立性起见，往往忽略了人事指导与物质津贴，使合作事业在最初就遭遇到不能克服的艰难，似乎是一件不合理的事。国家无论什么事都要花钱；钱从老百姓取来，把钱再花到老百姓身上，就算最正当。改良监狱，举办卫生，维持治安，赈济灾民等等事业，都是该用而又非用不可的支出。专就教育事业说，依据第一次中国教育年鉴的统计，则国家培养人才，也颇有可观的支出。民国二十年，高等教育每生每年平均占费753.04元，民国十九年中等教育费每生每年平均占费94.66元。同年初等教育费每生每年平均占费8.17元。国家可以年年用成百成千的钱，培植一个大学生或中学生，为什么在农村培植一个具有教育意义与建设意义的新团体，便不该支出几个钱？其实社会教育里面，原有这笔事业费，国家以及从事乡村工作者，当然不会忘记他的使命的。

于此，顺便报告一点关于我们辅导合作社的情形。六个信用合作社分别成立以后，先用旧式账，由社内举人担任会计。社员大会决定各种问题，以及放款收款查账等事都由分庄干事参加指导。后来简易师范班学生毕了业，他们都学过新式账；民校学生入合作社的也大概知道新账的记法；合作讲习会又把合作社职员特别训练一回；所以一年以后又都换用新式账，就由各庄助干管理。联合社与美棉社，各庄助干也负大部责任。同时也改为新式账，账目形式遂完全统一起来。现在各社都有能任文书会计的人，又有大部热心的社员，只要没有意外问题，这基础是不会动摇的。不过，要想使合作社办事手续清楚，账目明白，各种表格书类便非由指导机关预备不可。必备的机器或器具，除由社员公摊购置外，指导机关也得尽量帮忙，先予以应用上的便利。所以一套新式账，成本一元五角，由实验区每社送一套。其余各种章则表格单据，也由实验区印出来，供各社充分应用。我们的理由，以为实验区用这几个钱可以换回更多的代价来，如新人才的训练，新制度的确立，新精神的培养，都是不能以数字表示的。其次联合社只有一厘利息的好处，假如常年营业额达到一万元，也不过有百余元的盈余。开去营业费等，所余实亦寥寥。假如多用一笔钱买家具，合作社便非赔钱不可。所以桌椅、磅秤、保险柜等件，便都由实验区购置，借给联社及美棉社应用。至于打花机、轧花机，便从社员送花卖价中比例摊扣，作为全社的固定资本。第一、二年如全责其出资自备，实际得价不如自卖便宜，合作社便难维持了。尤其成为问题的是少数职员的酬劳金，应从哪里筹措。实验区在各庄都聘定了助理干事，每月给以七八元的津贴，从实验区的立场看来，倒是一件最为经济的事。合作社不论决议三年以内不分红，不给酬劳或照章给予，在村单位的信用社还不成问题，因为业务毕竟简单，不致影响于职员的个人生计。但联合社与美棉社便有困难。尽义务固是美事，如果要求某某职员饿了肚子，费了光阴，误了家计，荒了田事，必要的时候还得自己掏腰包才叫作尽义务，未免于情于理都说不过去，事实上也走不通。合作社初办，基础薄弱，营业额小，想以盈余来维持必要的职员，事实上也做不到。在这种情况之下，政府或其他辅导机关就应予以充分的帮助。华洋义赈会与山东建设厅都曾注意及此，所以或派专人，或聘专员，或无利放款，或给予津贴，在人事与物质上都有伟大的助力。为辅导合作社的独立计，我们曾支出一笔很经济的津贴，不仅是不得已，而且应该看作是一件最合理的举措。奠定了基础，才能进而说到由合作社以建设农村。

（3）公民教育的演变

（一）各方面的态度 实验区原定以政治教育做重心，在第一年工作报告里，曾写过这样的话："……我们以为政治不上轨道，社会一切生活都不上轨道；最大多数的贫苦大众不能共过政治生活，政治也很难永久上轨道。……政治是复杂生活的制动机，也是社会进步的推动器。……我们想启发他们的自觉,充实他们的力量,辅导他们参加,终于由他们自己运用政治的力量建设新乡村。"根据这种认识,就在作准备工作——提高民众教育程度与提高民众生产能力——的时候,也常注意到"组织团体"与"训练服务"作为培养主要实验的基本条件。我们这种态度,在第一年工作报告里已经说得很详细了。

政府与其他方面的态度又如何呢?县政府在教育与建设上都曾有过不少的助力,但说到政治本身,却始终抱了一个不愿多事的态度。我们一再说过,我们没有走政治的路。我们既不愿意运用政治力量,所以关于取缔私塾,创立小学,举办公益,禁止烟赌,改良礼俗,维持治安一切工作,都由我们尽力说劝,尽力提倡。说劝不从,提倡不动的时候,便认为火候不到,只得听其自然。因为县政府不愿多事,所以三年以来,我们没有假手加过一文捐,没有假手罚过一个人,也没有在一切设施里见过一个老百姓打官司。同时,因为政府不愿多事,所以我们组织成功了的调解委员会,励志会与美棉社看花等工作,也发生不了强制力量。劝小孩入学校,劝女人放足一类的事,自更不必多谈。我以为政教合一现在固然做不到,但事实如果可能,行政应该教育化,教育应该行政化。行政离开教育,即有强制力也难用于积极建设;教育离开行政,想积极建设又苦于无强制力可用。我又感到这样一种苦痛:无强力可运用的团体,不但有时不能禁人为恶,反而时常不能劝人为善。为善的可能程度,几乎以不得罪或不侵犯恶势力范围为最大限。试以祝甸乡庄长为例,如果县政府不整顿乡村行政,便没有人肯出头过问政治;乡庄长如果对于教育或其他建设事业不热心,这事业便不易于推动。为了这种教训,所以我们一面在省民教馆与社教社年会上提出实验区主任兼区乡长的请求;一面在祝甸与乡庄长取得密切联络,但终于把实验重心从公民教育移到生计教育上来。这点意见,在报告由合作社以建设农村里已经提到。乡庄长知道这个不愿多事的秘诀,于是除了应付所谓公事,与摊敛款项外,也抱了不愿多事的态度。农民操作既苦顾忌尤多,也就只好在无可奈何声里依样不愿多事了。于是我们辅导乡公所一切活动,便根本落了空。

(二)一次严重的试验我们终于利用本省裁撤区长的机会,引起农民普遍的注意,作了一次破天荒的乡庄长的改选运动。对于这件事,我们有三种要求:第一,实行普选,使农民运用选举权与罢免权。第二,选举公正领袖为全乡谋福利。第三，辅导乡公所，从清理乡村财政入手。经过许多波折，选举虽告成功，而结果并无显著的进步。我们知道，选举公正领袖是属于人的问题，订定清理财政办法是属于制度的问题。打算使这进步的制度，顺利的产生与进行，还得先解决人的问题。人是改选了，当日权势赫赫的乡长，今日一变而为并无实权的副乡长；当日勾结联络无所不至的活动分子，今日便依然运用其潜伏势力，对于新乡长的举措，或则公然阻挠，或则暗中破坏，使你推不动，拉不转。各庄庄长改选了，旧的有委任状而不能问事，新的想问事而无委任状，弄得遇事推诿，无人负责。此路碰壁，但我们仍然要维持从教育出发的立场。结果，使我们转一个方向，看一看由合作社走入地方自治这条路，究竟是否走得通。

以上把语文，生计，公民三种工作的演变说了一个紧关节要。其他如卫生设施，小学辅导，组织团体，举行活动，编辑刊物，书报流通等，路线上亦无严重的改变，无须再行一一复述。

五　新的祝甸实验区

（1）交代的原因与经过　由省民教馆举办的祝甸实验区，自本年度起，奉令移交于省立济南乡师。交代原因，可从三方面观察。从行政机关方面说，教育厅自本年度起，对于社教计划有许多新的规定。单就对这件事有关系的看，一为各乡村师范，均愿深入农村，努力于推广教育，一律设置乡村教育实验区。一为将本省划为若干社教辅导区，先成立数处，决定以一区交省民教馆主办。从济南乡师方面说，校址自北园移往农学院后，与祝甸实验区紧相毗连，如再另行设区，实无异于叠床架屋；而且事实上并无距离较近之农村可以单独成区。从省立民众教育馆方面说，祝甸工作既有相当基础，若不扩大区域，则人才精力难免有虚耗浪费，（留干事二人与各庄助干，即可循序渐进。）若同时兼顾辅导区，则距离写远，人手又感不敷分配所以厅令移交，无论从哪方面看，均极顺理成章，妙合自然。

关于交代进行，本年六月间即由民教馆与乡师双方协商。延至七月二十四日始能点交房屋器具文具图书文卷等什物。我们认为乡教机关的移交，与其偏重在物品的查点，不如注重在事业的接头。所以于当日午前点清物品后，即由民教馆同仁开一工作讨论会，报告各庄情况与工作现状，并分别偕同赴各庄视察助干教学等工作。二十五日午后，原定召集各庄校董商定乡立小学移交办法，适值天雨，多数未能出席，结果留待欢迎会上讨论。二十六日午前，召开少年团勉励会，午后各庄分别举行导生研究会，一面报告工作，一面对第一届导生传习与小先生教学作一总结算。二十七日午前召集全乡乡庄长校董，及各合作社理监主席等开一欢迎会。请校方出席报告工作方针，并使农民对于新领导者，藉此机会，充分表白其希望。省民教馆同仁为使事业能确实接头起见，声明仍愿随时来区，使校方对于各庄人物及工作情况，有充分了解之便利。当时各庄代表及其团体，除对校方表示热诚欢迎外，对省民教馆同仁亦作一有规模的欢送。一段圆满的交代，至此始告终了。

（2）一点诚恳的祝贺　实验区成立了三年，除了在区同仁尚能深入民间，自找工作以外，可说并无成绩。如今换了新的领导者，在学识经验上有多方面的专家，在事业推动上又加入了大量的生力军，其能造福农村，自无疑问。原定五年计划，在实施上我们自己就有改变；当然已经走过的三年路线，也只能供今后进行上的参考。不过为驾轻就熟打算，我们对于当地领袖与校方当局，都曾恳切的表示出我们愿望。我们曾一面劝嘱各庄乡庄长，校董，合作社职员及助理干事，要切实帮助实验区各种事业的发展，不可希求过多，也不可遇事不管，更不可因为今昔做法的不同，横生意见，转使大多数农民得不到好处。我们也曾希望新领导人，对于原有事业与做法多加考虑，但能不多改弦更张处，顺风使船，殊多便利。一俟熟悉过去工作情形，与当地情感水乳交融以后，再提出新主张与新计划，也因水到渠成，无大阻隔。为了事业或工作，我们不能不移到另一个地方去；但也颇似沾染了一点"家有敝帚，享之千金"的习气，对于这点丝毫值不得称赞的小小区域的小小事业，居然引起了难割难舍的心情。所以当交代完了以后，区内民众为了某种问题见访的时候，我们从来没有抱过"嫁出的女儿泼出的水"的态度，出以支吾敷衍。特别是合作社的职员，时常到省民教馆来，陈述业务上难题，请我们帮忙。从事业的责任心上说，从交代的责任心上说，从三年来心血所灌注的一点萌芽的发展上说，都不容我们变成冷眼旁观的路人，使接受我们领导过的农民，遭遇到或然可能的损失。我们总想把事情安排一个妥帖，总想做一个负责的保姆，从自己手里把小孩放到另一个保姆的手里。我们愿意乡庄领袖能与实验区各位先生密切合作，实验区各位先生也必能把大部精力与时间灌注到乡村里，从实际需要上开始区内的新工作。

（3）我们还是准备到乡间去省民教馆下乡的工作，在祝甸是第一次。在这里，我们自己得到不少的基本训练。概括说来，提高我们对于农村事业的兴趣，坚定我们对于农村服务的志愿，获得我们对于农村工作应有的态度与应备的技能，都是三年来在祝甸训练成功的。我们在这里算是受到一段较可满意的初等教育。我们打算升学，我们打算投到不日即可实现的辅导区里，完成我们的中等教育。我们拟定了一篇学习计划——山东省立民众教育馆辅导区计划大纲草案，见本刊六卷五期，——敬请各位先进，各位同志，予以详切的指正。

山东省

山东省乡村教育辅导委员会工作报告

- 一　引言
- 二　各乡村教育实验区之变动
- 三　各县乡村教育辅导委员会之组织
- 四　乡村教育实验区之经费
- 五　乡村教育实验区之工作人员
- 六　各乡村教育实验区工作概况
- 七　过去工作之探讨
- 八　本会将来所致力之工作

一　引言

本会成立于民国二十三年三月，其成立经过，组织情形，及工作概况，曾经于全国乡村工作讨论会第二届年会开会时，以书面报告，兹特就最近一年来，本会所辅导进行之各县乡村教育实验区之工作概况，及县内辅导机关之组织情形，综合略述之。

二　各乡村教育实验区之变动

本会成立之初，被划为实验区者，计有历城、章丘、禹城、长清、肥城、泰安、宁阳、滋阳、济宁、郓城、单县、曹县、峄县、临沂、沂水、莒县、即墨、平度、莱阳、栖霞二十县，嗣因宁阳、峄县、即墨三县经费艰窘，暂缓实验，实验区减为十七县；其后自动请准试办者又有济阳、齐河、清平、商河、惠民、阳信、乐陵、蒲台、博山、郯城、邹县、朝城、青城十三县，计前后共划定三十县。二十四年四月，山东县政建设实验区行政长官公署成立，划定鲁西十四县为县政建设实验区，济宁、郓城、单县、曹县四县均在区内，以统一事权便于行政起见，特将该四县乡村教育实验区移归长官公署统筹办理，现存乡村教育实验区实有历城等二十六县。

三 各县乡村教育辅导委员会之组织

为就近辅导乡村教育实验区进行起见，各实验区所在县份，均成立县乡村教育辅导委员会，其组织大纲详载山东省乡村教育实验区办法大纲内，兹不赘述。

惟自本省教育厅采纳山东乡村教育研究会第三届年会会议行政组议案第十二："各乡村师范为适应乡教性质实验求生教育理论应取消附属小学主办乡村教育实验区并确定中心活动事业"一案之建议后，于二十四年九月指定临沂、滋阳两县先行试办，其县乡村教育辅导委员会之组织，与前稍有不同。其委员会系由乡师校长推广部主任农事主任实验区主任县长县政府第四五科科长及地方热心教育者二人组织成立，并以乡师校长第五科科长及实验区主任为常务委员。

历城等二十四县乡教辅委会与临沂滋阳两县乡教辅委会，委员人选既不同，其性质作用亦因之而异；即前者仅为建议咨询机关，后者则为立法建议机关。

四 乡村教育实验区之经费

各县实验区经费，系由县教育经费与县民教馆事业费之一部及中心小学区内各小学经费全部集合而来。临沂、滋阳两实验区经费，则由旧实验区经费全部及乡师附小经费全部合并而成。除临沂、滋阳两实验区常年经费因系省款县款合并而成，为数较多，数额均在万元以上外，其他各实验区常年经费，最高者七千八百八十八元（章丘），最低者一千六百二十六元（邹县）。

五　乡村教育实验区之工作人员

按举办乡村教育实验区之原意，在使学校教育与社会教育双轨并进，同时发展，故区内工作人员，即实验区办事处人员（主任、巡回导师、农事指导、事务员等）及中心小学区内各小学之教职员全体。其工作进行，则以办事处人员及中心小学教职员为主动人员，以中心小学为推动机关，借以推动其他各小学。学校教育及社会活动，即由办事处人员与中心小学教职员交互负责，共谋进行，以期在精神上事业上一致合作，共同努力；其他各小学教职员则在推动机关指导之下于应负之学校教育责任外，兼任社会活动。

以上为历城等二十四县乡村教育实验区工作人员之规定，临沂、滋阳两县实验区与以上略同，惟各该乡师之实习学生亦为区内工作人员之一部，各该乡师又为实验区之辅导机关，故事实上工作及辅导力量均较为雄厚。

六　各乡村教育实验区工作概况

关于视察各实验区之报告浩繁，不能一一详述，兹仅概括简述之。各实验区之实施计划及其实际工作，虽因各区情势不同，进行方法稍有差异，然就大体言之，可分为语文教育、生计教育、公民教育、康乐教育四部分。分别述之如次：

甲、语文教育各实验区进行步骤，大都先从语文教育方面入手。因乡村间至今尚存尊师重道之风，诚能在学校方面办理得法，即能得到农民信仰，能与农民融洽，而后举办其他事业，方得顺利进行。故各实验区初步工作，即先从事整顿改进办事处所在之中心小学，以致力中心小学之经验，及有效之办法，推行之于区内其他各小学，以及于乡村社会。

关于语文教育方面之工作项目，可条举如下：

（一）学校教育

1. 中心小学
2. 乡村小学

3. 短期小学

4. 民众班

5. 妇女班

（二）社会教育

1. 露天学校

2. 小先生教学

3. 阅报处

4. 民众图书馆

5. 讲演所

6. 壁报

7. 代笔问事处

8. 巡回文库

乙、康乐教育：能与语文教育并行发展，得民众信仰者，厥为康乐教育。如巡回药箱之施医及国术社之组织，颇能得到农民之好感。各区康乐教育细目约略如下：

（一）关于健康方面者

1. 国术社

2. 民众体育场

3. 巡回药箱

4. 民众诊疗所

（二）关于娱乐方面者

1. 民众俱乐部

2. 化装讲演——新剧团

3. 春节游艺会

丙、公民教育：公民教育方面之工作细目约略如下：

1. 组织民众班同学会

2. 区内工作人员参加乡镇会议

3. 组织乡镇自治协进会

4. 进德会

5. 俭约拒毒会

6. 联庄会

7. 整理乡容

8. 设置格言牌

丁、生计教育 生计教育之工作细目约略如次：

一、设立小规模农场 由区办事处农业指导员及学校劳作教员率学生工作共同经营，一在锻炼学生，使有农夫身手；一在实验品种及方法，期能推广。惟此项实验，现因时间关系，尚无成绩表现。

二、设立饲养场 各实验区饲养场已有建设成立，大都以实验养鸡（来亨鸡、美光鸡）、猪（波支猪、曹州猪）、羊、兔、蜂为主，但推广交配工作，多数尚未实行。

三、特约农田 各实验区已有少数特约农田，实验品类多以麦棉为主。

四、驱除病虫害 各实验区对农作物病虫害之驱除，所能应用之方法尚少，普遍实验有效者为除虫菊。如乐陵枣树生尺蠖虫，实验区已能以有效药剂救济。

五、职业补习班 各实验区所举办职业补习班，多系机织蚕业等补习班，其编席、造纸、编织草帽办等补习班亦间有举办者。

六、提倡家庭副业 各实验区依据当地需要，提倡家庭副业，如蒲台、青城、历城等县之编制条货；历城之改良木机，制造草绳；长清之纺织羊毛，均已有相当成绩。

七、提倡合作事业 各实验区举办之各种合作社，迄今尚未能完成，其稍具合作雏形能期望发展于将来者，如信用合作、消费合作、棉业运销合作等是。

各实验区于实施语文、康乐、公民、生计四部教育以外，尚有各种临时活动。如新生活运动、造林运动、识字运动、种痘运动、各种技能比赛会等活动，均能引起农民之注意与兴趣。

七 过去工作之检讨

就各乡村教育实验区一年来工作之经验，深感举办乡村事业之匪易。各区虽经本会及县乡村教育辅导委员会尽力辅导督促进行，而所表现之成绩尚寥寥无几。且各乡村教育实验区，因经费多寡之不同，主任能力之各异，及各地环境难易之悬殊，故所表现之成绩，颇不一致。成绩最优者，于办理学校教育外，已能次第举办乡村事业，且已从事农村产业之开发，此种实验区仅占十分之一；次者于整顿学校教育外，已能参与乡村社会活动，引发农民动机，此种实验区约占十分之三；最低者则正在努力学校之整顿及与农民之融洽，此种实验区约占十分之六。故于检讨过去工作时，吾人实觉惭愧也。

八　本会将来所致力之工作

本会除不时派员分赴各实验区按照其实施计划视察辅导外，复于二十四年八月召开各实验区主任谈话会一次，藉以报告过去工作，并商定将来进行方法。计开会二日，决议议案多件，关于生计教育方面者居多，均注重发展农村之特产。良以现在乡村经济崩溃现象，召示吾人者已至为明显。究其原因，实由于外货之输入乡村，乡村土产被抑压而不能发展，益以农民守旧性成，不能采用新法生产，遂使农村趋于无止境之破溃中。吾人如不能于农民生计施以消极的救济及积极的改进，将无以维持；即在语文教育、公民教育、康乐教育各方面，亦无从使农民相信而顺利实施，实验区将成空壳而毫无内容。故于各实验区主任谈话会中确定今后工作，当以生计教育为中心。经长时间之讨论，厘订发展农业之步骤如次：

一、就各实验区范围内调查输入区内各种外货之品类及数量。

二、调查区内特产及能代替外货之产品与其数量及销售方法。

三、根据调查作详细统计。

四、分别组织产销合作社。

五、汇集各实验区调查统计，向银行接洽投资，以便分别贷款开发产业。

最近各实验区工作，即在努力于调查统计，将来之工作则在积极致力于合作的组织及与银行界投资之接洽矣。

河南省

一年来镇平自治工作报告

赵秩甫　王扶山

一　引言
二　自卫方面
三　自治方面
四　自富方面
五　教育方面
六　结论

一　引言

去年今日（十月十日），全国乡村工作讨论会在定县开会，到今年今日，已整整一周年矣。镇平在此一年中的工作，对于自卫自治方面，仅是一种整理与充实，而所特别致力者，在教育建设、经济建设两端。但因限于人力、财力、环境等等关系，各种建设事业，多未能按照原定计划实施。谨将此一年中教育、经济、自卫、自治各方面工作，择其较重要者，胪述梗概。敬祈国内贤达，乡运先进，作不客气的指正与批评！

二　自卫方面

镇平地处山隅，素苦匪患，自彭禹廷先生倡办民团以后，县境土匪赖以肃清，人民得以安居乐业。所可危者，南邻邓县，土匪潜滋，每有朝发夕至之忧；商南等县，匪患蔓延，时有东窜宛西之虞。加以外患日炽，东省沦亡，华北危殆，国亡无日，故镇平对于自卫工作，仍不敢稍有松懈。镇平办理自卫之原则，为"增加实力，减轻负担"，而其进行之目标在："化兵为工，寓兵于农"，其分期抽调训练，系采取瑞士国义务民兵制办法，凡年龄合格之壮丁，均需受训，递进递退，以全县训练完为止。去冬以还，觉匪杆愈大，防匪之法，除壮丁外，仍须碉堡，遂大事修筑，以作坚壁清野之准备焉！

（甲）寓兵于农之实验

镇平常备民团，已改编为壮丁巡查队。依寓兵于农之义，令壮丁巡查队合作耕田，牲畜农具，完全由公家购制。预计每壮丁五十名，种地五百亩，全县壮丁，约可种万亩之田，集团经营，生产增加必多。且拟栽培特种农作物，以便获利。每年除付地主稞租外，所收获之谷粮，约可值洋二万元。并计划每队开粉房一所，除作粉条粉皮外，所得浆渣，可饲耕牛。余者每处可养猪数十头，每年约可得利万元。依此生产叠增，十年可达民团自给之目的。自去冬以来，现已接种学田十六顷，开粉房六处，计公家现有学田五十四顷，四年内，可以接收完毕。至于后备民团，现改为壮丁队，完全寓兵于农。凡县中壮丁在定期受训后，即各回家中，从事农作，有事时则集合，其办法详后。此则完全寓兵于农也。

（乙）化兵为工之实验

化兵为工，亦彭禹廷先生原定计划之一，其目的在使民团练习技艺，增加收入，而减轻人民之负担也。

1. 工艺——镇平工艺，仍为手工业，加以民团经费不充，故不能设备大规模之机械，只能习手工业。各队织袜，织毛巾、做鞋、编席等等……自实行以来，尚能获利，对于饷食上，不无小补。

2. 建筑——各队所住之房舍及院墙，多系团丁自行托坯建筑。今夏大雨为患，房墙倒壤甚多，仍由团丁从事修建，现已次第竣工。

3. 修路——镇平至南阳，走大道仅有七十里，但走汽车路，因绕道关系，则有九十里。去冬时，令团丁协助农民，新筑道路一条，直通南阳，宽八尺，长三十五里，专为拉黄包车及骑自行车者之便利。其他道路，如在农忙时期损坏，亦均系附近所住之团丁随时修理。

（丙）壮丁队之训练

一、镇平后备民团，原定计划，分期训练，以三年为准，训至第四期时，第一期退伍，训至第五期时，第二期退伍，余依此类推。彭先生虽训练至第三期，嗣后改编为壮丁队，今春始继续训练第四期，而将第一期之壮丁退伍。

二、今春训练之壮丁队，共七六二人，自三月初起，至七月三日训练完毕。第五期受训练者七五五人，八月十五日起，期限亦定为四个月。受训练期满后，解散回家，各务原来职业，统编入各区后备内，平时由各区区队副负责考查。每月集合总队部一次，点名，会操，听讲。

（丁）修筑碉堡

镇平以近年来，杆匪甚大，完全恃民团之防御，不如藉助于碉堡，以为坚壁清野之计，故对于碉堡，亦极注意。去冬督促各区修筑碉堡七十二处，中间已告竣者四十余处。

三 自治方面

各种事业，须有健全之组织与健全之干部，方能系统完整，运用自如，而推进一切。镇平地方自治委员会，去岁六月奉令改组为地方建设促进委员会，是则上层之组织已经改组，而下层之组织，尚未完备同时各区乡服务人员，埋头苦干者多，而真正了解农村建设之意向与办法者少，殊不足以应新事业之发展，故对于健全组织，及训练干部，为本年度之主要工作。

（甲）地方建设指导区域之规划与组织

镇平为健全组织及促进建设计，乃商承县政府，将全县划分为十个地方建设指导区域，每区域设一办事处，专负指导任务。镇平县地方建设促进委员会于本年五月第一次常会议决地方建设指导区域组织大纲八条，呈准公布施行。现在各指导区域办事处，均已筹设就绪，镇平自治工作，仍继续照常进行。

（乙）政教合一实验乡之筹设

镇平以往工作，即依政教合一之原则，如小学教员之协助乡镇长，壮丁之与民众学校等，均有规定。现在更进一步，实验乡镇政教合一之整个办法。每指导区域先划定一乡实验，俟有成效，再逐渐推广。

现在各指导区之实验乡，均已划定，其人选已先后训练数次，俟组织就绪，即可开始工作。

（丙）地方服务人员之训练

设立地方服务人员训练班——本年六月十七日，地方建设促进委员会第二届第三次常务委员会议议决，设立地方服务人员训练班，训练联保书记，合作助理员，小学教师等各种服务人员，（助理员及教师训练另交叙述）并将其章程修正通过。

各联保办理一切事项，事实上多由书记负责，而书记之知识，简陋不通公事者，又所在皆是。此乡村工作，进行迟缓之原因也。镇平地方建设促进委员会有鉴于此，爰有训练书记办法之规定。

计此次考取受训之书记，共一百六十四人，内现任书记考取者七十二人，新考取之书记九十二人。七月一日开始训练，八月十五日结业，现已分配各联保服务矣。

（丁）合并联保办公

为集中办事力量，增进工作效率计，乃有各乡联保合并办公之议决。

合并结果，计四联保合并办公者十三处，三联保合并办公者三十一处，两联保合并办公者凡十九处，未合并者十五处。

四　自富方面

镇平对于乡村工作，赖数年来之艰苦缔造，在自卫自治方面，已略树相当之基础，而农村经济之破产，金融之枯竭，仍是一般的现象。故如何发展农村经济，活动乡村金融，确为现阶段中极切要之工作。

（一）设立农村合作金库——因应事实之需要，乃呈准河南省农村合作委员会，将镇平原有之农民借贷所改组为镇平县农村合作金库。于本年二月二十六日召开股东大会除当然监事外，由大会选举张甲宸等三人为监事，赵秩岑等九人为理事，并互推赵秩岑为理事长，于二月二十九日正式成立，并开始营业。

（二）训练合作指导助理员——镇平县农村合作干部人员训练班，于本年七月一日开学，受训练者二十七人，内现任各区指导员十一人，现任合作助理员四人，新考取十二人（原系十五人，中间退学三人），于八月十五日训练完毕。八月二十七日地方建设促进委员会第七次常委会议议决：分配各区工作，预计本年内，各联保成立合作社一处，各区联合会组织成立，以完成全县初步之经济组织系统。

（三）一年来全县成立之合作社——合作社为最妥善之经济组织，本县办理已久，但因限于人力财力之缺乏，仅设立信用合作社三十余处。去夏呈准省府，将镇平划为合作试办区，合作人才亦渐渐增加，而经济之协助，亦有来源。故一年来镇平之合作，大有蒸蒸日上之象，而新成立经登记合格者，亦达四十六处。

（四）造林统计——镇平造林运动，已成为一种风气，保护树木也成了一种习惯。同时对于插柳、治河、筑坝等等成效，亦渐为大家所认识。故每届冬春植树季节，全县民众皆不约而同的动员造林，荒山荒坡之点播种子，河边沟边之插柳，隙地义冢之植树，均布满人的踪影。去冬今春造林的数目，更是可观，据统计结果，全县共植树二百七十九万一千五百五十一株，共插柳九十七万二千九百七十三株；赵河流域，共筑坝二十五个，荒山荒坡点播之种子，还不在内。

（五）种蓝统计——近年来，洋靛倾销，土靛全被打倒，利权外溢，良堪痛惜！镇平县地方建设促进委员会为挽回利权计，于去春通告各区，广种蓼蓝，俟土靛下来后，即令各染坊购用土靛，在土靛未用完前，不准使用洋靛。近数年谷贱伤农，种植其他农作物，每亩收获之谷，约可售洋五元。去年种蓝之户，每亩平均产靛一百斤，可售洋十六元，农民见有利可图，故今年种蓝者甚多，而靛之产量亦大增。据统计结果，除敷本县染坊自用外，还余土靛一万零六百二十九斤。

五　教育方面

镇平对于乡村工作之根本主张，是"政教养卫合一"，在自卫自治自富各种建设方面，均以教育为促进之原动力。故年来对于小学教师之责成，如训练壮丁，协助联保主任推行合作，办理民众学校等等，在奖惩规则上，均有详明之规定，以为考绩之标准。然以小学教员程度之不齐，学识优良者，固然居多，程度较差者，亦复不少。而且本县拟采取平教会在定县所试验之最经济最有效之组织教学（以前称导生传习制）办法，以改进本县教育，充实建设内容，此更非不健全之教师所能胜任。故对于小学教员之检定与训练，为本年度之主要工作。兹分述于下：

（一）检定小学教员——检定全县小学教员，于本年二月二十三日举行，及格者三百六十五人。

（二）设宛西师资训练班——本年四月，镇内淅三县推派代表到定县，敦请平教会张含清骆一羽两先生莅临宛西，设立宛西师资训练班，将在定县试验成功之组织教育办法，施以整个训练。三县教育会议，规定各县县督学，各区教育委员，指导员，及各完全小学校长，于五月四日一律前往受训，期间定为两星期，于十九日结束。是为第一期。其第二期，系由各县择乡村小学教员程度较优者，赴该训练班受训。

两期受训者，俱踊跃参加，而且超过原定数目。镇平第一期受训者四十七人，第二期受训者，竟达一百一十七名之多。

（三）设立暑期小学教师讲习会——暑期讲习会于七月十五日开始，七月三十一日结束，受训学员，共计二百八十二名。

（四）设立塾师训练班——塾师训练班于九月一日开始，定十月一日结业。此次受训者，共二百七十余人，而白发苍苍之老先生，亦有百余人之多。

（五）民众学校实验区——镇平对于民众教育，向即重视，去冬全县共成立民校二百七十二处。同时教育局于去年十二月，又通令各完全小学，将附近之村庄，列为民校实验区，本政教合一之原则使完全小学师生深入农村，领导民众以促进地方建设，成绩甚佳。

（六）各校栽桑养蚕之统计——本县各小学校，本生产教育之义，向有栽桑养蚕编帽等劳作。今春教育局在第二农林局领到桑苗一万株，分发各学区栽培，又领到蚕种一百五十张，分配各小学饲养，以便学生实习。据统计，全县完全小学共摘茧二百七十八斤，初级小学共摘茧二千一百八十六斤，教育局摘茧一百一十二斤，共摘茧二千五百七十六斤。

六　结论

1. 此次所报告者，多为一年来新办事项，其他例行事项，如养老、恤孤、禁烟、禁赌、积仓、清乡等等工作，皆略而不陈。

2. 此期之工作，侧重教育建设、经济建设，期树立稳固之基础；但已往数月所作者，多为建设之准备工作，而现在始步入推行之时期。

3. 镇平自治实为天灾人祸迫而出此；故过去数年的工作，多为剿匪救灾等消极的工作，近二三年来，以少有基础，水旱匪灾，镇平幸免，故得从事于富有研究实验性质之工作，如壮丁巡查队之种田，地方建设指导区域之划分，政教合一实验乡之筹设等。

4. 一切建设，必须通过教育之阶段，而建设方能生根，方能未久故特与"以教育为手段，以建设为目标"之平教会实行合作，并采用其实验成熟、最经济最有效之组织教学办法。今春请平教会派张含清先生到宛西，训练师资。暑假又敦请平教会平民文学部主任孙伏园先生担任宛西乡师联中校长名义，并请其学校教育部主任李训石及干员李剑南，李秀峰，叶兆丰等辅导教育建设工作。

河南省

内乡一年来之乡村工作报告

别香斋　罗卓如

一　引言
二　自治
三　教育
四　自卫
五　建设
六　卫生救济
七　结论

一　引言

本县乡建事事，是由自卫入手，一步一步的演进到现在。人民受不了万恶土匪和不良军队的摧残，才起而自救。由自救运动中，产生出各种组织，各种力量来。在剿匪，治河改地，种树筑路……种种工作里，都有其相当的成绩。优点是人人动员，事事易于推动；缺点是人的物的条件还不够，需要各方面的协助，关于这一点，曾向第二届工作讨论会作过简单的报告。一年以来，承各地乡建团体的关切，有的派人指导，有的从旁协助；地方事业，差有一种新的开展。回溯以往，瞻顾未来，谨对本届大会，致殷殷切望之意。

二　自治

本县自治之组织，因法令限制，迭有变更。二十三年，奉令改组九区自治办公处为地方建设促进委员会，改组各乡镇公所为保甲制度。自后一切活动，皆在法令范围内，斟酌地方情形，略作伸缩之运用。

一、劳动服务团之组织　二十四年春，遵照新生活劳动服务团之办法，兼采定县公民服务团之内容，组织新生活劳动服务团。甲设分团，保设中团，联保设劳动服务团，区公所设新生活运动促进会分会，县设新生活运动促进会（由建设委员会兼办）。劳动服务团（联保），中团（保），分团（甲），各设政治、经济、文化、卫生四组。区分会，县建设促进会，设政治、文化、经济、卫生四股。以民众的组织，扣合政治的组织；以政治的组织，推进民众的组织。

附劳动服务团团员工作纲要

1 政治团员　担任户籍（包括人事登记）、调解、治安、消防、催粮、救济、清查户口、禁止洋货、查验出门证、通行证等工作。

2 文化团员　担任传习教育（即传习站）、家庭宣传、娱乐改进、书写委托及布置张挂等工作。

3 经济团员　担任办理合作（包括储仓、存款、借款、购买、运销等）、农事改良推广、工艺指导、计算委托等工作。

4 卫生团员　担任环境卫生（包括扫除消毒等）、家庭卫生指导、健康检查、疾病预防（包括种痘等）、简易治疗、禁烟、放足及生死统计等工作。

二、联保主任之训练　联保为民众层之组织，联保主任如能负责，一切办法，自易透过民众。旧有联保主任，因循敷衍，不堪任事。二十三年秋，挑宛西乡师内籍学生，开办自治训练班，毕业后，派任各联保联队副兼民校校长，辅导联保主任执行公务。本年春，承中华平民教育促进会派人调练公民服务团，组织教育之办法，复调联队副加入训练，期满派任联保主任。全县九十六联保，均为受过训练之青年学生，接充主任，即政治的责任者，即经济的责任者，即教育的责任者，即军事的责任者（服务团之推运，亦由联保主任负责）。

三、保长之准备　二十三年秋，训练中学肄业，高小毕业，或同等学历之青年，派任各保小队长兼民校教员，辅助保长执行公务。本年十一月，拟调集城内，训练传习教育，劳动服务团之办法，派任各保保长，为一保内政治、教育、经济、军事的责任者。

三　教育

在过去二十余年的匪乱期中，谈不到教育。现在事事缺乏人才，事事又需通过教育阶段，问题之严重，无过于此。一年以来，即针对此种问题寻求改进办法：

一、改组宛西乡村师范　自创办人彭禹廷先生逝世，校长职务由别香斋先生暂代，维持现状。本年春，承中华平民教育促进会派张含清先生等主讲教育。旋于本年七月，由地方委托平教会主办聘孙伏园先生为校长。孙先生任校长后，积极从事改进。

1. 除原有教育学科外，加授传习教育、组织教育、生计教育，以充实课程内容。

2. 采用大队制度，养成学生自动自治之精神。

3. 确定学校经费（内乡摊认四分之二，镇平摊认四分之一，淅川摊认四分之一）。

4. 实行计划训练（添招师范四班后，即以全部经费移办职业教育）。

二、合并三县中学　为集中经济人才起见，本年四月经将内乡中学并入宛西乡师，七月镇淅两县中学，亦一并并入，聘孙伏园先生兼任校长。改进之点有三：

1. 采用大队组织。

2. 调查学生经济财力，不能升学者，编入师范授课。

3. 具有天才确能深造者，毕业后，按照地方需要，指定学科由地方资送升学。

三、训练师资　本年春，承平教会派人训练师资（包括县督学，区教育委员，民校校长，小学教师）。第一期内籍一百三十人，第二期内籍一百八十人，第三期二百零三人（此期为一二期受训人员回县自动办理者）。训练之主旨有三：

1. 采用传习教育，扫除全县文盲。

2. 采用导生制，节省人力物力。

3. 采用公民服务团办法，引发人民自动力。

四、辅导员训练　受过师资训练的人，回到乡间，兴致勃勃地活动起来。这时的问题，不是"动""不动"，而是动了怎样去指导的问题。因于本年七月，商请平教会派李剑南、弃兆丰、李秀峰三先生主办辅导员训练，现已结业，下乡实习。

1. 辅导员由各区教育委员，各小学教员中抽调，训练期限一月（受过师资训练者）。

2. 各区划一表证村，全县划一中心区，作为示范，由毕业之辅导员领着作。

3. 县设一辅导主任，巡回视察（主任暂由李剑南先生担任）。

4. 各表证村，各辅导员，作到预期结果后，即普遍推行全县。

五、乡村小学　推进乡村教育，已蔚成一种风气，各村纷纷自动主办；惟教材教法，俱成问题。本年六月，经建委会拟具逐步改进办法如下：

1. 校址毗连，就学龄儿童较少者，两校并为一校（计并十五校）。

2. 现已实行导生制者（五十一校）归辅导员视导；尚未实行者暂缓。

3. 二十五年春季，为导生制普遍时期（预计各区表证村届时可为模范）。

六、民众教育　本县青年农民，大都受过军事训练，此等青年农民，具有推动建设的潜在力。因此，民众教育即针对此等青年农民，并与壮丁训练合并办理。

1. 民众学校，每保至少成立一所，小队长兼任教员，联保主任任校长。保内青年农民（即受武装训练之壮丁队），每晨受军训，每晚入校授课。

2. 麦季废历五六月，秋季废历八九月，暂停授课，免误农事。

3. 小学所在地，均附设民校，小学教师兼民校教员。

4. 黑板书籍，由公家发给，灯油纸笔，由本人自备。

5. 劳动服务团办法充实后，民众教育由文化组员以传习办法传习之，不限于民校以内。

四　自卫

一、编制二十三年，奉令改编常备后备预备三种民团为壮丁队。根据三省总部法令，参照地方情形，编为下列五种：

1. 壮丁队　各保十八岁以上三十五岁以下之成年农民，均应编入壮丁队，就地普遍训练。每年两期，每期四个月。每保每期，抽调一小队，以四十人至八十人为率，轮流训练之。二十三年十一月至二十四年二月，受训壮丁六万一千余人。

2. 壮丁训练队　每保抽调壮丁一人，至指定地点，集合训练，每期四个月，每年分二期，树征兵制之基础。此为省令规定，现已训练两期，计两千五百人。

3. 壮丁巡查队　壮丁巡查队，相当于旧日常备队，每名月饷五千，麦子一斗五升。专负维持治安之责任服役期限半年。期满归田，以第二期受训练之壮丁队补充服役（类推）。人数多寡，视邻境治安规定之。

4. 通信队　年满三十六岁以上四十五岁以下之保内农民，经调查后，编为通信队每保以二十人为限，负传达消息，递送公事之责。以四个月为一期，轮流服役。

5. 纠察队　年满四十六岁至五十五岁之保内农民，经调查后，编为纠察队每保以二十人为限，负侦探匪盗，保护森林，看守庄稼，逡逻道路之责。以四个月为一期，轮流服役。

二、训练自卫为地方一切建设之基本条件，吾人本政教养卫合一之主张，特将民众学校，与壮丁队训练，合并办理之。

1. 时间课程　每日上午四点半集合，练习军事、国术，六点半解散；下午六点半集合，（民众学校内）教学农民千字课、各种常识（包括卫生、造林、修路、治河、改地、改良种籽等），九点半解散。麦秋两季停止训练。冬春农暇，除受训外，并担任公共建设工作。

2. 检阅　（一）联保检阅：所有各保壮丁队，每月终，由联保主任集合举行之（会操、打靶）。麦季废历五六月，秋季废历八九月暂停。（二）区检阅：每年春冬两季，集合所有训练之壮丁，在各区中心地点检阅之。（三）县检阅：每年十一月召集各区第一二两期壮丁队，举行于城内。

三、防止匪患　特制定通行证、出门证办法于下：

1. 领取出门证办法

一、出门证由该管保长发给，不取分文。

二、出门在联保境内者，不领出门证。

三、出门不隔夜者，不领出门证。

四、除二、三两条外，不领出门证者，不准出门。

五、凡出门投宿或达到之处，由该处户主，立即验证，报告甲长，转报保长。

六、归来时，仍向保长缴销出门证。

2. 领取通行证办法

一、外县人入境投宿时，由店主或户主立即报告甲长，转报保长盘查后，发给通行证。

二、经过本县而不留宿者，免领通行证。

三、凡经宿而无通行证者，得随时随地阻止通行，并送由该地保长盘问明白，酌量补发通行证。

四、遇有形迹可疑者不发通行证，应由保长迅即转报区长核办。

五、客人出境时，应将通行证缴由最后经宿之店主，转缴该地保长存查。

六、发通行证，不取分文。

五　建设

在经济人才俱感缺乏的情形下，建设事业，谈何容易？吾人惟凭万众一心，人人动员，以其本身之血汗，堆成若干成绩。以其吃土尝粪的经验，产生若干适应地方需要之方法。和别个地方，有其不相同之点。

一、改地　关于旱地、洼地、沙洲地、漫浸地改治之方法成绩，另有专册报告，不在下述之列。

1. 斜坡地之改治　内乡县境，西北崇山，东南冈陵，倾斜起伏，耕地多在斜坡之上。其弊有三：（一）不能含蓄水量。（二）雨水容易冲去肥料。（三）埌土时时向下流动，上面不长庄稼。二十三年十一月，经建委会督责改良。其法：先察看地坡形势，横折为数丈宽之土挡子，削平下面凸起之土，填补上面倾斜之处，随削随填，改为一级一级之梯形平地。较之削上填下，费力省，成功速。计四、五、六三区，依法改成三百一十五顷。平均收获量，增加十分之三四不等。（预计三年内，将全县斜坡地改齐)。

2. 湖田之改治　此种田,长年泥淖,性寒水冷,只能种稻谷一季,产量不丰。改治之法开成若干纵横之通渠,导水下流,并划为若干块,各留水口,用水时揸起,引水入田,不用时掘开,撇水入渠,即变为稻麦两季之田。本年二月,在第八区马山口一带督同民众计改治五顷八十七亩。

二、治河　本县大小河流,由十八年至二十三年经过普遍整治。二十四年七月,霪雨成灾,浊流滚滚,酿成普遍的灾象。本县各河流,因河身引直,减少水力的冲击。普种雁翅柳层,增加拨水护堤的功用,幸获无恙。由是引起邻境之注意,参观取法者,不乏其人。兹将本年改治之工作,分述于下:(历年整治之方法成绩,另有专册报告)。

1. 湍河　由陈湾(出口处)至大周营(接邓县)两岸河堤,共长一百二十余里,虽经历年整治,有的地未改妥,有的堤未筑竣,柳未插齐。二十四年三月,由第一第六两区民众,劳力合作,分段兴工,每日多至三万余人参加工作。除历年新改已成之地外,本年新成耕地三十一顷二十亩。共费一百七十余万工,历时两月。

2. 默河　第八区马山口上段沙洲,计七顷一十亩。由该区民众,于本年三月合作兴工,筑堤三道,开渠二道。费六万五千余工,历时约一月,改为耕地。其他各区改治之工作,不另赘述。

三、修路　本年七月,淫雨为灾,县区道路,多被冲毁。现由建委会督同各区保分段翻修。

1. 汽车路　计分内淅路、内马路、内镇路、内赤路、内西路、西重路,长共四百一十五里。本年九月,一律翻修,并各加宽为一丈二尺。(前因爱惜耕地,仅修宽九尺。)

2. 马车路　计分赤马路、夏马路、赤夏路,长共一百八十里,本年九月由各保民众分段翻修。

三、农业　因经济人才的缺乏,农业改良,在在感受困难,仅恃吾人一点一滴的汗血,作各种改良之推动。推动办法:按春夏秋冬四季,拟定工作程序,分期召集联保主任,小队长等训练之。(例如种棉时,即训练种棉。)学好做好后,散到各保,指导农民去作。用即用即学,即学即用之传习办法,现请平教会派生计教育部陈治民先生草拟改进农业之设计。

1. 农事试验场　二十四年八月,由本县指拨宛西乡师附近之公地二百三十亩，作为宛西乡村师范农事试验场。农业方面，暂分园艺、家畜、作物三组。生计训练方面，暂分编辑、训练、视导三种。将来即以农事试验场作宛西三县的中心农场。由中心农场、县农场、区示范农田、村表证农家构成一种纵的组织。由宛西乡师，农村小学（或民众学校），劳动服务团（经济组员）形成一种横的连锁关系。现在建筑房舍，选购品种，积极筹备。

2. 柞蚕试育场　县境西北，山岭纵横，长约三百余里。橡术漫山（历年点种），为侗育柞蚕良好区域。二十三、四两年间，换育烟台柞蚕种，均告失败。本年六月，商同第三区农林局双方合作，设场试育秋蚕，为农民示范。

3. 种靛指导　本县历年厉行禁购洋靛，提倡自种，（凡土产可以替代之洋货，均一概禁止。）由建委会派人指导。本年约收十八万一千三百斤，减少输出计十三万余元。

4. 种棉指导　推广脱籽棉，已有六年历史。因统制不周，品质退化，本年调换新种。先由建委会编印种棉须知，将小队长等集合训练，实地练习，学好做好后，散归乡间，指导农民，复由建委会派人巡回视导并在各联保成立选种处，总选总发。（其他作物之选种指导与种棉同。）

5. 牛种改良　农民知识落后，牝牛配合，不知选择，年复一年，渐形退化。本年春，由建委会筹洋二千五百元在周家口选购牡牛十八头，每区分饲两头，专供种牛之用。

四、林业　森林为间接水利，本县因治河改地之需要，历年大量造林。又因地少山多的关系，汽车路旁，禁植树木，以免妨碍耕地。植树区域，划为近水、近山、宅旁三种，兹将本年种植概数，分列于下：

1. 近水树木　治河主要办法，为以柳护堤，以雁翅柳层拨水。故植柳一项，为历年最大工作。二十三年冬至二十四年春，共插柳橡（较大柳枝）二百一十二万五千株，雁翅柳（较小）四百二十四万一千株，簸箕柳（沿渠插，一年一刈，干小可编物）一百八十万六千株，植榆树八千一百株。

2. 近山树木　本县历年倡导经济自卫，拟以植物油替代洋油，山绸替代洋布。故于点种构树橡树，极为注意。二十三年冬至本年十月，沿山坡隙地，共植油桐、构树、漆树一百二十万株，共种橡子二百一十五石三斗。（以四、五、六、八区种最多。）

3. 宅旁树木　二十三年冬至本年春，由各村共植桑树一万三千四百八十二株，构树九千六百株，葡萄一万二千三百株，各种果木树七千五百八十七株。

五、公共建筑　本县公共建筑，采义务劳工制，由公家出材料，民众出劳力，共同经营之。

1. 碉寨　二十三年十一月至二十四年三月完成之碉寨：计新集寨，张集寨，黄沙寨，三官寨，此为新建。赤眉寨、杨集寨、秦家寨、王店寨、西峡口北寨，此为翻修。西峡口碉楼五座，赤眉城碉楼三座，此为新建。

2. 平民公园　就县城东关隙地，辟一公园（内附通俗讲演所），方可三十亩，供平民之游憩。用费三百一十元。历时一月。

六　卫生救济

一、卫生方面　在农村经济破产之今日，卫生设备，困难万分，一年以来，勉强筹办者，约有三种：

1. 县立西医院　二十三年十一月开幕，院内设有主任一人，医师二人，司药生一人，看护二人，病房五间。平常诊病，只收挂号费二百文，不另收药费，出诊概不取资。住院者，每人每日收膳费二角，不另收药费，贫苦者减免。平时办理种痘，预防等公共卫生事项。经常费由财务委员会支出，全年一千五百元。现经商请平教会卫生教育部，派人主持卫生设计。并在天明寺筹设保健院，以期逐步推行保健制度。

2. 公共沐浴池　二十三年十月，在赤眉镇首建公共沐浴池一处，藉作提倡，计费四百一十元。

3. 中医检定　一个县立医院，如何能普遍解决农村的医药问题，只有暂时的向中医乞灵了。二十四年六月，在县举行中医检定，录取八十三人，发照行医。并搜集各种单方，购办救济药品，交服务团卫生组员，以备简易治疗。

二、救济方面　平时救济事业，有贷款积仓两种。贷款方面：县有借贷所，区有借贷分处，以调剂农村金融。（此项基金，现已移办合作。）

积仓方面：每石稞租（取之地主）夏季出豌豆五升，秋季出谷子五升。（每年冬季春季，开仓两次，由贫民借吃，收后还本，不取息。）此历年办理之大概情形也。兹将本年主办之救济事业，述之于下：

1. 救济院　二十四年一月，就警察所遗址，开办救济院。以旧有普济堂稞租作为基金，另由财委会按月补助六十一元。暂设养老、残废、孤儿三所。

2. 救灾　第三区新集一带，濒近丹江，两岸环山，内部陷落如盆形，丹江经淅川直下，过李官桥，南流约十余里，与由郧阳直向东流之汉江汇合。本年七月，淫雨为灾，洪水漫山，下注新集一带。复值汉江陡涨倒灌丹江，滚滚洪流，漫山盖地，房屋牲畜，男女老幼，多被浪涛卷去。生者树栖草宿，无食无衣，演成空前之灾象。水退后，由建委会着手调查：第一期，散发第一区仓谷一千六百石，第二期，拟移第二区仓谷救济，并由地方事业预备费项下，筹办冬衣一千套。现届播种（麦）时期，其无牲畜耕地者，由一二两区民众，驱犊代耕，以资救济。

七　结论

从上面报告里，可以看出我们最近的工作，有三种新的要求。（一）横的方面，民众组织之扩展。（二）由自卫的经济状态，走向农工业的开发。（玻璃厂、打纸厂、葡萄酒公司、石印石等小工业开办情形，曾向第二届大会报告。）（三）人的物的条件都不够，急切需要各方面的帮助。这种要求的表现，是动的，前进的奋斗精神。乡村建设的推动，虽有各种的条件问题，主要的还是力量的问题。宛西三县，有其完整的社会力量，这种力量是一架推动乡村建设的机轮。只要各乡建专家，以其研究实验的具体办法，不断的推进宛西，驾上乡村建设的机轮，向前迈进，一定有其成功的一日。不过还有一种问题，值得注意，即普遍法令的运用，不能适应乡村建设的新发展。希望由此引起政府和各乡建专家的注意，寻求一种适应的办法，扶助宛西乡建事业的完成。

河南省

淅川工作报告

王士范

一　淅川形势概略
二　淅川之过去
三　淅川工作概况
　　训练人才
　　充实自卫
　　修筑道路
　　架设电话
　　调查户口
　　清丈地亩
　　增设学校
　　保护行旅
　　种树造林
　　疏浚渠道
　　引水灌田
　　挖引河建石坝
　　提倡植棉纺织及手工业
　　禁鸦片烟
　　禁不良输入品
　　禁不良习尚
　　整顿街道
　　积谷与救灾
四　结论

一　淅川形势概略

淅川古为商于之地，位于河南之西南隅。地接陕鄂二省，东界邓县，东北界内乡，北界卢氏，东南界湖北均县，西南界湖北郧县，西北界陕西商南。自西北至东南，斜长三百余里，横阔百数十里不等。峰峦层叠，地多险阻，为北岭南坡之阶级地。河流以丹江为主干，淅水滔河淇河为其支流，东南注于汉水。

全境山脉盘亘，河川交错，平原沃壤极少，耕地约六千顷，山巅水涯，固为耕耘所及，岩石缝中，苟有一坯之土，亦未尝任其荒芜。全县人口三十万，每人平均得耕地二亩，而地多硗瘠，旱涝时临，故民生极苦。

丹江舟楫上达陕西之龙驹寨，下循汉水以达长江，平汉陇海二路未通车前，陕甘贸易之出入，尝以丹江为孔道。淅川虽蕞尔鄙邑，而在东南对西北交通上，实居枢要地位，政治上隶属河南，而地方经济之盈虚，则视武汉商业之消长。输出品以桐油芝麻油漆药材杂粮棉花为大宗，近年因提倡植棉，棉田增多，棉花已占输出之首位。

输入商品中以棉织物为大宗，钢铁煤油食糖人造靛纸烟海产及零星日用品次之。手工业遭其破坏，经济遭其侵蚀，自给自足之农村，遂日趋于崩溃，人民之生计日蹙，政治之统驭又失，全社会乃陷于大混乱中。

二　淅川之过去

自五口通商以还，国际资本主义对中国之侵略，日益加剧，由沿海而达内地。由都市而及农村。淅川自清季以还，险象日增，舶来品充斥市面，手工业几被消灭，农村凋敝，少壮失业，入民国后秩序日紊。又以地处边隅，距省窵远，官不安民，而惟以殃民为事；兵不剿匪，而惟以通匪为能。民八以后，土匪蜂起，抢掠烧杀，民无宁息。大股土匪，如白狼之围攻县城，吴凤山之焚烧上集，庞大个赵老幺等之盘踞马蹬，老洋人之屠杀李官桥，刘宝彬之焚掠荆紫关，大小杆首，前后不下数百，里胁匪众，前后无虑数万，小大市集以及穷乡僻壤，靡不遭其蹂躏。城门画闭，途绝行人，良田鞠为茂草，崇宇变为颓垣，一肉票之值，降及布履两双，极人世未有之残酷。加以内战不息，兵祸连绵，县属之荆紫关，为豫陕门户，中原有事，常为必争之地，避居城市之人民，又为此辈席卷一空，社会财富，扫地以尽，淅人辗转于死亡线上者，几达十年。愚妇愚夫，则求神问卜，祷太平之重睹；缙绅先生，则饮泣秦庭，冀政府之垂怜。讵木偶百呼罔应，政府鞭长莫及。有识之士，懔于死亡之无日，遂不避危难，发为自救运动。民国十二三年之交，地方人士，鉴于匪祸之靡有底止，鬻妻卖子，以购械弹，倡办民团，风起云涌。然办理民团，殊非易事，土匪视为死敌，官府时加掣肘，而饷械之筹集，尤为极难，或主持非人，功不补过，或中更事变，半途而殒，地方秩序，恢复之不易，有如此者。淅水之滨，有狭幅平原曰板桥，土沃民稠，而四周环山，交通多阻，土匪据为巢穴，官府视为化外，土匪之发难以此区为最早，官兵之剿捕以此区为最难。陈重华先生为此区世家，幼年负笈申汴，肄习教育，民国八年回县任师范校长，睹匪人之惨虐，常髪指眦裂。民九因地方人民之环请，遂弃校长而归办民团，以教育学生者教育人民，故人民翕然归之。植基既定，乃躬冒枪弹，与匪肉搏。期年之间，辖境肃清，全县遂公推陈先生赴省垣购领械弹，付陈先生以清剿全县土匪之任。顾其间军阀混战，争相收编土匪，虚张声势，所谓想作官先架杆，已成不易之定律，常有朝为土匪，夕成官兵，或朝为官兵，夕成土匪。民团处此兵匪混淆之候，拒之不可，迎之不能，此中困难，有非局外人所能想像者。陈先生支持其中，历十年之久，迨中原大战告终，淅境军队全去，地方治安，完全由民团维持，境内盗匪一举廓清。彭禹廷先生自百泉村治学院归镇平，励行自治自卫，内乡别香斋先生则自民十五以后，已将境内肃清，因鉴于大局之多故，与匪势之张大，镇内淅三县，遂实行联防，以自卫保障自治，以自治谋乡村建设之完成，精神团结，步调齐一。二十一年春，魏国柱李长有王太崔二旦等杆数万之众，窜扰镇平，三县民团合力拒之，血战兼旬，卒驱之境外。

三　淅川工作概况

宛西三县，昔本以自卫受知于国内。盖以地处边隅，夙多盗匪，政局多故，不暇顾及人民，为救死计，乃起而自卫，主其事者，多属彬彬书生，仿之清季湘军，虽事业之大小不同，实具体而微。自三县联防以后境内夜不闭户，地方人士遂得专意于乡村改造与各项建设。淅川在三县中环境恶劣，经济最苦窘，凡百事业，常用力多而成功少，心余力绌，良用愧歉！然三年工作实况，亦有可得而言者，兹条列于下：

训练人才

乡村工作人才，除有必需的知识与技术外，至少尚应具下列数种资格：

1. 身体健全；
2. 能吃苦耐劳；
3. 明了地方人情风俗；
4. 对于乡建事业有信仰。

宛西三县工作开始时，首感困难者，即人才之缺乏。除三县分别举办短期之训练班外，特联合设立宛西乡村师范于内乡之天宁寺，为乡建人才供给之源泉，亦即为宛西乡建运动之中枢。二十二年春开学，卒业学生除担任教学外，择尤分配于各地方机关。自本期起，宛西三县与平教会合作，乡师由平教会主办，三县县立中学，亦实行合并其中，俾精神齐一，步调一致，以增进工作效率。

充实自卫

淅川界连陕鄂，地处边要，毗邻之县六，而除内乡外，俱伏莽未靖；邓县西境荒芜之土地，倍于淅川，耕地之全部。村落邱墟，几绝人烟，至今仍为匪窟；陕境之商雒一带……凶焰高张，如火燎原，淅川介居其间，防线绵长四百余里，戒备稍疏，即将遭其蹂躏。故乡村建设，固为今日工作之中心，而充实自卫一事，亦不敢一日放松。旧有团队，来自募集，自实行保甲制度后，乃改为征调，仿瑞士义务民兵之制，常备化兵为工，后备寓兵于农。凡淅籍男子年在十八岁以上三十五岁以下者，编制训练，轮流征集，使负维持地方治安之责，授以军事技术，与公民知识，平时为生产中坚，有警则捍卫乡井，对外有事，则为国防后备军。其训练分二种，抽调至指定地点集合训练者，谓之壮丁训练队，月给薪饷，负驻在地维持治安之责；各保壮丁就地普遍训练者，谓之壮丁队，有警集合，无事解散，不给薪饷，盖淅川环境特殊，非如此不足以自保也。

修筑道路

淅川全境皆山，境内向无车辆，行路之难，不啻蜀道，文化闭塞，率由于此。民国二十一年，从事修治，已完成者，共四一五里。所有各区大路，统规定一丈二尺宽，区小路规定八尺或五尺宽，两旁做排水沟，路面铺粗沙，以免泥泞，本年冬季可一律修竣。

架设电话

淅川面积辽廓，斜长三百余里，山河间隔，路多崎岖，西坪李官桥间消息之传递，往返需五六日，耗财费时，贻误实多，为灵通消信起见，特于二十一年将环境电话完成，凡全县紧要处所，均有电线相通，一隅有警，瞬息间全县皆知。

调查户口

调查户口，为办理自治之基本工作。二十年奉省令采用乡间邻制时，曾清查户口一次。二十二年春又奉省令改用保甲制，又举行调查一次。本年为防境内奸细计，又大举清查一次。以八月一日为公定户籍月，各小学教师暑期训练时，与各公务人员全体动员，参加调查者，二百五十余人，经此三次调查，全县户口状况，已了如指掌。

清丈地亩

本县土地，大部在丹淅两岸，历年因河道变迁，冲刷至为剧烈，或有粮而无地，或有地而无粮，数百年间未加清厘，负担不均，苦乐悬殊。本县于二十一、二两年举行全县土地总清丈，二十三年举行复丈，本年春夏间又行抽丈，各户田段多寡四至坐落粮银额数，俱造成清册，以为他日清理田赋之准备。

增设学校

淅川在匪乱期间，全县学校，不足十所，而学生寥寥，毫无生气。厥后匪患渐息，学校亦逐渐增设。二十年县立初中女师二校先后成立，二十三年宛西乡师开学，各乡村小学，亦有大量之增设。

保护行旅

淅川地连秦鄂，上达陕甘，下通武汉，夙为交通孔道，行旅之保护，亦至关重要。自二十一年起，严行保护行旅，凡行人投宿旅店，行李财物如遭盗窃，则由店主负赔偿之责，如遭强劫，或途中被截者，则由所在地保甲长与壮丁队长负赔偿之责。其办法将损失财物，按四份摊包，即区长、保长、壮丁、队长、店主等，如在半月内能破案者，即将匪人财产作赔偿之资，若是匪人无产者，即由财委会将初赔偿之款拿出，匪人依法治罪。故旅店主人与保甲长平时对行旅则严密保护，遇有盗匪则拼命追捕，期免赔补。连年严厉执行，未尝稍懈，境内商买野宿，行旅称便。

种树造林

淅川耕地，占全面积不足十分之一，山岭则占十之七八，故欲繁荣农村经济，必须求之山中。今日濯濯之童山，其上非无萌蘖之生，徒以樵牧不禁，不能成林，连年造林政策，对山地则严禁樵牧，期幼树之长成，对河川两岸之居民，则限令育苗植树，以期蔚然成林。造林目标除材木外，尤注重能迅速生利之树，其种类，有下列数种：

漆树　为本地原产品，三、五、六等区，俱产之，尤以第六区为大宗，其繁殖用分根法。本年春季共计移植一百七十四万零九百九十二株。

油桐　亦为本地原产品，其子实富油质，为良好之防腐剂，近年桐油外输占出口之大宗。二十三年冬季，各区督率乡民，大举种植，共种五百三十二石九斗。

乌桕　俗名构树，子实富油质，可以制猎，冬季人民烛火，多仰赖之。淅川连年禁洋油入口，即以此油为代用品。其子实之传播，俱由鸟雀之啄食；各山地小树丛生，不假种植，连年提倡保护，产量大增。

橡树　幼树可以饲柞蚕，大树为材木，及良好燃料，本县为发展柞蚕计，连年大举种植，二十三年秋，计各区共种橡子百五十余石，连年共种橡四百七十九石。

除上列各树外，二十三年度全县共植树一百八十七万株，二十二年度共植树一百三十五万株，二十一年度共植树百十三万株。

本年春，建委会特辟苗圃一区，专为繁殖湖桑葡萄胡桃花椒白果等苗木，以备推广。今年秋，又将值种桐子花椒时期，其植树办法之规定，分上中下三等户，每上户先挖一千桐树窝，中户五百，下户一百或二百，候子实成熟下种，每户育花椒树苗五百株，并规定每人每年种杂树五株，此即所谓计口植树也。本县所植树木，专以本地原产为对象，以免失败，至于远方名贵之品，非确知其土宜及用途者，不贸然提倡。

疏浚渠道

淅川山川原隰，错落分布，故排水渠道，分布田间，大雨时期，藉以泄水，免田禾之冲淹。第以多年未加疏浚，或被淤浅，不能宣泄，或遭侵占，几将湮没，以致夏秋之交，大雨时行，低地禾苗，多遭淹没，每年损失不可胜计。本年春间，全县计疏浚沟渠百余道，今夏大水洪流，赖以宣泄，田亩幸获保全，减轻损失甚多。

引水灌田

淅川为北岭南坡之阶级地，地势倾斜，水源颇广，择地作堰，引水溉田，收效极速。盖乡村建设之主要目的，为解决民生问题。值人民生计穷迫之候，增加食粮，预防旱潦，实为乡民最愿做之事业。本县较大河流，如淅水滔河俱勘有地址，可以引水溉田。只以工程浩大，未即着手。近年利用小河溪泉之水，作堰开渠以溉田者，所在皆有，而以姬家山根之工程为较大。于二十三年春开凿，渠长四里许，深三尺，宽五尺，灌溉范围二千五百亩，可以种稻之田约千亩，稻田每收获量为旱地之二倍，其值亦倍之。刻又托信阳第二水利局代购凿井机一架，已运许昌，不日运回，拟每保先凿井两口，共九百余口，以作灌田之用。

挖引河建石坝

丹江水势湍急，至石门而东倾，马岗魏岗一带，沃壤百余顷，尽付东流，而逼近城西北隅，城池岌岌可危。二十年丹江大水后，省赈务会拨款万元，派员建筑人字坝六座，距离太远，收效甚微。为永久安全计，惟开挖引河，使丹江远离城垣为最上策，以前屡有拟议，均以工大费巨，未敢着手。二十三年春，鸠工开凿，上自老人仓，下至兴化寺，计引河长七里余，宽三十丈，深自七尺至一丈，旧河道中，横砌拦江石堤一道，长三里余，基宽二丈，顶宽一丈五尺，高自八尺至一丈五尺，两方密楔木桩七千余根。引河内面又建护岸石坝八座，长各数十丈，全部工程计用人工七十二万，挖沙三十四万方，用石七千五百余万斤。丹江全流俱循引河而直泄，旧河床全涸为沙滩，拟分段建拦淤石坝，约可得沃壤二百余顷。不幸今年丹江空前大水，拦江石堤冲决，河水大部又入旧河道中，并将人字坝冲毁四坐，拦淤坝冲尽，江水去城濠不足二丈，城池形势更危，若不修治，全城将尽付东流。惟以大灾之后民力凋敝，拟于今冬明春，踵事修竣。引河故道仍在，惟石坝须加重建，为保全城垣计，虽欲罢而不能也。

第三区之下集街，因淅水东倾，寨垣之北部，已冲陷河中，二十三年夏，在寨之北面，建石坝三座，长者里许，短者数十丈，为维护淅水东岸土地计，又在大铺子地方建大石坝一座，长百数十丈，挑淅水使归河心。第八区李官桥镇形势与下集如出一辙，因丹江冲刷，寨北部已陷河中，本年春建石坝两道长各数十丈，以护寨垣。今夏丹江大水，李官桥全寨被淹，寨垣附近之土地，则未遭冲刷，新建石坝防护之力也。

提倡植棉纺织及手工业

本县气候土质极宜种棉，过去以品种不良，获利甚微，故未能大量种植。二十三年，由南阳农林局运脱字棉籽千八百斤试种，因种籽未经选择，下种稍晚，成绩不良。今年则就本地品种中选种播种，另由邹平及金陵大学邮购脱字棉种，以备异日推广。

本县纺织手术极为拙劣。本县所产之棉，除供本地纺织之用外，尚有大量输出，而由武汉方面输入，大宗机制棉货，以应社会之需要，农村经济，双方受其剥削。二十三年春，创设县立民生工厂，提倡织染及制草帽织袜及印刷等手工业，由各区选送学徒入厂肄习，学成返乡，仍受厂中管理，分途提倡，以期推广，惟棉纱仍须仰赖外货。今春特派学生赴定县学纺纱，并订购弹花纺纱各机全套，以为仿制推广之用，所购机件，顷正由许昌起运归淅。

禁鸦片烟

本县自二十年以后，境内已绝毒卉。惟以地接陕鄂，禁令张弛不一，鄂边二十三年犹行种植，陕边则今年犹未禁绝。地连阡陌，而禁准各殊，乡愚无知，尝误会为不许人民发财，实为禁烟上一大困难。然本县仍严厉执行禁令，未尝稍懈。禁吸一层，则各区分设戒烟所，勒令烟民入所戒绝，不稍宽假。

禁不良输入品（纸烟洋油洋靛海菜）

农村经济之崩溃，由于输入输出之不平衡。吾国因不平等条约之束缚，不能充分运用关税武器，抑帝国主义者货品之输入，以致造成巨额入超，农村破产，国基动摇，而本国固有之物品，因不堪舶来品之压迫，逐渐消灭。本县对不良之输入品，分别加以禁止，计已实行禁止者，有下列四种：

1. 纸烟　绝对消耗品，本县土产烟叶烟丝可以代用，自二十一年起禁止。

2. 洋油　虽为日用品，而纯属舶来，本县各种植物油可以代用，自二十二年起禁止。

3. 洋靛　本县旧产土靛甚多，凡有菜圃之家，几无不种植，以博厚利。近十余年来，因洋靛之输入，土靛逐渐减少，十七八年间几归灭绝，二十一年提倡种土靛，二十二年实行禁洋靛。连年土靛之栽培迅速扩展，三数年后，不难恢复旧观。

4. 海菜　大部为日货，性不滋养，味欠鲜美，而价值高昂，每年耗财甚多。自二十二年起，禁海菜入境。提倡吃本地之鸡鸭鱼，及各种山产以代之。

5. 各种奢侈品，如手电等；各种化妆品，如香水雪花膏等；亦拟加以禁止。盖值此国难严重，民不聊生之候，吾人实无力享受各种资本主义化之物品也。

禁不良习尚

1. 缠足　二十三年秋冬，曾大举查禁一次，各公务人员，在乡间随时查禁解放。

2. 剪发　二十三年秋冬，与放足同时施行，城市警察壮丁队，各公务人员，随时宣传，实行剪除。

3. 迷信　各庙宇俱改设学校或办公处所，偶像多俱毁去，烧香敬神之风大减。

整顿街道

县城道路在昔凹凸不平，或用卵石堆砌，或用污土铺垫，多年相沿，未加整理。石砌之路，石角如锯齿，足履不慎，动致倾跌；土路一经雨水，泥深没胫，晴则大风扬尘，有碍卫生。二十三年春，从事改造各街道，按一律宽度平治，基用碎石，上敷沙土及煤屑，路心略隆起，两旁倾斜，砌以火砖，以便排水。路面铺以细沙，逐日责成各商店扫除，雨后仍布细沙一层，雪时随时扫清，街道宽平整洁，市民称便。

积谷与救灾

积谷备荒，为社会要政，今年春季，特实行积储，按累进率抽收一次，集储五千余石。嗣后遇中上之年，拟继续积存，以三万石为定额。

本年夏季，丹江大水，土地冲毁，居舍漂没，灾害之严重，视二十年尤为过之。当时灾民露宿野处，无衣无食，极人世之惨。本县先以仓谷施急赈，继又由各公务人员全部捐薪一月及二月，放急赈两千余元以救燃眉。厥后省垣两次发来急赈洋六千元，自赈款到县，以至调查散放，并于十日以内办了，以惠灾黎。本县比年以来，水旱频仍，近又惨遭水灾，农村几等于破产，是以水灾救济委员会，应时组织成立。除分途呼吁，款赈粮赈外，复经议决各条，布告各界，一体遵行，以苏民困而资救济。兹将各条开列于下：

1. 耕地冲淤，收获绝望者，稞租全免；
2. 耕地未全冲毁，略有收获者，佃主平分；
3. 耕地未经冲淤，而歉收者，按八成交租；
4. 耕地未经冲淤，而无力按八成交租者，佃户应向地主商准，酌减完纳稞租；
5. 凡灾区人民，指地作保，及神仙稞，俱按八成交纳；
6. 凡灾区人民实当管业之地租，应照上列各条一律办理；
7. 凡以后佃地不准勒索，顶山，倘有巧立名目，索取顶山者，即以剥削农民论罪；
8. 凡今岁短纳之稞租，应一律豁免，地主或债主以后不得追交完补。

四　结论

　　淅川在民十九大内战中，饱受蹂躏；二十年大水，地方损失极重；二十一年春，防剿大股土匪，大军尾追者五六万人。其间地方治安之维持，兵差之供应，应接不暇。二十二三两年中，地方少获喘息，略事兴革。本年空前大水，元气大伤，凡百计划，形将搁置，欲不努力挣扎，又恐蹈因噎废食之叹。同仁等既惭学殖之浅薄，复感灾祸之频仍，而又有许多特殊困难，为国内其他乡运机关所不易遇见者，因应克制，颇费经营，其荦荦大者，有下列五种：

　　一、宛西三县，与国内其他各乡运团体，在政治上有一最大分歧点，即其他各团体在其辖境内或负全部责任，或作一部事业，政府赋以权力，并从而协助之，境内人力财力全供运用。宛西三县之乡建运动，则为地方人士之自救运动，行动本极纯洁，而外间或不相谅，凡所设施，动感困难。其显著者如治安之维持，须由地方人士负全责，而维持安治之费用，则无着落，此困难之点一。

　　二、欲推行乡运，必须有人事上之改革，不能作乡运工作，而不甘寂寞之分子，或暗中阻挠，或兴风作浪，流言蜚语，蛊惑视听，此困难之点二。

　　三、淅川面积一万八千方里，人口三十万，防线绵长四百余里，而地方全部费用，不过数万元，环境且从而掣肘之，欲求事业之推进，其何能得，此困难之点三。

　　四、人才为事业之原动力，乡村贫苦，待遇菲薄，才智之士，集中都市，中级以下人员，固可求之于宛西乡师，而设计指导之才，则渺无觅处，此困难之点四。

　　五、淅川毗邻之县六，隶河南者为邓县内乡卢氏，隶陕西者为商南，隶湖北者为均郧二县，各省政令不同，地方情形亦异。邓县西半部，匪患剧烈，几绝人烟，土匪巢窟其中，防范稍疏，人民即将受其波及。沿边地方，常年在戒严状态，……淅川已居防赤之最前线，其他卢氏均郧等县，伏莽未靖，宵小时逾境滋扰，故淅川人力财力耗于建设者少，耗于防剿者多，此困难之点五。

同仁等对于乡建事业，有坚强之信念，绝不以困陋而自馁。在未来睹国命之恶战中，吾国沿江沿海各地，俱将在敌人炮火之下，吾民族最后支撑地，当在西北。近年陇海之西展，西京之经营，吾人深信政府之远见与决心。潼关扼西北门户，而县属之荆紫关，则为自东南入西北之间道，京陕国道之开通，使淅川在大局上，愈增重要。秦关百二重，蓝关为内卫，武关为中权，荆紫关则为门户，高山夹峙，丹江中流，山麓水滨，一线仅通。自来西北有事，商于之地常为兵家所必争，固不仅今日也。吾人值此国家民族绝续之交，一切措施，应集中目标于救亡图存。今日道路之整备，足以供未来之军运；仓廪之积储，足以供未来之军食；壮丁之编练，足供未来之运输。一切的一切，均将供国家民族争生存之用，合宛西三县之力，吾人深信必能有所裨益也。

河南省

省立百泉乡村师范学校工作报告

李振云

一　本校简史及组织
二　计划与目的
三　本校之特质
四　本校所感受之困难及补救

一　本校简史及组织

本校前身为河南省立民众师范院，嗣鉴于乡村教育之需要，乃于二十年自动计划呈准教育厅改为河南省立百泉乡村师范学校。同年三月二十日，教厅派民众师范院院长李振云赴江浙考察乡村教育状况，以为实施之借镜。六月十日任命振云继长本校。当经呈准教育厅招收专修科一班，普通科两班。九月一日，正式开课，至二十一年秋，续招普通科两班。旋因鉴于学校制度及学生实习办法有改进之必要，乃于二十二年春，呈准教厅组织学校设计委员会，负责研究改进办法。二十二年夏，专修科学生毕业凡二十五人，秋，续招普通科两班。二十三年夏第一届普通科毕业两班。秋，续招两班。本年夏第二届普通科毕业两班，秋，又续招两班。

以上专就本校组织概况而言，但本校究与一般普通师范不同，组织上亦大有差别。兹列表于下：

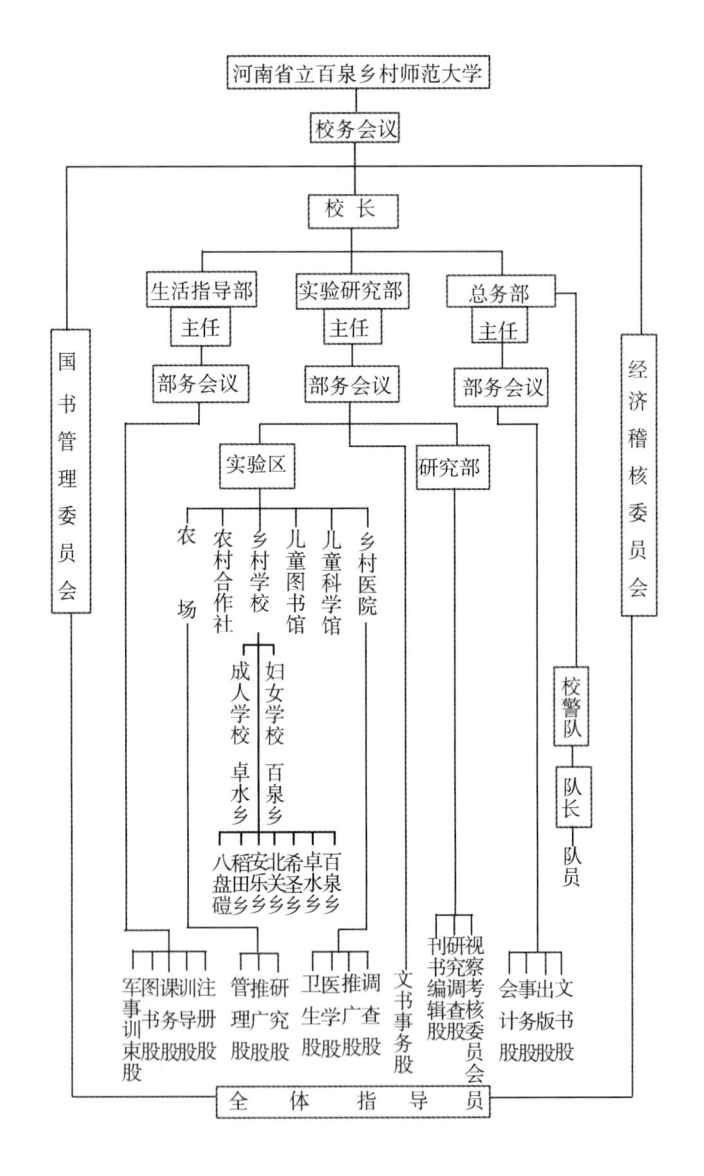

```
                    ┌─────────────────────────┐
                    │ 河南省立百泉乡村师范大学 │
                    └───────────┬─────────────┘
                                │
                          ┌─────┴─────┐
                          │ 校务会议  │
                          └─────┬─────┘
                                │
                          ┌─────┴─────┐
                          │  校  长   │
                          └─────┬─────┘
```

(组织系统表)

生活指导部主任 — 实验研究部主任 — 总务部主任
部务会议
实验区、研究部
农场、农村合作社、乡村学校、儿童图书馆、儿童科学馆、乡村医院
成人学校、妇女学校
卓水乡、百泉乡
八盘磴、稻田乡、安乐乡、北关乡、希圣乡、卓水乡、百泉乡
军事训练束股、图书股、课务股、训导股、注册股
管理股、推广股、研究股
卫生股、医学股、推广股、调查股
文书事务股
刊书编辑股、研究编调股、察考核股、视查委员会
会计股、事务股、出版股、文书股
国书管理委员会、经济稽核委员会
校警队（队长、队员）
全体指导员

二　计划与目的

本校创办目的，不仅在谋河南省教育之普及，且兼负改进河南乡村社会之责任，因此以"增进农民生活，改良农村组织，发扬整个农村文化"为努力目标；训练学生，亦力求其有"健强的体魄，劳动的身手，科学的头脑与改造社会的精神"，用特以学生参与实际生活为唯一实施之手

段。而于实习尤所侧重。期于"在劳力上劳心",以谋"做学教"之合一,俾从实际生活中,培植改造乡村社会之精神。

三 本校之特质

1. 实验区之苦干　本校实验区设主任一人,副主任一人,干事若干人,以下分设乡村学校七处。各乡校长悉由本校就对于乡村教育富有研究及经验,兼富实验牺牲精神者选聘充任。乡校无教员,由本校高级学生轮流担任实习,乡校校长,一方为乡校之校长,他方即为实习生之导师,并同时兼为乡村之领袖,一身数职,而努力精神,从未稍懈。实习生教育知识既有根基,复得实习机关,亦可使学做合一。本区此种办法实施以来,已有数载,虽未敢云之有若何之成绩,然同仁等数年来苦干精神之代价,实觉有诸多之可慰。本区现有事业除七处乡校不计外,如乡村医院、乡村合作社、农场、儿童图书馆、科学馆等,莫不在经济原则之下力求其扩充发展。至此七乡校现已容儿童千数百人,而需费则仅数百元,所谓"用一个小学的钱,办十所小学教育的事",殆为本乡校之描写。

2. 生活导师制　本校为熟悉学生个性,便于实施有效指导,以增进学生之研究兴趣起见,爰采行"生活导师制"。其办法以全体指导员为导师,学生则令于每期开始各按自己兴致之所趋,自由选择导师一人,作为本组领袖,规定每组人数以十人为原则;所有各组一切日常生活事项,概由导师领导活动,或作学术上之研究探讨,或作体育上之活动,或为做人方法之陶冶;每日令学生作生活记载,导师按期批阅,藉明学生之真实生活与个性,以收训教合一之效果。每周规定时间开会一次,讨论一切生活活动问题,并实行自我批判,以期改进。

3. 废除假期　休闲的心理,虽是人人都有,然而这只能算是懒惰性的表现,不能认为是必须的条件。况在内忧外患交迫的国度里,大家唯一依赖挽救中国的人物所谓士,应若何刻苦自励,为我中华民族谋一出路!而竟沿袭着西洋旧例,实行过那今日星期,明日例假,什么暑假啦,寒假啦,春假啦等等安逸的日子。我们略一估计,其所费时间至少要占去一年的三分之一,再加上开学晚,散学早,学生迟到,先生晚来等等花样,恐怕一年的大好光阴,不知不觉中,要有三分之一以上,都付之东流了。

"一日曝之，十日寒之"，又何怪乎不见教育效率的增进，只见一无所长的毕业生加多。本校看到这一点，全体师生一致主张将所有星期、暑假、例假等假期，完全废除，只在天气严寒，各界人士都停止工作的年关左右，那几天必须回家的，可以请半月假。农友们终岁勤劳，并未见有什么休止的时候，我们干乡村工作的同志，应与乡民共休戚，故本校自废除假期三年以来，全体师生都处之泰然。在学生方面不但在一学期实习中可以得到真实的经验，其学理之获得更较其他各校为充实者，其原因亦即在此。

4. 他如军事训练之严格（全校取军队编制与管理），农事实习之认真（每生均置备简单农器一套，如锄耙铁钳之类），社会活动（如联村自卫会、农产品展览会、婴儿健康比赛会、乡民运动会等）之有益于民众，都在兼程并进，努力实施。此种办法，业为河南各校所采仿。

四　本校所感受之困难及补救

本校四年以来，对于"乡运"事业之举办，不遗余力，然以深切感受二大困难问题，致理想与计划，未能尽为实现。如：

1. 限于经费，不能放手作大规模的实验事业，如调查统计的工作，研究能力的增进，以及卫生教育的设施等。

2. 限于法令。凡作一种实验事业，决不能循规蹈矩，墨守成法。望文生义，我们已经知道"实验"不是可以在现在普通情形之下干得通的。如乡区实习，因毕业会考的缘故，只有二年级同学能够参与实际工作，因此却大大限制我们从事文字教育的效率。其他事业，以限于法令而不克进行的还很多。

由于上述的困难，我们固不敢有很大的奢望，但求今后能在可能的范围内，从小处着手，藉教育的力量，以期推行努力的事业，逐渐实现我们的理想。

本校历年办理之事业实况，详载本校刊物乡村改造中，兹因参加三届讨论会之便，特简略叙述一二，报告于乡村工作诸同志之前，敬祈不吝指正！

河南省

遂平嵖岈山县立职业学校乡村工作报告

魏雁明

一 引言
二 工作目的
三 工作要项
四 工作人员
五 结论
附本校困难情形及待遇问题

一 引言

民国十九年冬，河南省立村治学院停办后，本校校长魏雁明，率领村院一部毕业学生回到遂平，并约合本县同志于二十年春筹备开始，利用县西五十里之嵖岈山麓古庙皇经堂地址，计庙房百有五十余间，田地两顷四十余亩，山场四座，约十余方里，教育局补助经费八百元，遂以成立，旋受地方阻挠，中途停止。二十一年春，魏校长亲自住山主持，力加整顿，排除困难，且教育局经费，增至二千二百五十元，招收农科职业及乡村师范各一班，初级小学两班。二年以来，继续扩充，现有职业及乡师各两班，小学四班，附近十里以内创立乡村小学三所，五十里以内由本校派师范班学生分期轮流实习，以期原有各乡间小学与本校合作，计由本校师范实习生参加教学者共十七所，每所均设有民众学校。

二　工作目的

本校根据教学做及政教卫合一之原则，具实作苦干之精神，以学校为中心，实施乡村建设，改进农民生活，巩固地方自卫，增加农业生产为目的。

三　工作要项

（甲）教育　本校迤东，地成平原，村庄稠密，宜推行教育，以转移社会。现本校在十里及五十里内所办之各种学校，总计每年直接承受本校教育者，有两千余人之多，十年后定有显著之成效。故本校向外发展，本著政教卫合一之计划，以乡村小学为推行之机关，本校名之曰东教。

（乙）建设　本校迤西，荒山绵延，百有余里，童山濯濯，诚属可惜。每年春秋两季，全由学生实习，担任播种植树造林，以发展本校之经济，并提倡私人造林，务使地尽其利。本校自开办以来，计播种二十余万坑，植树十万余株，播种多椿、楝、橡三种，植树多乌桕、扁柏、白杨诸种，并有苗圃十二亩，专为育苗之用，均由学生实习与管理，故本校名之曰西林。

（丙）自卫　本校成立于山野荒僻之地，常为盗匪出没之区，来此工作，首重自卫。故本校招收学生，自带枪支，加重军事，严格训练，并联合附近各村壮丁，于农闲时授以军事训练，均由学校军事委员指挥之。三年以来，屡过大股土匪（如马希有等），围困与攻击，险象环生，均得安稳过去，刻已肃清，地方平静。

（丁）农场　划本校附近属地四十亩，作为育种繁殖等区，三年以来，所育脱籽棉马齿玉黍秫等品种，尚有成绩可见，刻已分散附近各农村，数年后自然普遍。

四　工作人员

本校一切事业之工作，皆由校务会议决定大计，校内由各部职教员领导学生，本教学做精神，切实工作，校外由本校专聘巡回导师二人，分期轮流任本校外附设各乡村小学及民众学校之教师切实指导，并为解决临时一切困难问题，兼指定其教学以外应行自修之课程。

五　结论

本校每年全部经费，由教育局发给经常费二千二百五十元，连同校产收入及学费，共计三千元。以此经费，作此事业，所以能勉强维持者，一因职教员待遇很低，半尽义务，一因全体学生，皆须担任工作，是全在人力而已。而所以维持此人力活动之要点，则在乎作事业负责任耐劳苦守纪律之学校精神以维系之。本此精诚团结，努力此种事业，作一分是一分，如植一树有一树之成功，教一人有一人之成功，且作者愈多，则根基愈固，以此继续不间，十年后则山上树木，有一部之收入，学校经费，即可逐渐充裕，将来之发展，同仁等自信未可限量也。

附本校困难情形及待遇问题

本校成立，事属创举，进行迟缓，功效难以立见，尤须一面规划，一面试验，规划则需时间，试验则需金钱，以本校经费之支绌，常感心有余而力不足之叹。关于研究方面，设备简单，实验工作既少常工，又缺器具，各部事务，全赖学生工作，对于看守及时间之分配，极感困难。此其待决问题者一。

本校学生，工作时间过多，均凭一腔热血，肯于苦干，惟常此过劳，精神不免有偏枯之虞。当须亟待调剂，使心力平均发育，感到诸事均有兴趣。但限于经费之困难，并无适当之运动场，游艺类之设置，以调剂其性质，更无相当图书馆，以开扩其知识。此其待决之问题者二。

盖本校为发展乡村事业之中心，实施乡村建设，改进农民生活，巩固地方自卫，增加农民生产，发展农村经济为目的，然以经费支绌，诸多实施问题，均不能即时解决，同仁等深以进行迟缓为憾，值此开会临期，尚望乡建同志，有以教之！

河南省

洛阳实验区第一年

陈大白等

一　引言
二　保甲中心之民众训练
三　保甲中心之教育推广
四　保甲中心之村政建设
五　后言

一　引言

洛阳实验区自从开幕以来，转瞬间已经一年了。回忆去年今日，广平的孟洛道上，古典的吕庙村前，车水马龙，人山人海，其典礼之隆重，民情之沸腾，确为中原乡村之空前盛举；此景此情，宛如昨日，抚今忆昔，殊深兴感！

在这一年中，我们精心擘划，费尽了千辛万苦；奔走服务，饱餐了朔风黄沙，在物质与肉体上，可说是备尝艰辛了！但是我们并不觉得痛苦，在我们的内心里，感觉到快慰，精神上格外奋发。因为外受时势环境之激发，内感实际社会之需要，使我们不得不苦干。

这一年实际工作中，我们已经坚定了我们的信仰，探出我们的路线，规定我们的活动，实验我们的事业，困难固多，心得亦复不少；虽不敢以云一年小成，但是规模初具，已略有基础了。

一、我们的信念：以民众教育来建设乡村，以乡村建设来复兴民族，为现代社会思想之主潮。洛阳实验区系中国社会教育社河南省教育厅洛阳县政府所合力倡导，亦即此种思潮之产儿。我们自从受命着手筹备后，即以建设乡村复兴民族为职责，埋头苦干矢志事业为信约，向着目标努力从事实际工作。一年以来，又有三种外力给予激发，使我们的信念愈坚：一、三主管机关导之以经济与政治力，董事热心指导与策励，使我们的情不得不动；二、中原将为边陲而民懵然，国际风云紧急而国益危，使我们的血不得不热；三、茫茫神州，民间疾苦日深，杯水车薪，无济大众，使得我们的心不得不急。我们的热情动了，参之以内心信约，内外交响，更确定我们的信念：建设乡村是我们的终身职业，复兴民族是我们的应尽本职，我们要用民众教育之方法，从小处着手，完成乡村建设，扩大而为区政县政省政与国政之建设，以建设国家，复兴民族！

二、我们的路线：我们感觉到过去民众教育之实施，未免费力多而收效少，其重大原因，即为缺乏政治力量，以资促进。因为民众不免顽固，社会时现静态，我们虽欲推进，仍少力量。本区系中国社会教育社河南省教育厅与洛阳县政府所合办，在本质上已有政治助力，在实际上亦感着迫切需要，所以政教合一，即为我们事业建设之路线；但是我们所主张政教合一，并不是以政治力量来统制执行乡村建设事业，因政治力是强制的，形式的与下行的，使之既久，易蹈被动、硬性与空虚之流弊，过去之村治县政大都如是。我们的政教合一要使政治学术化，教育社会化，以教育为目的，政治为手段，教育力量渗透到乡村底层中；以政治力量为掩护，以补其力之不逮。事业设施之步骤，先以教育方法喻之以理，不成，以精神感化动之以情，又不成，最后方运用政治力量绳之以法，以促成事业之建设。

三、我们的事业：我们的事业分政治经济文化三方面，以民众基础学校为建设中心，换言之，即以民众基础学校为中心，建设政治经济文化三种事业。其建设程序，村有民众基础学校，乡有中心民众基础学校，区有民众高等学校，逐渐递进，继以扩张，以建立民众基础教育制度。至其事业内容，在过去一年中，已建设者政治方面为村政建设，公民训练与卫生设施等；经济方面为农业推广，合作组织与针织工艺等；文化方面为基础教育制度，强迫征学与传习导生等实验。事业单元有九，各自一体，但乡村社会事业是整个的，事业内容却颇多关联沟通，尤其在同一建设事业中，却自然演成渐进之路径；例如民众基础教育制度之建立，第一先建立学制系统，将学校教育与社会教育打成一片，以完成教育组织；其次运用征学办法，强迫民众入学，以招来教育对象；然后试行导生传习办法，训练师资。前者为教育制度，后二者为教育方法。虽云三个事业单元，实系一贯的教育实验。

我们的方法是采取做学教合一之原则，就人民实际生活需要之事业，由做而教而学。计划在事业实验之初，即拟定计划大纲，我们当然按步逐渐进行；但实际工作时，以天时地利与人事之关系，不得不随机应变，因势利导，竟然得到许多意外之收获，斯亦以作为中心，由行而知，由实验以探出新路也。

四、我们的活动：我们的事业活动，对内试行单元制，对外采用联合式。前者即以每种事业为一单元，每单元推定专员主持，负擘划、监督、策进之责；但其活动，则赖同人群策群力，就其主持之单元有关者而协作进行，如是事业进展既易，各单元复取得联络，庶免隔阂割裂之弊。因为我们事多人少，实在无大批人员专司一事，不得不出此经济办法。至于联合的活动，即与各机关联络进行，因为乡村社会是整个的，乡村建设是多方面的，决非人财两缺之民教机关所能负此重责，因之与其他事业机关联络战线，确属经济而两便。洛阳实验区即本此旨而实行，如与农林局水利局等联络，以期推广农业，建设水利实行教建合一；与区公所保安团等联合，以期建设村政，保卫乡村，实行政教合一；与教育局师范学校等联合，以期普及教育，促进文化，共谋教育之改造；他如卫生金融军事等机关，均谋所以联合协作，共谋乡村建设事业之发展，在彼为推广事业，在本区无异创立各种技术机关，诚属一举而两得。

五、我们的困难：乡村建设固然困难，建设中原社会之乡村事业尤其困难。因为乡村事业纷纭繁多，非有充裕之人力与财力，不足以表现成效。中原社会连年来以匪灾交迫，文化落后，民生凋蔽，达于极点，以云建设，实为地方人力与财力所不能。本区虽由三机关所合办，但每月经费甚少，且时有拖欠之虞，经济窘迫，因之事业难于发展。至于实际工作人员仅五人，以之建设十六村之事业，教导一万许之民众，虽三头六臂恐亦难负此重任；且中原社会太贫苦，民众知识较落后，基础太差，无论何种事业设施，均感费力多而进展缓。如训练师资，以其基本知识太劣，必先充实其基本知识，然后教以教学法教育行政等，其费力之大，概可想见。

再则天时不正，地利不兴，亦足为事业进展之障碍。今年六月未雨，灾象已成，民心惶惶，无心致力于事业。本区虽备有多量美棉，亦无从推广。有此三因，我们虽是尽力解除困难，但事业发展，难期有速效矣。

六、我们的心得：在此一年中，我们事业设施虽无十分成绩表现，但积极进行，埋头苦干，未敢稍懈，扪心自问，尚无深疚。在我们感觉中，尚有几点可述之事，亦即同人共感之心得，兹谨提供于读者之前：一、学术的研究——基础教育制度之建立，征学与导生办法之实验，系我们在实验中探索而得。因为此种教育制度与方法，是新创的，是现环境中所需要的，尚能博得教育学者之注意。如创立强迫征学制后，各地索阅办法者甚多，迩来上海青岛江西湖北等处，均励行强迫识字教育，于此制之实验，不无稍有关系。二、事业的倡导——乡村建设事业，在沿海一带，虽已甚嚣尘上，但中原暨西北尚属创举，本区负责倡导西北社会教育之责，所以在这一点上也很注意。而在外人以为这是新兴教育事业，是一种新花样，也刮目相看，因之前往参观者甚多。在此短促时间中，已博得一般社会人士之注视，此实出于我们意料之外。三、民众的认识——中原民众忠厚诚朴，义勇强悍，如因势利导，善为训练，发展其良善之性格，激动其勇义之气概，加以严密组织，实施严格训练，扩大施教范围，未尝不可卫乡救乡，复兴中原。

二　保甲中心之民众训练

乡村民众既然运用保甲编制，建立了中心组织。但是组织是社会的骨干，组织之本体是民众，我们要使组织严密，必使组织之本体的民众有活力，所以训练民众，在组织后是极感重要的。

但是民众如是之多，以本区之人力，实在无从着手，所以我们训练的步骤，先从训练民众领袖起；因为民众领袖，知识程度较高，在乡村已有相当地位，若给予训练，辗转教化，费力既少而收效亦大。

本区第一年度之民众训练，在政治方面，有保甲长训练，因为保甲长在乡村中有政治的地位；在教育方面有师资训练，因为乡村教师是乡村文化之推动者；在自卫方面，有壮丁训练，因为壮丁为社会建设之干部。合此三者，以完成民众之领袖训练。兹将三种训练分述如下：

1. 保甲长训练

训练宗旨 保甲长是乡村社会之重要领袖，非但在县政建设系统上有政治地位，在社会或家族组织中亦为固有领袖，所以保甲长之好坏，对于整个村政建设上之影响很大，因之此种集团训练，诚属至为重要。

我们的训练目标有二：在保甲长方面，是要增进其普通知识，厉行公民之集团训练，培成乡村之模范公民；在乡村建设方面，使他们明了乡村建设之意义、重要与办法，了解本区事业之设施，藉为建设乡村之干部。

训练办法 保甲长训练是公民集团训练，凡推广区内保甲长一律强迫受训，事先由本区派员，赴各村宣传保甲长训练之意义与办法，使各保甲长通晓其事；并呈请县政府通令受训，所以全区保甲长九十八人，无一违命者。

保甲长训练班，于去年十二月一日开始训练，每周训练两次，为六小时，一月结束。至于训练课程：关于公民训练方面有总理遗嘱、党国旗的认识、党歌、民权初步、新生活运动与保甲规约等，以三民主义为训练中心，使保甲长明了自身应尽之职责；其次关于乡村建设方面，我们为使他们深刻了解本区事业与乡村问题，即有本区实验概况与地方问题讨论等。

训练结束后，举行毕业典礼，洛阳县政府派科长专程考询，对于讲习内容点名考验，结果成绩很好，各保甲长均能明了党国旗新生活运动与三民主义的意义，即年近花甲之老翁，亦能歌唱党歌，背诵总理遗嘱，斯亦难能可贵也。自经此次训练后，他们均已认识国家危机与自身应负之责任，救亡图存，成为民众共通之心理。

人事调查 保甲长训练班结束时，我们曾作一次概况调查，现在就其年龄与地域来分析研究：

（1）年龄分析：保甲长的年龄，大概是很高的，因为非年高不能望重，不能站于领袖地位。兹将十六村保甲长年龄统计如下：

下表一百零七人中，有九人非现任保甲长，此因甲长名额有限，或自愿高蹈，但其言行道德，却为村众所尊重，对于社会事业亦甚热心，此亦为乡村建设之重要分子。考其年龄数最低为三十岁，最高为六十五岁，以四十五为众数，因为正当年富力强之时，无论家庭与社会，都赖他们负起重责。

十六村地方领袖年龄统计

年龄	30	35	40	45	50	55	60	65	总计
人数	5	10	19	28	11	17	5	12	107
百分比	4.66%强	9.35%强	17.66%强	26.16%强	10.8%强	15.88%强	4.67%强	11.22%强	100%

（2）地域分布：民众领袖当以村庄大小为标准，但除甲长而外，地方乡老未必都产于大村。兹将各村保甲长与乡老分布情形，表列如下：

民众领袖的地域分布表

村名	吕庙实验村	西吕庙	刘家坡	火杨树	朱家村	大里王	小王村	田村	周家村	马沟	揽驾沟	大马村	左坡	董家村	孔寨	解坡	共计
保甲长	11	9	9	2	5	8	5	4	4	13	8	6	5	3	4	2	98
乡老	2	1								3	1	1		1			9

2. 师资训练

训练宗旨　我们认为乡村学校是乡村社会建设之中心，乡村教师是乡村学校里的灵魂，有了好教师即有好学校与好学生，有了好学校方能建设好的乡村。本区以民众基础学校为乡村建设之中心，民众基础教育的有效与否，全赖乡村教师之品性与知能以为断，所以我们对于师资问题，很为注视。

洛阳乡村教育素称幼稚，原有塾师，大都头脑冬烘，常识缺乏，实难克尽厥职，若悉予取缔，则际此农村破产师资缺乏之时，事实上固不可能。根据社会实际情形，不得不就原有师资，加以训练，充实其基本知识，改良其教育方法，或可为推行基础教育之一员。兹者教育部通令各省县于今夏设立塾师训练班，本区可云已得风气之先矣。

训练办法　师资训练班于去年十一月一日开始上课，凡推广区之教师，均强迫受训，来学者初仅限于推广区二十五人，开学后闻风来学者达二十七人，距本区有十余里之遥，按期来区上课鲜有缺课者，此种不惮劳瘁，自动来学之精神，实属难能可贵。

训练课程注重基本知识之充实与乡村建设能力之培养；科目为教育概论、社会常识、自然常识与算术等。今春合塾设校，曾将塾师加以甄别，淘汰成绩恶劣者十八人，余均由本区介绍至各校服务。训练期为六月，于五月一日结束，举行毕业考试。在三十四人中成绩及格准予毕业者三十一人，并由洛阳县政府发给毕业证书，准予永远执教。

教师生活　师资训练班毕业学生，在推广区服务者十四人，余均在附近各村教学，为联络感情、研讨乡教问题起见，曾组织毕业同学会，发行刊物，导生传习，倒很有声有色。

教师每日生活，由本区规定，教学进修生活，很是紧张，兴趣也很浓厚。

各教师每周须作读书报告与工作心得各一篇，交本区批阅，以资考成。至各种学务改进与社会服务等，均由本区制定详细办法，统制执行。

论及教师待遇，真为都市人所梦想不及，本区经济困难，亦无力补助。而他们亦无此企图，此种清苦生活，诚堪敬佩。兹将教师三十一人之全年待遇调查如次：

教师待遇统计表

待遇（年）	$40	$45	$50	$55	$60	$65	$70	$75	$80	$85	$90	$100	共$1895
人数	4	4	2	5	3	2	3	3	2	1	1	1	31

由上表可知待遇最高者为一百元，最低者为四十元，平均数为六十元一角，其报酬之低，生活之苦，可以想见矣！

3. 壮丁训练

训练宗旨　壮丁训练之宗旨有二：内足以抵御土匪，保家保乡；外足以抵抗列强，卫国卫民。因为河南连年来兵连祸结，灾荒频仍，民生凋敝已极，强悍者不得不铤而走险，纠集村愚，横行各地。三五年前，本区即为匪窝，良民被难者甚多。所以为保家保乡计，不得不熟娴军事技术，组织壮丁，以谋联村自卫；其次，国际风云日渐紧张，征兵之风，殆遍及欧美，而吾国国民萎靡不振，一旦国家有事，焉能不束手待毙？现在有志之士，大多主张废募兵而改为征兵，寓兵于农，以充实国力，各省亦多有壮丁训练之举，训练干部青年，藉以保乡卫国。

训练办法　壮丁训练之编制，以县为大队，区为中队，乡为联队，保为小队，甲为班之最基本单位；联队设联队长一人，联队副二人，小队设小队长一人，小队副二人，班设班长一人，壮丁若干人。洛阳县政府于去年十月即通令各区举行壮丁训练，我们在区域管辖所在，即负责辅导，以组织便利起见，扩充至四联保，十七小队，一百四十班，壮丁数一千六百五十九人，包括二十六村，十七保。

训练种类分班长训练，壮丁训练二种：

（1）班长训练：班长训练为联队副之责，每日训练一次，每次五小时，计共一百二十次。

（2）壮丁训练：壮丁训练为小队副之责，每周训练一次，每次五小时，计共训练十六次。

至于训练科目，分学科与术科两种：学科包括党义、国耻略史、党歌、总理遗嘱、三民主义、新生活运动与时事报告；每次训练两小时，由本区指导员负责。术科以步兵操典、野外勤务为训练准则，每次训练三小时，由联队副负责训练。自去年十月十日调查与编制，十五日即开始训练，于今年二月十五日结束，共计训练一百二十日。至于经费由田亩捐项下筹借，每月筹集三元，作联队副伙食之用。

壮丁调查　统计二十六村之人口，约二万六千余人，而壮丁（十八岁至四十五岁）数仅一千六百五十九人。其所以缺少之故，一因连年兵匪战争，伤亡壮丁数千人；一以前年虎疫流行，死亡人数甚多；还有因农村破产，家居不能维持生活，壮丁每多外出营业。有此数因，壮丁留乡者并不甚多。

三　保甲中心之教育推广

民众领袖训练，是为村众之少数分子，给以专门的训练，此为乡村建设之质的改进；训练民众领袖以后，我们应该使其受益之所得，以谋辗转教人，且以此为乡村建设之原动力，发展乡村社会之整个事业。所以本区在二十三年度第一学期注重民众领袖训练，第二学期即为事业推广，斯为自然演进之程序。关于教育推广方面，其可述者，为改进村学，学务辅导与社会活动三种。兹分述之：

1. 改进村学

改进动因　洛阳乡村教育之落后，为外人所梦想不到，本区推广施教区中，均为私塾，设备多属简陋，陈腐保守。考其所以腐败之原因，不外下列数点：

（1）农村经济破产，筹划经济不易，因之教学设备大都阙如；

（2）村民私见分歧，难以合作，致一村数塾，各自因陋就简；

（3）教师知识太差，毫无振作精神，在家无事，召集亲戚子弟与子侄辈设馆课徒，藉教书以糊口；

（4）乡村无教育组织，私塾仅为一二人所包办，设施当多乖张。

本区有鉴于此，乘旧例结束之时，即运用政治力量，将推广区十五村之二十五私塾，归并成十四校，择大里王马沟等五村为表证民众基础学校，余均为简易小学，甄别教师，更新课程，筹措经费，增加设备，藉谋逐渐改进。

改新办法　各村聘用教师，均以一年为期，我们就利用此时机召集地方领袖，宣布革新村学与合塾设校之意义，并且决定革新之步骤：

（1）趁县府委托办理塾师训练机会，召集推广区全区塾师，实施集团训练，充实其基本知识，鼓励其社会服务之精神。

（2）劝导合塾设校，集中人力物力，以谋校务之发展，与事业活动领域之扩大。

（3）组织学董会，统一行政权能。

因此我们就取缔所有私塾，在各村组织学董会，学董五人，就保甲长会议推举之；学董会主席由保长担任，因保长为地方领袖，由彼领导前进，自可事半功倍，而往昔割裂现象，均可免除。教师薪金由学生负担，办公及杂费由公款项下开支。教师由本区负责介绍。我们费时三日，改组十五村之私塾，亦云痛快矣！

2. 教务辅导

推广征学　本区实验征学制，以普及民众基础教育，经吕庙村实验之结果，成绩称佳。现已将此制推广至各村，凡各村七岁至十六岁之男子，几完全入学；因民风闭塞，女子教育尚未顾及，嗣后当逐谋发展。

调查附近十五村，共计学龄儿童四百九十四人，因职业关系未入学者八人，因疾病关系未入学者二人。本区除以职业关系准予缓学外，实行导生，次照征学办法办理。如生计困难，难以入学者，则设法救济。现各村学龄儿童，都已入学了。

学务辅导　实行强迫教育，集全村学童于一校，设教育不优，教导无力，徒耗精神与时间，颇不值得，故我们一方实行征学，一方甄别师资，指导改进学务，并实行会考，藉以策励师生。兹将过去改进要点，概述如次：

（1）甄别教员　年龄过高思想迂腐者，略予裁汰，其程度稍可者，暂准各村聘用，仍继续训练，以期能胜任。

（2）示范或协助教学　凡小学应有科目，而为塾师不能指导者，如算术、注音符号、唱歌等，则由吕庙实验村民众基础学校青年班学生于试行传习制时，协助教学；本区指导员示范教学，则于视导时行之。

（3）校务之指导　指导其纪录行政上重要表册，如点名簿，校务日志，清洁检查，教学纪录等，其他如房舍分配，窗牖启闭，教具设备，环境布置与训导上事宜。

（4）定期测验　时常测验实可刺激学生与教师之努力，故每月终了，都有一次月试，每期终了，举行全推广区小学会考一次，现已会考两次，科目为国语、算术、常识三门，均经缜密评定，分别等第，酌予奖惩。

3. 社会活动

大众训练　大众训练是不能采用集团方式，因大众是一般民众，既有男女老幼之别，复有职业地域之异，若欲集中一处，给以同方式之训练，虽不能说是绝对不可能，但未免生吞活剥，不合教育原理，所以我们对于大众采用社会活动之方式，利用旧有或新创之活动机会，施以各种教育。到那时候，我们慷慨激昂的时事讲演也好，稀奇古怪的科学表演也好，……完全赖我们善为使用。所以此种社会活动，是自然的、合理的、大众的，较之强迫民众听讲，集中训练，收效大得多。

活动方式　社会活动的方式，全在我们利用机会，施行教育。在我们过去一年中，集会活动机会很多，从来没有放过一次。现在把各种方式，分述如下：

（1）集会的活动　集会分固定与临时两种：固定集会如国庆纪念、

国耻纪念、总理诞辰与孔子诞辰等；临时活动如开幕典礼、欢迎董事大会。每种活动，各有其本身意义，藉此活动机会，以讲演民众常识，民族历史，先贤轶事，时事现况，以增进其道德知识，激发其爱国情绪。参加者以保甲长教师与学生为主体。

（2）庙会的活动　庙会是乡村最好的活动机会。吕庙村于每年五月二十七日举行庙会一次，参加者有男有女，有老有少，附近十里以内几无人不来参加，其热闹概可想见。在此时如农产品展览，民众科学表演与国术表演等，均可随机活动。

（3）比赛的活动　比赛活动的群众，虽然是比较少，但其教化效能却很可观，因为比赛足以激起大众好胜心，促进大众事业之发展。本年度已举行者，如清洁比赛、象棋比赛等。

（4）公社的活动　我们感觉到学校式民众教育很不容易罗致年高德劭与地方领袖分子，而在事实上乡村建设运动没有他们参加，是不会有力量的。乡农公社是社会式教育设施，却能补救此种缺憾。这种公社是新的教育事业，其活动方式极自然，内容极丰富，并且由村众自动组织，共同参加，保持其自尊心理，培植其自动精神，所以他们也乐于参加。乡农公社的内部设施，分诊疗所、书报处、娱乐部三种。诊疗所设置医药用品，诊疗村众疾病、灌输卫生常识、保持身体健康；书报处购备各种书报杂志，指示村众读书，增进生活知识，激发爱国观念；娱乐部设置中西乐器，提倡正当娱乐，调剂村民生活，激发高尚情趣，并可藉此以探究民隐，解决问题，诚为乡村中之重要设施也。

四　保甲中心之村政建设

保甲长除推广教育以外，关于乡村建设事业，的确很多：如村容整洁，村道修筑，卫生医药合作指导等事，都是应尽之职责。虽说是这些工作是零碎的、局部的，但是在民众实际生活上，都是感觉到比较需要。

原来凡关村政建设的事业，都是保甲长应尽之责，本区不应该越俎代庖。可是在事实上民众既受训练后，对于乡建事业有认识的，固然很多；但为增进速率发展事业，我们不得不站在客体地位，加以指导，使得事业更具活力。关于这一方面的事业很多，现在择其要者分列如下：

1. 交通建设

实际需要　交通是乡村社会之血脉，与文化经济及政治关系很密切。中原社会之进化，不能与江浙相比拟，交通不便，即为其主要原因。因为交通是文化经济与政治建设之利器，交通便利，则文化输入较易，民智程度增进，金融易于流通，国民经济活动，政令推行迅速，村政建设易著成绩。本区筹备伊始，于此堪称注视，盖必先交通发达而事业乃能建设也。

建设交通事业需费甚多，本区经费困难，实无力出资兴办。且地方事业应以地方经营为原则，本区仅处于设计与领导地位，所以各种交通事业之设施，以不费钱为主。征集民工，借助外力，全在吾人之善为运用而已。

设施事业　交通建设主要者为道路，邮政与电话三者：

（1）路政建设：孟洛大道，为洛阳通孟津之必经要道，商贾辐辏，行人很多。惟以铁轮辗转，道路易毁，雨则泥泞难行，晴则灰尘飞扬，行旅殊以为苦。本区去夏曾与东里乡保甲长会商修筑办法，会衔呈请县政府通令各村协助，并派督工。计参加修筑者七百余人，由各村保甲长领导，不一日即完成新村路，计长四百八十余丈。参加者为大里王、东吕庙、小王村等十五村。今年春农事稍暇，又各修筑道路十五里，区道五里，征工服役，兴趣极佳。

（2）邮政电话：乡村邮政，极不发达，建立邮线，极感重要。本区与洛阳邮政局磋商，请于吕庙村设立邮箱，为民众集散信件之中心。至电话由洛阳县政府捐助电话机一架，装置电线。与县政府区公所及城内各机关通话，以便事业进行。

2. 医药卫生

乡村医药　乡村医药设备，素感缺乏，疾病发生，束手无策。本区对于乡村卫生，很是注意。惟因经费困难，无力聘请专门医师，设备各种药品。只有根据乡村实际需要，因陋就简，设立民众诊疗所，以诊治民众疾病，宣传卫生常识。

前常务董事王次甫对于卫生事业，很为热心。我们几经交涉，索得药品用具二三百元，设立民众诊疗所，即为乡村医药卫生事业之中心。规模虽小，在乡村足够应用。嗣后并蒙考试院戴院长等不时捐助防疫水，民众被益不少。

诊疗所设医师一人，专司治疗之责，上午门诊，下午赴各村巡回诊疗。

据统计报告，从性别言，诊病人数男子多于女子；以年龄言，儿童多于成人。至所生疾病，以溃疡病患为最多，其次即为湿疹、膆炎、创伤、胃滞与痢疾等病，多由于饮食不洁与不讲卫生所致。至梅毒淋浊等类，乡间殊属少见，亦可见民风之淳厚了。

乡村卫生　民众疾病之发生，大都由于不讲卫生所致，如粪堆临门，苍蝇满飞。民国二十一年之大疫，民众死亡二万余人，多么危险！

本区对于乡村民众卫生，分整洁与预防两方面，前者有清洁运动与捕蝇运动，后者有施送药水与预防注射。兹分述之：

（1）清洁运动：清洁运动我们举行过两次，推广区各村之保甲长教师与学生都参加，由本区派员挨户检查，详判优劣，给奖以资鼓励。

（2）捕蝇运动：利用各校学生组织捕蝇队，期为两月，得蝇九十八万七千五百二十三头，汇集指导处后院掘坑焚烧。

（3）施送药水：夏日炎热，时疫最易发生，本区承戴院长赠送时疫水甚多。规定施送办法，分送推广区各村。计五、六两月，服用者一万六千三百三十三人。

（4）预防注射：前年疫疠流行，死亡甚多，民众每届初夏，咸具戒心，所以对于预防注射，很感需要。今夏受注射者男子八一二人，女子一四四人，共计九五六人，其中以十岁至三十岁者为最多。疫苗均由他机关索取，不费分文，此亦民教机关之经济办法。

3. 输导合作

合作组织　调剂农村金融，复兴农村经济，合作社之组织，极感重要。在洛阳现有农村合作委员会驻洛办事处，专司其事，但以事多人少，各方兼顾不到。所以本区合作社之经营与发展，仍归我们辅导进行。因合作事业，原为乡村建设之主要工作，现推广区已组织之合作社，有大里王等五村，其概况如下：

各合作社概况表

社名	社员数	股数	股金额	成立日期	借款额数	备注
吕庙实验村无限责任信用兼营合作社	二二	九九	一九八	二十四年六月十三日		兼营毛笔产销

续表

社名	社员数	股数	股金额	成立日期	借款额数	备注
大里王村无限责任信用合作社	二五	二五	五〇	二十三年九月二十四日	三九五（元）	
小王村无限责任信用兼营合作社	二七	三二	三二	二十三年十二月二十六日	四七〇（元）	兼营棉花运销
董村无限责任信用合作社	二五	二五	五〇	二十四年三月十三日		
东马村无限责任信用兼营合作社	三三	三三	六六	二十三年十月三十日	六四〇（元）	兼营棉花运销
总计	一三二	二一四	三九六		一五〇五（元）	

上表共计信用兼营合作社五处，社员一百三十二人，股金三百九十六元，嗣后逐渐发展，当能普及于各村。

借款调查　社务经营，先从事信用借款，借款的社数有三处。其他系储蓄借款，用途大都用于生产方面，间亦有用于还债者，但为数极少。

关于社员的职业成分，几乎是纯一色的农民，其中尤以自耕农为最多，佃农居于第二位。

综观上述合作社的推行，虽未见如何迅速，而于农民金融流通上，已觉有很大方便。不过合作社的经营人才，需要培植，本区拟于下年度集合各合作社负责人，加以训练，以资改造社务，充实合作经营，并继续宣传组织，以期普遍成立，改造农村经济制度，提高农村社会生活，将于此立其基础也。

五　后言

乡村建设事业，多属支离零碎，以篇幅关系，只择其荦荦大者，以资提示而已。按本区事业计划，推广区之事业设施，为第二年度之工作。我们一方面感觉到实际需要，一方面为下年度事业实验之准备，所以各种事业建设仅能认视路线，开其端倪。至于切实实验，尚待第二年度之继续努力。抛砖引玉，尚有待诸异日也。

江西省

万家埠实验区工作概况

一　引言
二　农村经济实施
三　农村政治实施
四　农村文化实施
五　农村实用学校

一　引言

本区于二十三年三月一日正式成立，一切设施，完全依据总社所厘定之工作目标为准则，按部就班地去进行试验，以研究其是否切合实际，进而将研究所得，作为表证。

（1）从实地的试验中，以了解中国民族的生活习性及社会心理。

（2）从实地的试验中，以求得最经济与最适宜的方法，来运用现代自然科学技术与社会科学原理，以改进中国农村生活。

（3）从实地的试验，以养成实事求是，能从大处着眼，小处着手的精神。

至于设施目标，则本着总社工作目标进行，其内容如下：

（1）经济方面

一、厉行合作事业

二、改进生产技术

三、推广优良品种

四、调剂农村金融

（2）政治方面

一、培植农村自治

二、充实自卫力量

三、建立保健制度

四、促成耕地农有

（3）文化方面

一、化除成年文盲

二、普及生产教育

三、养成集体意识

四、发展天赋才能

以上经济政治文化，有互相关系，譬如鼎之三足，缺一不可。农村问题，单靠任何一种，是绝不能整个解决的！

二 农村经济实施

农事

（甲）农场方面

（一）土地及建筑

（1）第一农场 位于本区办事处之前面，共计面积二十九亩六分九厘。内水田一十四亩三分六厘，为稻作区；旱地七亩五分六厘为蔬菜区；七亩七分七厘为特用作物区。土壤大部分为粘质壤土。

（2）第二农场 地名牛婆地，距本办事处三里许，面积二百五十二亩五分，分为果树区及茗茶区。土质大部分为砂质壤土。

（3）畜舍 在办事处之左边，计牛马猪舍各一间，饲料调制室、贮藏室、工人住室、办事室、孵卵室、陈列室各一间，鸡舍七间，运动场一方。

（二）用土法改良蔬菜区土壤 蔬菜区土质粘瘠不适用，因渗入多量的腐质土及堆肥等，改善其物理的化学的性质，此项工作，现已完成一部分。

（三）应用科学栽培水稻蔬菜 附近农民，对于作物施肥管理，多不合理，选种育种，尤属茫然。因对于水稻，施行盐水选种及混合育种，对于蔬菜，合理施肥，并施行强迫自花受精育种，藉以示范。

（四）输入各地优良蔬菜种子　本地蔬菜少而且劣，不能满足社会之需求，对于农村经济，颇多影响；惟以各地风土互殊，不易驯化，难收善果，因从各地输入良种，使之服习风土，再事推广。

（五）购入各种优良果树苗木　本区丘陵荒地，触目皆是，宅前路角，亦多废置，若栽以果树，不但可以增加收益，风景方面，亦多裨补，惟农民以种苗难得，选择尤艰，坐令废弃，殊为可惜。因从日本山东等地购入多种苗木，从事试验，视其成绩以定取舍，而利推广。

（六）饲养肉用卵用鸡各一群　本地农家莫不养鸡，只以品种欠佳，收益不丰，因从上海立达学院购入"来克行""克郎三"鸡各一对；应用科学方法饲养，藉以示范；惟以繁殖不多，尚未着手推广。

（七）种籽之征集

农村实用学校放寒假时，曾制定种籽征集表格一种，印发学生，分别采集填报。兹就收到之种类，数量统计如次：

类别	食用作物类	工艺作物类	蔬菜类	花卉类
种数	一二	一五	三三	二三
合计数量（合）	七四·〇	五二·〇	四〇·五	一一·〇

（乙）林场方面

（一）土地

（1）苗圃　位于本区办事处之左方，计面积五亩二分四厘，土质为粘质壤土。

（2）林场　毗连第二农场一带山地，面积二百余亩，土质为粘土。

（二）采种　各项树种从事繁殖，由学生就近采集女贞、槐、栎等树种十余种，共计五六石，并从武宁购茗茶一石，陆续播于苗床。

（三）栽植松柏茶桐及行道树　附近农民不明造林利益，或缺乏造林智识，童山濯濯，固多放弃，原有林木，保护无方，亦多损失。就第二农场边近一带高地，辟为林场，应用学理，广植苗木。另方面督促各农村改进社于各该村荒地及村道侧栽植油桐行道树等。

（四）建设纪念林　本年植树节，由本区办事处全体职员学生，在第二农场毗连省公路地带，栽植油桐二千六百株。名为　总理逝世十周年纪念林，用志纪念，并示倡导。

（五）建设保公有林　本区为推广造林起见，特建设保公有林，其原则如下：

（1）保公有林，以每保共同建设一林场为原则，但遇有特殊情形或无适当地点时，就保内各村分别建设之。

（2）保（或村）公有林之权利为本保（或本村）全体人民所共享。

（3）造林及管理之费用由保长（或村董）就该保（或该村）自行筹措，所需劳力亦须就该保（或该村）中之壮丁队征集使用。

（4）每保公有林本年以栽植油桐一千五百株为原则，但分村种植时，每村至少须植五百株，由本区代购，各保（或各村）按数缴价领取。

（六）征集木材标本　实用学校放寒假时，曾制定木材标本征集表格一种，印发学生，分别采集填报。兹就收到之种类数量统计如次：

类别	建筑材类	器具材类	薪炭材类	果树类	观赏树类
件类	四一	五五	一六	六	八

合作

中国华洋义赈救灾总会于二十一年起，在本区所属各村，已派员指导组织无限责任信用合作社。惟该会以专办信用合作为职责，故范围不大，正式许可成立之信用合作社亦少。二十三年秋本区为改善农村经济，发展合作事业起见，特商请江西省农村合作委员会，派指导员一人常川驻区指导，并征得中国华洋义赈救灾总会之同意，将该会在本区范围内所组织之各种信用合作社，划归本区管辖。本区除接收各信用合作社加以改组外，另于各村组织保证责任农村合作社分社二十余所，总社一所，其详细情形如下：

（一）名称与组织之统一

合作社之组织，原为改善农民生活；而农民之生活需求，则不外土地之获取，农产之发展，消费之减轻，金融之调剂等。故合作社之目标，须将此四种需求包括。可是过去之一般合作社，因名称与组织均不能纳诸一体，以致弊端丛生。因此，本区所组织之合作社，乃将各种各式之合作社名称统一于"农村合作社"总名之下，定名为"万家埠保证责任农村合作社"，并将各种性质不同之组织包括在内，成立各部，如金融部，贸易部，生产部等，此外，在总社之下，尚有分社之组织。

（二）分社之改组与成立

本区所属各村，原有中国华洋义赈救灾会所组织之信用合作社六所，社员一百四十余人，股金二百余元。二十三年秋季本区乃商请江西省农村合作委员会，派指导员王健君常川驻区指导，王君到区后，一方面积极组织各村分社，另方面接收上列信用合作社，从新改组扩充。先后已改组及成立各村分社二十九所，总社一所，共计社员九百三十人，社股一千一百八十股，股金一千一百八十元整。

（三）第一年度之业务进行概况

本年度自二十四年二月一日起，至二十五年一月三十一日止，预计经营之业务，分供给信用运销三大部门，兹分述于下：

（1）供给业务

一、食盐火油　为便利社员购买食盐火油起见，乃办理食盐火油供给业务。本社所在之区域内共计一千七百二十八户，一万一千二百六十九人，每日需食盐四百九十余斤，火油五百余斤（约二十瓶），预计购买一月之数量，需食盐一万四千七百九十余斤，每斤以一角五分计算，大洋二千二百余元，火油六百瓶，以四元计算，大洋二千四百余元。

二、粮食储押　为救济社员粮食恐慌起见，乃办理粮食储押业务。本社所在区域内，每年消费之粮食计三万四千六百余石，除生产及积谷外，尚不足五千余石，须从外地输入。此不足之数，如事先储集，则需洋二千七百余元。

（2）信用业务

一、动产押放　为调剂金融起见，乃办理动产押放，预计需洋八千元，此款须向农行借贷。

二、信用放款　为防春荒起见，乃预计于二十四年四月起开始信用放款业务。

三、储金　为养成储蓄之美德起见，乃预计于二十四年五月起办理储金业务，如"生产储金""婚丧储金""迷信储金"等。

四、存款　为巩固本社基金起见，乃办理存款业务。以吸收社员之存款。

（3）运销业务

运销本社社员之农产物及副产物，于二十四年八月秋收后开始，如粮食、花生、棉花、猪、牛等。

上述预计经营之业务，截至最近为止，供给部分已完全实现。盖自二十四年一月起，本区曾商请江西省农村合作委员会贷款一万一千元，此款现已领得，以二千元经营食盐火油之供给，九千元经营粮食之储押。食盐火油供给之资金，除借款二千元外，尚有股金一千元参入，共计三千元。设有营业处一所，分销处三所。每月可销食盐九千斤，火油二百瓶，除开支外，每月盈余仅五十四元。因经营欠善，与预定计划相去甚远，现正改善中。粮食储押，共计一千九百石。

三　农村政治实施

民众组织

本区所属各村，过去关于组织方面，除遵照现行保甲条例编制保甲，组成壮丁队，设有保长办公处等外，并无其他社团。二十三年秋，本区为使农村组织化起见，乃一方协助各村民众严密原有组织，使其健全，另方指导各村民众，就法定范围和地方事实需要，进行各种新的组织，树立自治基础。其原则如下：

（1）每一组织，以自然区域为单位，遇有零碎农户事实上不能单独成为单位时，则参酌地方原有习惯并入他村。

（2）各村所组织之社团，务须出于村民全体自动，本区只事先宣传，事后指导，极力避免代办式的弊病。

可是依据上述原则，又发生如下之困难（1）全区单位太多，各村住户过少，人力有限，各种事业不易举办。（2）农民知识太低，不容易启发使其自动起来组织，但为努力使农村组织化起见，不得不悬此鹄的努力做去。兹将详细情形，分述如次：

（一）组织根据

本区初步组织工作，是从一般民众脑海中认为应兴应革的事宜做起，因之设计材料，亦只得就地取用。查本区控鹤乡东路十三村，曾共同组织一乡约会，该会创设于前清末年，民国五年重订简章，维持迄今，颇有相当成效，其会内十三村，亦多系本区境内，故本区之组织事项，大都参照该会事业范围和事业需要而拟定。因为一般民众，对于该会有深刻之印象和认识，本区乃因势利导，使其由联村的组合，进而为分村的组合，严密其组织，普遍其效能。

（二）组织种类

本区组织，分为两种：（1）普通组织，即就区内各村，先行组织农村改进社，此种组织为一种复式的总组织，一村人民，须全体参加，执行各项必要的建设。（2）特殊组织，凡村内人口较多，事实较繁，仅一农村改进社不能兼顾周到时，得设保健会、武术会、息讼会等，专司其事。此外尚就地方之实际需要，另行组织合作社与妇女改进会，其详细情形，已于另节述之，兹不赘叙。

民众训练

民众训练为改进农村之急切要图，本区于二十三年秋即着手进行，惟当时适值秋收登场之农忙时节，决不能使农民耽搁业务而受训练，只得就可能范围内相机进行，故成绩有限。其实施经过如下：

（一）训练方式

（1）讲演方式

一、就各村民众学校学生，于每周授课时间内，规定两小时精神训话，并制定训话内容进度表，依次训导。

二、组织讲演团，携带娱乐器具至各村聚集民众巡回讲演。

（2）谈话式　各村活动员及民校导师，就当地情形随时随地乘机作个别谈话，其谈话材料，依据训练材料纲要之规定，以灌输其公民常识，而改善其日常习惯。

（3）练习式　分民权练习，艺术练习，军事练习。

一、民权练习：就各村各会社开会时指导村民投票选举职员，通过章则，订立规约，以及运用四权的练习。

二、军事练习：1. 各村民众夜校特授国术时，兼教梭标使用法及整队看齐立正报数等简单的军事训练。2. 召集各村壮丁队，授以最简单的军事训练和梭标使用法。

三、艺术练习：于各民众夜校特授音乐科，教以党歌及本省推行音乐教育委员会所制之"救国""汗血""力行""复兴"等歌，以激发其勇敢精神。

（二）训练教材

关于训练民众材料，经第五次区务会议决议，预定十二单元，并规定各项材料采用之范围，其概要如下：

（1）农村自治（二单元）　将农村自治之重要性和各种组织之利益，用简明富有刺激性之语言，以启发其自治之观念。

（2）保卫（二单元）　将保甲条例关于保长甲长户长各别之任务，及壮丁队剿匪防匪等责任分别解释，使之明了而各奋勉。

（3）卫生（一单元）　包括个人家庭公共等卫生，使之注重清洁。

（4）新生活（一单元）　就新生活须知及新生活运动纲要等选用。

（5）民族英雄（一单元）　录演岳飞、文天祥、史可法等及古来为民族效忠的英雄故事，以激奋其民族意识。

（6）党义（一单元）　就三民主义浅说择要讲演。

（7）国耻（一单元）　将中国百年来最关重要的国耻史事，简明叙谈，使之明了我国现在民族和国家地位之危险。

（8）生产技术（三单元）　将农家最普通的生产事业（如养鸡、养猪、栽培稻麦棉豆等各种方法）分别对农民谈话，或集会讲演。

（三）训练对象

因时间与人力的关系，本区之民众训练工作，已实施者，只成年农民。妇女训练，儿童训练，最近始由妇孺组着手进行，已于另节述之。

农村保健

（一）保健所之设立

本区鉴于农村缺乏医院之设施，农民患病者往往肩舁远方求医，甚有限于经济不能就医，除求神拜佛外，只有束手待毙，乃属常见之事。故二十三年起，乃筹经费以设立保健所，聘请专门医师负责办理。积极方面在增进农民健康,消极方面在灌输卫生与医药防疫等常识,以减除疾病之痛苦。

保健所在过去半年中,因经济困难与房屋建筑未竣的关系,除种痘接生外,其他各科于本年一月始正式开诊。

(二)农村卫生之实施

本区虽有保健所之设立,但农村文化低落,农民知识有限,为扩大农民对于卫生引起注意起见,乃决定下列办法:

(1)选派本区实用学校学生十人,组织卫生巡回演讲队二队,以五人为一队,在本区内各村巡回演讲。

(2)发生卫生刊物,如翻印社会卫生十二要,个人卫生十二要,家庭卫生十二要,传染病之预防及消毒方法,灭蝇方法,夏季卫生要点,秋季时令病表,秋季卫生要点。(以上均系内政部所颁布,翻印各表二千份)。

(3)本区举行种痘及预防时疫注射,由保健所定期分赴各村施行,不收任何费用。

农村妇孺

本区妇孺工作,因经济困难与人才缺乏关系,于最近始着手进行,故无多大成绩可言。不但儿童工作尚未开始,妇女工作,亦仅在进行组织中,其他各方面尚谈不到,兹将正在进行之妇女工作分述于后:

(一)工作目标

本区妇女工作,以训练智识与技能,而谋整个农村生活之改善为目标。但农村中素无组织,妇女尤为散漫,故在开始工作时,必须将散漫无组织之妇女,先加以组织,然后始能有计划的进行训练。本区之妇女组织定名为妇女改进会,其工作范围暂定如下:

(1)关于卫生事项

1. 厉行蝇蚊老鼠之捕杀
2. 注意个人及家庭衣食住一切器物之清洁
3. 注意室内阳光之透射及空气之流通
4. 对于污水秽物之排泄扫除

(2)关于礼教事项

1. 训诲儿女

2. 尊敬长老

3. 和睦妯娌

4. 礼貌宾客

（3）关于家事事项

1. 勤习纺织及一切女工

2. 注意烹饪

3. 家庭经济之记载及处理

4. 注意家畜之饲养法

（4）关于公益事项

1. 劝导村民戒绝烟赌

2. 劝导妇女放足

3. 督促丈夫提倡公益

4. 爱惜公物

（二）工作概况

本区妇女工作，因时间过短，除积极进行组织外，其他无工作可言。不过在进行工作时，必须先作相当之宣传工作。一月以来，本区所作宣传工作，收效很大，及至最近为止，已正式成立妇女改进会二十一所，计有会员二千三百三十五人。同时本区毫不加压力而各会员不但能够绝对遵守会章，而且尚能自动推行会务，如卫生、礼教、家事、公益等均能切实遵照预定计划进行，尤其关于放足与戒绝烟赌两项，雷厉风行，毫不苟且。

村容之整理

本区对于村容之整理，过去虽有相当注意，然没有整个计划的去实行，故收效甚少。自二十三年十二月起，乃开始作有计划有组织的进行，为时虽短，然成绩颇好，兹分述于后：

（一）村道之修筑

本区村道，以本区办事处为中心，分普通与特殊两种，普通村道宽五尺，特殊村道宽度与公路相等。先由本区办事处派员测定，然后由村民自修。目前已修筑完竣者，有梓源村，长均坳等处至本区办事处之特殊村道，醴源毛村醴源雷村，港下刘村，水田埠，五皋坳等本区办事处之普通村道，共长百余里。

（二）住屋之整理

农村房屋，大都年久失修，残砖败瓦，到处皆有，间或有较好房屋，然亦欠整齐，厕所、宿舍、住屋常混在一处，尤其窗户之过小，不但不透光线，且空气亦不能流通，以上种种，对于卫生大有妨碍。本区乃决定下列办法限各村于一定时期整理完竣。

（1）残砖败瓦之扫除；

（2）厕所畜舍之迁移（厕所畜舍地位，规定在住屋后或不妨碍卫生之处）。

（三）清洁之注意

农村在自然的卫生条件之下，比较都市本来处于天然优势地位，然而都市自从获得周密的人工保护之后，其死亡率乃逐渐减少，反之，农村中因不注重卫生，致死亡率逐渐增高，而形成目前农村卫生之严重问题，不但与农村破产有关，且影响于农民健康与农村人口。本区对于农村卫生，除由保健组亟力建立农村保健制度（已于另节述之）外，并于整理村容时，规定清洁办法如下：

（1）室内外由各村农村改进社负责派定壮丁轮流打扫。

（2）室内由妇女改进会负责随时检查。

（3）无论男女老少如不遵从农村改进社与妇女改进会关于清洁方面之指导者，由本区酌量处罚之。

风习之改革

风习二字，含义甚广，如迷信，礼教……以及一切生活形态，无不包括在内；因之，风习之改良，亦非常复杂，大有千头万绪之势。有可用强制方法革除者，有可用和平方法改良者。如赌博，鸦片等不良习惯，可用强制方法革除；如迷信，礼教等，则只能用和平方法改良之。本区亦根据此原则，对于赌博，鸦片，则采取强制之方法，限期革除；对于迷信，礼教等，则由民众夜学校，各村农村改进社，妇女改进会等民众团体劝导改良。其实施经过如下：

（一）戒烟

本区戒烟方法分为三大步骤进行。第一步，清查烟民，登记贩卖鸦片者；第二步，追缴烟具；第三步，实行戒绝。

（二）禁赌

本区对于禁赌方法，分为积极与消极两种。积极方面，则提倡各种适合于农民生活之正当娱乐，使其于休闲时间，不致再消磨于不正当之娱乐中。实施经过，已于另节述之，在此无庸赘述。消极方面，则用强制方面，由本区严厉执行，最近已完全禁绝。

（三）放足及其他

放足与礼教、迷信等之改革，与禁赌戒烟完全不同，不能用强制方法变更，只能用和平手段改革。本区对于放足与礼教、迷信之改革，均本此原则，由社会活动员及各民众团体负责人，用各种方式劝导，先使农民了解缠足及迷信之害处，与尊重礼节之益处，然后由农民自动实行改革。数月来收效甚大。目前全区妇女，已缠足者均已解放，未缠足者均已不再缠，迷信亦渐渐减少，如以迷信治病及迎神赛会等，已不多见。礼教则一时难于改变，但对于礼貌一点，则成绩尚好，如醴源毛村、五皋坳村、水田埠等村，无论男女老少，对于宾客，不论认识与否，均能和蔼可亲。

农村改进人员讲习会

（一）缘起

本区为谋区内农村改进工作迅速发达起见，乃举办农村改进人员讲习会，延揽区内各村农民领袖，入会讲习各种农村改进问题之理论与实际，如合作、自治、生产、保健、自卫等。第一届讲习会已于二十三年十二月二日至十六日举行，第二届拟于二十四年农暇时，再行举办。

讲习会为一种临时组织，所有负责人员，均由区内职员临时派定，故组织甚为简单。课程根据实际情形规定，教材由担任讲员斟酌实际需要编撰。经费由区内事业费中拨给。

（二）讲习经过

第一届讲习会，于二十三年十二月二日开讲，十六日完毕，共计会员六十一人，因只顾熔农村领袖于一炉，而不问程度之差别，所以会员之中，有大学毕业者，有耕田出身者。

此次会期为两星期，每日上课六小时，星期一至星期六为上课时间，星期日上午由会员轮流演讲，下午全体讨论。讲习完毕后，由本区总干事兼该会会长王枕心氏，率领前往本省内各农村参观。

四 农村文化实施

民众学校

（一）关于教务方面

一、招生：普通一般学校，对于招生问题，并不感觉到十分困难，而民众学校都成为一严重问题。有人说："民众学校招生容易，而留生难"，这句话，在我们看起来，并不尽然。民众学校留生固然困难，但招生何尝又容易？因在农村经济极度凋敝之下，农民求生已不得，自然感觉不到识字之需要。本区民众学校创办时，也与普通学校相同，以广告招生，结果入学者多为识字农民，真正文盲为数则微乎其微。后乃派人挨户劝导，并加重重暗示，如此不到半月，即正式成民众学校十四所，计学生五百余人。十四所中，自办者十二所，特约者两所，自办之一切设备，概由本区负责，特约者仅供给灯油而已。

二、留生：招生问题既如上述，而留生问题亦不得不加以注意，兹决定办法如下：

1. 对于教材方面，务须适合农民生活之实际要求，以引起其兴趣。

2. 对于实施方面，务须谋学生之便利。

3. 将学生分组，每一组指定一人为班长，以劝勉同学履行共守信条及规约等。

上述数法实行后，成绩甚好，除农忙或疾病时不得不请假缺席外，无故缺席者为数甚少。

三、学级编制：本区所办各民众夜校，因人力财力之困难关系，学生虽有年龄，性别，智力等之差别，然亦未分班编制，只用年级复习教学法授课，此为不得已之办法，虽有违民众教育之原理，然因事实上之困难，亦无如何。

四、课程标准：本区各民众夜校之课程，与一般民众学校稍有不同，系根据地方实际情形与农民实际需要而决定，教材则由乡教组编定之。

五、教学方面：本区各民众夜校之教学方法，以手脑并用，"教""学""做"合一为原则，务期于最短期间，获得生活上实际之知识与技能，其方式则偏重于启发式。

六、成绩考查：本区各民众夜校，为增进学力上之效能起见，乃决定：1. 按月统计各学生成绩，制成比较表揭示。2. 每月分别举行各科竞赛，成绩优良者，分别给奖。至于成绩考查，除根据平时作业旷课品行等外，并每四星期举行测验一次，至学期终了时，再举行总测验，以作毕业试验成绩。

（二）关于训育方面

甲、训育目标

1. 养成自强之民族意识

2. 养成集团之同情意识

3. 养成清洁之卫生习惯

4. 养成耐劳之吃苦习惯

乙、训育方法

1. 训育周

2. 精神讲话

3. 标语格言及共守信约

4. 集会（保健会，息讼会，妇女改进会等）

5. 比赛

　A. 清洁比赛

　B. 秩序比赛

　C. 学业比赛

　D. 出席比赛

6. 调查

　A. 个别调查

　B. 家庭状况调查

7. 考查

　A. 考查公共卫生习惯

　B. 考查个人生活状况

8. 家庭联络

　A. 访问

　B. 谈话会

C. 恳亲会

D. 展览会

保学

本区为谋全区农村事业之改进起见，以教养卫合一之方式，遵照本省普设保学暂行办法，斟酌地方情形，特就区内各保设立保学一所或数所。每一保学至少设成人与儿童各一班，其编制方法如下：

（一）儿童班以日间上课为原则，采取复式编制，六足岁以上至十足岁者，四年毕业，十足岁以上至十六足岁者，二年毕业。且尽先容纳二年毕业者。

（二）成人班以夜间上课为原则，采分团编制，六个月毕业，每年至少办毕业一期。

保学除负教育责任外，应就所在保民众固有之职业，改进其生产方法，提倡副业，指导合作，及参加农村改进等事业，并指导所在保之民众分别加入下列各项组织：

（一）凡保内十二岁以上至十八岁之男女青年，不论在学与否，应一律加入青年服务团。

（二）凡保内十八岁以上至四十岁之成年壮丁，不论在学与否，应一律加入壮丁队及农村改进社。

（三）凡保内十八岁以上之妇女，不论在学与否，应一律加入妇女改进会。

以上三项组织情形，已于另节述之，兹不赘述。

三　仰公中心小学及各分校

（一）沿革

仰小系民国十八年由熊天翼先生捐资创办，用以纪念其尊人仰之先生者，故名仰公初级小学校，校址设梓源熊村祠内，同时并于荆冈熊村，柏树熊村，福德园吴村等处设立第一、二、三仰公初级小学校。二十一年春，增办高级一班，成为一完全小学校，学龄儿童甚多，办理亦善。二十三年，为求事实上便利起见，乃商请本区接办。本区为发展校务起见，乃将高级班迁至办事处上课，初级仍设梓源村祠内，并于下庄设立第一分校，福德园设立第二分校（原为仰公第三校）。是年秋，仰公学会又将柏树仰公第二初小，荆冈仰公第一初小委托代办，本区当派员至该二校视察，觉柏树仰公分校环境欠佳，学龄儿童过少，乃将该校迁至西源村，改称第二分校，原设梓源之初级班，则迁至办事处内新校舍上课。本校沿革大略如此。

(二) 关于教育方面

一、教学宗旨

本校教育儿童，根据"教""学""做"合一，手脑并用为原则，定有五项目标：即培植儿童知识技能；锻炼儿童健全之身心；养成儿童自制，自勉服从规则，勇敢侠义之精神；启发儿童民族意识，推行节俭劳动生产之教育。同时为适合目前环境之急切需求起见，关于农村教育，更加注重，其实施方法，也以灌输农村改进材料为原则，使儿童认识农村急需改进之必要，努力进取以为将来成为农村改进之基本要员。

二、学级编制

本校遵照小学组织条例，分为初高级二级，初级修业四年，高级修业一年，又本校高级初级均采复式编制，计初级二班，高级一班。

三、课程编制

本校各级课程编制均以教育部规定之小学课程标准为原则，但其中有因某科作业之需要，略为增减，以求教学上之适应。

四、课程采用

本校各科用书，均采用教育部审定而适合课程标准者，同时对于劳作，音乐，体育亦选适合于儿童实际需要者为准，如课本内有不适用之教材，即以本校自编之各科补充教材补充，农业常识一科，完全由担任教学教员自行编撰简单明了之讲义，以为教材。

五、教学方法

本校根据过去教育经验与现在情况，觉小学低级部且在复式之下的低级部教学，最为困难，因此欲求教学效率增加，对于教学方法之采用，更非详加考虑不可。本校根据上述理由，对于低年级儿童即采用整个教学方法，中年级儿童则采用设计教育法，高年级儿童则采用自学辅导法。

(三) 关于训育方面

一、训育目标

本校训育，以培养儿童尊重公德的观念，爱国家民族的思想勤朴劳动的习惯，亲爱精诚的德性，合群互助的精神，复兴农村的信心为目的。

二、训育原则

1. 作积极的培植，而非消极的制裁。

2. 用客观的批评，采间接的训育。

3. 训育人员，以身作则，师生共同生活。

三、训育方法

本校训育方法，根据训育目标，施行个别训练及团体训练两种：

个别训练及团体训练之方法，又可分下列几种：（一）自觉训练；（二）精神讲话；（三）健康训练；（四）自治指导；（五）仪式训练。

四、训育制度

本校训育制度，授用级任制，但科任教员，亦须负训育责任，务使全体教师对于全体儿童生活，皆能明了，不致发生隔阂及儿童歧视科任教师之心理，致今训育措施，失去一部分机能。

女子职业补习学校

农村妇女，占农村消费者之半数，如能给予生产教育，不但能助长家庭经济，且可为农村改进之协助者。因此，本区特办女子职业补习学校一所，招收农村成年及未成年之农村妇女，教以种种适合于农村之生活技能。

本区女子职业学校，系安义私立绮云女子职业学校改组。该校成立于民国二十二年春季，经费由安义县政府就地方教育费内每年补助四百八十元。因设备不全，学生过少，于本年起乃由本区接办，并加以改善。一方面将该校址移至本区办事处，另方面增加新式织布机与缝衣机等设备。已于二十四年二月正式上课，共有学生三班，计五十余人。

至于课程，则以适合农村之实际需要与农村妇女之生活为目标。

五　农村实用学校

沿革

农村实用学校原名安义私立龙津中学，二十三年春，创办该校之仰公学会，函请本区接收，并请改办农村实用学校，秋间接收完毕，龙津中学全部停办，实用学校始完全代龙津中学而继起。

龙津中学之设立，原为救济全县无力升学之小学毕业生，盖以全县有完全小学四所，每所以十五人计算，应有毕业生六十人，龙中招生自不成问题，不意事实演进，适得其反，学生之来源既涸，学生之出路又狭。二十一年冬季之毕业生，升学者仅占十分之一二，就事者占升学之半数，其余均在家赋闲。盖由安义地瘠民贫，邻接南昌，路途至近，凡中产之家，其子弟非直接在南昌小学升学，即间接在南昌初中升学，绝不令蛰居一隅，孤陋寡闻，所以凡令其子弟升龙津中学者，多属中产以下之家，升学至初中为止，再无力升高中。初中毕业既不能自谋生活，故求学者日少，于是学校有朝不保夕之势，不得不另谋出路。适总社计划在本区设立实用学校，培植改进农村之下级干部人才，仰公学会以此举切合地方需要，乃毅然改办龙津中学，函请总社接收，经费亦全部拨出。

二十三年春，本区新建房屋次第完成。实用学校即正式成立，开始招生，龙津中学之一年生移归实用学校，其余二、三年级生，则由龙津中学办理毕业后再行全部移交。二十三年秋，龙津中学除三年级生已办毕业后，仅剩二年级一班，以经费支出无法维持，是以悉数移归本校，学生则转送省会同等学校肄业，龙津中学从此停办，实用学校代之而起。本校成立始末，大略如此。

目标与原则

农村实用学校并非单纯之普通农业学校，而是名副其实，以创造目前农村所急需之各种实用知识的学校。其对象固不是普通一般青年，然亦不是全体农民，乃是青年农民干部，以及含有此种意识之其他青年。同时尚须深入与融化在农村社会中，以生产为本位，统一生活教育，造就改进农村之下级干部人才，以求农村社会之革新，农村生活之改善，农村经济之繁荣，进而复兴民族，此即可谓实用学校之目标。

根据上述目标，而所定之教育原则，不仅含有技术上之知识，而尚须注意于社会之知识，以适应目前农村社会之需求。目前农村所需要之实用知识，决非学院式之大学所能创造。反之一般大学之生产品，多为耗费而不切于实际，故实用学校之教育原则，乃实用"教""学""用"三者合一之办法以求实学与实用。

课程

农村实用学校既以造就改进农村下级干部人才为职责，故所有课程，均以适合农村实用为目标。同时，为应目前农村实际需要起见，不仅注意抽象之学理，而且尚须注意于实践之技术。故其课程编撰，有如下之原则：

（1）各种课程编撰原则

一、应极力减少深奥理论，偏重农村适用之实际方法的研究或与农村有关之事实的叙述。

二、材料以农村中最普通或最需要者为主，其余次要材料，如授课时间有余始行编入，不必拘于过去书籍编制之陈法。

三、文字应浅显易解。

各科编撰范围如下：

一、近代史　自太平天国革命起，历举帝国主义之侵略史，以激起学生民族意识，并使知农村经济崩溃之原因。

二、农村文化　小学教育，民众学校的组织法及教授法，民众茶园，循环书报室，流动补习学校等实施之方法。

三、农村政治　保甲保卫及各种有关自治之实际材料。

四、农村经济　合作社仓库等重要事业实行之方法。

五、调查统计　普通调查方法，农村经济人事土地等调查表格之选择，及选得材料之处理等。

六、作物　稻麦等主要作物。

七、园艺　果树及蔬菜等主要园艺。

八、畜产　猪、牛、鸡、鸭、蜂等园艺畜产，并须注重于江西之实际需要；主要畜产居前，如猪等是，次产居后，如羊等是。

同时本校于每日教学时间外，至少有三时至五时之劳作，其项目之分配，以每周教学之科目为标准，力求"学""做""用"合一。

训育标准

（一）训育之目标

一、动机方面

1. 要有自强之民族意识

2. 要有同情之集团意识

3. 要有自制之自我意识

二、思想方面

1. 要有精密的创造能力

2. 要有打破偶像之判断能力

3. 要有合理之批评能力

三、行动方面

1. 劳动化

2. 合理化

3. 军队化

四、生活方面

1. 纪律化

2. 艺术化

3. 农民化

（二）训育之方法

一、考察

1. 考察操行成绩

2. 调查生活状况

3. 注重个别测验

4. 提倡自我反省

二、直接之训育

1. 施行精神讲话

2. 举行个别谈话

3. 厉行军事训练

4. 规定具体信条

三、间接之训育

1. 利用环境以暗示信条之履行

2. 制定标语与格言以资策励

3. 严行奖罚以使奋勉

四、自动之训育

1. 组织学生自治会

2. 组织膳食委员会

3. 组织辩论会

4. 自我之反省——反省表

五、社会之训育

1. 各种社会活动之实习

2. 各种实用学科之劳作

（三）训育之组织

一、训导组织——学生自治会

二、研究组织——各种研究会

三、服务组织——各种服务团

师生共守信约

一、努力改进旧农村建设新农村

二、努力组织农民复兴民族地位

三、当日的事当日做完

四、脱下长衫埋头苦干

五、努力养成勇朴诚劳的校风

六、做事要勤勤恳恳不避劳怨

七、戒除不良嗜好

八、我们要农人化军队化科学化团体化

江西省

黎川实验区一年来工作概况

徐宝谦等

一　引言
二　教育
三　农林
四　保健
五　文艺
六　妇女工作
七　研究
八　目标与步骤

一　引言

自二十三年九月至二十四年九月，本区在此一年中之经过，可分为四个时期：

（一）开荒期

二十三年九十两月为开荒期。九月间同工到黎工作者，计女五男十。此时组织，总副干事之下，分成教育、妇女、卫生、农工、新运五部。此外高寨洲的地点，是定县平教会学校式教育主任黎季纯博士替我们选定的。选择的标准有三：一是距城近；二是文化程度低，可以从事基本实验；三是负山带水，风景绝佳。

本期工作之第一步，为与特教处接洽，接办黎氏家庙中所办之中山民校。不久妇女部及卫生部工作人员由城移来，屋不敷用，乃添赁潘黎二氏民房十余间，修葺居住。除教育及看病工作外，并赴各家访问。惜民众经变乱之后，胆小非常，不敢与同工们接近，进行非常困难。

关于内部生活，每早同工们有半小时的看经祈祷，互述宗教经验，并组织家务会议，解决共同问题。团契精神此期可称黄金时代。

（二）定县组织移植期

二十三年十一月至今一月为移植期。十月底平教会派了张慕萱、米景清、白志耕三位，来黎协助。结果，改变本区组织。总副干事之下，设总务处，研究委员会与推广部。所有在外工作人员，一起调回高寨洲，预备组织强有力的阵线。

组织改变后，决定推进村单位的实验工作，其计划如下：（一）实验条件——根据村中可能的财力人力，发现一套最普遍、最经济、最有效的农村建设方案。（二）实验目标——使全村人民，都有受教育之机会，形成一个强有力的组织，且运用此组织来做各种建设事业。（三）实验程序——知能的传习，生活的安定，民生的解决。（四）实验办法——协助村民组织一建设委员会，村中一切事宜，皆由此组织计划推动，本区只居顾问辅导地位。建设委员举出后，在县备案，其组织如下：主席之下，设总务教务特务三部，秘书由中山民校校长兼任。委员大会每季一次，各部联席会议半月一次。

中山民校，本校只有基本班，今则实施平教会的大队制。唯大队制必须有多量学生，乃于总理诞辰，由全体同工及学生，赴各村宣传招生，结果招得一百一十名。但这些学生，始终未能到齐。其原因盖有数种：（一）文化落后，人民不感觉教育之需要。（二）十岁外之儿童，须下田工作或上山采柴。因此两种原因，导生制之实验，非常困难。

此期中有数种民众运动，值得记述。一是与义勇队联合起来，刷洗匪患在墙上所遗留的标语。二是村容整洁与扫除。三是与三都人民合作建立一所风雨亭。

在此期中，有一种特别事件，就是从别动队接受了东山、五都、团村三处的民众学校。

（三）重新组织期

自今年二月至七月为重组期。觉现有组织不完全，而本区工作目标及原则，亦应清楚厘定。乃举行多次会议，决定如下目标：本基督博爱互助的精神，（1）研究与实验建设农村具体的办法；（2）联络同志唤起民众；（3）共谋农民精神与物质生活之建设；（4）促进民族自救运动。

暂定工作原则：（1）根据地方可能之财力人力；（2）以建设精神生活为主要条件；（3）与其他农建机关合作；（4）采取别处已经实验成功的方法，加以研究实验；（5）选择并训练地方领袖人才；（6）一切工作经验应详加记录，以备参考；（7）建设工作，以地方人民所感觉到者为入手；（8）用最经济最有效的方法，取得民众的信仰；（9）实验工作，从小规模入手；（10）工作计划，应根据事实随时改进；（11）应制定工作计划及预算；（12）工作人员之生活，以近乎农民生活而同时不妨害身体健康为原则；（13）应埋头苦干，归过于己，归功于人；（14）免避夸大的宣传；（15）分工合作；（16）先有切实研究与实验，然后才可训练别人。

暂定组织系统图（见下页）

在此期中，工作方面也有相当之发展与变动。农林科在高寨洲村租得荒地数亩，与本地民众合辟了一个小规模的试验场。又与建设委员会联合，在植树节时种松数万棵。教育工作，因儿童班缺席太多，导生制难以进行，遂呈请特教处暂停，改为二部制分团教学。成人班则集全力于高寨洲，每夜开班教学。同时举行民众流动教育。其办法先开留声机或放映电影，然后教以灯光识字，通俗演讲，成绩颇佳。妇女班除文林郎外，在高寨洲添设一班。保健工作照旧，春季时举行扩大种痘运动，计高寨洲、三都、五都、团村、东山及五区樟村各处受种者共九百余人。合作科曾根据本区工作，研究出一套乡村互助合作学社之理论与实施方案，并在团村开始实验，惜不久中辍。宗教工作，只限于同工团体之修养及城区教会之维持两种，文艺科于新春时与民众联合组织三天游艺会，节目有舞龙灯、新剧、电影、杂耍、音乐等，每次到者平均为四五百人。平时工作，有农民画报、农民唱歌、留声机、电影等，颇能引起农民的兴趣。三保调查，也在此期中完成。

此期中工作方面最大的收获，就是与农民的感情日趋融洽，他们从前对我们的疑恐、畏惧的心理及拒绝的态度，至此大部分已经改变了。

（四）新任总干事

从八月起，是燕大教授徐宝谦君来黎担任本区正式总干事的时期，此时出外参观的同工，已先后莅止。徐总干事下车伊始，即开始三种工作：一、奋兴内部的团契，从个人及团体的修养入手。同时注重同工们读书研究的工夫，每礼拜举行研究会一次。二、加强内部的组织，改为四组三

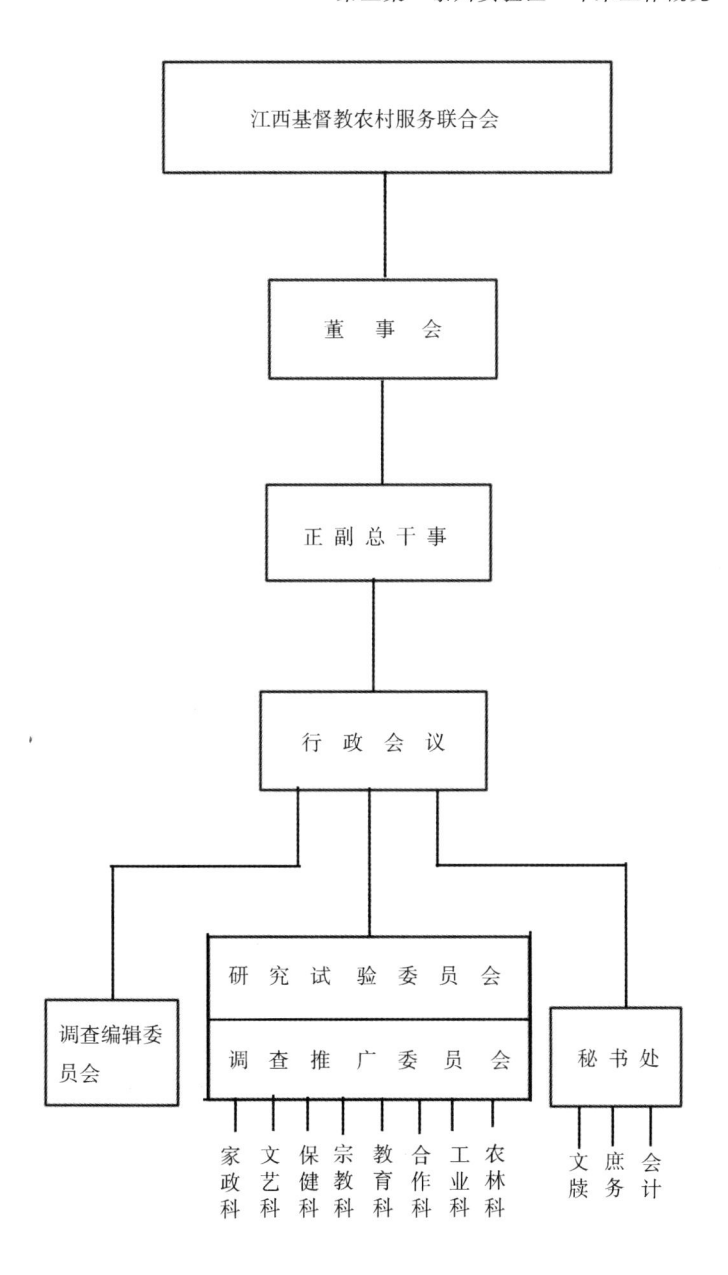

```
            ┌─────────────────────────┐
            │   江西基督教农村服务联合会   │
            └─────────────────────────┘
                        │
                  ┌───────────┐
                  │  董 事 会  │
                  └───────────┘
                        │
                  ┌───────────┐
                  │ 正副总干事 │
                  └───────────┘
                        │
                  ┌───────────┐
                  │ 行 政 会 议 │
                  └───────────┘
           ┌────────────┼────────────┐
           │      ┌───────────────┐   │
           │      │ 研究试验委员会 │   │
      ┌─────────┐ ├───────────────┤ ┌──────┐
      │调查编辑 │ │ 调查推广委员会 │ │秘书处│
      │委员会   │ └───────────────┘ └──────┘
      └─────────┘  │││││││││         │││
                   家文保宗教合工农    文庶会
                   政艺健教育作业林    牍务计
                   科科科科科科科科    科科科
```

部，计有总务、妇女、研究三部及教育、生计、保健、宗教四组。部经组纬，较前似乎严整得多。此外，并厘定行政会议职权及同工待遇规则。

三、决定下年度工作计划及预算，并讨论本区三年工作之计划。

本年教育工作，于八月初开始，因儿童班人数骤增至百余，每日到者在八十以上，故又恢复导生制成人夜校，在三保各开一所，每处学生自三十至五十不等。妇女班除原有两班外，在芦陂添设一班，精神甚好。

二　教育

黎川为收复区域，地方人才经济，两感缺乏，加以本实验区所在地文化落后，故本区教育工作，不得不以发现最经济最有效的制度为条件。导生制的移植及实验，就是根据这个动机。

实验导生制最有成效的，首推定县平教会。二十三年八月，承该会派黎季纯博士来黎擘划。于十月间开始试验导生制，选定高寨洲为地点，从特教处接办中山民校。十一月间，平教会又派张茂萱、米景清、白志耕三君来黎襄助。会商之后，决定在高寨洲作村单位的农村建设，以张为主任，并以教育为各种工作之重心。教育工作分三部：一、儿童部，实验定县的大队制。二、青年部以汪其天为主任。三、妇女部以甘碧云、徐幼芝为主任。十二月间张茂萱等返定，校长林肇文又因病辞职，特教处遂改委汪其天为校长。到今年春间，本区因学生多数不能逐日到校，试验大队制感觉困难，遂决定暂停，改为二部制，分团教学。至本年七月因为本地农忙之期，不得不改动授课时间，改为黎明班。秋季工作，于八月间开始，因学生数目增加，乃复呈请特教处，恢复大队制的实验。唯因地方特殊情形，此种试验，由全日改为半日。以上为儿童部一年来情形。至于青年部，二十三年十月，曾因农忙放假。入后又因全县举行壮丁训练，上课时间冲突，乃进行与义勇队合作，帮同训练壮丁。惜因某种误会，不久分裂。十二月青年部开始复课，改在晚间授课，分高初两级。继因晚间授课时，儿童及老年人来参观者甚多，秩序颇紊乱，因设一俱乐部及流动教育班。俱乐部备有箫笛胡琴，让人民自由吹弹。流动教育班的办法，是将不读书的民众，召集于门外空地，先用留声机，后用灯光识字法教学，并作常识演讲，或映照教育影片。青年班到农忙期，暂时停止，改为流动教育，至秋季始正式开课。青年部读本，自编一种侧重音乐的教材，每课皆可以唱，对于终日劳作的农夫，颇饶兴趣。妇女班由妇女科主持。

除高寨洲一带的教育工作外，本实验区曾于十二月间从别动队接办团村、五都、东山三处民众学校。团村、五都距高寨洲八里，东山距十五里。东山学校至旧历新年，由本地人收回自办。五都团村两校，本年春间，做乡村互助合作学社的实验。不久，因特种情形，将五都分校自动放弃。团村分校，除学校式教育外，尚有若干种社会活动。

三　农林

本区农林工作，只有半年的历史。因为本区工作开始时，注重教育工作，至今年春间，始选定高寨洲荒地一块，面积约六亩，开始农业试验工作。此小规模农场，系合作性质，曾与当地民众订立合同，共分十股，本区认五股，高寨洲合作社社员认两股，业主认两股，合作社理事邓林芳独认一股。地点决定后，即雇用工人，筑围以防牲畜侵入。农场设备非常简单。三月中旬，在植树节时，与本地民众及中山民校全体师生及本区全体职员，举行植树。计所种者，有松木杉木种种。

九月间，本组举行农家调查，共计五十六家。其中四十七家为纯粹农民。此四十七家，每年种谷最多者为一百四十担，最少者只四担，以二十至三十担为平均数。自耕农很少，只十一家，大多数为佃农。稻谷之外，以种烟为主。五十六家中，种烟者五十一家。种烟担数，以二至五担为最多。烟的价格，看销路如何。去年每担值三十余元，本年值二十余元。每担烟叶，能得多少斤，亦视经验及地质而异，平均数量为二十至三十斤。种菜数量极少，多半为自用，五十六家中，只有十五家有菜出卖。牲畜数量亦不多，五十六家中，养猪者三十四家，最多者不过三只；养鸡鸭者家数较多，平均每家三只；耕牛数目很少，所调查的四十四家中，只有三家每家养牛一只，其余各家共有四只。

从二月起，本科试验各种果树，树木完全由外购来，以桃为多数。成绩比较最佳者，为吴江红水蜜桃，陈甫水蜜桃，滋养水蜜桃数种，最坏者为玫瑰葡萄及杏，因有病虫害。又花桃及传十郎两种患落叶病。本区苗圃中所下种子，只有桐树一种，三分之二发芽生长，准备于明春移植。

蔬菜种子，多向南京购买，肥料完全利用当地所产。成绩最好者为雍菜，其次为恭菜、胡萝卜、葱头、菠菜、青荚四季豆，最坏者为玉蜀黍及辣椒。此外香茄及马铃薯亦患病虫害。除外来种子外，因当地民众要求，试验若干种本地种子，计有苋菜、白菜、空心菜、苦瓜、丝瓜五种，成绩有几种比农民好，其余与农民的成绩相同。

四　保　健

本实验区保健工作创始于民国二十三年五月底，当时由南昌采购应用药品及各种治疗器械，约费三百金。于六月十日，来黎城筹备一切，即在福音堂，开始应诊，并登报通知各界人士。本区设立之保健所，乃专为民众谋健康医疾病，取费极廉。同年八月十六日本区实验地点移至下三都之高寨洲，本所亦于同时迁移。计有贮药室一，治疗诊所一，换药室一，候诊室一，以是雏形略具。初在城开始应诊时，门诊与出诊逐渐增多，其中以外科居多数，内科较少。同年七月一日，县政府在下桥开办一个短期保甲训练班，经李县长祝队长商请于上午往该班诊治病人，因义不容辞，于是本所门诊，改订时间治疗上午六时起至九时，下午四时起至六时止。如此工作约月余之久，始移至高寨洲。为迎合农民治病便利起见，不限时间，随到随诊。每日抽出二时，往邻近村庄诊病，或宣讲卫生要道，渐见相当成效。至十二月间，本区应别动队之命，接收东山团村及五都三个民校，因之工作范围又加扩大。其他关于卫生方面工作，如清洁运动，灭蝇，种牛痘，民校卫生演讲，及实施治疗各项工作，无不极力推进。总计一年中来所治病之男女，新号共七一〇人，复诊一四〇四人。计内科二四七人，外科四七三人，种痘九〇五人，接生八人。

本地民众多迷信神鬼，凡遇有疾病，多委诸于神与命，非有危险之病症，不轻易服西药，今幸稍有觉悟，信仰西药。本区为训练本地保健员人才起见，始就民校中择选男生一人，每日上午在所学习各种平常治疗学，授以医药普通常识。

在过去年余中，本区乡村民众，对于保健所，由怀疑而观望而试医而认识而渐起信仰。最大之困难，即人民愚鲁，迷信难破，除外科来就医外（因取费廉，每人新号十枚，复诊五枚，奏效迅速），非奇险之症，鲜有情愿来医者。本所开办伊始，设备简单，如遇有须行手术之症即无法医治。若介绍往南昌医治，则穷民经济能力又不许可，此实为大缺点。为将来推进工作，普益病民计，保健所设备，宜稍扩充，药品器用亦宜增加，添聘专门人员，设法训练本地保健人才，俾黎川人民由村区而至全县，均享却病延年之幸福。

五　文艺

文艺科自成立以来，虽只四月，而工作已先期开始。本科工作，分五类。（一）美术　自十月杪始有是项工作。计有壁画、标语、儿童画范、儿童画科、插图、广告、统计图表、地图及黎川人民生活写生数种。客岁冬大公报记者赵望云先生来黎，曾绘制匪区民众写生多幅。（二）音乐　一年之内，儿童班学会歌五十只，多半参有游戏的意趣。妇女学会了二十只，多半是以柔美胜的。成人班只学会了苏武牧羊、锄头歌等四五只普通曲子。五六月间曾利用唱歌法教识字，因其目的在识字，故对于音乐，无甚显著的成效。至今大凡有多人聚集的地方，都可以听到他们的歌声，不过，肯唱他们固有的歌谣或山歌的人，却极少。就我们采访所得的几只歌谣及山歌说来，内容多半论到婚姻及自然的物类。他们又喜欢一只数数目的歌。谜语很多，因为不易记得，所以采集很少。（三）娱乐　乡间娱乐极少，有空时无非喝酒玩牌。黎川是匪区，所以孩子们喜欢玩"打土匪"。冬天到来，本地人不论男女老幼，袖着一个竹火笼，添火、拨灰、燃纸条吃水烟，成了他们特别的技巧。有时因为一点小事，可以大哭大骂，整日不休。我们在一年中提倡了几种正当的娱乐：如儿童的游戏、体操唱歌、表演，妇女的琴棋箫笛。曾举行九次同乐大会，观众共计二千五百余人，开会日期，大半是节气，如中秋、国庆、总理诞辰、耶稣圣诞、旧历新年、儿童节、端午、休业式等。所演短剧，有读书的农家、大好河山、六子贺寿、圣钟、平民之光、孔雀东南飞等。协助社会教育之娱乐，有灯笼画及电影，留声机数种。灯笼画颇像走马灯，制法用木箱子一，后边开门，以便装制灯光，除去前边木板，配上两个活轴子，以便画图来回转动。电影共映四十九次，到七千一百余人。（四）摄影与戏剧　本区摄有各种风景及生活相片，订成一厚册。至于戏剧，因言语隔阂，演时颇感困难。此间民众所喜欢的，大都为富于情感的戏，对于美的要求，并不苛刻。

六　妇女工作

农村社会，即是家庭社会，所以家庭工作，在农村工作中，占重要的位置。我们在这一年中，只能说渐渐认识了乡村妇女的生活及需要，还谈不到任何工作。黎川四围皆山，在公路未筑成前，交通异常不便，以致乡间妇女有终身未曾离过本村者。缠足之风，至今盛行。彼等初见我们短发、大足、长衣，非常觉得奇怪。有时听见她们说："这是男子呢？或是女人呢？她们来做啥呢？"她们因为怀疑，就躲避我们。所以我们初来时，几乎看不到青年的妇女。本实验村有居民一千三百多人，妇女占半数，然识字者不过十人。三百五十多家中，仅八家能做衣服，问其何以不学，则答以"学不会"，问其愿否来学，则答以"没有闲"。她们日常生活，就是烧饭、育儿、看家，有时出外捡柴拾猪饲，农忙时帮同晒谷及烟叶。所以：如何引起她们的求知欲，是妇女工作第一步。

黎川妇女，自从经过红军之乱，胆小异常。本村有一位黄嫂嫂，是比较最开通的。一日她跑来对我说："先生，你前天去过猫儿山罢！"我说："不错，你怎样晓得的？"她笑着说："你真害死人哩。那边的饶二嫂，远远看见你们去了，她怕你们去强迫她剪发，所以马上往背后的山上跑，一连翻过几座山，连午饭也吓得不敢回去吃。又遇着下雨，所以连饿带冷，回来就病了。她今天还躺着呢！你看好笑不？我接她后天来玩，你想会她么？"果然两天之后，我在黄家会到了这位饶二嫂，彼此大笑一场，疑惑就消除了。所以：怎样获得她们的信任，是妇女工作的第二步。为要做到这两步工作，我们举行家庭拜访。这种工作的目的和步骤，可分三个时期：第一步借保健工作，为入门机会。第二步作读书的宣传，开设妇女班。第三步，藉着中山民校的儿童，与其家庭中的妇女联络。这样工作两个月之后，乡村的妇女渐渐认识我们了；她们的话，我们也能懂了。有时我们走过，她们也出来请我们进去坐。

妇女班从十一月开始，起头只有四个妇女和一个小姑娘。过了不久，我们想用保长的力量，强迫她们来上课，几乎惹出乱子。有一家的女儿，因为名被报上，哭得要寻死，后来我们把她名字取消总算了事。到了十二月，妇女班人数增至十五名，可是年龄从八岁到四十五岁，相差太远。她们的兴趣，在学手工，所以每日读书只半小时，手工包括缝纫及编织绒物。还有一层，不按时间来上课。于是我们又感觉到一层困难。

旧历新年过了，趁着还在农闲，作第二次开学。这次我们不去招生，任其自来，并托旧生担任宣传。结果，到学生二十二人，但年龄在十二岁以下的占十四人，于是另设幼女班。此次学生对于读书，已发生兴趣，故手工与读书，每日各占半小时。六七月为烟忙期，本预备放假，后因学生要求，改设黎明班，上课时间为早晨六时到七时半。除高寨洲外，在芦陂增设一班。

我们在这半年多当中，遇见了不少的困难：一、学生年龄不齐兴趣不同，教学非常困难。小女孩不肯进儿童班，因为教员不是女的。二、学生程度不齐，而且天资相差太远，故进步之快慢不一致。再加上课缺席及迟到，教学自然更感困难。三、教材缺乏。国内对于农村妇女的教材，适用的几乎可说绝无。农村妇女，从未进过学校。有些在家中娇养惯的，颇少礼貌。若管理太严，就会发脾气不来；若管理太宽，则团体纪律必难维持。

妇女卫生工作，曾举行演讲，所讲者为：婴儿的营养、蝇的除灭、疾病的预防等。此外农民家庭争吵，亦有来求解决者。利用个别方法，颇著成效。

以上是一年来妇女工作开荒的经过，至于怎样才能应付她们的需要？如何引起她们的自动精神？如何使她们自觉，追求更丰富的生命？对于这些问题，我们仍在摸索之中。

七　研究

"乡村互助合作学社"，简称"乡社"，是一个合作化，互助化，学校化而富于团结性的社会。是一种最具体最简单最实际的整个推进乡村建设的组织，藉此组织；得输入乡建之一般的具体内容，而由农民自动自助以推广之。此具体推行的组织，务须适合中国乡村最普遍的需要及农民最普遍的信仰，藉为推行的动力。此具体推行的组织，必须包括乡村建设已经实验及推行已经收效的具体办法。此具体推行的组织，务须灵便圆通，不论社会团体，宗教团体，个人或政府团体，皆可因此辅导农民，使其自动自助地推行之。此组织与推行办法，务须合于中国及世界的趋势，予农村政治经济社会文化以整个的改造及建设。此具体组织与推行办法，须以中国文化及世界近代文明为基础，并须以此组织为发扬中国文化输入世界近代文明和调和中国文化及世界文明之枢纽。总起来说，乡村互助合作学社，有下列几种特点：（一）以合作社的方式及原则，达到乡村生计的建设。（二）以学校为改造和建设乡村社会的中心。（三）以互助的方法，原则与精神，达到民族道德的建设。（四）以合作、学校、互助三种方式，去教育、训练、组织民众，造成一合作化、互助化、学校化，而且富于团结性的乡村社会。（五）藉此组织去辅导民众，使之自动自助地去建设。（六）此具体组织，其地域范围，务须划定，作乡村建设之单位。

以上为乡社的理论，至于实施办法，须详细拟定。可将乡民分为学董学友两种。学友须有公约，内容须包括努力建设、互相劝勉、互相教学、爱国、公民训练、遵守信用种种。学友入社，须有一定条件，如品行端正、年龄在十五岁以上，经过介绍及通过手续等。已入社的学友，必须经过公民训练。学董须组织学董会，担负乡村建设的责任。他们是地方上的父老和领袖们，等到学委会成立，他们就由倡办的地位，退居于顾问和促进的地位。其他对于教育，合作，互助种种，都应有详细规定。

八　目标与步骤

时光易逝，黎川实验区已正式进入第二年之阶段。语云：过去与将来，以现在为其交点。我们在此阶段，应计划未来，亦应审查过去。所谓前瞻与回顾，实为现阶段应有的两种努力也。

查本实验区以董事会为最高之立法机关，而以干事部为执行机关。一年以来，诸事草创。对于实验区创设之目标，应有之基本条件，以及实现目标之方法步骤及具体计划，董干两部俱无暇顾及。兹者一年已过，似应急起直追，从长商讨议决，以期见诸实施。两月以来，本区诸同工，对于上列种种问题，已作长期会商，本月中旬，即可在董事会中提出。决定之后，希望能见诸实行，此则堪为各地同志告慰者也。

本实验区之目标为何？一言以蔽之，曰：以基督教牺牲博爱服务之精神及近代科学之方法与技术，结合同志，共同努力，共同生活，藉以建设基督化的农村社会是已。

何谓基督化的农村社会？其义自随人而异。然根据同仁等的见解，则当为广义的而非狭义的，精神的而非形式的。何谓广义而非狭义？传统的基督教，以拯救个人拯救灵魂为职志，其意盖谓：社会者个人之所积，设个人健全，社会亦必健全。又谓：支配个人生活者在灵性不在物货。此种陈义，未始不高，然偏而不全，则实难讳言。吾人所信仰的基督教，则于改造个人之外，同时必须改造环境；救济灵魂之外，必须建设理智与身体。何谓精神而非形式？传统的基督教，以劝人入教建设教会为目标，其用意初未可厚非，惜本末倒置，故其流弊往往弊端百出。盖教会者，基督徒之自然结合；其结合也，必须根据共同信仰，初不可以强致。况教会者，建设理想社会之工具，而非即为理想社会。设现实之教会而果能代表理想社会，则好善之士，必且趋之若鹜，否则虽强致奚益？根据上述两种见解，吾人所欲建设之基督化的农村社会，是整个的，不是局部的；是注重人生之改变的，不是谋教会之扩展的。我们愿本耶稣的精神去服务，而不愿徒作口舌之宣传。

目标既定，实现目标的基本条件，不可以不具备。所谓基本条件，不外下列数点：（一）结合同志，造成一个有共信共行的团体。（二）充实内容，健全组织，使各种工作（如保健、生计、教育等）俱有专家主持。（三）认识当地环境及需要，并与政府及地方取得相当联络。

今假定：目标定矣，基本条件具备矣，然则基督教的农村建设工作，当照何种方式何种步骤而进行耶？则答之曰：工作之方式，不出两种，一为自上而下，即政治的；一为自下而上，即社会的。本实验区自初即决定不采用政治方式，故其工作方式，当然为社会的。唯同时对于政治势力，不可不取得相当联络，并加以相当运用，否则种种计划必有窒碍难通之处。故本区同仁考虑之结果，主张：以社会工作的精神，去运用政治的力量。

至于工作步骤，不出研究、实验、训练、推广四种。同仁等现正在研究一个本区工作之三年计划，期于最短期间，得以产生。大旨：工作（教育、保健、生计、宗教）与步骤（研究、实验、训练、推广）互相经纬，分年进行。第一年侧重研究与实验，第二年侧重训练，第三年侧重推广。由村而区，由区而县，逐年递进，直至当地民众因本区之训练，能接办本区同仁研究实验之结果，且能负推进之责任。如是则本区同仁之使命，即可告一段落矣。

江西省

江西省特种教育处南丰实验区乡村工作简述

张桐膺　徐伯康

一　引言
二　设立本区之用意目标及原则
三　实验区成立经过
四　实验区社会概况
五　实验区之组织及经费
六　实验纪要
七　设施纪要

一　引言

江西特种教育事业，实可谓始于二十二年三月二十三日第四届中央执委会第六十三次常务会议，通过公布施行的特种区域暂行社会教育实施办法。所谓特种区域，依该项实施办法的规定，是曾被匪患扰害区域和现受赤化较深区域。至二十三年二月，本省创办省立民众教育师资训练所，以造就担任此特种区域社会教育的人才。同年七月军委会委员长行营颁布"赣闽皖鄂豫五省推行特种教育计划"，乃扩大组织，改为"江西省特种教育处"，推行江西特种教育事业。

二　设立实验区之用意目标及原则

特种教育之理论与实际，有待于研究与探讨。研究探讨之法唯何？自以实际之试验为有效而切实。故择定本区为集中实验场所，由实际试验所得，为本省其他各地特种教育实施之根据，并期于三年之内，谋管教养卫之连锁实现。

其目标如下：

1. 以学校的方式，得到实施特种教育之程序；
2. 以政教合一的精神，得到实现农村自治之步骤；
3. 以学校为改进社会中心，得到建设农村文化之方案；
4. 以全区为农事改进对象，得到复兴农村经济之动向；
5. 以全区居民捍卫地方，得到完成农村自卫之办法。

其原则如下：

1. 以设立中山民众学校为实施特种教育之中心；
2. 以少费金钱，多用力量，谋实施特种教育之经济；
3. 以南丰县第五区为初步实验区域，俟有相当成效，再行推广；
4. 以江西省特种教育处各项办法为实验起点，期确定其实际与理论。

三　实验区成立经过

本实验区于民二十三年十月，由江西省特种教育处派研究部主任张桐膺，研究员曾大钧勘定南丰县匪祸最深，甫经收复之第五区为实验范围，并以区办公处所在地之白舍圩为办事处所在地。旋由处调委研究部研究员徐伯康为本区总干事，黄嘉焕为第一组主任干事，于十一月九日来白舍开始工作。惟以浩劫初夷，进行甚感不易，经数阅月的努力，始稍就绪。

四　实验区社会概况

本区即江西省南丰县第五区整个行政区，居南丰之南，就近广昌。南北长七十余里，东西长五十余里，辖白舍、瑶陂、中和、枫林、杨林渡、罗坊、鹗里塘七大市集。

本区土地，大概可分为山川、田壤、池沼、村舍、空场等类。田壤又可分为山田、河田、塅田三种。塅田最佳，河田次之，山田又次之。总计每年可植早晚稻者四分之一，仅收早稻者四分之三。年来田园池沼，荒芜甚多，殊可惜也。（因本区尚无详细之测量，故不知确实面积。）

本区户口，据最近本区与五区办公处联合编查保甲户口结果，全区共分四个保联，四十个保，三七五甲，四〇二八户，男七五三七口，女七七〇四口，合计一五二四一人，内壮丁三一六六人，识字者一〇三四人，多为土籍，间有湖南籍，退伍兵士，在此为赘壻入籍者。

本区大村落甚少，实为山村，人口稀少，住屋亦多破坏不堪，乏力修葺。区民职业，务农为多，手工副业，昔多织布，今则衰落。出产以米谷为大宗，竹木次之，小商经营，亦不见佳，因人民乏购买力故也。

本区风俗，昔称醇厚，今稍硗薄；卫生清洁，无力言及，亦无知识；自卫合作，均有组织，但鲜见效；民间娱乐，昔多迎神赛会，现以经济力薄，又恐宵小扰乱，不准举行。至教育情形，全区中等学校毕业生计有四人，高小毕业生，不过二十余人，文化低落，可见一斑。未赤化前，全区仅有小学四所，私塾绝少，收复后，当局锐志经营，已先后成立保学十余所。

本区交通自南至北，尚见便利，因水路可通，陆路又有汽车，除此则四境多山，交通不便。至本区遭匪害情形，自十六年七卅一事变后，各地即受匪害，在白舍曾组织县苏维埃，六七年来直接被害者，达五千余人，经济损失，无从计算。至民二十三年四月初，本区始得收复，迄今已一年余矣。

五　实验区之组织及经费

本区组织，直属于江西省特种教育处研究部，工作人员，俱由处委派，各民校校长，都是本处师资训练班毕业之学生。辅导委员会，由南丰本地有关系人士，及特教处有关系部分组织之：第一组司管教，第二组司养卫，各校校长教师，兼任干事，以收联络统一之效。

本区实验期限，约定三年至四年。每年经费，照二十四年度预算，实验区办事处及所属六校在内，每月九五七元，全年一一、四八四元。（内南丰县补助费各校十分之一强，计全年七二〇元。）依照五省特教计划之规定，每年由地方筹补十分之一。十年之后，实验区虽取消，而各校已可独立进行，由本地人接办矣。

六　实验纪要

纲目	实验要领	经过情形
关于教管合一方面	举办甲长训练	先在白舍民校成人班实施次第推行各校
	厉行新生活	本区及所属各校所在地均组织新生活运动促进会
关于教养合一方面	开垦荒田	以成人班儿童班学生开垦荒田积极提倡耕作以增进生产
	特约农家	特约农家及林木采种稻作收获竞赛等事业俱以成人班学生为基本员
	成立妇女纺织习艺所	以妇女班学生为基本学徒分织袜织布织毛巾三部分
关于教卫合一方面	实施成人班军事训练	利用上课时间举行不妨害其职业
	成立保健所	诊疗及预防并重均先从学生及其家庭做起
	教师兼当医师	由保健所医师严格训练各校校长及教师分设代诊处施行简易诊疗
关于教育本身方面	实施三部制	清早或上午儿童班下午妇女班晚间成人班均合实际不碍生计
	设立流动民众学校	就各村设立教师按时往教晚间返本校甲地民众受教完毕乃往乙地施教实行有系统的流动教学
	举行家庭座谈会	校长教师常赴学生家庭访问遇多人聚集即顺便举行座谈会

七　设施纪要

1. 设立民众学校六所：在白舍、河东、镇前、中和、杨林渡、鄱阳，各设民校一所，现有成人妇女儿童十八班，共计七百余人。

2. 开垦荒田用作农场：开垦民间荒田，分为农场三所。第一农场为示范区，约三亩。第二农场为试验区，约七亩。第三农场为繁殖区，约十亩。另一部分在开垦中。

3. 成立妇女纺织习艺所：分织布、织毛巾、织袜三部，现有袜机六架，布机二架，毛巾机二架，正在扩展中。

4. 成立保健所：与江西全省卫生处合办。

5. 设立通俗讲演所：与五区区办公处合办。

6. 设立民生合作社：以供给本区各学校用品及日常用品推销妇女纺织习艺所及实验农场出品为宗旨。

7. 辟设养鱼池三口：于今春散放老鱼一百余条，鱼苗一千余头。

8. 建筑牛猪舍一座：试养本地优良牛猪种。

9. 建筑养鸡场一所：江西省农业院赠送试养来克杭鸡已遭失败，现改养本地优良鸡种。

10. 辟设养蜂场一所：预备来春试养。

江西省

江西农村改进社走马乡实验区工作报告

一 沿革
二 组织
三 事业概况

一 沿革

本实验区系于民国二十三年十月，经江西农村改进社推定常务理事苏邨圃为筹备主任，并选派社员刘廷杰、梅荣汉、蔡寿元为筹备员开始筹备。进行三月，即将全区调查、统计、测制区境界图、建筑区办事处及中心小学房舍等工作，一一完成。二十四年二月，正式成立实验区办事处，由总社选派苏邨圃为总干事，刘廷杰为总务部主任，李思纶为经济部主任，蔡寿元为文化部主任，梅荣汉为政治部主任，并由办事处委派冯百磨、魏勃、王镜、朱全乔、杨镜澄、苏醒等为各部干事，再商由江西全省卫生处调派倪国乔为卫生干事，华洋义赈救济总会驻赣事务所调派吴季强为本区合作干事，始积极从事各部实际工作之进行，此本区成立之沿革也。

二 组织

本实验区根据江西农村改进社之经济、文化、政治三部门连环式的分掌，教养卫之宗旨，特决定其组织系统图如下：

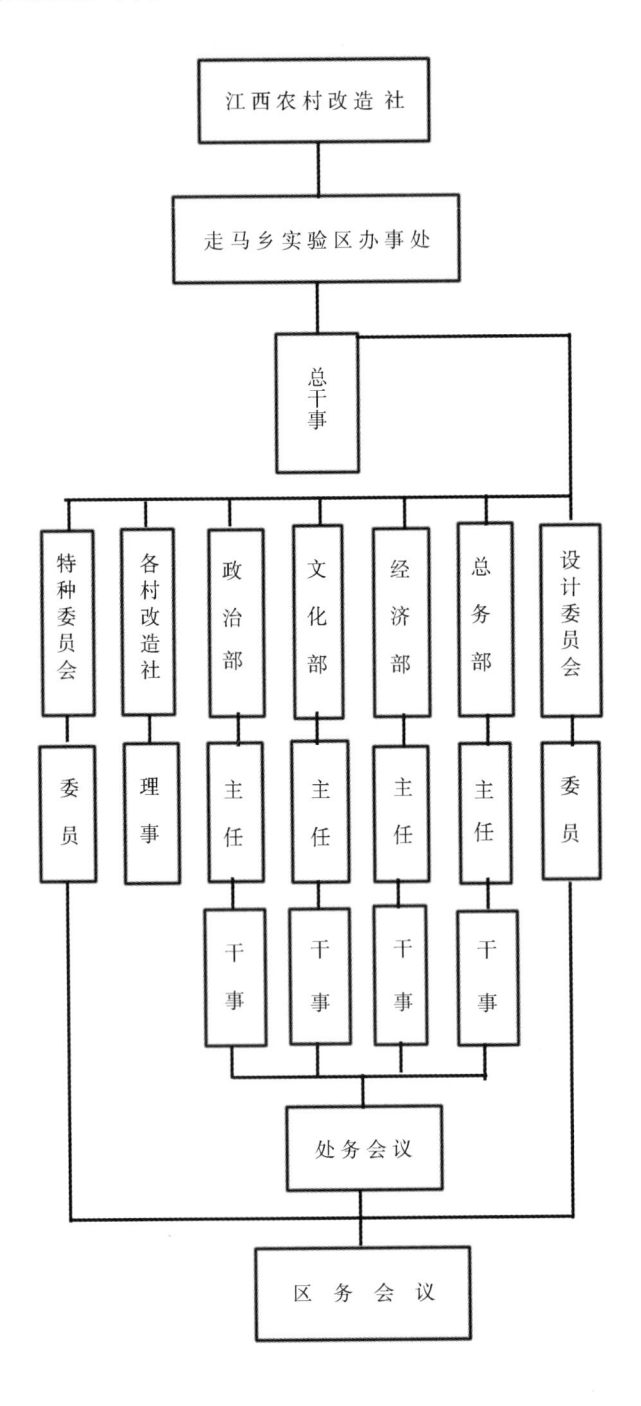

```
                    ┌─────────────────┐
                    │  江西农村改造社  │
                    └────────┬────────┘
                             │
                    ┌────────┴────────┐
                    │ 走马乡实验区办事处│
                    └────────┬────────┘
                             │
                         ┌───┴───┐
                         │ 总干事 │
                         └───┬───┘
      ┌──────┬──────┬────┬──┴──┬────┬──────┬──────┐
   ┌──┴──┬┬──┴──┬┬──┴──┬┬─┴──┬┬─┴──┬┬─┴──┬┬──┴──┐
   │特种 ││各村 ││政治 ││文化││经济││总务││设计 │
   │委员 ││改造 ││部   ││部  ││部  ││部  ││委员 │
   │会   ││社   ││     ││    ││    ││    ││会   │
   └──┬──┘└──┬──┘└──┬──┘└─┬──┘└─┬──┘└─┬──┘└──┬──┘
    委员    理事    主任    主任    主任    主任    委员
                    干事    干事    干事    干事
                          ┌──────────┐
                          │ 处务会议 │
                          └────┬─────┘
                          ┌────┴─────┐
                          │ 区 务 会 议 │
                          └──────────┘
```

三　事业概况

子、总务方面

本部为实验区办事处总干事以下之总枢纽，凡不属其他各部之临时事件，均由本部处理。其固定工作，即为调查、统计及文书事务三方面。文书、事务与通常各机关无甚差异，似无叙述之必要。兹仅将地势、面积、人口、经济状况、文化程度及职业分配，就调查所得之结果，述其大略如下：

（一）地势　本实验区为湖口县唯一纯粹之农村，以原有走马乡乡界为区界，位于湖口县全县之中心，由本区办事处距离县城约十八华里，距离马影桥约四华里。由本区办事处至县城，由本处筑县道一条，可走人力车，惟此间无胶车之设备，故往来之人，多系步行，或乘小手车，交通不十分方便，本实验区亦正在设法改进中。

（二）面积　本实验区之总面积，约计有二十五方里，东西直径约六华里，南北直径约四华里，可耕田地占六千六百九十余亩。

（三）人口　本实验区全人口计五千二百八十二人，男子二千七百〇六人，女子二千五百七十六人，分布居住于全区，计有四十二村，一千一百二十一户。

（四）经济状况　本实验区二十三年度全年共收棉花十三万斤，稻作四千四百石，大麦一千一百石，小麦五百五十石，菜籽一千一百石，杂粮二百二十石。据上数字，本区全年农产品收入，不足一年之粮食，为数其大。因走马乡之稻作，在平年均不敷自食，全赖杂粮及棉花之收入，转向外县购运粮食，本年度旱灾奇重，棉花杂粮同时减收，遂无方向外购运，以致演成区内人民大多有吃树皮草根观音土以充饥之惨状。

（五）文化程度　本区全人口共五千二百八十二人，粗识文字者仅有一千一百二十三人，其余之四千一百五十九人，均为文盲。学龄儿童总数一千一百二十人，入学者仅有三百八十二人，其余之七百三十八人，均为失学之儿童。本区曾受高等教育者仅四人，受中等教育者仅十余人，其文化程度之低落，可谓已达极点，非迅谋改进，殊难有提高之希望。

（六）职业分配　本实验区计有农人四千五百二十八人，工人三百五十六人，商人一百〇六人，学界二百三十五人，政界二十人，军界九人，医界九人，其他界十九人，但工商学医及其他各界，亦仍有兼习农事者，故本区农人，实占百分之八十七以上。

丑、经济方面

本部为本实验区中心工作之一，凡关于改良农业技术，推广优良品种，经营农场、林场、畜牧场，提倡农村副业、家庭职业，以及推行合作事业等，均属本部工作范围。但本区为事业经费所限，仅就可能范围内，分别缓急轻重，次第举行。兹分农场事业、园林事业、畜牧事业、合作事业四部，略述其概况如下：

一、农场事业

（一）实施主旨：1. 育成良种供给本区推广之材料；2. 用改良方法栽培为农民示范；3. 为本区中心小学劳作农事实习之场所；4. 从事主要作物及家畜之培育试验。

（二）土地及建筑：1. 第一农场位于本区办事处之附近，共计面积十亩零三分五厘，内水田面积占五亩一分五厘，为稻作区，旱地五亩二分，为棉豆苗圃蔬菜等用，又划出旱地七分，为中心小学操场用地，至其土壤大抵为黏质壤土。2. 第二农场距本区办事处八华里之遥，名无相寺，为县城赴区之中心地点，共计山地二千余亩，湖田三万余亩，水旱地二百余亩，经湖口县教育局拨归本区中小学校为校产，第因经费困难，兼之去年奇旱，概行荒芜，收入尤歉，其土壤大抵为砂质壤土，本区现在计划开辟中。3. 第三农场位于文桥，距本区办事处十八华里，名善庆庵，计面积十八亩，现时有小股土匪出没其间，故未加以整理。

二、畜牧事业

1. 本区由万家埠实验区运来来克雄鸡一头，现正饲养与本地鸡杂交配种试验，其结果容后报告。2. 本区由万家埠运来马一对，亦正饲养畜牧中。3. 本区收集野蜜蜂两箱，用科学方法饲养，蜂群甚强，亦在试验人工分蜂，及蜜量蜜源等调查，并拟作人工养王等试验，亦俟得良好结果后，再行继续报告。

三、合作事业　本区合作事业，略如下表：

社号	社名	社员人数	社股总额	每股金额	向华洋义赈会赣所信用借款额
61	道官桥董村信用合作社	二十一人	二十一股	二元	二百五十二元

续表

社号	社名	社员人数	社股总额	每股金额	向华洋义赈会赣所信用借款额
62	大屋梅村信用合作社	五十六人	五十九股	二元	六百七十二元
73	刘镇村信用合作社	三十六人	三十六股	二元	四百三十七元
74	吴八房村信用合作社	三十二人	三十二股	二元	三百八十四元
75	刘瑞村信用合作社	五十人	五十股	二元	六百元正
76	刘三房村信用合作社	二十二人	二十二股	二元	二百六十四元
77	新安铺程村信用合作社	五十人	五十股	二元	六百元正
78	檀树弄蔡村信用合作社	二十八人	二十八股	二元	三百六十元
79	吴一房村信用合作社	二十九人	二十九股	二元	三百四十八元
82	吴纯村信用合作社	二十人	二十股	二元	二百四十元
85	张二房村信用合作社	二十九人	二十九股	二元	三百四十八元
86	吴下坂村信用合作社	三十七人	三十七股	二元	四百四十四元
88	潘大路村信用合作社	二十七人	二十七股	二元	三百二十四元
89	被石家村信用合作社	二十八人	二十八股	二元	三百三十六元
合计	十四社	四百六十五人	四百六十八股		五千五百八十五元

此外如区联合会利用预备合作社仍在分头组织中。

寅、文化方面

本部为本区之最高文化机关，凡属本区各种教育事业，以及风土民情之调制，村志区志之编辑，文化文献之统制，农民读物，丛书壁报刊物之编辑事件，均属本部工作之范围，但为经费所限，只能择其轻而易举者先行试办，兹仅将学校教育及社会教育两方面，略述其概况如下：

（一）学校教育 1. 教学目标：为求实学实用起见，特以能读能说能用为教学之目标。2. 训导目标：为矫正萎靡风气起见，特以实学实用立己立人为训导之目标。3. 学校概况：计设立中心小学一所，学生五十四人，分布于檀树垅蔡村、吴八方村、吴一房村、大屋梅村、沈贵村等处之分校五所，有学生二百三十一人，特约私塾十所，有学生共一百三十二人，最近于第四十保，第四十八保复成立保学一所，有学生五十一人，共计本区受学校教育之儿童有四百六十八人。4. 训练各分校师资：本区中心小学，拟于二十四年度专办高级、初级完全由各分校办理，但以各分校教职员多未受过师范教育，兹为求学校教育进步起见，决定自本年六月份起，将各分校教师调集训练，以图增进农村教师之知识与技能，现第一期训练班正在着手筹备开学。

（二）社会教育 1. 原则 一、少费金钱，多卖气力：利用当地教育机关，附设农民夜校，并扩大识字运动，研究简便教导方法，训练巡回指导人员，实行上门教学。二、节省时间，加快效率：提倡有知能者大家负起教人的义务，缺乏知能者均应负起受教的义务，俾于最短期内，教育最多数之农民，获到最大之效果。这便是本区实施社会教育之两大原则。2. 目标 为矫正萎靡颓唐风气起见，以"打破错误的传统观念，恢复民族固有的道德，养成实学实用立己立人的新精神"为社会教育之目标。

3. 农民夜校实施之概况 本区中心小学附设农民夜校一所，招收男女学生各一班，男生成年三十人，儿童十八人，女生全系儿童，共二十一人。各分校兼办者共五所，男生一百九十二人。特约私塾兼办者三所，共学生五十一人。最近二保学亦兼办一所，学生四十三人。总计本区在农民学校受教育者三百五十五人。 4. 发行定期刊物 本区开办以来即发行儿童周刊一种，系由中心小学学生所主编，各校学生供给材料，每期缮四十份，张贴各校或通衢大路，现共出版至第十六期。又最近由区办事处增编简单壁报，尽量搜集省内外重要新闻及本区各村农事消息，用最简易之文句，每三日缮写数十张，分发各村张贴，并派人指导农民阅读，以引起农民读书看报之兴趣。 5. 设立民众茶园 本实验区办事处左侧，约一华里之遥，有湖口通彭泽必经之大路，且为本区中心要道，每日经该处过往之行人及各村农民不下数百人。本区为便利往来民众憩息起见，特在该处设一民众茶园，除委托附近忠实村民便带经营小本茶点生意，以备行人需要外，内部设备完全由本区负责办理，并备有浅近刊物，及书报多种，以资行人阅览。开办以来，迄兹三月，计每日入园休息阅读书报者，平均约在五十人以上。 6. 粉写村训 本区共计四十二村，拟全部代为粉写村训一处，现在已粉写竣事者计有大屋梅村、细屋梅村、刘瑞村、刘镇村、大路潘村、杨司村、周存信村、尤树舍、吴上坂、吴下坂、柳仲太、刘二房、三房、四房、九房、倪家舍、新屋上、新皮程、冠桥董十九村，其余各村亦正在粉刷中。

卯、政治方面

本部专负本区政治方面之职责，如自治自卫，民众之训练、组织、保健及宣传等事业，均属本部工作之范围。但本部现以整个行政权尚未完全收归本区统一指挥，加以人力财力亦未十分充实，是以预定计划，尚有许多未能实行之处，兹仅将已实行推进者，略述其概况如下：

一、关于妇女运动之工作

本区全区妇女，计有二千五百七十五人，占全人口百分之四七·二，内中已缠足之妇女，计有二千○二十人，占全女子百分之七八·五；不识字之妇女，计有二千二百七十一人，占全女子百分之八八。故本部为提倡女子健康，及提高女子文化起见，对于督促妇女放足，特为之严定步骤，强迫执行。一面组织妇女读书会及农民夜校妇女班，由本部干事朱全乔负责主持。计现在加入农民夜校肄业之妇女有二十一人，加入妇女读书会之妇女有四十三人。已实行放足剪发者，一百十六人。此本区政治部妇女工作之概况也。

二、关于卫生事业之工作

本区鉴于大旱之后，疾病丛生，对于保健防疫之工作，实有刻不容缓之势，故虽在经费万分困难之中，特商请全省卫生处调派医师倪国乔，驻区组织保健所，专以诊治乡民疾病，及防疫为业务。计本年第一个月内，共诊治病人一百四十七号，内中以外科为最多，内科次之。共计接种牛痘三百○三名，男子二百○四名，女子九十九名，内中以儿童为最多，成年人次之。

三、关于息争之工作

本区鉴于乡民无知，往往以癣疥细故，讼累终年，因而倾家荡产者比比皆是，本部特组织息讼会一所，聘请地方公正绅耆，及本区总务政治二部职员为委员，每月开常会一次，遇有紧急案件得临时召集会议。计本年第一个月内共调解民事纠纷十七件，刑事案件十二件，内中以婚姻纠纷为最多，争水利者次之，为债务者又次之。

四、关于保甲及公民之训练

本区所属计有十七保，一百一十甲，每月召集保甲会议一次，授以民权初步，及新生活须知之常识，每周至一村召集纪念周一次，讲演时事及农村改进之必要理论。每月开主妇会议一次，灌输妇女家事保婴卫生医药之常识。每月召集敬老会一次，举行茶话会，并讲述时事及余兴，以引起老年人的兴趣，而渐取得其信仰，俾能广为号召和宣传。

五、关于推行新生活运动

本区鉴于新生活为新时代之学说，实有尽力推行之必要，故于各村分别成立新生活促进分会，一面由本部会中心小学校校生，组织新生活青年劳动服务团，分赴各村举行清洁检查，劝导各户主实行新生活须知之条件，计本区四十二村，已成立促进会者十四村，其余各村亦正在宣传劝导组织中。

六、关于组织村改进社之工作

本区鉴于推行农村改进之理论与计划，全赖下级基础组织健全，否则成为口头空谈，无裨实际，故本部于上月中，召集各村领袖人士，举行谈话会，商讨发起组织村改进社事宜，均愿一致赞助，计全区四十二村，已成立村改进社者有二十四村，其余各村，亦正在着手组织中。

七、关于修筑道路之工作

本区鉴于由县至区之道路，崎岖曲折，泥泞难行，在交通上，极感不便，特商请本区设计委员会委员长杨咽水先生，捐助现洋五百元，会同第一区办公处修筑。计已修筑成功者，有二十华里，沿途建筑桥梁，大小十余座，行人莫不称便。

八、关于新市管理之工作

本区自建筑办事处房屋后，附近之商民，均欲乘此新兴事业发展之际，于附近本办事处之空地，投资建筑房屋，经营小本贸易，特要求本部指定建筑地点及应经营之业务。本部特设立一新市管理处，由政治部干事朱全乔，总务部干事冯百磨负责办理，凡商民请求建筑房屋营业者，须先觅具妥实保人，声请登记，经本部查明可靠，再行发给许可证，始得开始建筑及营业，如发现有违反警章或不正当营业者，得随时取缔之。

九、关于编辑壁报之工作

本区鉴于乡民僻处田间，对于一切时事，孤陋寡闻，不识不知，情殊堪悯，特定阅报纸数种，由政治部干事及民众教育指导员编成简单壁报，张贴通衢要道，俾一般乡民，得略知现代时事之大概，遇有不识字之民众，并须随时代为念读或讲解。

十、关于组织民众问事处之工作

本区鉴于一般民众，对于国家完纳各项税收之手续，以及一切新颁之法令，往往不易明了，特组织民众问事处代笔处及纳税经理处，由本区全体职员轮流值日负责管理，并搜集各项规章和法令以资考查，人民对此项工作极感需要，前来本处问事者络绎不绝。

浙江省

浙江省立湘湖乡村师范的乡村推广教育

一　引言
二　湘湖乡村青年服务团
三　湘湖全村教育的实施
四　湘湖公民训练班
五　湘湖乡村少女团

一　引言

近来国内从事乡村工作的同志，对于乡村推广教育或民众教育，很少有不感到烦闷的。因为一则它的范围太大，往往令人不知从何处下手。二则它的历史太短，在国内尚缺乏充分的科学的研究，各地还在各自探求新路的过程中，没有齐一的步调，没有具体的标准，全凭大家各干各的；而实际上可供参考的普遍的有效的方法，又实在太少。三则因为他的对象是全体乡村群众，这就无异是说以整个乡村社会为实施的对象，以解决中国整个的乡村问题为目的；以现在这样脆弱的教育力量，去担负如此重任，结果是说了等于白说，做了等于不做。

我们过去四年来对于学校附近乡村社会——湘湖——也曾费过很多的努力。我们办过湘东乡生活改进试验区，办过大规模的乡村医院和巡回治疗制度，办过长期和短期的民众夜校，此外如合作社、特约农家、民众茶园、农民教育馆、说书、游艺会、化装演讲、敬老会、壁报……我们也都一一试验过。但是我们可以很坦白地说，这些工作除医药卫生外，其余都是失败的，没有什么结果的，甚至在时间、精力、经济三方面来说都是浪费的。

我们从许多失败的经验中，时时修改我们的计划，努力探索新的途径；并时时接受了国内各著名乡村工作机关的教训，和有价值言论的暗示，使我们在最近一年来——民国二十三年到现在，——做了几种比较有意义有特点的尝试。我们觉得与其侈陈一地的设施，或用论理的方法，将各项教育设施分门别类报告的很详细，甚至列出许多缺少正确性的统计数字，来夸耀于大众，倒不如老老实实地将各地成败的经验，尽量的发表出来，以供大家研究。至少在乡村工作的同志们中间，要提倡这种朴素实在的风气才好！

现在我们要报告的，有下列五种设施：

1. 湘湖乡村青年服务团
2. 湘湖全村教育的实施
3. 湘湖公民训练班
4. 湘湖乡村少女团

二　湘湖乡村青年服务团

这是一个乡村青年训练机关。我们创办时的动机有三：（1）就地养材，训练基干队，使乡村工作绵延不断。（2）培养新农夫，使乡村工作人员有超职业的精神，不必恃薪金而后工作。（3）救济一部分乡村失学失业的青年，化无用为有用。

就第一种动机说：我们感觉到知识分子下乡工作，固然很好；但可惜他们多系流动分子。国立省立县立的机关不用说，就是私人经营的事业，也往往受环境和工作者自身的兴趣所支配，三五年继续不断地干下去，已经算是很长了，终身埋头干乡村工作，往往不为社会环境所许。因此，常常容易发生"人亡政息"的结局。所以大家感觉到要想乡村建设工作绵延不断，非就地养材不可。——我们湘湖乡村青年服务团的产生，便是基于这个信念。我们将湘湖附近一批有希望的土著青年分子，组织起来，施以特种训练，务使他们学会了本领而不离乡，在专注的训练二年之后，这批青年分子逐渐成熟了，那便是我们真正的收获。他们都是些"在山泉水"，比较的纯洁，较一般被恶社会坏教育熏陶过的青年们，要容易训练点。因此，我们觉得这种工作，不独是必要，而且也有很大的可能。

就第二种动机说：我们感觉到过去农业改良机关所做的工作，未能深入民间，新农业与旧农夫之间，有极大的鸿沟存在。即其他乡村建设工作，亦往往有格格不入之病。一切发动的中心如合作社、农场、医院、学校，在乡民眼中看来，都是由一批外来的拿薪水的职员在那儿主持。这种现象，可以说是乡村工作人员职业化，和一切机关"衙门化"。也是推进乡运的一大阻碍。因此，我们要在湘湖造成一批新农夫，希望他们将来一面种田，一面办地方上的事。使他们认为：乡村服务是他们一种"神圣的义务，而不是藉此取报酬的职业"。由于这种人物的养成，风气的提倡，将来可望渐渐的纠正"乡村工作职业化"的缺点，和泯除知识分子与乡农中间的隔阂。

就第三种动机说：我们感觉到湘湖儿童失学失业的太多了。我们现有附属小学十所，仅容学额七八百人，而未能受教育之学龄儿童，为数千余人。就入学的儿童论，他们很少能读完六年级，最普通的是：年龄一到十四五岁，便出外谋生，当工场艺徒，进商店学生意，或出卖苦力。但因为近年经济恐慌的影响，工场商店，纷纷倒闭，谋生之途日窄；于是多数儿童，只能在零星出卖苦力的方式下讨生存。甚至在天灾人祸猖獗的地方，并出卖苦力而不可能！乡村社会平白的添了无数的小游民，这于目前和未来的治安都有密切的关系的。因此，我们要在砂堆里去淘金，将一些外面暗淡无光而内心却很灿烂的青年们，保存几个，使他们训练成为健全的分子。

我们根据了上述的意义和目的，在二十三年九月开始筹备湘湖乡村青年服务团，由王衍康骆负华两君主持。招生时投考者十四人，结果录取八人。都是本校各附小毕业或程度相当的青年，年龄平均十六七岁左右。我们当时，曾规定四种入学条件：

一、生长乡间，身体强健，能操劳耐苦者；

二、年龄在十五岁以上者；

三、高小毕业或具同等程度者；

四、籍贯须浙江萧山湘湖沿岸各乡村者。

课程分五大类：

一、农工作业类　如农事、工艺、劳作等。

二、学术研究类　如国语、数学、自然、社会等。

三、集团训练类　如公民编练、集会、火警演习、巡防演习等。

四、健康活动类　如体育、国术、医药卫生、远足旅行等。

五、休闲活动类　如音乐、美术、同乐会、化装表演等。

训练期间，暂定两年。初入团时，特别注重团体生活的养成，使他们过极严格的纪律化的生活。同时补充他们的知识和技能，培养他们服务的兴趣和能力，这两桩都是随时要顾到的条件。

第一期团员在开学时只有八位，以后有一位中途就业（当盐店伙友），有一位因病退学，结果只剩了六位。

一年来他们的生活很紧张，很愉快，很合理。一切按照预定的计划进行。他们的膳食、服装、书籍、课业用品等项费用，都是由学校供给的。因为他们的家庭实在太苦了，不但不能供给他们学费，还希望他们能替家中赚几个钱，倘使学校不供给的话，他们决不能来受这样的教育。不过学校里对于青年服务团的费用并不多：在二十四年度的预算里，每月规定四十元，二十三年度因为尚未请准教厅，只能在赈余项下开支。除去膳费，其余一切费用，如制服书籍文具等，每月不得超过十元。教课的一律由师范部教职员兼任，义务职，分文不支。有一位推广部的职员兼任青年服务团团长。内部生活，极力奖励团员自治，实行劳动服务，如环境整理一项，包括甚广，从修理教室起到建筑厕所止，都是自己动手干。他们自己做泥水匠，做木匠，做漆匠。他们自己挑水、砍柴、买菜、烧饭、洗衣。他们自己会做豆腐，缝衣服，装订笔记本，写印油印品。他们会替人医治普通疾病，会办合作社，会做小先生，会演说，——说当地农民所说的话，——会种田，种菜，比当地农民种的还要好。会养羊，养兔，养猪，养鸡。

就一年来试验的结果，我们可以敢说乡村青年服务团的训练，比一般乡村师范的训练要切实的多。两年毕业的青年团员和四年毕业的简易乡师，三年毕业的乡师学生，在乡村工作的效果上比较要大的许多。至少他们有以下几种优点：

（1）不计较薪水地位，只知服务，不要报酬。

（2）他们造就出来了，仍旧是农民，而不是"先生""绅士"。

（3）他们愿意永远留在乡间，不至于往都市里跑。

（4）他们在乡村中，有一分能力就能表现一分出来；不似外来分子之格格不入，有力无处使。

（5）他们的程度，普通知识至少可以抵得初中；专门技能则为初中以上学生所不及。

因为具备这几桩优点，所以这批青年服务团团员，在我们附近乡村中，异常活动。以前我们认为办不到的事，现在他们都办到了。以前我们所知道的不过是表面，现在他们已能探其底蕴而能从其根本处谋解决了。

这班青年服务团毕业以后打算怎样办呢？

依我们现在的计划，打算替他们谋一永久安定之策。其道维何？即设法使他们自己建立一个健全的，永久的经济组织。办法是在这两年中，他们要共同努力造产二百元以上。从种田，（每季可收三十元，两年可收一百元。）养羊，养猪，养兔，种菜，做木工，卖豆腐，……种种事业上可以赚钱。将所赚的钱，储蓄在邮政储金局或可靠的银行里。这就是六位团员生活保险基金。到了五年以后，团员中如有一位因婚丧或经营生产需要资金流动时，可向团体提出书面要求，经全体议决全体签字后，方可借出资金六分之一，但一年后即须加利连本如数偿还。这是一个自己组织的信用合作社，也可以吸收团员零星存款。如果他们办理得法，业务发达，则将来的希望实属无穷。他们在今年晚稻收割后，共同财产至少有五十元以上，这个理想或不难达到。

至于他们的职业究竟是什么呢？基本的是佃农，每人设法租种十亩左右的田，（这在湘湖不成问题。因为我们有特约农家的办法，他们将来是基本的特约农家。）在农闲时如办民众学校，办一班。萧山教育科可以津贴三十二元，此外如养猪，养羊，养鸡，造林，种果树，养鱼，开豆腐店，木匠店，做外科医生替人治简单疾病，……这都是他们的副业。这班小伙子一到二十左右的年纪，个个如生龙活虎一般，什么事他们不会干？以常识常能这样丰富，而生活又这样简单的人，在乡间还愁没有饭吃么？

三 湘湖全村教育的实施

湘湖的全村教育，与邹平的村学乡学，日本的全村学校，在制度上都有些不同，而在原则上则大体相仿佛。和邹平不同的：（1）我们的全村教育以家长会议为最高权力机关，而邹平的村学乡学则以学长学董等人物为中心。（2）邹平的村学乡学是全县通行的办法，我们则不过一两处的试验。（3）就语文教育言，我们着重于普及教育，限期完成；而邹平则比较的缓进些，入学与否，或加入教育组织与否，悉听乡民之自由。我们和日本全村学校不同的：（1）日本全村学校是在政府统制之下而产生的，我们的全村教育则纯系以教育为出发点。（2）日本义务教育已经普及，其全村学校之工作，似乎注重在社会教育补习教育这一点上；而我们的全村教育，则正需要做普及教育的工作。

湘湖的全村教育和邹平日本相同之点，则在同以全村民众为教育的对象，合全村力量以谋教育之推行，并引发全体村民之自动，使一切事业教育化，以达到乡村建设为目的。

二十四年三月二十四日，湘湖有一个小村庄名叫锭山，晚上有六十多位乡农和乡妇，聚在一个学校的大厅里，这就是所谓锭山村全村家长会议，也就是湘湖全村教育实施的开始。

当天晚上他们议决了下列诸事：

一、通过锭山村村民公约：

1. 本村村民，应养成良善风俗习惯，禁绝赌博、酗酒、争斗、吸纸烟及其他一切不良之行为。

2. 本村村民，无论男女老幼，均须遵从锭山学校之指导，受适当之教育。

3. 本村村民，人人应有正当之职业。

4. 本村村民之生活应力求简单朴素，整齐清洁。

5. 本村村民，应本互助合作之精神，以达到自治自卫自教自养之目的。

以上五条，凡本村村民，均应遵守奉行，如有违背，甘受公议处罚。

二、选举学董　当时由家长会议选出学董七人，叶幼亭、叶海亭、张炳焕、曹金生、洪秉华、洪维钧、洪锡浩。他们七位都是真正的农夫。年龄最长者是洪秉华六十二岁，最幼者是叶海亭二十七岁。他们多数是"略识之无"的半文盲。

三、家长会议　每半年开会一次，遇必要时，得召集临时会。

家长会议散会后，学董会就负起全村教育的责任来。他们规定每月逢一日、十六日开会。到时大家来，谁也不要约谁。锭山小学教师被指为书记，管记录及其他的杂务。学董会开会时，农业推广养成所和本校有关的职员，也常常参加，贡献他们许多的意见。半年以来，他们的成绩如下：

1. 办过一个粮食消费合作社。
2. 办过一个养鱼生产合作社。
3. 办过一班公民训练班。
4. 办过两班妇女训练班。
5. 修过一条村路。
6. 禁绝赌博。
7. 将村中朱姓麻风病人一名，送至杭州麻风医院收容。
8. 检验村民及儿童大便（与热带病研究所合作）。
9. 家庭清洁检查（妇女训练班办的）。
10. 利用棕榈制蝇拍家家扑蝇（妇女训练班办的）。
11. 举行过一次妇女联欢大会。
12. 举行人口调查，经济状况调查，筹办壮丁强迫教育。（尚在进行中。）

以上十二桩事，每一桩事都是由学董会议决施行的。其中修村路，禁赌博，送麻风三桩事颇值得一述：

修村路　锭山村路一向很糟。他们自来不肯修理，本来低洼多水，加以牛踏鹅践（该村以养鹅为副业，多者不下数百）。道路益泥泞难行。所以学董会议决征工修路，每户一工，不到者罚洋五角，于五月九日全体动工，一日完毕。计筑成长一千〇八尺之公路一条，加高一尺，宽四尺，乡民按段筑土，上铺石沙，后复派人验收，较大都市之公路马路，实无多让焉。

禁赌博　村公约上明白注明禁赌博，但是总有人在夜晚要偷偷摸摸的干。结果有一次被警察抓去了，罚洋二十余元。经学董会议决，以后倘再有人赌博，则须罚他一个人将这二十几块罚金完全拿出来，果然从那时起，就没有人敢赌了。

送麻风　该村有一朱姓麻风病人，很早就有人提议，要送到麻风院去。因为他有八旬祖母在堂，拼命的不让送。有一次已经派警察送去了，而杭州广济医院又藉口人满不肯收。最近用了一点政治的力量，由杭州市政府卫生科强迫该院收容，八十岁的老太婆也慢慢儿的说明白了，不再阻挠了。这总算替该村去了一个心腹之患！

现在我们正预备在锭山举行一次科学的调查，根据调查结果，再拟订普及教育计划。务使该村在一二年内，文盲扫除净尽，一般文化，提高到相当的程度。

除了锭山之外，我们在徐家坞一个村落里，所实施的教育，也略带全村教育的意味：

徐家坞是湘堤东北岸一个小村落，居民数八十七户，人口四百余。全村都靠着小山，山上多种果树茶叶油桐之属，居民赖以为生，比较在湘湖沿岸，算是最富足的一村。去年我们到该村去辅导私塾，结果引起塾师的疑惧而避开我们。于是我们就下了一个很大的决心，在这从未办过学校的村落里，办一所学校，来开开风气。当时一般村民和儿童，不过受了好奇心的驱使，所以很容易把这所小学创办起来。我们租用民房作教室，学生报名者五十余人。倒也济济一堂！原来在私塾读书的七八个儿童，也都来了。附近二里内的村落，如罗家坞金家坞单家坞王家里，也有儿童来报名。不过这时候学校里没有这笔预算，经费毫无所出。我们又不忍因为金钱的缺乏而将蓬勃的教育兴趣斩断了。遂由同事同学和当地村中父老们商量，我们决计设法维持这个学校。办法如下：

1. 课桌课椅由儿童家里搬来，和私塾一样。
2. 向湘湖师范教职员劝募设备费。
3. 向徐家坞民众劝募校舍。
4. 向萧山教育局请求补助费。
5. 向乡公所商量请拨荒山数十亩，供给我们造林。（当地有荒山三块，因产权纠葛，至今不决。本校拟利用机会，收归公有，作为校产。）

分头进行的结果，第一次向湘湖师范教职员募得四十余元，村民募得十五六元，我们买了一架风琴，一盏煤汽灯，做了几块黑板。以后常常和村民谈话，发现他们许多真实的问题，都随时由徐家坞小学教师方光怀和湘师推广部主任王衍康帮他们解决。在一年内我们在徐家坞曾经办过下列许多事：

1. 指导农民新法制茶。（与浙江第五区农场合作）

2. 办过一个公民训练班。

3. 办过一次游艺会。

4. 办过一个民众音乐队。

5. 调解纠纷一次。（因越界斫柴而起的纠纷，几将械斗。经本校推广部调解，纠纷始息。）

6. 开卫生展览会。

7. 整理溪坑。

8. 村民助田一亩。捐工八十工，捐款一百余元，建筑新校舍茅屋五间。

9. 萧山教育科虽然口头答应了一次津贴徐家坞小学大洋五十元，但尚未到手。

10. 普遍的种痘，检查体格，治疗疾病。

徐家坞全村教育成绩的表现，一在以最少的经济，办最切实的教育。二在村民自动精神之唤起，与夫教育兴趣之浓厚。

锭山与徐家坞全村教育的设施，在制度上既未臻完备，办法上亦颇多缺点，而且数量上所表现的，也并不多。不过我们觉得可以自慰的是：一年来在这两村落所用的力量并未白费。我们从男女老幼各种人，同时下教育功夫。利用各种机会，办理有教育意味的事业，使全村人口，生活于这浓厚的教育空气之中，不得不受它熏陶而无所逃避。久而久之，村中人物渐多，正义可立，一切有了中心，自然会走到自救自强自动的地步。

四　湘湖公民训练班

我们感觉到过去的民众学校太偏重知识传授，不足以担负公民训练的重任。而乡村公民之培养，实较城市更重要十倍。在这民众教育教材法都很枯窘的时代，要使乡村公民训练，收到很好的效果，确实是很难的。本校一方面在尝试乡村公民训练的制度，一方面在研究适当的民众教育教材与教法。经过一年的努力，办了下列几个公民训练班：

班名	学生性质	人数	指导者	教者
压湖山公民训练班	本校校工农夫厨役	16	江景双	师二及简三学生
锭山公民训练班	锭山壮年农夫及锭山学校学童	32	王衍康	师二学生
锭山妇女训练班	锭山洗衣女工锭山主妇及少女	34	王衍康 金海观	师一女生
徐家坞公民训练班	徐家坞农民	21	王衍康 徐佩业	方光怀
石岩公民训练班	石岩特约农家	15	金海观 王衍康	骆负华 青年服务团

以上各个公训班,时间、课程、教材、结业期都是不同的,兹再将这几项分别列表如下:

班名	时间	课程	教材	结业期
压公	每日夜间七时至八时二十分	唱歌 检查清洁时事报告 算术常识国语	甲组人人读 乙组老少通	分三度每学期通过一度
锭公	周组三日组间日组日日组	精神训练 乡建谈话 问题讨论语文训练	1 自编 2 老少通	一年
锭妇	甲每晨六时前 乙每周三晚	国语常识混合教材	自编	一年
徐公	每夜二时	国语 常识 珠算	老少通	四个月
石公	每夜二时	国语 常识 珠算	老少通	四个月

压湖山公训班的学生，都是在湘湖师范服务的工友。他们的分子很复杂，有普通工人、船夫、农夫、厨工、工匠、泥匠、汽灯匠、水夫、号兵。程度也不齐，有的已有高小毕业程度，有的还是十足的文盲。他们的课程分三大类：

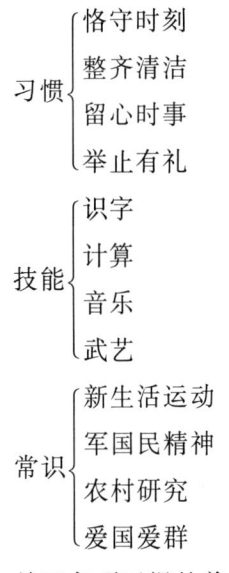

习惯 ｛ 恪守时刻 / 整齐清洁 / 留心时事 / 举止有礼

技能 ｛ 识字 / 计算 / 音乐 / 武艺

常识 ｛ 新生活运动 / 军国民精神 / 农村研究 / 爱国爱群

关于各项习惯的养成：

1. 恪守时刻　附在各种活动中训练，不论何种集合，不迟到，亦不早退。

2. 清洁整齐　在服务上处处表现着清洁整齐，又常常举行清洁检查。或检查头面指甲，或检查床铺食具。

3. 时事训练　逢星期三、六举行。

4. 礼仪习法　在常识训练时间出发，随时随地纠正，指导，养成习惯。

关于技能的训练：

1. 识字　附在常识训练，音乐陶冶等时间中训练。或另定一时间，选取歌谣，传说等材料阅读。

2. 珠算　在乡村地方所碰到的计算问题，决不十分高深，珠算足够应付。故特定一时间，练习珠算。

3. 音乐　选取仪式歌曲，军国民歌曲，以及合于一般民众程度的歌曲，逢星期日特定时间练习，或选取通俗的留音机片开放，养成欣赏的技能。又可指导玩弄国乐，如胡琴，洞箫等。

4. 武艺　练习一二套拳术，做卫身卫国的工具。每逢星期日定时教导，平时自己练习。

关于常识的教导：

这一种的工作，颇侧重于补充知识方面。有时要养成他们的创造思考的习惯，有时要养成他们欣赏判断的能力。为了进行上的便利，我们在过去曾定过十六个单元。1. 整洁，2. 礼貌，3. 爱用国货，4. 一年二十四节，5. 造林，6. 儿童节，7. 新生活运动，8. 农村改良，9. 军歌，10. 劳动神圣，11. 五九国耻，12. 扑灭蚊蝇，13. 空气日光水，14. 爱国爱群，15. 五省公路建设，16. 奉公守法。

教材系由教者自编，经指导员审核修改后，方可付印。在二十四年上学期，压湖山训练班的情形，约略如上述。曾有何渊、何永洗、楼春樵、沈珍宝，通过了第一度，予以结业。

本学期开学后，压湖山公训班亦开学，因为教与学双方都感兴趣，遂决定由每周两次（以前是每星期三、六夜间上课），改为每天晚上上课。因此进步更快。最近还打算替他们每周举行军事训练一次，以便将来他们回乡时，也可以组织民团，防范盗贼。

锭山公民训练班的分子，多半是该村领袖分子和优秀的壮丁。这种组织好像和别处"乡村改进会"一类的团体一样。不过我们把它当作一个教育机关看，而不当作一个地方自治机关看。因为对象性质的不同，所以我们的训练，也偏重于"乡村领袖"方面。我们规定了四种课程，三种是非文字的，一种是文字的。第一种课程是精神训练，这不是什么死的抽象的道德训练，而是活的优良公民习惯的养成。教材以民权初步，新生活运动实施纲要一类为主。注重实做。第二种课程是乡村建设谈话，我们将国内外乡村建设的实例，用故事体裁向大家口述，间或辅以照片图画。主旨在暗示农民自动自救，藉各处农民活动的实例，以鼓舞其自信心。我们有时讲到波支猪、百万棉、双季稻、意种蜂、寿光鸡、萧山鸡；有时讲到镇平如何御匪，菏泽如何救灾，邹平如何造林，定县如何办合作。更有时不妨讲到丹麦高级民众学校，合作社；德国的国民体育训练，日本的青年团和在乡军人会。这些关于空间地理的知识，并不强迫他们记忆，第灌输一种农民自觉自信自动的思想而已。第三种课程是乡村问题讨论。就是定出一时间，将他们自己的心腹事肺腑话，有机会吐露出来。中国农民苦，解除痛苦固然我们一时办不到，难道连诉苦的地方都不给他们么？他们肯到公训班来诉苦，才算真的接受了我们的教育，才算真把我们当作朋友。这时候我们的态度很重要，须看问题之性质，分别应付。如为我们能力所能解决的，当然就给他们设法解决；如不是我们所能解决，甚至不是我们政府所能解决时，亦须将其中困难之点，详细而恳挚的指点出来，以祛他们的疑惑。这样，自然可以免除许多无谓的隔阂，甚至可以消弭许多隐患。以上三种都是非文字的课程，但比文字还重要得多。第四种语文训练，重在工具之获得与工具之应用。

锭山公训班，本着这种方式而进行，虽没有完全如我们之所预期，但也有几种较为满意的现象：

锭山妇女训练班有两组：甲组是成年妇女，乙组是少女少妇。本来乡间办妇女教育，比都市要难得多；但是我们恰好有两个优越的条件，故办起来毫不费力。

第一、因为我们有来自田间的女生。她们体魄强健，对于农村农家农地农业的情形，非常熟悉。自己在家时，也曾致力于田事。所以接待乡村农妇和少女，都异常亲切。

第二、因为锭山妇女有许多到我们学校来收洗衣服，这也是她们的一种副业。在压湖山洗衣的女工，共有十七名。由事务部经过一番郑重的考核，始发洗衣执照给她们，但发照时曾附带声明一个条件，就是本人及其家属须一律进我们的教育机关。

二十四年四月十三日起由师范科一年级女生三人，（因该级男生受军训去了，女生无课，由校务会议议决实习妇女教育。）开始筹备锭山妇女训练班，经一周间的家庭访问，就正式开课了。下面是三位女生第一天的日记：

"四月二十三日——我们三人没有早操，去到湘堤南面的草舍中，当时已有三两个妇女先我们到了。过了将十分钟，她们已有十五个提着篮子（盛着洗干净的衣服）来了。今天我们用'衣''裤'两字作教材。她们读得兴趣盎然。内中有一个告诉我们说：'我不认得字，伊拉欠我四十个铜板说四个，我也没有法子！'乘机我们力说不识字之苦，她们似乎很懂。教了十分钟左右，我们放学了。因为时间过长，易招她们厌倦。今天有江景双金海观徐佩业三先生指导。"

当时由女生翁畅凤季宗隽方丽群三人共同商酌,自编教材。共分四大单元,衣、住、食、行。甲组十七人,都是洗衣女工,也都是文盲。乙组也是十七人,间有识几个字的。因为年龄较轻,所以进步较快。

除国语外,每周检查清洁一次。晨间检查个人,下午挨户检查。她们极爱面子,怕查得不干净,难为情,所以经过一次检查,到第二周就干净的多了。

五月十二日甲组第一单元结束,举行一次测验,结果很好。第一名王杏春,竟得九十九分!经议决对于成绩好的前五名一律发给奖品。

乙组每周上课三次,课程有国语、算术、常识、音乐四门。每次上课时,四门都要教的。成绩好的,也有奖品,但不及甲组之丰富。

从锭山妇女训练班所得的经验,使我们认识了我国农家生活的内部。妇女在家庭里的地位,这样重要而又这样低微!但她们如一经改造,其影响于家庭幸福者,必不在男子之下!例如乡村卫生运动,倘不从妇女教育下手,则必无济于事。又如因扫除了一个女文盲,而牵动了她家中其他的文盲,再事扫除,当易为力。当锭山妇女们认识了几个字以后,回去向她们不识字的丈夫们夸耀,这时她们丈夫怎得不动心?怎得不因怕难为情而急于读书识字?所以我们敢说:如果乡村妇女教育的路打通了,那么乡村男子教育的路也自然会打通!

徐家坞公训班,由徐家坞小学导师兼办,石岩公训班,由推广部职员及青年服务团共同担任。办法大约参照压湖山锭山二处。

五　湘湖乡村少女团

少女团在石岩,初名妇女班,后因来者均系少女,故更名少女团。二十四年春季,师三女生杨秋月方锦佩孔允元三人,试教石岩时所组织。试教完,而学生兴趣不减,要求续办,遂改派简四女生陈瑞贞姚亚清二人接办。陈姚二生毕业后,暑期中由简三女生钱之雅孙铭玉会同青年服务团团员许炳奎办理。暑期后由新简三女生叶百令杨春萱沈学英胡德贞汪云弟五人办理,以叶百令为团长,杨春萱许炳奎为副团长。

石岩少女团现有团员二十八人,占石岩少女总数百分之九十八。她们最大的十八岁，最小的七岁。分成甲乙丙丁四组。每天下午一时至三时是她们上课时间，三时至五时是"小先生"活动时间。她们的课程是国语、常识、算术、音乐、习字、工艺等门。国语低级用老少通千字课，高级用人人读。已经有四个第一度结业，一面仍在少女团甲组做学生，一面作"小先生"。

现在在这批少女团团员教育范围内的妇女，已有二十余人，两星期来成绩，颇令人满意。如少女团团员金景仙，她有三个学生：钟阿狗女性，二十岁，她的三嫂；黄瑞香女性，二十二岁，她的二嫂；洪爱花女性，十七岁，她的邻居。她们都用老少通千字课第一册做教材。每天下午三时后，由小先生到她们居住的地方去教。小先生每天须将结果报告辅导员。在每一册读完时，小先生可以请求辅导员考试她的学生。现在石岩少女团小先生活动极了。她们为了"考成"的缘故，到处在拉学生，她们的大妈大嫂姑妈表婶们，都被她们拉到教育圈中来了。甚至于她们的老祖母们，也不能安心念"南无阿弥陀佛"了！

浙江省

中华农民益友社报告

王育三

一　引言
二　动机
三　准备
四　调查
五　社务

一　引言

中华农民益友社，仿效比国农社组织，为公益法人。基金概由社东筹划。本社如有盈余，除一切正当开支外，全数余款，皆当充为公积金。社东有支配公积金用度权，但以协谋民众幸福为限。本社如有亏损，概由社东负责。社章之议定修改，职员之选举罢免，皆由社东主之，社员一概不得干涉，但社员有退社自由权。至益友社经过事实，可分四节讲述：（一）动机；（二）准备；（三）调查；（四）社务。

二　动机

民国八年五四运动，育三被举为宁波学生联合会总代表，出席于全国学生联合会，天天讨论救国方法。经过一二月之久，方才彻底觉悟。想到我国农民占全国人口百分之八十以上，农民不富强，中国必不能富强，农民不文明，中国必不能文明，是则农村经济，农民组织，更当悉心研究。

这就是中华农民益友社最初的动机。

三　准备

民十二三，我在比国农社穷究一切，考察既久，信仰弥坚。窃谓吾人如肯效法组织，必能为农民谋幸福。民十三四，我在罗马传信大学，讲授农社组织以及其他农村问题，勉励学者，竭诚深究，以备后用。民十五六，我与同志舒荣章徐荣宝商筹益友社基金，以从事出口营业，推销国货为方法。当时议定，以三分之一纯利，作为中华农民益友社基金，约六年为筹备基金之期。客秋六年期满，我由海外回来，目睹祖国农村破产，危及国本，去冬十月遂与徐舒二公同赴杭州市区七堡地方，切实调查。今年，民二十四一月一日，中华农民益友社方始正式成立。社址暂设杭州小塔儿巷十一号。这就是本社准备的经过。

据一九三三年比国农社报告书所载：该社有分社一千二百三十四所。社员十二万七千一百二十二户。购买总数，二万万五千四百万法郎。卖出总数，一万万〇二百万法郎。（农产多系农民自卖，故买入超于卖出。）社员在合作社内存款，十六万万三千七百万法郎。收入保险费五千四百一十万法郎。设有农业师范女校一所，农业专校四十二所，图书馆三百四十九所。新建饲料工厂一所，每日能出饲料二三千吨。建筑费达一千万法郎。

以前困穷社员，现在成为殷实富户。以前小康家庭，现在成为豪绅巨缙。凡满十四岁儿童，皆能看书，阅报，写信，作文，俱有农业初步的学识。凡满十六岁男女青年，咸有耕种，植树，园艺，畜牧等等的常识。女青年又习抚育婴孩，制造农产，烹饪，洗涤，缝纫，医药以及其他的学术。（欲知其详，请阅新北晨杂志第七期及我存杂志第三卷第七期，第八期以及比国农社报告书。）

四　调查

出杭城清泰门至海宁共计三十六堡，每堡三里，约计新涨沙地三十万亩，一半业已开垦成熟，一半尚是荒地，地在钱塘江北岸，萧山对面。七堡距杭城二十一里，陆有杭塘路长途汽车往来其间，水有钱塘江汽船通过是区，交通颇称便利。

户口　自清泰门至海宁杭塘路外，钱塘江边，所居棉农六千户左右，人数四万余。本社仅择七堡善良棉农一百四十户作为试办，共计丁口九百〇四人，男五百二十八人，女三百七十六人，种地五千六百八十九亩八分。

道德　关于道德方面，朴实勤俭，不失古风，不法行为，尚属罕闻。

教育　农民百分之九十七是文盲，向本社借款农民一百四十户，其中能自写其名者，仅五人而已。

卫生　因农村教育不普及，农民不知卫生为何物，只知病来有鬼，不知疾病从何而起，幸有鲜洁空气，自然劳动，农民身体尚多健康，每年秋季疾病稍多，春夏冬较少。

经济情形　该区土咸不宜种稻，农作植棉为主。其他农产如豆、麦、韭菜、黄金瓜等，皆为副产。农家养蚕畜牧者甚少。客岁国历十二月下旬育三挨户调查，知该区农户，几乎全数皆系佃农，自己有地者仅二三家。但是区佃农与众不同，盖七堡系新涨沙地，开荒工作，皆是佃农成局，此类成局费，每亩约值七八元至十五六元。大地主虽不许佃户私自顶押，但事实上私自顶押已成惯例。

据当地农民说，每亩可收获棉花一百十余斤，计价洋十元左右，豆麦等类副产，每亩可收二元余。中等农家，丰年收入约计大洋三百元，但须付出租金及种籽肥料洋约一百二十元，衣、食、住、行的生活费约一百七十元，其余十元为医药，送礼，婚丧等事，一切费用。是以每年出超于入。若遇天灾人祸，其穷困苦况，不言可知，负债农民占百分之九十以上，负债数目，有二三十元至五六百元之多。其中只有百分之三，有半年食粮，百分之三十，二三个月食粮，百分之四十，一月余食粮，百分之二十七，日籴升米度日。

五　社务

贷放资金　吾人调查农村之后，深知农民所最需要的是资金。因此，先由贷放生产上必要的资金入手。附办法如下：

中华农民益友社贷款办法

1. 本社放款数额，暂以一万元为限。

2. 农民借款以农业生产上必需之资金为原则，物品（如肥料，种籽，粮食等）或现金由借贷双方商酌订定之。（约式另定之）

3. 农民借款以其信用财力为标准，每户暂以一百元为最高额。

4. 农民借款得分期拨还，但最迟不得过本年国历十月三十一日。

5. 农民借款利息暂定月息九厘，还款时随本付清。

6. 农民借款除以抵押品为担保外，并须联合二十户为一组，（如未满二十户，经本社同意，得通融办理之。）互相连带负责保证，如一组中有逾期未将借款偿清者，其余各户应共负公摊偿还之责。

7. 如还款之期将到，农民无现款偿还时，本社得向借款人购取农产品抵偿之，其价照当地市价估计。

8. 本社将本办法呈报市政府备案，并将贷款情形列表呈报审核。

9. 本社社址，暂设杭州市新民路小塔儿巷十一号。

10. 除上列各条外，如得借贷双方同意，得随时另行商订其他条件。

往年贫农，向有钱者借款，最低利率按月二分，甚至有三分半者。本社议定月息九厘，又恐农民资金支配不当，仅付现金三分之一，其余三分之二为农民代买粮食及肥料。如是，农民不独能得轻利的资金，且得物美价廉的需要品。今年六月三十日止，贷放大洋共一万○八百○二元九角○七厘，其中现金三千三百八十元，食米七千三百二十二元九角○七厘，肥料一百元正。

代买肥料　农民向当地商店购买菜饼，每百斤价二元一角，本社向临平油车批购菜饼六千九百斤，每百斤一元六角六分，另加办公费百分之五，计价洋一元七角四分三厘，是则每百斤农民尚便宜三角五分七厘，而且货品精良，远胜于当地商店所售者。

代买食米　七堡因沙土咸地，不宜种稻，食米必须购买，贫农小户，向米商赊米，吃亏甚大。大商店规定利率按月二分，出门起息中等米商除规定月息二分外，每石还要加价四角至一元。至于其他米商，每石加价二元，此二元加上价洋，必须现付，而且还要掺和劣米，例如十元米与八元米相和，仍作十元出售。大商店及中等商店，大都不肯放赊于穷苦农民，穷民以经济逼迫，虽明知吃亏，亦只有任从其他米商重重宰割。因此，本社同仁特向上海米行批买白米六百袋，计洋七千三百二十二元九角〇七厘。其中本社取百分之五办公费。第一批一月十九日购买二百五十袋，米价（连办公费在内）每斤五分八厘。第二批，二月二十三日购买一百五十袋，米价每斤六分一厘半，第三批五月二十一日购买二百袋，米价每斤五分五厘二。

以上米价，平均计算，农民净得利益，较诸当地现卖市价便宜百分之七左右，若与赊价相较，长年计算，便宜百分之二十或百分之三十不等。所以一般农民，莫不色喜。

此外尚有消极工作，襄助农民向政府建议请愿，减少棉农损失十万余元。

今夏多雨，秋收棉花大约只有二成，但农民咸谓无论如何，益友社惠款，必当如数归还。现在农民争先还款，非常踊跃。当此时势，农民仍能按期偿清，复兴农村，似有厚望。

安徽省

乌江农业推广实验区工作报告

马鸣琴

一　引言
二　组织
三　合作机关
四　一年来工作概况
五　结论

一　引言

在民国十二年，金陵大学农学院棉作改良部驯化了爱字棉，决定以长江流域为推广地带，经郭仁风先生带了助理的人，因仰慕乌江卫花之名，乃来乌推广爱字棉籽，即留李洁斋先生常驻乌江以全力推广棉籽工作，用种种方法，才渐渐得到了附近农人的谅解。自中央农业推广委员会成立后，欲在南京附近，设立农业推广实验区，创办时为民国十九年，由周明懿先生主持，中央担任开办费与经常费，金大供给服务人员及推广材料。九一八事变后，经费停拨，加以周主任病，乃由邵仲香先生代理主任，经几番的苦斗，金大允先垫款，由会方写一收据交校方收执，金大乃于二十一年四月开始供给。民国二十三年，章之汶先生力谋乌江事业扩大，加增预算与工作人员，聘鸣琴为总干事，工作分为七组，并与和县县政府合作，今已及年，其工作概况如后：

二　组织

实验区直接受中央农业推广委员会及金陵大学农学院推广委员会之指导，设总干事总理全区事务，下设七组。除总务教育由总干事兼任外，其他各组各设干事一人及助理办事员若干人，全区重要事务，悉取决于区务会议。其组织系统见下页。

三　合作机关

（一）中央棉业改进所——津贴棉籽繁殖地价五千元，并拨经常费一千余元。

（二）中央农业实验所——津贴农家簿记员与货物进出登记员薪金每月三二元。

（三）和县县政府——政治方面完全合作。

（四）来复会——借用房基建盖医院，用房二幢。

（五）鼓楼医院——特派医生一名，指导卫生医药工作。

（六）中央气象台——合作测候工作。

（七）上海商业储蓄银行——农村放款合作。

四　一年来工作概况

（一）教育组

1. 儿童四进团——本团团员，多为镇上之入学儿童，对于团内规定之工作，未能如期举行，计团员共有七十六人。2. 儿童读书会——区内备有小学生文库一部，我的书一部，与儿童、现代等书局出版之儿童课外读物多种，借与小学生作课外补充读物，每日借书者约在四十人以上，均于三日内即还；一部完整的文库，现已破坏不堪，拟于暑期内重新装订，以便下年借用。3. 私塾调查——此调查为金大农学院乡村教育系所嘱办，以和县第二区为范围，计有五二处私塾，其统计结果，将由该系发表之。4. 和县小学教育调查——和县全县共八区，小学多因经费限制未能完备，组织结构图（文字说明）：

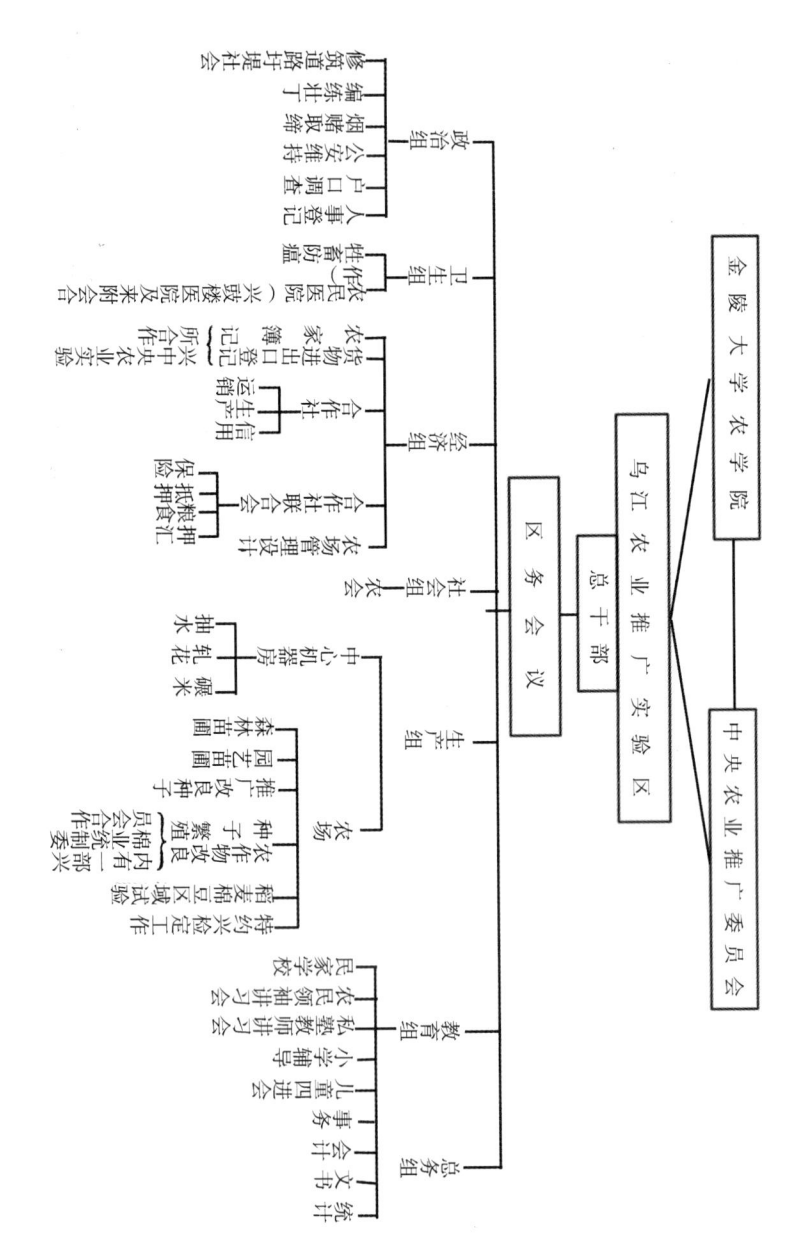

金陵大学农学院、中央农业推广委员会 → 乌江农业推广实验区总干部 → 区务会议

区务会议下设：

- 政治组：修筑道路、编练壮丁维特社会、户口人事调查登记、烟公倌籍防检
- 卫生组：牲畜防疫、农家卫生医院（依作家庭医院及来宾附设）
- 经济组：
  - 合作社：农家簿记登记、信用合作社、运销合作联合会
  - 社会组：农场管理设计、抵押粮食检验汇
- 生产组：中心机器房、抽水、轧米、花；农场：稻麦特种麦稻区域试验、种子物繁殖良种、森林园艺改良苗圃、推广员内部会议工作制裁兴
- 教育组：民众学校领导讲习会、民众教师辅导讲习会、小儿童事业辅导进会
- 总务组：文书会计统计

因县长之托，乃作全县调查之举；计全县初级小学四二校，完全小学一二校，调查结果已交金大农学院乡村教育系检阅。5. 小学辅导——乌江有三所完全小学，因经费不足，人才颇感缺乏；故本区职员，除工作外，每人担任授农业课程二小时，藉可使小学生脑海中，有了农业常识，计每周

共二六小时；除农业课程外，并有卫生，自然，劳作等课程。6. 平民夜校——计共二校，初级生三三人，高级生五一人，课本为老少通，读者均兴趣浓厚，专心向学。7. 戏剧教育——本年度共举四次，教育感化力委实不小，同时并可以加入一时娱乐空气。8. 一个小学的独立——本区前创办的唯一农村小学，曾有一度交与本地接管，终因经费无着，几乎停顿。本年度另请教员，重加修理校舍，同时进行借庙产以兴学的办法，终而蒙本地人之热心赞助，事竟成功，现已由本地校董会接收，不过对于指导之责，仍未能卸脱。9. 青年励进社——二十三年夏，集合乌江镇青年，组织为社，藉以励进，计社员二十余人，其工作为读书与研究，于展览会时并参加排演新剧，以提倡正当娱乐，精神颇好。终因各校开学，社员分散，工作乃无形停顿。

（二）生产组

1. 试验（1）水稻——本年为第二年试验，共有二十二品系，以团稻白为标准，仍以金陵一号成绩最佳，现已预备推广，不过尚须俟第三年的结果算出后，再定之。（2）大豆——本年为第二年试验，共有六个品系，其中以金大三三三为佳，但因初次试验，未敢推广。（3）棉花密播疏播试验——本年之结果，以全区产量方面，播种疏密无显著之差异，以每株产量方面，疏播单株产量则大于密播。（4）棉花摘心试验——北方行之者颇多，为知是否适于南方起见，乃作此实验，本结果所示，知摘心不惟不增加产量，反有减少趋势；摘心亦不能提早成熟期。 2. 繁殖（1）爱字棉——已有面积共三〇八·二九亩，本年度共收种子六八二三斤。（2）二九〇五小麦，——共有面积三六·二亩，本年度收种子约三〇石。（3）金大一号水稻——为预备明年推广材料起见，本年种有三亩，以为繁殖种子之用。（4）来航鸡——共有六十只，除分给农家外，（见社会组报告）尚留一只，与原有本地母鸡相交配，以为推广鸡雏之用。（5）蜂种——现有六箱，正预备繁殖，不过蜜源缺乏，亦推广时之大问题。（6）鱼——家鱼共二二〇〇尾，分放农场自有塘中。（7）莲菱——共栽四塘，约合一亩，将来收获后，既可推广，亦可为收入之一笔补助。（8）森林——苗圃共二亩，计有苗三四〇三株。（9）园艺——桃苗九三〇株，君迁子二千株，核桃七百株，草莓一亩，马铃薯半亩，除虫菊二亩，其他蔬菜亦有多种，以为推广之用。 3. 推广（1）爱字棉——二十三年春共借出二八八五斤，以农场为中心，已达十五里半径之圈内，计一二〇村，内有四六八户，种有三九二九·二亩，产量估计可得籽花二〇一四七斤。受室内检查即由本区轧花机代轧者共六八二七斤，其他大部分则为退化劣等棉，故未检查，以省时间。今年收回种籽，预算可收回三三〇〇六斤，但因天旱欠收，只收回二六二八三斤，尚差六七〇〇斤未交回，不过领种者均前来声明，允来年偿还。（2）二九〇五小麦——本年共推广六四五〇斤，领种者有十四村，三〇户，共种约计五百三十五亩，本春以市价加一收回合格之二九〇五，共有七百余石。（3）树苗——本年计推广村有林三二九六四株，此系县政府所委托，非本区自己繁殖之树苗，计领种者二十三村；行道树共九二三〇株，植于乌香公路两旁，惜因保护不良，现存者无几。（4）组织作物改良会——共四十二分会，计会员八百余人，公布于棉籽推广范围内。

（三）政治组

该组只有四个月的工夫，完全与和县县政府合作，实验区派区长一名，主持第二区区政。终因金大指导之方针改变，乃于二十三年十一月即行中止，此项工作遂由县长直接委派区长执行之。谨将四月内之工作略举如下：1. 编制保甲系统——第二区共编七个联保计一〇八保，一一五五甲，一二四二六户，男女共计六一一一六人，平均每户不到五个人。2. 区公路修筑——用征工制，计修土路四段：濮和路十五里，濮黄路八里，乌香路二五里，濮张路十五里，共六三里，宽为十六尺，中突出如马蹄式。3. 编壮丁队——为训练人民自卫，编农民壮丁为七大队，每十五日由各联保训练，二月内有一集合训练。4. 人事登记——此为登记生死迁移嫁娶状况，方有一年的登记，尚不能作统计可靠之材料，此登记仍照常举行，自政治组取消后，即由社会组负责。5. 制划区图一幅。

（四）社会组

1. 组织（1）缩小乌江乡农会范围，现有会员七六人。（2）筹备张家集乡农会，发起人七八人；卜陈集乡农会，发起人一一五人；濮家集乡农会，发起人五七人；绰庙集乡农会，发起人一四二人，共五处乡农会。2. 工作（1）推广鸡种——计公鸡十四只，母鸡四二只，除已死十六只外，现又孵出小鸡共有一一〇只。（2）玉蜀黍借贷——为救济旱灾后的民食缺乏，因与米商订借玉蜀黍一八一石，计借贷者九三户，共值一二四九元，均按期还清。（3）代县府放赈——共有四四八票，分布于二、三区内。（4）协理土地陈报——除宣传外，全区服务人员，受农民之要求，代为绘制丘形图者，计有九段，各保长均感激不尽。（5）农村大事纪——计有六人试记，内分事由，经过，结果与意见四项记载，将来可为研究农村问题者之参考。（6）宣传养鱼、栽藕、造林与栽鸡头果等副业，现因尚未见诸事实，谨为提出。（7）农业展览会——二十三年十月二十一日起举行三天，计收到展览品十三种共二一二三件，购买奖品洋计一百余元（临时捐来）。此次参加户数为五三七农家，学生作品约二六〇份；本地参观人数三日估计共二二〇〇〇余人，南京来参观人数约三百余人；中央农业推广委员会宋希庠先生特来行开幕礼；此次办公费共用八一元九角六分。（8）手枪队——二十三年秋，因匪声日炽，人心惶惶，因联合乌江镇持有短枪之住户，各出壮丁一人，携带短枪，每夜轮班放哨，区内工作人员，每夜亦必需参加，自九月起至翌春二月，因空气和缓，乃稍停顿。计队员十七人，各有十响驳壳枪一支，子弹充实，匪闻之而逃遁。

（五）经济组

1. 成立之信用合作社——原有三三社，除于十二月交江浦县十三社，社员二八六人外，尚有二十社，现在状况如下：（1）社员人数——四六五人。（2）公积金——现共有六三九·〇八元。（3）放款总额——二七二二九元。（4）社股缴纳——现达七〇七〇元。2. 未成立之信用合作社——共八社，计包四十村，社员共一一六人，现正办成立前之一切手续。3. 信用合作社联合会——于民国二十二年五月九日下午成立：（1）会员——共有二十个合作社会员。（2）业务：Ⅰ储蓄存款——二十三年全年最高额五一九三·一四元。二十四年春最高额四二二九·五元，月息一分。Ⅱ信用放款总额——二七二二九元，月息一分五厘。Ⅲ零星放款——二十三年最高额七〇五九·三七元。二十四年春最高额四二一四·六五元，月息一分五厘。Ⅳ往来透支——二十三年最高额七三〇〇·〇七元。二十四年最高额四八五·七三元，月息一分五厘。Ⅴ仓库——总库设于乌江镇，四乡分仓共有二十一个，月息一分五厘，堆栈费稻每石一分，米每石二分，保火险费千分之六；放款最高额为二七〇〇〇元，计收到利息一七七九·八二元，堆栈费六八·七九元，保险费一五九·三五元，计堆稻一〇三四七·四石，糙米三七〇·一石，熟米二三八·六石，尚有其他农产品如黄豆芝麻花生皮花等总押款额值洋三九八二四·八〇元，户头共二七七户。Ⅵ押汇——月息一分五厘，总额三二五七二·二一元。Ⅶ汇兑——二十三年汇出六七六八九·六元；汇进十元。二十四年上半年汇出一七八二〇·〇六元，汇进四·三四元。4. 养鱼合作社——共有一所，计放鱼五万尾，第一年已网售一次，计三百余元。5. 棉花运销合作社——社员共四四〇人。本年度共运出三次，计二八四·八七担，前两次价格甚高，比本地价高十七元左右。第三次因本年内尚未脱售，未便列入。6. 耕牛会——计组织五处，会员六十一人，计放款一四二三·五元，保险之耕牛六三头，月息一分五厘计算。7. 货物出入调查——此系第一年结果，未便统计，俟有三年之结果，方可得一正确之报告。8. 农家簿记——此设计为中央农业实验所主持，一切统计完全由该所负责。

（六）卫生组

1. 卫生宣传——计出外宣传一七五次，最远为四〇里，包有三九村镇，听讲之总数，计三四〇八七一人，受诊者一三五四〇人。2. 附设之医院状况——计门诊共一〇七一六人，内以眼科占百分之四四，次为外科占百分二七；本年共入（门诊及捐款在内）一三五〇·九七角，共出一六六一·八二元，出入相差仅为一护士之薪金。3. 预防注射——伤寒霍乱共三一二一人，布种牛痘一二九六人。4. 产婆训练——计举行一次，受训练者，乌江镇上产婆四人。5. 婴儿比赛——于耶稣圣诞时举行，计一岁六名，二岁十九名，三岁二十三名，四岁二十名，五岁二十九名，六岁二十六名，七岁二十三名，八岁十九名，共计一六七名；每组均有一·二名为优胜，各赠奖旗一面，其他参加者均有奖品，所费仅数元，参观来宾约二千人。6. 理发匠训练——乌江儿童以秃头者居百分之二十以上，此因理发匠所用之刀所传染，因有理发匠训练的举行，以防皮肤病沙眼等之传染。7. 与和县县政府合作——代为创立和县县立医院一处，现归该县救济院所管，今已请有正式医生，本区即将代理人撤回；不过城市卫生工作，仍继续进行。8. 街道扫除——每年必举行二次，届时即与公安局负责人合作监察，以维持全镇之清洁。9. 赠送苍蝇罩——以很少之代价，自制苍蝇罩二十余个，分赠与卖瓜卖饼者，最后居然有一人送还，并定明年再来借取。

五　结论

本区以前只知道"干",在未有成功一件事以前,不愿说一句话,我们抱定只用腿杆子,而不用算杆子的主张,这也是外界人看不到我们的报告的缘故。但一味的"干"而不说,是缺少了与外界沟通消息和检讨自己的成败的反省机会,此次决定这报告的草成也不过提纲挈领的说了一点数目字,对于方法并未提及,其实在这里也不便多占篇幅。自鸣琴继任本区总干事以来,觉得乡村工作人员"彼此合作"是唯一的条件,本年度本区虽没有什么成绩,但精神上极其愉快,我以为如本着大家共同努力的精神向前干去,乡村建设的进展定可预卜。

山西省

铭贤学校太谷农村服务实验区工作梗概

二十四年九月

一　引言
二　组织
三　工作
四　结语

一　引言

　　本校因鉴于农村建设极关重要，除积极发展农工两科外，特设立本实验区，期联络各部，从事实际乡村服务事工。

二　组织

　　由学校召集农科工科实验区各负责者，暨热忱乡运同人，组织农村服务委员会，策划农村服务方针，实验区特设办事处于贯家堡，聘任干事，深入民间，致力工作。

三　工作

　　选定太谷县南贯家堡二十余村为实验范围，本年二月着手社会调查，七月杪告竣。计获三种资料可供参考。

　　八月，工作人员正式移居贯家堡办事处，各种倡办事项，均由该村开始，渐向区内各村推进。在调查期内，与各村领袖及开明分子多有往还，感情颇称融洽，故每与商办事件，多予合作。即以贯家堡而言，为时不及一月，举行村民大会（欢迎办事处人员），敬老会，九一八纪念会各一次，出席民众甚为踊跃。组织方面，有贯家堡国术团、戏剧团、音乐团、童子服务团之成立，复以十余青年农民之自动要求，设平民夜校一处，每晚授课一小时，此种现象，引起一般民众之注意，方在组织贯家堡普及简易教育委员会，以促进村本位之教育。

办事处利用空闲房舍，辟农民教育馆于前，设民众俱乐部于后，白书，农民三三五五自由观览。夜间，大批民众麇集于此，下棋者下棋，奏乐者奏乐，上课者上课，练拳者练拳，谈天者谈天，直至夜阑更深，方归就寝。

四　结语

值此工作伊始，良好反应，固与吾人鼓励不少，然来日大责正繁，未足沾沾自喜，益应缜密计划，慎重作为，以达乡建目的。

广西省

广西农村建设试办区工作报告

伍廷飏

一　引言
二　本区工作概况
　甲　本区环境
　乙　本区工作经过
　丙　本区现有设备
　丁　本区组织系统
三　结语

一　引言

本区原名"广西垦殖水利试办区"，于民国二十一年春设立，迄二十三年七月，始易今名。惟工作进行，前后一贯，并未更变，而主要目标，则在从垦殖入手，谋新农村的建设，以促进旧农村之改造。盖乡村保守性大，已成之局，不易变易，苟能于新开地段，由房屋建造，土地分配，耕作改良，以至于行政组织，经济组织，教育施养等，皆依合理方法，建树合理模型，则一般农民，有所比较观摩，自易油然激发其向上之心，而引起其革新之念。故本区三年来工作，一面从事于旧农村状况之调查，与土地之测量，以作一般设施之根据；一面选择若干中心地点，实施垦殖政策，并树立经济组织基础，以建设新农村环境；同时利用此项新成环境，加以教育工夫，训练乡村服务人才及乡村青年，务使了然于各项事业之机构，以益增其信仰与努力；庶新村工作，易臻健全，而事实表证，亦易推动旧村改造。此为本区工作进行之主要意义，抑亦乡村建设办法中之一道欤惟是。兹事体大，同仁等才识谫陋，经验缺乏，工作虽阅三年，成效所得尚鲜，而问题之来，愈干愈多，当前事实，仍有急需研究解决者。谨将工作经过情形，略志如后：

二 本区工作概况

甲 本区环境

一、位置境界及面积　本区位在本省之中部，占柳城县西南之一角，东起柳州雒容柳城交界之洛垢市，西接柳州县属之洛满市，南接柳州市，北界沙埔市，东北界东泉市，西北界柳城市，南北距七十一里，东西距六十八里，面积共二千五百余方里。

二、地势地质土壤及气候　本区地势，东部多山岭，西部马厂沙塘石碑坪无忧露塘等处，为一片草原，亦为省内荒地阔大之区。中有柳江通过，将西部无忧露塘及东部沙塘石碑坪各地分而为二。地质一般为石灰岩，亦间有页岩。土壤大部分洪积土，高处间有圆形石砾，土色红，低坦处多为沃壤，色黄褐或褐黑。气候位在亚热带与南温带交界线，气温夏季在华氏八十八至九十七八度之间，冬季多在三十七八度以上，鲜有降至三十二度以下者；雨量充足，每年均在一千粍以上，雨期以五月至八月为最多。

三、交通　本区交通，水路有柳江通过西部，并包绕到东南部，可通汽船；陆路南北有柳三公路通过，东西有东泉柳城县道通过，会交于本区北端石碑坪，由沙塘至柳江江边，有沙三路，为本区所筑；以上各路，均可行走汽车，交通尚称便利。

四、人口　本区原有人口，包括柳城城厢及沙埔上雷东泉洛满长塘五市场，共为四万二千六百二十七人，其中以由广东来之客家人为多，约占百分之五十七，次为由湖南来者，约占百分之二十五，中有一部分为獞人，其次由省内他县及福建来者约占百分之十，原住土人，则已甚少。

五、土地利用状态　本区除东面之西岸石洞，东北之东泉，附近北端之上雷沙埔，附近西边之柳江左岸，耕地较多外，其余各地，多属荒芜，此中原因，多由于水源缺乏。无忧一地，则因以前接近匪区之故，荒芜既多，居民除耕种外，从事割草取利，其较有资产者，则多畜牛只，利用荒地以放牧。各山岭间，有树林者甚少，因地广人稀，保护困难，居民亦无此需要。近年植桐事业发达，东南部有茂森厚生共和等公司经营一部分桐林。

乙　本区工作经过

一、垦殖水利试办区时期

（一）初期工作　垦殖水利试办区，成立于民国二十一年三月，即利用原日柳庆垦荒局址为办事处。地点在沙塘，南距柳州三十里。成立之始，即从事于全区土地测量，及各处溪流山谷水利计划，暨区内人口农村经济调查，并办理农村放款。是年放出款项二万八千元，次年放出四万一千元。又为试验本地适宜作物起见，并利用原日柳庆垦荒局所属林场旧址，设置实验农场，试验作物栽培。

（二）移民开垦　在垦殖水利试办区成立之后，土地测量尚未完竣，水利计划亦多在开始中，本尚不欲遽为大规模之移民开垦。旋以荒地广阔，应亟图利用，乃于二十一年八九月间，着手筹备开垦石碑坪，名之为垦殖农场，招致垦工，由银行息借六万元，即行开办。垦殖农场办法，欲由农场经营方式，先由公家直接经营，二年之后，基础稍固，且可收回一部分资本，即将此农场房屋土地牛只农具分给垦工，各垦工则携带眷属，成为垦户，建立新农村。同时无忧一处，以接近五指山匪区，原有农村，已经残破，田地亦经荒芜，为图迅速恢复生计，另以公司名义，由各有力者合资买受荒田，请领荒地，招致垦工，从事开垦。至二十二年三、四月间，政府有北容岑三县移民之议，托本区办理安插，由政府拨款七万元，为办理移民费用，另借款三十万元，作为土地开垦，房屋建造，牛只农具种子肥料粮食购买等费用。于是乃将垦区扩大，划沙塘石碑坪无忧三处为垦区。预备先移五百户，以沙塘安置岑溪垦民，以石碑坪安置北流垦民，以无忧安置容县垦民，此三区本为西部荒地中心区域，苟从事建成强固农村，其余垦荒事业，自易发展，此为当时安置分配之重要意义。此外另在沙塘西南柳江近岸小村一处，购到水田三百余亩，安置旧日林场工人十二户；在沙塘东北芝麻岭脚，购到水田三百余亩，安置收容未下之垦民及工人十二户；在沙塘东部古丹村背造林场地内购到水田二百余亩，安置林场工人九户；在区办事处北部，以公田交换到水田百余亩，安置警兵（定名为特定农户）十三户。

（三）经济组织　垦殖水利试办区之主要意义，一方面在建设新农村，一方面在改造旧农村。故除移民开垦，以建设新农村，调查旧农村状况，以作改造根据外，并就各垦区所在地，设置金库公店仓库。金库办理存款放款；公店为购买售卖利用合作社之先型，因推行伊始，农民尚无自动管理能力，故先由公家出资办理，俟有成绩，农民亦有相当认识，后即移之于农民；仓库亦先由公家出资建造试办，此三者为本区经济组织之重要基干。而于沙塘设塘金库以总其成，于柳州设柳州联合公店，以司购运，如能力所及，并以次分布于洛满东泉沙埔上雷柳城各市场，而成为全区经济组织大纲，树立全区经济系统，使能从流通金融，集中农产，以达到农业自身统制。

（四）水利工程　本区水利，以西部石碑坪沙塘马厂一带，俱为大段荒地。其北端沙埔大河，水量甚大，初欲从沙埔大河筑坝引水，通过石碑坪沙塘马厂等处，以灌溉此一带荒地。嗣以工程浩大，办理不易，同时区内各地山陵起伏，溪流繁多，为期便于施工计，分别踏查各处溪流上游山谷洼地，计划筑设水塘。其已费踏查规划者，有沙塘附近四处，石碑坪附近二处，无忧四处，芝麻岭脚一处。其业经筑设者，沙塘二处，芝麻岭脚一处，石碑坪一处，无忧一处。中以沙塘古丹村背一处为最大，估地一百六十余亩，蓄水一千五百万立方呎，可灌溉地面三千至五千亩；沙塘郭村一处次之，占地三十六亩，蓄水二百七十万立方呎，可灌溉地面六百余亩；此二处因灌溉工程尚未完竣，尚未能提高水位灌溉，只就原有水道出水，灌溉附近水田。无忧一处，灌溉业已开通，已能引水灌溉，惟工程过小，尚须加高外坝。至芝麻岭脚及石碑坪二处，原系试筑，尚未尽量利用。

（五）农产加工　本区附近农作物，除水田系种植水稻外，其旱地部分，多种植烟草花生瓜子旱稻薯芋芝麻等；其较近河之处，则多种植竹蔗。此等作物，烟草则费工费肥料多，而须特殊技术，瓜子则虫害旱害雨害皆易受损失；旱稻亢旱稍欠，即无收获，尤以开花时期为甚，但为食粮关系，水田较少者，仍不能不种旱稻；薯芋芝麻等利益有限，其比较利益大而安全者，首为甘蔗，次为花生。各垦区既系垦地居多，故当时选择作物，以甘蔗花生早稻为主，而以其他为副。甘蔗花生皆须加工制造，但为经费所限，又不能购办大规模机械，故只就各垦区设置一部分简单机具，计沙塘设置有土式油榨二具，十五吨小型榨蔗机一副，石碑坪设置有土式油榨二具，土式榨蔗二座，二十吨榨蔗机一副；无忧设置有土式油榨三具，土式糖厂五座，此外为图附近各农村碾米方便计，并在沙塘设置碾米机一座，每小时可碾谷五百觔。

二、改组为农村建设试办区以后

（一）改组由来　本区工作主要意义，一方为建设新农村，一方为改造旧农村，前已述及。惟工作之始，着重垦殖与水利，故即名为垦殖水利试办区，以副其实。惟年来工作范围，除移民开垦外，他如经济组织教育村政诸端，亦多在陆续进行中，实质上已非单纯垦殖水利所能包括。因于民国二十三年五月，广西经济委员会成立后，七月即改本区为广西经济委员会农村建设试办区，主要工作，分村政生产建设经济组织教育四部分进行。

（二）村政设施　村政设施，以保持原有行政系统及区域为原则，故对于原有各乡村编制组织，悉依省颁办法，统属于县政府。各垦区新农村，加编户口，选定村长，在行政系统上，仍统属于所在之乡区，在训练管理上，则受垦区之直接指挥监督。

（三）生产建设设施　生产建设设施，仍依垦殖水利试办区原有基础而加以策进，计可分农业经营，农业实验，农产加工，水利工程四项。兹略述如下：

子、农业经营

农业经营，第一步在于垦民经济基础之确立，第二步在于农业技术之改进。本区实施移民开垦以后，除少数户数来区较久，且系小面积水田经营，生活较易调剂外，其余一则系新来垦民，二则面积较大，而旱地居多，耕作尚有问题。而移民之始，各垦民未明情形，以为政府出资移民，必有巨利可获——争相应募，到区人数，超出原定数额甚巨，以至土地房屋牛只农具食粮分配，都成问题。同时垦民初到新地，水土不服，病者常有，因此到区垦民，间有先后回籍者。其存留区内者现计沙塘垦区有四百余人，石碑坪垦区有五百余人，无忧垦区有五百余人，经此次变动之后，人口土地用具，分配比较平均。惟留区垦民，以各垦区多系旱地，耕种不易，同时依二年经营之经过，去年甘蔗因受早霜，损害甚大，本年旱稻花生等物，又因雨水过多，人工肥料不足，收成欠佳，对于经济树立，前途颇有怀疑。故目前各垦区重要问题，为如何安定垦民，及如何使其经济有出路。依最近考虑之结果，如欲使农民安定，必须使垦民有一较稳健可靠之生产办法然后可。依现在情况，第一，须确定各户耕地，第二，须设法求达到粮食自给。第三，须速选有利作物。依最近调查及区内试验结果，以木薯制造淀粉，尚觉比较有利，故现拟扩大木薯栽培区域，集中力量于木薯栽培，并为轮栽及供给粮食肥料等关系，仍栽培一部分花生旱稻薯芋等。第四，须速图加充肥料。第五，须速形成多角形经营。第六，须从速造林。以上六项，为今后本区生产工作之最注意者。唯限于人力财力，结果如何，尚有待于试办耳。

丑、农业实验

农业实验，归实验农场办理。过去试验事项，为甘蔗栽培，甘蔗引种，木薯栽培，黄粟栽培，花生栽培，绿肥栽培，水稻引种，育苗造林等。现甘蔗栽培引种，已有相当成绩，并已次第推行于各垦区。育苗造林，每年均照常进行，现已种有杉树四十余万，松树二百余万，按树桐树十余万。

寅、农产加工

农产加工，计有榨蔗制糖榨油制淀粉精米五项。榨蔗制糖一项，从前原拟设置新式糖厂一座，但嗣因初期试种甘蔗，发育不良，暂时仍就原有机械及设备使用。惟淀粉一项，现已购备淀粉制造机械二副，并已着手在沙塘安置，本年冬即可使用。此后石碑坪无忧二处，尚拟继续设置。精米一项，沙塘原设有精米厂一所，此外无忧产米较多，现系用旧式水碾碾米，水干时未能充分转动，亦拟筹办新式机械一具。

卯、水利工程

关于水利工作，沙塘古丹村背水塘，及郭村水塘，灌溉开引，因经费未充，尚未积极进行，无忧已筑水塘，及福立背原有旧水塘，本年须加修筑，石碑坪水塘及芝麻岭脚水塘，本年因雨水过大，颇有倾泻。除石碑坪水塘地面阔大，拟改作水田外，其芝麻岭脚一处，须俟耕户时间稍闲从事修复。其他各处以款项关系，一时尚难进行。

（四）经济组织设施　经济组织设施，除以沙塘原办之金库公店仓库方式，推之于石碑坪无忧外，其他因财力人力时间关系，尚未能推行。现各区金库，专管理垦区之放款收款；公店大部分为供给垦民粮食油盐，及其他用品，并为垦民收受及售卖产品；仓库则以收贮垦民农产品加工品为主。

（五）教育设施　本区教育设施，在垦殖水利试办区开办时，原筹备设实验学校一所，以培植农林技术人员，后以经费关系未果。民国二十二年十月至二十三年一月间，以需要会计人员之关系，曾办簿记讲习会一班，计结业者十八人；后又办一班，结业者七人；此项人员，除分配于本区各部外，在省内其他机关服务者，亦有多人。民国二十三年春，各垦区垦民家眷到来，除房屋牛只用具种子肥料粮食等，另依规定办法分配外，教育设施，极感切要。当时即就各区设置小学，同时区内职员子弟须求学，及附近乡村失学者甚多，乃就沙塘开办日校一班，夜校一班，一面并为实验学校校舍之建筑。二十三年底实验学校校舍一部完成。二十四年九月，招收农村服务人员训练班，学生四十人，三年结业。另农人班一班，三十人，系垦民青年分子，在学时期一年，教学均注重实际工作，以期养成垦民新村之中坚分子，作推进新村事业之准备。此外尚有小学部高级初级二班，七十余人，系请由定县平教会派指导员来校试办组织教学法，学生精神甚见活泼，而教学相长，亦急切实用，刻仍在试办中。

（六）村政设施　现时各移民新村村政工作，除清洁整齐特加注意，思想行动，严加训练外，他如教育交通及一切自治事务，亦均陆续筹办。唯以年来垦民生产办法，尚须积极努力，经济组织，亦正在初期试办中，村政事务，未遑多顾，故目前村政设施，亦仅能就可能范围内，逐步推进耳。

丙　本区现有设备

设备名称	主要内容	备考
沙塘区办事处	办公室图书室公店邮寄代办所理发室膳厅	附沙塘垦区办事处
沙塘垦区	已开垦荒地二千五百亩另水田九百亩	
石碑坪垦区	已开垦荒地五千二百亩水田一百三十亩	
无忧垦区	已开垦荒地七千亩水田一千亩	
沙塘新村	移民四十一户村公所一大座村舍十四大间	

续表

设备名称	主要内容	备考
新中村	移民三十八户村公所一大座村舍三十六间牛舍二座仓库一座猪舍一座	附石碑坪垦区办事处
新东村	移民二十七户村公所二座村舍二大间牛舍一座	
新南村	移民二十八户村公所一座村舍十四大间临时牛舍一座	
无忧村	移民二十五户村公所二座村舍十六大间牛舍一大座	
福立村	移民三十户村公所二座村舍十六大间牛舍一大座	
城堡村	耕民二十四户村舍三座牛舍一座	耕民系就地招耕性质
新丹村	耕民九户村舍二座牛舍一座	
新芸村	耕民十二户村舍一大座牛舍一座	
新小村	耕民十二户村舍一大座牛舍一座	
新安村	特定农家六户村舍一大座	特定农家系旧日警兵
新合村	特定农家六户村舍一大座	
苗圃村	临时散户共二十户	
沙塘精米厂	设置十匹马力小型汽机一副每十小时可碾谷五千斤	
沙塘淀粉厂	制粉机全副	
沙塘油糖厂	本地油榨二副十五吨榨蔗机一副	
石碑坪油糖厂	本地油榨二副本地糖榨二座十二吨榨蔗机一副	
无忧油糖厂	本地油榨三副本地糖榨四座	
沙塘金库	贷出移垦款项三十五万元分沙塘石碑坪无忧三办事处	

续表

设备名称	主要内容	备考
沙塘仓库	仓库已成两座共十仓	
石碑坪仓库	仓库一大座共十二仓	
石垌仓库	旧式谷仓一大座	
沙塘公店	粮食药物及日用必需品之购买售卖	
石碑坪公店	同上	
无忧公店	同上	附无忧垦区办事处
柳州联合公店	各公店购买售卖总店	附设本区候车处
沙塘水塘	水塘面积一百六十余亩最高容水量一千五百万立方呎	各水塘均系利用地形筑坝而成
郭村水塘	水塘面积三十六亩最高容水量二百七十万立方呎	
石碑坪水塘	水塘面积一百五十亩水深五尺	
无忧水塘	水塘面积一百亩水深八尺	
福立水塘	水塘面积二百亩	此塘正在计划中尚未筑成
实验农场	面积五百亩分试验经营林务三组工作	兼办柳城蔗场及荒山造林

丁　本区组织系统

本区成立之始，因陋就简，组织本甚单纯。惟年来以业务推进，为事实之要求，工作系统不能无若干变更。兹谨将二十一、二、三、四各年度本区组织系统表列下，藉见本区工作演进之一斑：

二十一年度

广西垦殖水利试办区

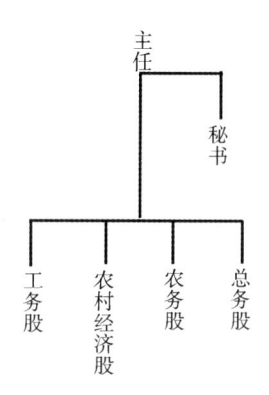

```
         主任
          ├──────秘书
          │
   ┌──────┼──────┬──────┐
  工务   农村    农务   总务
   股   经济股   股     股
```

二十二年度

广西办垦殖水利试办区

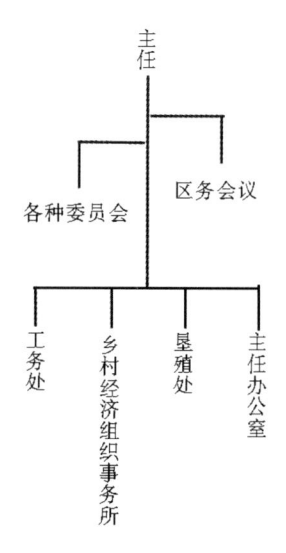

```
             主任
      ┌───────┼───────┐
   各种委员会         区务会议
      │
   ┌──────┬──────┬──────┐
  工务   乡村经济  垦殖   主任
   处   组织事务所  处   办公室
```

二十三年度

广西省经济委员会农村建设试办区

- 主任
  - 区务会议
    - 各种委员会
    - 审计股
    - 总事会
      - 总事会议
        - 村政组
        - 教育组
        - 经济组织组
        - 生产建设组
    - 统计股
    - 总务股

二十四年度

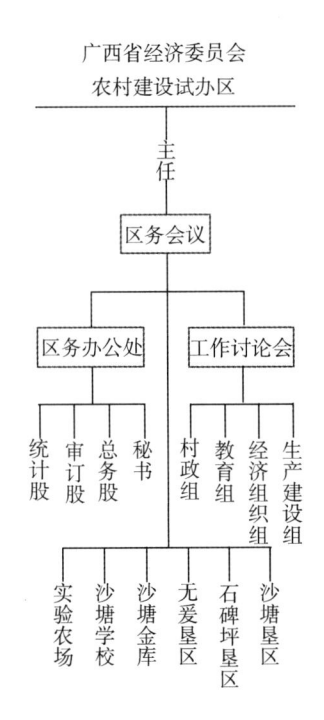

广西省经济委员会农村建设试办区

- 主任
  - 区务会议
    - 区务办公处
      - 统计股
      - 审订股
      - 总务股
      - 秘书
    - 工作讨论会
      - 村政组
      - 教育组
      - 经济组织组
      - 生产建设组
        - 实验农场
        - 沙塘学校
        - 沙塘金库
        - 无爱垦区
        - 石碑坪垦区
        - 沙塘垦区

三　结语

本区从事新村事业，亦既三年有余，一方面欲以理论而推进事实，一方面欲以事实佐证理论，上述概略，已见其端。惟当前事态，繁复异常，同仁等经验缺乏，又鲜前例可援，且人力财力，亦有未及。故工作进程中，问题殊多，爰就较为重要者，胪举数端，藉供高明垂教：

一、移民垦荒，先以壮丁为主，携眷不必太快。本区原定垦殖计划，系先成立垦殖农场，招致垦民，由农工而农家而农村，逐步渐进。嗣以移民计划变更，在筹备时期之始，即移来垦民男女大小二千余人，分子既甚复杂，能力亦因男女大小，互相牵累，大见低减。故垦民工作，经年来体察结果，在在证明垦民携眷太快，确足以影响工作能率，是故今后移民步骤，先后缓急，大有考虑之必要。

二、移民垦荒，应有金融机关为后盾。农业为时间性之事业，播种有时，施肥有时，收获有时，而垦民人力资力，均有未及，每每坐失时宜，而青黄不接时候，垦民生活困迫，亦非予以相当接济不可，苟无金融机关低利借贷，则垦民生产不进，生活不安，而事业之进展，因以困难，此移垦事业之必须注意者。

三、移民垦荒，应由移垦机关，选择一二种经济作物，定价收买，以保障垦民生活。盖作物售价既定，垦民有数可算，且易知有利可获，因而乐于垦种，否则垦民于荒地垦种中，总存怀疑态度，不肯努力。其意若曰，未悉垦种后，有无利益可获；而不努力之结果，又当然收获不佳，而垦民遂误以为土宜气候不合，不能耕种，怠工离散之象，于以发生，此亦移垦事业之应预为考虑者。

四、移民垦荒，在移垦机关方面，应对垦区有全权处理之权，盖垦区内土地人事诸种问题，在足以惹起若干纠纷，移垦机关，非具相当权力，实不足以处理顺利。

五、移民垦荒，同时应注意经济组织之连结与运用。我国农村生产，向无组织，无连络，遂使零星散漫之生产，受制于市场，同时农家生产消费，两方同时亏累，农村经济之日益衰落，又何能免。荒地移民，既无一切俗习阻碍，新的组织，较易进行，故宜趁此时机，树立经济组织基础，以期生产消费，均有自身统制办法，而免重蹈散漫生产之覆辙。

六、移民垦荒，同时应注重新教育环境之完成。吾人办理移民，建立新村，目的在从无习俗无阻障之荒区，造成理想新环境，为改造旧农村之借镜。故举凡农村政治经济教育诸端，为吾人理想所期求者，均须逐渐使之有事实可证可考，然后新村事业，可直接间接促进旧农村之改造。盖崭新事业，如无事实佐证，既难自信，亦难使人相信。故为增加自信与共信起见，必须造成新教育环境，处处以事实作观摩，如是则事业推广，庶藉教育之力，易于收效。

上述荦荦诸端，有为本区实际办理，曾感困难与必须改善者；有为本区意料所及，必须努力以赴者；唯本区僻处一隅，同仁等能力至属有限，得失取舍，尚乞我乡建明达，有以教之！

湖南省

湖南省立农民教育馆进行概况

一　沿革
二　馆址及组织
三　设备及购置
四　二十三年度事业概况

一　沿革

二十二年十一月六日，湖南教育厅厅长朱经农，就厅内组织省立农民教育馆筹备委员会。自兼委员长，是为本馆创办之始。二十三年二月六日，湖南省政府任命欧阳刚中为馆长，赴文昌阁组办公处，是为本馆开办之始。

二　馆址及组织

本馆馆址，经省政府委员会议决，以文昌阁省立高农第二舍洋房拨充，未让出前，暂借文昌阁第十三号，原农校林科事务所办公，现因房屋过狭，另赁附近大王家巷七号为临时馆址，以文昌阁十三号为本馆民众图书馆馆址。

本馆组织，馆长之下，除会计由厅委外，设总务、教导、农事、卫生四部，每部设主任一人，干事助干教员研究员若干人，分配各施教实验区及馆内服务，现因经济关系，总务主任由馆长兼任，卫生部暂不独立。

本馆设有计划讲演及编辑等各种委员会，除计划委员会由朱厅长兼任委员长外，其余各会均由馆聘请热心农教士绅组织之。

三　设备及购置

本馆设备及购置，除陈列室各实验区办公所民众学校及民众图书馆各种设备外，现有保险柜二只，收音机一架，风琴两架，留声机片二套，幻灯机片一套，缝纫机七架，农具及其他娱乐器具多件。

四　二十三年度事业概况

甲、本馆陈列室，设大王家巷本馆内，分明耻，卫生，新生活参考，农林产品，种子及普通动植矿等部，十一月开幕。除团体参观得随时招待外，以星期一为例假，定每日下午一时半至五时半为普通参观时间，

乙、本馆民众图书馆，设文昌阁十三号，分设男女两阅书室，现有图书万余册，新出日报及杂志百余种。六月开幕。以星期一日为例假，每日下午一时至五时，欢迎各界士女阅览。

丙、第一农村施教实验区办公所，上期设麓山文庙内，下期迁岳麓后，设宁乡汽车路旁之右佳冲。第二区设新开铺，现移黄土岭。第三区设北门外约四里之枫树坪。第四区设赴湘潭汽车路旁之豹子岭。办理各该区文化、生计、卫生及自治等项教育事业，如乡村改进会，乡村教育协进会，农产物比赛会，民众俱乐部，冬防团，合作社，书报阅览处，代书处，问事处，射箭处，壁报处及小农场等，均已次第分别举办。此外关于民众国术训练，施种牛痘，驱逐蚊鼠，农村调查，及施放中西特效药品，均由馆督率各区办理。

丁、本馆民众学校，已分设六校，第一至第三各校，附设于一二三各区。第四、第五两校，在第四区，第六校，在文昌阁图书馆内。此外有特约民校一所，在丝茅冲，上期共有成人三班，计四十八人，下期四班，计一百二十五人；儿童上期五班，计一百六十八人，下期六班，计二百十九人；妇女职业上期四班，计一百零二人，下期七班，二百一十三人；总共上期有学生三百一十八人，下期五百五十人，均采用半工半读办法，于公民教育，注意精神训练及复兴民族运动，于生计训练，注重养成农民生产

能力及科学常识。

戊、本馆生计教育，除积极推广女职外，以改进农家副业及提倡合作为主要目的。关于改良副业，除由各实验区领导民校学生，改良园艺，提倡造林，本馆已于十月内由中大农学院购来世界有名之英国中形盘克改良纯种公猪一头，以为研究改良湘省猪种之用。关于提倡合作，除由各区民校组织缝纫园艺等生产合作社外，在第三区，已组成农民信用合作社一处，及新民生产合作社，枫林生产合作团各一处，其他各区之消费合作社，信用合作社，正在呈请许可中。

己、本馆编辑委员会所编农民教育汇刊，已出创刊处，农民教育旬刊则出至六期，单本小册，如劝世文，怎样选稻种，螟虫及其歼除方法，造林须知，救荒要旨，痢疾疟疾，及中服裁法讲义等，业已印行，如毋忘国耻歌，农村新生活歌，民众四言改良杂字，怎样养猪，怎样养鸡及高级民众班精神训练教材等小册，已编竣待印。

庚、本馆除讲演委员会每周轮流赴各区讲演外，每周更就各种纪念日或公共集会时机，为不定期之讲演。共二三四各区，则各举行了化装讲演一次，讲题以关系复兴民族的国耻，卫生，经济，科学等项为主，尤注重新生活运动及合作社问题。讲演时每佐以收音机留声机及其他乐器，尤以化装讲演，最易引起民众之听讲兴趣。